国际金融学

于丽红 王 姣 主编

东南大学出版社
·南京·

图书在版编目(CIP)数据

国际金融学/于丽红,王姣主编. —南京:东南大学出版社,2019.6
ISBN 978-7-5641-8201-4

Ⅰ.国… Ⅱ.①于… ②王… Ⅲ.①国际金融学—教材 Ⅳ.①F831

中国版本图书馆 CIP 数据核字(2018)第 292919 号

⊙ 本书为任课老师配备有简单的 PPT 课件,请来信索取:
jane_yu2008@163.com 或 LQChu234@163.com

国际金融学
Guoji Jinrongxue

主　　编:于丽红　王　姣
出版发行:东南大学出版社
社　　址:南京四牌楼 2 号　邮编:210096
出 版 人:江建中
网　　址:http://www.seupress.com
经　　销:全国各地新华书店
印　　刷:江苏凤凰扬州鑫华印刷有限公司
开　　本:787 mm×1 092 mm　1/16
印　　张:15.25
字　　数:380 千字
版　　次:2019 年 6 月第 1 版
印　　次:2019 年 6 月第 1 次印刷
书　　号:ISBN 978-7-5641-8201-4
定　　价:39.80 元

本社图书若有印装质量问题,请直接与营销部联系。电话:025-83791830

前　言

国际金融主要研究不同国家货币之间的静态和动态关系,研究国家之间、地区之间和经济体之间通过货币往来而产生的相互影响。因此,国际金融研究的是跨国的货币金融与经济协调问题。这门学科既具有很强的理论性,也具有较强的操作性。

进入21世纪以后,金融全球化、经济一体化的形势愈演愈烈,国际资本的流动对世界经济的影响巨大。在此情况下,我们有必要全面了解和掌握国际金融知识。因此,我们编写了本书。本书内容凝练、难易适中。本书的突出特色在于,最大限度地方便教与学,通过延伸阅读扩展内容。本书具体内容包括国际收支、外汇与汇率、外汇市场与外汇交易、汇率制度与外汇管制、国际储备、国际货币体系、国际金融市场、国际资本流动、国际融资业务、国际金融机构。本书体系完整、内容精炼、重点突出、语言简明。通过学习本书,能使学生掌握现代国际金融的理论体系和内容,熟练掌握外汇交易、国际融资和外汇风险防范的基本知识与技能,为参加国际金融相关的工作打下坚实的基础。

本书由于丽红和王姣担任主编,张立富和罗振军担任副主编。本书是集体劳动和团队合作的结晶,各章分工如下:沈阳化工大学王姣负责第一章;沈阳农业大学于丽红负责第二章;沈阳农业大学池丽旭负责第三章;中共绍兴市委党校罗振军负责第四章;沈阳农业大学张立富负责第五章;内蒙古农业大学卓娜负责第六章;西安科技大学丑晓玲负责第七章;内蒙古农业大学阿娅日负责第八章;内蒙古农业大学程怡宁负责第九章;长春大学盛守一负责第十章。另外,沈阳农业大学研究生于婷、刘畅参与了第七章的编写和校对;沈阳农业大学研究生刘斯麒、郭晓彤参与了第十章的编写和校对。

本书可作为经济管理各专业本科生的必修课教材或参考书,也可作为其他各专业本科生的公共选修课教材。此外,本书还可供对国际金融市场有兴趣的读者参阅。

本书在编写过程中参阅了大量的国际金融学相关文献,吸取了各种教材版本在编写结构及内容上的一些可贵之处,在此向相关作者表示衷心的感谢。特别感谢东南大学出版社为本书出版所做的大量工作。

由于编者水平有限,不足之处在所难免,敬请广大读者批评指正。

编者
2019年5月

目　录

第一章　国际收支 ··· 1
　第一节　国际收支概述 ·· 1
　第二节　国际收支平衡表 ··· 2
　第三节　国际收支失衡的原因及经济影响 ································· 6
　第四节　国际收支失衡的调节 ··· 12
　第五节　国际收支理论 ·· 16

第二章　外汇与汇率 ·· 23
　第一节　外汇概述 ··· 23
　第二节　汇率标价与汇率种类 ··· 26
　第三节　汇率的决定与变动 ··· 32
　第四节　主要汇率决定理论 ··· 36

第三章　外汇市场与外汇交易 ·· 44
　第一节　外汇市场概述 ·· 44
　第二节　外汇交易 ··· 48
　第三节　外汇风险管理 ·· 65

第四章　汇率制度与外汇管制 ·· 72
　第一节　汇率制度 ··· 72
　第二节　外汇管制 ··· 77
　第三节　货币自由兑换 ·· 80
　第四节　人民币汇率制度 ·· 84
　第五节　中国的外汇管理 ·· 86

第五章　国际储备 ·· 105
　第一节　国际储备概述 ·· 105
　第二节　国际储备体系及其发展 ·· 109
　第三节　国际储备管理 ·· 113
　第四节　中国的国际储备 ·· 117

第六章　国际货币体系 ··· 122
　第一节　国际货币体系概述 ··· 122

第二节　国际金本位制······125
　　第三节　布雷顿森林体系······127
　　第四节　牙买加货币体系······135
　　第五节　区域性货币制度······141

第七章　国际金融市场······149
　　第一节　国际金融市场概述······149
　　第二节　国际货币市场······152
　　第三节　国际资本市场······154
　　第四节　欧洲货币市场······157

第八章　国际资本流动······165
　　第一节　国际资本流动概述······165
　　第二节　国际资本流动理论······170
　　第三节　国际资本流动和国际金融危机······178
　　第四节　中国利用外资与外债管理······185

第九章　国际融资······191
　　第一节　国际融资概述······191
　　第二节　国际贸易融资······195
　　第三节　国际项目融资······204
　　第四节　国际租赁融资······209
　　第五节　国际债券融资······215

第十章　国际金融机构······222
　　第一节　国际金融机构概述······222
　　第二节　国际货币基金组织······223
　　第三节　世界银行集团······227
　　第四节　国际清算银行······231
　　第五节　区域性国际金融组织······232

参考文献······237

第一章 国际收支

学习目标：

通过本章学习，掌握国际收支的概念；了解国际收支平衡表的主要内容以及国际收支平衡表的编制、国际收支的分析方法；掌握国际收支不平衡的原因及调节政策与措施；掌握国际收支理论。

本章重要概念：

国际收支　顺差　逆差　自主性交易　调节性交易　价格—现金流动机制　支出增减政策　支出转换政策

第一节　国际收支概述

国际收支（Balance of Payment）是国际金融学中最重要、使用频率最高的核心概念。从现代国际金融角度来看，国际收支包括一国对外经济、金融的全部内容，反映该国的对外经济、贸易、金融活动水平和国际融资能力，反映该国在国际上的经济发展水平、经济实力和竞争能力。国际收支是一国对外经济贸易金融关系的指标。

关于"收支"这个概念，大家都比较熟悉，一般精明的家庭都会对每月、每季度甚至每年的收支情况进行逐次记录。企业、工厂更是如此，目的是为了对货币收支的来龙去脉有清晰的了解，以便做到收支相抵或略有盈余，如果入不敷出，则分析其原因、对策。

国际收支最初的概念跟现在的概念是不一样的，是伴随着商品经济的发展和国际经济往来的内容不断扩大而由狭义向广义发展的。17世纪初期，重商主义学派认为经常维持出口超过进口是国家致富的永恒原则，贸易顺差可以聚集金和银，那时的国际经济交往十分注重贸易收支，因此将国际收支简单定义为一个国家的对外贸易收支。

随着世界经济的发展，资本主义国家国际经济交易的内容和范围不断扩大，尤其是20世纪20年代之后，国际资本流动在国际经济中扮演着越来越重要的角色。显然，在这种情况下，"贸易差额"这个涵义已不能全面反映各国国际经济交易的全部内容，于是就出现了"外汇收支"（Balance of Foreign Exchange）的概念，此时的国际收支概念指的是一定时期内外汇收支的综合。各国经济交易只要涉及外汇收支，无论它是贸易、非贸易，还是资本借贷或单方面资金转移，就都属于国际收支范畴。这也是目前许多国家仍在沿用的狭义的国际收支的含义。

第二次世界大战结束之后，国际经济活动的内涵、外延又有了新的发展，狭义国际收支的概念也已经不能反映实际情况了，因为它已不能反映一系列不涉及外汇收支的国际经济活动，如易货贸易、补偿贸易、无偿援助和战争赔款中的实物部分、清算支付协定下的记账等，而这些经济活动在世界经济中的影响越来越大，于是国际收支概念又有了新的发展,形成了广义的国际收支概念。

(一)国际收支的概念

它是指一个国家或地区在一定时期内(通常为一年)在同外国政治、经济、文化往来的国际经济交易中的货币价值的全部系统记录。目前,世界各国普遍采用广义的国际收支概念。

IMF 的《国际收支和国际投资头寸手册:第六版(BPM6)》指明:国际收支,是在一定时期内,一国居民与非居民之间经济交易的系统的货币记录。这种经济交易不管有无现金交易,有无对等偿付,都包括在一国一定时期内的国际收支的范畴里。

(二)国际收支的三层含义

(1)国际收支记录的是居民和非居民之间的交易。国际收支概念中特别强调居民与非居民,目的是要正确反映国际收支状况,只有居民和非居民之间的经济交易才构成国际收支的内容,居民与居民之间的交易属于国内经济交易,不属于国际收支范畴。那么居民与非居民如何划分呢?居民是指在一国(或地区)居住或营业的自然人和法人,居住或营业时间通常在一年以上。因此不代表政府的任何个人,依据经济利益中心或长期居住地确定其居民身份;法人组织在这个国家登记注册则为该国的居民,如上海通用汽车公司、沃尔玛中国投资有限公司、汇丰银行中国有限公司。子公司是独立的法人实体,在设立国被视为居民纳税人,通常要承担与该国其他公司一样的全面纳税义务。分公司不是独立的法人实体,在设立分公司的所在国被视为非居民纳税人。

但作为例外,有一些人或组织不管在一个地方或国家住多久,都属于该国的非居民。这些人或组织是:

① 一国外交使节、驻外军事人员,出国留学或出国就医者,尽管在另一国居住一年以上,但仍是居住国的非居民;

② 国际机构,如联合国、世界银行、IMF、国际红十字会等都是所在地的非居民。

(2)国际收支是以交易为基础的系统的货币记录。有些交易涉及货币支付,如商品、劳务的进出口,而有些交易不涉及货币支付,如实物捐赠,这类交易也要用货币记录下来。

(3)国际收支是一个流量的概念。它与一定的报告期相对应,一般以一年为报告期,也可以以季或月为报告期。

第二节 国际收支平衡表

就像一个企业要有自己的财务报表一样,一个国家也会有一张国际收支平衡表,它通过人人都能读懂的数字和项目,告诉所有想要了解它的人们一国的涉外经济活动情况,它反映了一国居民与非居民在一定时期由于政治、经济、军事、文化等交往而发生的一切活动。通过这张报表可以清楚地看到一国的对外经济状况。政府部门、经济学家、工商业者都会利用国际收支平衡表来统计分析,制定经济政策或业务政策。

最初是没有国际收支平衡表的,一战后,很多国家涉及战争赔款的问题,导致短期资本在国际间流动加快,使得一国国际收支出现失衡现象。一国为了解决国际收支失衡现象,开始研究其构成结构、影响因素,于是第一张国际收支平衡表于 1924 年在美国产生。

二战后,国际货币基金组织(IMF)产生,IMF* 的职责就是根据一国的国际收支状况来为这个国家提供救助。世界上大部分国家都加入了国际货币基金组织,按照规章,各会员国要定期报送国际收支平衡表。由于国际收支项目众多,各国统计和编制方法也不尽相同。国际货币基金组织编制《国际收支手册》作为范本,以求得各国的国际收支平衡表内容大体一致。几经修改,已到第六版,即《国际收支和国际投资头寸手册:第六版(BPM6)》。国际收支账户概览表如表 1-1 所示。

表 1-1　国际收支账户概览(BMP6)

国际收支	贷方	借方
1.经常账户 　经常账户差额(＋顺差;－逆差) 　1.1 货物和服务 　　货物和服务差额(＋顺差;－逆差) 　　1.1.1 货物 　　1.1.2 服务 　　服务贸易差额(＋顺差;－逆差) 　1.2 初次收入 　　初次收入差额(＋顺差;－逆差) 　　1.2.1 雇员报酬 　　1.2.2 投资收益 　　1.2.3 其他初次收入 　1.3 二次收入 　　二次收入差额(＋顺差;－逆差)		
2.资本账户 　资本账户差额(＋顺差;－逆差) 　2.1 非生产非金融资产的取得/处置总额 　2.2 资本转移		
3.金融账户 　净贷出(＋)/净借入(－) 　3.1 直接投资　(FD) 　3.2 证券投资 　3.3 金融衍生工具(储备除外)和雇员认股权 　3.4 其他投资 　3.5 储备资产 　　3.5.1 货币黄金 　　3.5.2 特别提款权 　　3.5.3 在国际货币基金组织的储备头寸 　　3.5.4 其他储备资产		
误差与遗漏净额		

来源:国际货币基金组织《国际收支和国际投资头寸手册:第六版(BPM6)》。

＊ 现今的 IMF 成员含国家和地区,除中国是其成员国外,中国香港、中国澳门均是该组织的成员。对 IMF 的详细介绍见本书第 10 章。

一、国际收支平衡表的编制原则

既然是会计报表,就按照复式记账法来记账,即有借必有贷、借贷必相等。

记账法则:凡是引起外汇供给的交易记入贷方(如商品和劳务的出口、资本内流、单方转移收入、别国偿还本国的外债),凡是引起外汇需求的交易记入借方(如商品和劳务的进口、资本外流、单方转移支出、本国偿还别国的外债),相应的外汇供给与需求记入另一方。

二、国际收支平衡表的内容

国际收支平衡表中有三大账户(项目),即经常账户、资本与金融账户,还有一个人为设立的平衡账户,叫错误与遗漏账户。

(一)经常账户(Current Account)

经常账户是反映实际资源在国际间流动的账户,由于经常发生而因此得名,它是国际收支平衡表中最基本和最重要的项目,反应一国一定时期内真实的外汇收支状况,其特征体现在"真实"二字上。

包括:

(1) 货物。出口货物记入贷方,进口货物记借入方。

(2) 服务。运输、旅游、保险、金融等服务。服务输出记入贷方,服务输入记入借方。

(3) 初次收入。包括投资收益和职工报酬。投资收益包括投资建厂获得的利润、购买股票获得的股息、购买债券得到的利息等。除了投资收益,还包括职工报酬,即以现金或实物形式支付给非居民工人的劳动报酬。如大使馆的当地工作人员的工资、薪金和其他福利,支付给边境工人的工资。初次收入获得记入贷方,付出初次收入记入借方。

(4) 二次收入。又叫经常转移(单方转移),因为经常发生、规模小,不影响当事人的可支配收入和增长。包括私人和官方无偿转移。私人指居民对非居民的汇款、礼品、嫁妆、继承的遗产、奖励、慈善捐赠等。官方指自愿补贴、技术援助、军事援助、自愿的债务豁免、对国际组织的捐赠、和平条约下的赔款等。如果是实物,折成相应的货币价值。二次收入获得记入贷方,付出二次收入记入借方。

(二)资本与金融账户(Capital Account and Financial Account)

资本和金融账户主要记录资本输出和资本输入情况,由资本账户和金融账户组成。资本账户包括资本转移和非生产、非金融资产的收买或放弃等。金融账户反映的是居民和非居民之间投资与借贷的增减变化,它由直接投资、证券投资、其他投资、储备资产四部分构成。资本流入计入贷方,资本流出计入借方。

1. 资本账户(Capital Account)

资本账户包括资本转移和非生产、非金融资产的收买或放弃。资本转移主要涉及固定资产所有权的变更以及债权、债务的减免。具体指以下几项所有权的转移:①固定资产所有权的转移;②同固定资产的收买和放弃相联系的或以其为条件的资产转移;③债权人不索取任何回报而取消的债务;④投资捐赠。非生产、非金融资产的收买或放弃是指各种无形资产如专利、版权、商标、经销权以及租赁和其他可转让合同的交易。

2. 金融账户(Financial Account)

(1) 直接投资(Direct Investment)

直接投资的主要特征是投资者对另一经济体的企业拥有永久利益。这一永久利益意味着直接投资者和企业之间存在着长期关系,投资者可以对企业经营管理施加相当大的影响。直接投资可以采取在国外直接建立分支企业的形式,也可以采用购买国外企业一定比例以上股票的形式。在后一种情况下,《国际收支手册》中规定这一比例最低为百分之十。

(2) 证券投资(Portfolio Investment)

证券投资的主要对象是股本证券和债务证券,后者又可以进一步细分为期限在一年以上的中长期债券、货币市场工具和其他派生金融工具。

(3) 其他投资(Other Investment)

其他投资是指所有直接投资、证券投资或储备资产(见下)未包括的金融交易,包括长期和短期贸易信贷、贷款、货币和存款以及其他可收支项目。

(4) 储备资产(Reserve Assets)

储备资产是一国货币当局直接掌握的并可随时动用的用于平衡国际收支、干预外汇市场以影响汇率水平或其他目的的系列金融资产。当一国国际收支的经常项目与资本项目发生顺差或逆差时,可以用这一项目来加以平衡。储备资产主要包括货币性黄金、外汇资产、特别提款权、在基金组织的储备头寸及其他债权。储备资产增加计入借方,储备资产减少计入贷方。

(三) 错误与遗漏账户(Errors and Omissions Account)

错误与遗漏账户是人为设置的用以调整统计误差的一个项目,是为了使国际收支平衡表借方总额和贷方平衡而人为设立的一种平衡项目。国际收支平衡表按复式记账法,借方总额与贷方总额应当是相等的,差额为零,但实际上,一国的国际收支平衡表在编制过程中因为统计误差不可避免会出现净的借方余额或净的贷方余额,很难达到平衡。

这个余额是统计资料有误差和遗漏造成的。造成统计资料有误差的主要原因是:①统计资料不完整。比如,商品走私、以隐蔽形式进行的资本外逃等。②统计数字的重复计算和漏算。比如,统计资料有的来自海关,有的来自银行,有的来自官方主管机构,难免造成重复计算、错算或漏算。③统计资料本身缺乏真实性和准确性。比如,有的数据是估算出来的,当事人故意瞒报或虚报统计数据,短期资本在国家之间的投机性流动造成统计上的困难等。

为此,需要人为地在平衡表中设立一个单独的"错误和遗漏"项目,来使差额为零。误差与遗漏净额是作为残差项推算的,可按从金融账户推算的净贷款/净借款额,减去从经常和资本账户中推算的金额。如果经常账户、资本和金融账户的贷方出现余额,就在净误差与遗漏项下的借方列出与余额相等的数字;如果这几个账户的借方出现余额,则在净误差与遗漏的贷方列出与余额相等的数字。例如:如果根据经常和资本账户推算的净贷出或净借入额为29,而从金融账户推算的净贷出或净借入额为31,那么误差与遗漏净额为+2。

按照 IMF 的统计经验,如果一个国家的错误与遗漏账户差额超过进出口贸易差额的5%,就可以认为该国国际收支平衡表中的统计数据存在问题。

三、国际收支平衡表编制案例

A国2017年对外经济活动的资料如下(表1-2)：

(1) A国出口商品价值100万美元，收入计入境外美元存款账户。

(2) A国进口商品价值200万美元，支出从居民海外存款账户扣除。

(3) A国企业在国外投资建厂，当年获得利润800万美元，其中400万美元在当地投资，400万美元调回结售给A国政府。

(4) A国某企业购买价值1 000万美元国外某企业股票，占其股票总额的5%，以境外美元存款账户支付。

(5) A国政府动用200万美元外汇储备向外国提供无偿援助，另外提供价值80万美元的食品和药品、物资援助。

(6) A国某居民到国外旅游花费10万美元，该笔费用从该居民的海外存款账户中扣除。

表1-2 国际收支平衡表借贷范例

单位：万美元

	借方	贷方	差额
一、经常项目收支合计			
(1)商品	200	100+80	-20
(2)服务	10		-10
(3)收入		800	800
(4)经常转移	200+80		-280
二、资本与金融账户合计			
(1)直接投资			
(2)证券投资	1 000		-1 000
(3)其他投资	100+400	1 000+10+200	710
(4)官方储备	400	200	-200
总　计	2 390	2 390	0

第三节　国际收支失衡的原因及经济影响

一、国际收支不平衡的具体含义

如前所述，在国际收支平衡表中，经常项目与资本项目及平衡项目的借贷双方在账面上总是平衡的，这种平衡是会计意义上的平衡。但是，本节所讲的"平衡"与"不平衡"(也叫失衡)并非会计意义上的，而是指实际经济意义上的。

国际经济交易反映到国际收支平衡表上有若干项目，各个项目都有各自的特点，按其交易的性质可分为自主性交易(Autonomous Transactions)和补偿性交易(Compensatory Transactions)。所谓自主性交易,是指个人或企业为某种自主性目的(比如追逐利润、追求市场、旅游、汇款赡养亲友等)而进行的交易,由于其自主性质,必然经常地出现差额;补偿性交易是为了弥补自主性交易差额或缺口而进行的各种交易活动,如分期付款、商业信用、动用官方储备等。有了这样的区别后,我们就能较准确地判断国际收支是平衡还是不平衡。如果基于自主性交易就能维持平衡,则该国的国际收支是平衡的;如果自主性交易收支不能相抵,必须用补偿性交易来轧平,这样达到的平衡是形式上的平衡、被动的平衡,其实质就是国际收支不平衡。

这种识别国际收支不平衡的方法,从理论上看是很有道理的,但在概念上很难准确区分自主性交易与补偿性交易,在统计上也很难加以区分。因为一笔交易从不同的角度看可以属于不同的归类。例如,一国货币当局以提高利率来吸引外资,就投资者而言属自主性交易,就货币当局而言却属调节性交易,若投资者是该国居民,则同一笔交易既可归入自主性项目,也可列入调节性项目。因此,按交易动机识别国际收支的平衡与不平衡仅仅提供了一种思维方式,迄今为止,还无法将这一思维付诸实践。

(一) 国际收支平衡

按照人们的传统习惯和国际货币基金组织的做法,国际收支平衡是指国际收支平衡表中横线以上项目的平衡,即综合项目的平衡。横线以上账户的借贷净差额为零,表示国际收支平衡,否则表示国际收支失衡。国际收支失衡时,如横线以上项目的借贷净差额为正数,即贷方总额大于借方总额,则称国际收支状况为盈余或顺差(Surplus);如为负数,即贷方总额小于借方总额,则称国际收支状况为赤字或逆差(Deficit)。横线以下的项目即平衡项目,是弥补国际收支赤字或反映国际收支盈余的项目,也就是官方储备项目。国际收支的逆差表现为国际储备的减少,国际收支的顺差表现为国际储备的增加。一般来说,国际收支平衡表中横线以上项目会出现差额或缺口,这时就出现了国际收支的不平衡。

按照人们的传统习惯和IMF的做法,国际收支不平衡可以通过以下四种口径来衡量。

1. 贸易收支差额:商品(货物)进出口收支差额

分析意义:

(1) 贸易收支在全部国际收支中所占比重大,可以当作国际收支的近似代表。

(2) 商品的进出口情况综合反映了一国的产业结构、产品质量和劳动生产率状况,反映了该国产业在国际上的竞争能力。

2. 经常项目收支差额:包括贸易、服务、初次收入和二次收入收支的差额。

分析意义:

综合反映一国的进出口状况,可以作为制定国际收支政策和产业政策的依据。

3. 资本和金融账户差额

分析意义:

(1) 反映一国资本市场的开放程度和金融市场的发达程度,对一国的货币政策和汇率政策的调整提供有益借鉴。

(2) 资本与金融账户和经常账户之间具有融资关系,可以反映经常账户的状况和融资能力。

4. 综合账户差额:经常账户和资本与金融账户中的资本转移、直接投资、其他投资账户所构成的余额,就是将国际收支账户中官方储备账户剔除后的余额。

分析意义:

综合账户的意义在于可以衡量国际收支对一国储备持有所造成的压力,因为综合账户差额必然导致官方储备相反方向的变动。

(二)国际收支均衡的含义

所谓国际收支均衡,是指国内经济处于均衡状态下的自主性国际收支平衡,即国内实现充分就业、物价稳定,国外实现国际收支平衡的状态。

国际收支均衡是一国达到福利最大化的综合政策目标。在世界经济日渐一体化的同时,国际收支的调节就不仅仅要实现国际收支平衡,还要实现国际收支均衡这一目标。

国际货币基金组织对国际收支均衡提出了四个标准:

(1)国际收支均衡是指经常项目差额可由正常的资本流量弥补,而无需通过过度的贸易限制和对资本流入或流出的特殊刺激,或造成大规模的失业来实现。

(2)在考虑到暂时性因素(如码头罢工、歉收)、生产能力不正常使用或失业、贸易条件持久的外生变化、对贸易和资本流动的过度限制或刺激等影响因素后,经常项目差额等于正常的资本净流量。

(3)国际收支必须是可维持的,即一段时期内,在给定的汇率水平下,一国国际收支经常项目差额与正常的资本净流量以及官方外汇储备的合理增长相一致,即经常账户余额为赤字时,资金流入形成的债务应在将来某一时期能够偿还。

(4)经常项目均衡的两个准则是可维持性(Sustainability)和适度性(Optimality)。前者指经常项目逆差的可维持性,后者指经常项目所包含的一国消费和储蓄的社会福利最大化。可维持性是经常项目均衡的基本标准,适度性则是最高标准。

二、一国国际收支失衡的原因

各国发生国际收支失衡的原因繁多而复杂,这些原因中既有一般的原因,又有特殊的原因。

(一)结构性失衡(Structural Disequilibrium)

一国的国际收支状况往往取决于贸易收支状况。如果世界市场的需求发生变化,本国输出商品的结构也能随之调整,则该国的贸易收支将不会受到影响;相反,如果该国不能适应世界市场的需求而调整商品的输出结构,将使贸易收支和国际收支发生不平衡。由这类因为一国国内生产结构及相应要素配置未能及时调整或更新换代,导致不能适应国际市场的变化,而引起的本国国际收支不平衡,称为结构性不平衡。例如,在20世纪70年代,石油输出国调整了石油产量,引起世界市场石油价格上涨数倍。许多国家未能及时用煤炭、核能等替代石油,导致国际收支出现巨额逆差。

(二)周期性失衡(Cyclical Disequilibrium)

一国经济周期波动会引起该国国民收入、价格水平、生产和就业发生变化而导致国际收支不平衡。在经济发展过程中,各国经济不同程度地处于周期波动之中,周而复始出现繁荣、衰退、萧条、复苏,而经济周期的不同阶段会对国际收支产生不同的影响。在经济衰退阶段,国民收入减少,总需求下降,物价下跌,会促使出口增长,进口减少,从而出现顺差;而在经济繁荣阶段,国民收入增加,总需求上升,物价上涨,则促使进口增加,出口减少,从而出现逆差。如日本在1974年,国民生产总值增长19.4%,国际收支却出现46.9亿美元的逆差;1976年日本经济萧条,但国际收支却出现顺差36.8亿美元。

另外,由于生产和资本国际化的发展,主要国家经济周期阶段的更替也会影响其他国家的经济,致使各国发生国际收支不平衡。这类跟经济周期有关,因经济发展的变化而使一国的总需求、进出口贸易和收入受到影响而引发的国际收支失衡情况,称为周期性失衡。阿根廷是拉美最大的地区经济一体化组织——南方共同市场的重要成员,2001年末,阿根廷发生经济危机,对与其经济联系较密切国家(如乌拉圭、巴西等国)的经济增长、进出口贸易、旅游、汇兑等诸方面产生了较大的影响。

(三) 收入性失衡

一国国民收入发生变化而引起的国际收支不平衡,称为收入性不平衡。一定时期一国国民收入多,意味着进口消费或其他方面的国际支付会增加,国际收支可能会出现逆差。在其他条件不变的前提下,一国收入平均增长速度快,会使居民增加对进口生产资料的需求,导致进口商品价格上升,该国进口也会很快增长。因此,收入增长较快的国家容易出现国际收支逆差,而收入增长较慢的国家容易出现国际收支顺差。但是,如果考虑到收入增长过程中其他因素的变化,我们就需要修正上述结论。例如,如果一国在收入增长过程中通过规模经济效益和技术进步引起生产成本下降,那么,收入增长不仅使进口增加,还会使出口增长。因此,收入性不平衡以其他条件不变为前提。

20世纪90年代,美国股票市场的大牛市极大地增加了美国家庭的净财富,美国私人高消费支出加大了出口贸易逆差。从1990年到1999年标准普尔和道琼斯工业指数的数值都增加了约2倍,因此该段时期内净财富与可支配收入之比增长了32.8%,达到了前所未有的高度。由股票市场引起的财富剧增通过财富效应导致了美国消费的飙升。1980年到1994年的实际消费支出年均增长率为2.6%,而1995年至1999年实际消费支出年均增长率为4%。在这一过程中,美国消费者是通过进口来满足对部分的商品和服务的需求,从而使贸易逆差扩大,经常项目赤字也相应地扩大。

(四) 货币性失衡(Monetary Disequilibrium)

一国货币增长速度、商品成本和物价水平与其他国家相比发生较大变化而引起的国际收支不平衡,称为货币性失衡。这种不平衡主要是由于国内通货膨胀或通货紧缩引起的,一般直观地表现为价格水平的不一致,故又称价格性失衡(Price Disequilibrium)。

当一国物价普遍上升或通胀严重时,产品出口成本提高,产品的国际竞争力下降,在其他条件不变的情况下,出口减少,与此同时,进口成本降低,进口增加,国际收支发生逆差。反之,就会出现顺差。物价上升还会通过促进名义工资上升和生产成本增加造成贸易逆差。货币供应量增加还可能引起本国实际利率下降,它会通过刺激资本外逃引起该国资本项目逆差。当然,在物价上升过程中,银行为了防止实际利率的过分下降有可能提高名义利率。在这种情况下,较高的名义利率可能会吸引资本流入,造成贸易逆差和资本项目顺差并存的局面。总体而论,一国货币供应量增长速度高于别国,其国际收支容易出现逆差。

阿根廷1991年之前常用发行货币的办法弥补财政赤字,加上其他因素,致使通货膨胀率长期居高不下,1989年曾高达49%。1991年采取货币局制度后,通胀很快得到控制,1994年消费品价格水平仅上涨3.9%。但在注重控制通胀的同时,没有注意美元的走向,使得比索也随之被逐步高估,商品进口便宜,出口较贵,进而逐步削弱了阿根廷经济的国际竞争力,经常性收支长期处于赤字状态,国际储备逐渐减少,实行货币局制度的基础也就薄弱了,终于在2001年末爆发了经济危机。

（五）临时性失衡

除以上各种经济因素之外,政局动荡和自然灾害等偶发性因素,也会引起贸易收支的不平衡和巨额资本的国际移动,从而使一国国际收支失衡。例如,1990年伊拉克入侵科威特,国际社会对伊拉克实行全面经济制裁,世界各国曾一度中止与伊拉克的一切经济往来。伊拉克的石油不能输出,引起出口收入剧减,贸易收入恶化；相反,由于国际市场石油短缺,石油输出国扩大了石油输出,这些国家的国际收支得到改善。这种性质的国际收支不平衡,程度一般较轻,持续时间也不长,带有可逆性,因此,可以认为是一种正常现象。

三、国际收支失衡的经济影响

国际收支是一国对外经济关系的综合反映,随着各国经济日趋国际化,对外经济与对内经济关系日益密切,相应地,国际收支不平衡对一国经济的影响范围越来越广,程度也越来越深。

（一）辩证地看国际收支失衡对一国经济的影响

相比较而言,在各国政策制定者的心目中,出现顺差要比出现逆差来得好,因为顺差可以得到外汇,特别是发展中国家或者本国货币不能做国际结算货币的国家,得到外汇就意味着有钱进口,甚至是干预外汇市场,维持本国货币汇率的稳定,以至于有些人认为逆差才算是国际收支失衡,顺差不算是失衡,这是因为顺差不会对国内经济立即产生或带来不良影响,而且顺差的调节要比逆差的调节容易得多。加之目前的国际金融环境下始终存在着国际收支调节的不对称,即国际组织（如国际货币基金组织）一直把国际收入不平衡的主要责任推到逆差国,因此为调节各国的国际收支,国际组织常常要求逆差国采取各种各样的紧缩性经济政策,即便是牺牲该逆差国的经济增长也在所不惜。所以辩证地看,如果在国际贸易自愿的情况下,不能说顺差国受益,逆差国就一定受害。因为如果该国经济要大发展,必然在一段时间内要大量进口,发生国际收支逆差在所难免。还有比如出口劳动果实被外国人享受,进口可以享受他国劳动生产率提高的成果,这种顺差也是福利的一种增进。另外,世界各国都出现顺差是不可能的,总有一部分国家出现顺差,而另一部分国家出现逆差,这也就是说某些国家出现逆差是不可避免的。

（二）持续大规模的国际收支失衡对经济产生不利影响

当然,一国如果保持巨额的国际收支顺差或逆差对本国经济发展也是不利的。比如日本2008年到2010年"享受"了长期高额顺差带来的苦果,日元升值,国内企业纷纷亏损、倒闭,国内生产空洞化,失业问题日趋严重,经济增长停滞不前等。

持续的、大规模的国际收支逆差对一国经济的影响表现在以下几个方面：

（1）不利于对外经济交往。存在国际收支持续逆差的国家会增加对外汇的需求,而外汇的供给不足,会促使外汇汇率上升,本币贬值,本币的国际地位降低,可能导致短期资本外逃,从而对本国的对外经济交往带来不利影响。

（2）如果一国长期处于逆差状态，不仅会严重消耗一国的储备资产，影响其金融实力，而且还会使该国的偿债能力降低，如果陷入债务困境不能自拔，这又会进一步影响本国的经济和金融实力，并失去在国际间的信誉。如20世纪80年初期爆发的国际债务危机在很大程度上就是因为债务国出现长期国际收支逆差，不具备足够的偿债能力所致。

持续的、大规模的国际收支顺差也会对一国经济带来不利的影响，具体表现在：

（1）持续性顺差会使一国所持有的外国货币资金增加，或者在国际金融市场上发生抢购本国货币的情况，这就必然产生对本国货币需求量的增加，由于市场法则的作用，本国货币对外国货币的汇率就会上涨，这就不利于本国商品的出口，对本国经济的增长会产生不良影响。

（2）持续性顺差会导致一国通货膨胀压力加大。因为如果国际贸易出现顺差，那么就意味着国内大量商品被用于出口，可能导致国内市场商品供应短缺，从而带来通货膨胀的压力。另外，出口公司将会出售大量外汇兑换本币收购出口产品从而增加国内市场货币投放量，带来通货膨胀压力。如果资本项目出现顺差，大量的资本流入，该国政府就必须投放本国货币来购买这些外汇，从而也会增加该国的货币流通量，带来通货膨胀压力。

（3）一国国际收支持续顺差容易引起国际摩擦，而不利于国际经济关系的发展。因为一国国际收支出现顺差也就意味着世界其他一些国家因其顺差而出现国际收支逆差，从而影响这些国家的经济发展。他们要求顺差国调整国内政策以调节过大的顺差，这就必然导致国际摩擦，例如20世纪80年代以来越演越烈的欧、美、日贸易摩擦就是因为欧共体国家、美国、日本之间国际收支状况不对称。

总之，一国国际收支持续不平衡时，无论是顺差还是逆差，都会给该国经济带来危害，政府必须采取适当的调节措施，以使该国的国内经济和国际经济得到健康发展。

（三）对国际收支失衡的再评价

评价一个国家的国际收支失衡必须采取客观的、辩证的态度，具体要注意以下几点。

（1）国际收支平衡是各国追求的目标，但各国出现国际收支失衡是一种正常现象，长期处于平衡状态是不可能的。

（2）相比较追求国际收支量上的平衡而言，各国政府更重视追求国际收支结构上的平衡。换句话说，国际收支结构的好坏对一国经济的影响要比国际收支量上是否平衡的影响更大。这里的国际收支结构是指国际收支各项目差额的结构，最主要的就是经常项目差额和资本与金融项目差额（不包括官方储备）的结构。一般有四种情况：①经常项目和资本与金融项目都出现顺差，这时不仅国际收支量上出现顺差，而且结构也较好，因而一般认为是最好的一种情况。②经常项目与资本与金融项目都出现逆差，这是最坏的一种情况。③经常项目出现顺差，资本与金融项目出现逆差，此时不管最后国际收支是顺差还是逆差，都不失为一种好的国际收支状况，因为它结构较好。经常项目出现顺差表明该国商品、劳务的国际竞争能力很强，出口多于进口，国家外汇储备增加；资本项目出现逆差，反映一国资本的国际竞争力很强，对外投资大于资本流入。④经常项目出现逆差，资本与金融项目出现顺差，此时即使最后国际收支能够达到平衡或顺差，都不是一种好的状态，因为这种国际收支结构不好。

（3）对于某些国家来说，在特殊时期，上述第四种情况的国际收支状况可能是一种政策性的选择，即为了达到一定的政策目标，政府采取的一种策略。比如发展中国家在经济起飞时期,由于经济基础较薄弱,商品、劳务的国际竞争力较差,经常项目出现赤字,但该国政府为了能在较短的时间里改变这种状况,采取各种优惠政策吸引外资,从而出现经常项目逆差、资本与金融项目顺差的状况,其目的是为了在较短的时间里达到经常项目顺差、资本与金融项目逆差的国际收支结构。

综上所述,对一国国际收支的不平衡必须采取具体的、全面的、辩证的分析方法,同时我们也可明确各国采取各种措施来调节国际收支不平衡,其目标是改变一国过长时间、过大规模的逆差或顺差状况,而不是彻底消除不平衡,因为这是不现实的。

第四节　国际收支失衡的调节

一、国际收支失衡的自动调节

国际收支失衡会引起国内某些经济变量的变动,这些变动反过来又会影响国际收支。国际收支的自动调节是指由国际收支失衡引起的国内经济变量变动对国际收支的反作用过程。在完全或接近完全的市场经济中,国际收支可以通过市场经济变量的调节自动恢复平衡。当然,国际收支自动调节只有在纯粹的自由经济中才能产生理论上所描述的那些作用,政府的宏观经济政策会干扰自动调节过程,使其作用下降、扭曲或根本不起作用,而且相对来说国际收支市场调节机制见效较慢。

(一) 货币—价格机制

"货币—价格机制"最早由英国经济学家大卫·休谟(David Hume)于1752年提出,其论述被称为"价格—现金流动机制"。"货币—价格机制"与"价格—现金流动机制"的主要区别是货币形态。在休谟的时期,金属铸币参与流通,而在当代,则完全是纸币流通。不过,这两种机制论述的国际收支自动调节原理是一样的。在金本位条件下,当一国国际收支出现逆差时,意味着对外支付大于收入,黄金外流增加,导致货币供给下降。在其他条件既定的情况下,物价下降,该国出口商品价格也下降,出口增加,国际收支因此而得到改善。反之,当国际收支出现大量盈余时,意味着对外支付小于收入,黄金内流增加,导致货币供给增加。在其他条件既定的情况下,物价上涨,该国出口商品价格也上涨,出口减少,进口增加,国际收支顺差趋于消失。"货币—价格机制"的另一种表现形式是相对价格水平变动对国际收支的影响,发生在纸币本位制度下。当一国国际收支出现逆差时,对外支出大于收入,对外币需求的增加使本国货币的汇率下降,由此引起本国出口商品价格相对下降、进口商品价格相对上升,从而出口增加、进口减少,贸易收支得到改善。

(二) 收入机制

收入机制是指一国国际收支不平衡时,该国的国民收入、社会总需求会发生变动,这些变动反过来又会削弱国际收支的不平衡。当国际收支出现逆差时,表明国民收入水平下降,国民收入水平下降会引起社会总需求下降及进口需求下降,从而使国际收支得到改善。国民收入下降不仅能改善贸易收支,而且也能改善经常项目收支和资本与金融项目收支。国民收入下降会使对外国劳务和金融资产的需求都不同程度地下降,从而使整个国际收支得到改善。

(三)利率机制

利率机制是指一国国际收支不平衡时,该国的利率水平会发生变动,利率水平的变动反过来又会对国际收支不平衡起到一定的调节作用。当一国国际收支发生逆差时,该国的货币存量(供应量)相对减少,利率上升,而利率上升表明本国金融资产的收益率上升,从而对本国金融资产的需求相对增加,对外国金融资产的需求相对减少,资金外流减少或资金内流增加,资本与金融项目收支得到改善。同时,利率上升会使社会总需求减少,进口减少,出口增加,贸易收支也会得到改善。

二、国际收支失衡的政策调节

国际收支失衡的政策调节是指国际收支存在不平衡的国家通过改变其宏观经济政策和加强国际间的经济合作,主动地对本国的国际收支进行调节,以使其恢复平衡。

在纸币流通制度下,国际收支自动调节机制因为要受到许多因素的影响和制约,其正常运作具有很大的局限性,其效应往往难以正常体现,而人为的政策调节相对来说比较有力,尽管有一定的负作用(如考虑了外部平衡而忽视了内部平衡),有时还会因时滞效应而达不到预期的目的,但各国仍在不同程度上予以运用。

(一)外汇缓冲政策(Foreign Exchange Cushion Policy)

外汇缓冲政策是指一国运用所持有的一定数量的国际储备,主要是黄金和外汇,作为外汇稳定或平准基金(Exchange Stabilization Fund),来抵消市场超额外汇供给或需求,从而改善其国际收支状况。它是解决一次性或季节性、临时性国际收支不平衡的简便而有力的政策措施。在国际收支出现逆差时(大家都需要外汇,本币汇率下跌),货币金融当局或央行在外汇市场上抛外汇,买本币,消除逆差所形成的外汇供给缺口,缓冲逆差对本国经济金融产生的不利影响。

动用国际储备,实施外汇缓冲政策不能用于解决持续性的长期国际收支逆差,因为一国储备毕竟有限,长期性逆差势必会耗竭一国所拥有的国际储备而难以达到缓冲的最终目的。特别是当一国货币币值不稳定时,人们对该国货币的信心动摇,因而引起大规模资金外逃时,外汇缓冲政策更难达到预期效果。

(二)需求调节政策

指通过调节社会总需求的水平或改变结构来调整。

1. 支出增减政策(Expenditure Shifting Policy)

支出增减政策指通过改变社会总需求或经济中支出的总水平,进而改变对外国商品、劳务和金融资产的需求,以此来调节国际收支失衡的一种政策。它主要包括财政政策和货币政策。

(1)财政政策

财政政策主要是采取缩减或扩大财政开支和调整税率的方式,以调节国际收支的顺差或逆差。如果一国国际收支发生逆差,第一,可削减政府财政预算、压缩财政支出,由于支出乘数的作用,国民收入减少,国内社会总需求下降,物价下跌,可增强出口商品的国际竞争力,进口需求减少,从而改善国际收支逆差;第二,提高税率,国内投资利润下降,个人可支配收入减少,导致国内投资和消费需求降低,在税赋乘数作用下,国民收入倍减,迫使国内物价下降,扩大商品出口,减少进口,从而缩小逆差。

(2) 货币政策

货币政策主要是通过调整利率来达到政策实施目标的。调整利率是指调整中央银行贴现率，进而影响市场利率，以抑制或刺激需求，从而影响本国商品的进出口，达到国际收支平衡的目的。当国际收支产生逆差时，政府可实行紧缩的货币政策，即提高中央银行贴现率，使市场利率上升，以抑制社会总需求，迫使物价下跌，出口增加，进口减少，资本也大量流入本国，从而逐渐消除逆差，国际收支恢复平衡。相反，国际收支产生顺差，则可实行扩张的货币政策，即通过降低中央银行贴现率来刺激社会总需求，迫使物价上升，出口减少，进口增加，资本外流，从而逐渐减少顺差，国际收支恢复平衡。

采用财政和货币政策调节国际收支，通过影响国内经济变量，如利率、物价，时滞有点长，而且容易顾此失彼，例如收入下降，会导致进出口的变化，但也会导致国内失业增加，企业经营困难，易出现内外均衡问题。

2. 支出转换政策（Expenditure Switching Policy）

这是通过改变社会总需求的方向或结构，从而改变支出在本国商品劳务和外国商品劳务之间的比重，以此来调节国际收支失衡的一种政策。它包括汇率政策和直接管制政策。

(1) 汇率政策

汇率政策是指通过调整汇率来调节国际收支的不平衡。这里所谓的"调整汇率"是指一国货币金融当局公开宣布的货币法定升值与法定贬值，而不包括金融市场上一般性的汇率变动。

汇率调整政策是通过改变外汇的供需关系，并经由进出口商品的价格变化、资本融进融出的实际收益（或成本）的变化等渠道来实现对国际收支不平衡的调节。当国际收支出现逆差时实行货币贬值，当国际收支出现顺差时实行货币升值。

汇率调整政策同上述财政政策、货币政策相比较而言，对国际收支的调节无论是表现在经常项目、资本项目还是储备项目上都更为直接、更为迅速。因为汇率是各国间货币交换和经济贸易的尺度，同国际收支的贸易往来、资本往来的"敏感系数"较大。但汇率调整对一国经济发展也会产生多方面的副作用。比如说，贬值容易给一国带来通货膨胀压力，从而陷入"贬值→通货膨胀→贬值"的恶性循环。汇率变动对贸易收支的调节受进出口商品价格弹性和时间滞后的影响，还可能导致其他国家采取报复性措施，从而不利于国际关系的发展等。

(2) 直接管制政策

财政、货币和汇率政策的实施有两个特点，一是这些政策发生的效应要通过市场机制方能实现，二是这些政策的实施不能立即收到效果，其发挥效应的过程较长。因此，在某种情况下，各国还必须采取直接的管制政策来干预国际收支。

直接管制政策包括外汇管制和贸易管制两个方面。

外汇管制方面主要是通过对外汇的买卖直接加以管制以控制外汇市场的供求，维持本国货币对外汇率的稳定。如对外汇实行统购统销，保证外汇统一使用和管理，从而影响本国商品及劳务的进出口和资本流动，调节国际收支不平衡。

贸易管制方面的主要内容是奖出限入。在奖出方面常见的措施有：①出口信贷；②出口信贷国家担保制；③出口补贴。在限入方面，主要是施行提高关税、进口配额制和进口许可证制的措施,此外,还有许多非关税壁垒的限制措施。

（三）供给调节政策

在运用政策调节国际收支时,不应忽略社会总供给的作用。从供给角度讲,调节国际收支的供给调节政策有产业政策、科技政策和制度创新政策。这些政策旨在改善一国的经济结构和产业结构,提高劳动生产率,增加出口商品和劳务的生产,提高产品质量,降低生产成本,以此达到增加社会产品(包括出口产品和进口替代品)的供给、改善国际收支的目的。

供给政策具有长期性,虽然在短期内难以有立竿见影的效果,但它可从根本上提高一国的经济实力与科技水平,从而为实现内外均衡创造条件。

（四）国际借贷

指通过国际金融市场、国际金融机构和政府间贷款的方式,弥补国际收支不平衡。国际收支逆差严重而又发生支付危机的国家,常常采取国际借贷的方式暂缓国际收支危机。但这种情况下的借贷条件一般比较苛刻,这又势必会增加将来还本付息的负担,使国际收支状况恶化,因此运用国际借贷的方法调节国际收支不平衡仅仅是一种权宜之计。

（五）国际经济、金融合作

如前所述,当国际收支不平衡时,各国根据本国的利益采取的调节政策和管制政策措施,有可能会引起国家之间的利益冲突和矛盾。因此,除了实施上述调节措施以外,有关国家还试图通过加强国际经济、金融合作的方式,从根本上解决国际收支不平衡的问题。其主要形式有：

（1）国际间债务清算自由化。第二次世界大战后成立的国际货币基金组织(IMF)和欧洲支付同盟(European Payment Union, EPU)的主要任务是促使各国放松外汇管制,使国际间的债权债务关系在这些组织内顺利地得到清算,从而达到国际收支平衡。

（2）国际贸易自由化。为了调节国际收支,必须使商品在国际间自由流动,排除任何人为的阻碍,使国际贸易得以顺利进行,为此或订立一些国际间的协定,或推行经济一体化,如欧洲共同市场(European Common Market)、拉丁美洲自由贸易区(Latin American Free Trade Association)、石油输出国组织(Organization Of Petroleum Exporting Countries, OPEC)等。

（3）协调经济关系。随着20世纪80年代全球性国际收支不平衡的加剧,西方主要工业国日益感到开展国际磋商对话、协调彼此经济政策以减少摩擦,共同调节国际收支不平衡的必要性和重要性。如1985年起一年一次的西方七国财长会议,就是协调各国经济政策的途径之一。通过西方七国财长会议的协调,近几年来,在纠正全球性国际收支不平衡方面已取得了一些积极成果。

二、国际收支调节方式的一般原则

（一）按照国际收支不平衡产生的原因来选择调节方式

国际收支不平衡产生的原因是多方面的,根据其产生原因的不同选择适当的调节方式可以有的放矢、事半功倍。例如,一国国际收支不平衡是经济周期波动所致,说明这种不平衡是短期的,因而可以用本国的国际储备或通过从国外获得短期贷款来弥补,从而达到平衡的目的,但这种方式用于持续性巨额逆差的调整则不能收到预期效果。如果国际收支不平衡是由于货币性因素引起的,则可采取汇率调整方法。如果国际收支不平衡是因为总需求大于总供给而出现的收入性不平衡,则可实行调节国内支出的措施,如实行财政、金融的紧缩性政策。如果发生结构性的不平衡,则可采取直接管制和调整经济结构的方式来调节。

(二)选择国际收支调节方式应尽量不与国内经济发生冲突

国际收支是一国宏观经济的有机组成部分,调整国际收支势必会对国内经济产生直接影响。一般来说,要达到内外均衡是很困难的,往往调节国际收支的措施对国内经济会产生不利影响,而谋求国内均衡的政策又会导致国际收支不平衡。因此,必须按其轻重缓急,在不同的时期和经济发展的不同阶段分别作出抉择。当然最一般的原则是尽量采用国内平衡与国际收支平衡相配合的政策。

(三)选择国际收支调节方式应尽可能减少来自他国的阻力

在选择国际收支调节方式时,各国都以自身的利益为出发点,各国利益的不同必然使调节国际收支的对策对不同国家产生不同的影响。有利于一国的调节国际收支的措施往往对其他国家有害,从而导致这些国家采取一些报复性措施,其后果不仅影响了国际收支调节的效果,而且还不利于国际经济关系的发展。因此,在选择国际收支调节方式时,应尽量避免损人过甚的措施,最大限度地降低来自他国的阻力。

第五节 国际收支理论

国际收支理论实际上是研究如何使国际收支保持均衡的理论或方法,或者说,是在理论上研究怎样把不均衡的国际收支调节到均衡的国际收支的一种方法。国际收支理论从重商主义开始到波拉克的货币分析法,其发展经历了萌芽期、发展期、成熟期三个时期。国际收支理论源远流长,从15、16世纪重商主义到20世纪30年代,它始终被作为国际金融的基本问题而加以研究,尤其自20世纪30年代后,随着国际经济贸易的广泛发展,国际收支理论更是不断创新。本节阐述了国际收支方面的各种理论,通过对其学习,能对国际金融实践和实务产生重大的指导作用。

一、国际收支的弹性分析法

弹性论诞生于20世纪30年代,当时世界经济危机导致金本位崩溃,各国为促进出口实行货币贬值,使汇率变动十分频繁,在此背景下,英国剑桥大学女经济学家琼·罗宾逊(Joan Robinson)1937年提出了弹性论。弹性论(Elasticity Approach)又称弹性分析法,是在马歇尔微观经济学和局部均衡分析方法的基础上发展起来的。它着重考虑货币贬值取得成功的条件及其对贸易收支和贸易条件的影响。

(一)前提假设

(1)其他条件不变,只考虑汇率变化对商品进出口的影响。

(2)贸易商品的供给完全有弹性,即贸易收支的变化完全取决于贸易商品的需求变化。

(3)不存在劳务进出口和资本流动,国际收支就等于国际贸易收支。

(4)收入水平不变从而进出口商品的需求就是这些商品及其替代品的价格水平的

函数。

（二）弹性论核心观点

货币贬值具有促进出口、抑制进口的作用。贬值能否扬"出"抑"进"，取决于供求弹性。为了使贬值有助于减少国际收支逆差，必须满足马歇尔—勒纳条件，即进口需求弹性和出口需求弹性的绝对值之和大于1。

$$Ex + Em > 1$$

其中 Ex 为出口需求弹性，Em 为进口需求弹性。

在实际经济生活中，当汇率变化时，进出口的实际变动情况还要取决于供给对价格的反应程度。即使在马歇尔—勒纳条件成立的情况下，贬值也不能马上改善贸易收支。相反，货币贬值后最初的一段时间，贸易收支反而可能会恶化。经过一段时间后，这一状况开始发生改变，进口商品逐渐减少，出口商品逐渐增加，使贸易项目收支向有利的方向发展，先是抵消原先的不利影响，然后使贸易项目收支状况得到根本性的改善。这一变化被称为"J曲线效应"（图1-1）。

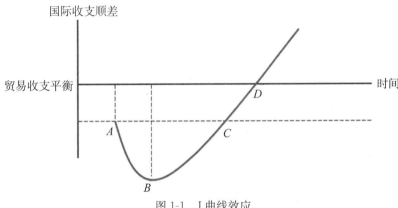

图1-1　J曲线效应

为什么贬值对贸易收支的有利影响要经过一段时滞后才能反映出来呢？这是因为，第一，在贬值之前已签订的贸易协议仍然必须按原来的数量和价格执行。贬值后，凡以外币定价的进口，折成本币后的支付将增加；凡以本币定价的出口，折成外币的收入将减少，换言之，在贬值前已签订但在贬值后执行的贸易协议下，出口数量不能增加以冲抵出口外币价格的下降，进口数量不能减少以冲抵进口价格的上升。于是，贸易收支趋向恶化。第二，即使在贬值后签订贸易协议，出口增长仍然要受认识、决策、资源、生产等因素的影响。至于进口方面，进口商有可能会认为现在的贬值是以后进一步贬值的前奏，从而加速订货。

这一变化过程可能会维持数月甚至一两年，根据各国不同情况而定。因此汇率变化对贸易状况的影响是具有"时滞"效应的。

（三）对弹性论的评价

该理论有其局限性，表现在：

（1）是局部均衡分析，只考虑汇率变动对进出口贸易的影响，忽略了其他重要的经济变量对国际收支的影响以及其他一些相互关系。

(2) 是一种静态分析,看不到贬值不是通过相对价格水平变动,而是通过货币供给和绝对价格水平的变动来改善贸易收支,无法提出正确的货币政策。

(3) 是一种微观分析,忽略了宏观经济分析的关于收入—支出—收入循环理论的基本观点,看不到贬值与对外贸易引起的国民收入变化影响国际收支均衡的机制,无法提出正确的收入政策。

(4) 供给具有完全弹性这一假设不符合实际,货币贬值在一定条件下,可在一定程度上改善贸易收支状态,但不能从根本上解决国际收支问题。

二、国际收支的吸收分析法

吸收论(Absorption Approach)又称支出分析法,它是1952年詹姆士·爱德华·米德和当时在国际货币基金组织工作的西德尼·亚历山大(Sidney Stuart Alexander)提出的,系在凯恩斯宏观经济学的基础上,从国民收入和总需求的角度,系统研究货币贬值政策效应的宏观均衡分析。它从凯恩斯的国民收入方程式入手,着重考察总收入与总支出对国际收支的影响,并在此基础上,提出国际收支调节的相应政策主张。

(一) 吸收论的基本理论

该理论建立的基础是凯恩斯主义的宏观经济分析,他把经济活动视为一个互相联系的整体。在这个整体中最重要的分析指标是总供给、总需求、国民收入和就业总量。

按照凯恩斯的理论,国民收入与国民支出的关系可以表述如下:

国民收入(Y)=国民支出(E)

在封闭经济的条件下:

国民支出(E)=消费(C)+投资(I)=国民收入(Y)

在开放经济的条件下,把对外贸易也考虑进去,则:

国民收入(Y)=消费(C)+投资(I)+[出口(X)-进口(M)]

移动恒等式两边,得:$X-M=Y-C-I=Y-(C+I)$ (1.1)

(1.1)式中,$X-M$ 为贸易收支差额,以此作为国际收支差额的代表,用 B 来表示。$C+I$ 为国内总支出,即国民收入中被国内吸收的部分,用 A 来表示。由此,国际收支差额实际上就可由国民收入(Y)与国内吸收(A)之间的差额来表示,则有:

$$B=Y-A$$

当国民收入大于总吸收时,国际收支为顺差;当国民收入小于总吸收时,国际收支为逆差;当国民收入等于总吸收时,国际收支为平衡。调节国际收支逆差就是要增加收入,即通常说的支出增加政策;或减少支出,即通常说的支出减少政策,简称吸收政策。

(二) 对吸收论的评价

吸收分析法是建立在宏观的、一般均衡的基础上的,比微观的、局部的弹性分析法有所进步,并强调了政策配合的意义,不过,它仍有不足之处,表现在:

第一,两点假设(贬值是出口增加的唯一因素,生产要素转移机制平滑)不切实际。

第二,倾斜地以国际收支中的贸易项目为研究对象,而忽视日益发挥重要作用的资本项目,从而使其理论无法完整。

三、国际收支的货币分析法

货币分析法由美国经济学家蒙代尔和约翰逊在休谟机制的基础上于20世纪60年代末、70年代初提出。该学派沿用了M.弗里德曼关于现代货币主义的某些理论，但他们又否认与弗里德曼领导的货币主义有任何联系。货币分析法在20世纪70年代中后期盛极一时，至今仍是分析国际收支问题的一种重要理论。

（一）货币论的假定前提

(1) 在充分就业均衡状态下，一国的实际货币需求是收入和利率等变量的稳定函数。

(2) 从长期看，货币需求是稳定的，货币供给变动不影响实物产量。

(3) 贸易商品的价格是由世界市场决定的，从长期来看，一国的价格水平和利率水平接近世界市场水平。

（二）货币论的基本理论

在上述各项假定下，货币论的基本理论可用以下公式表达。

$$M_S = M_D \tag{1.2}$$

其中，M_S 表示名义货币的供应量，M_D 表示名义货币的需求量。从长期看，可以假定货币供应与货币需求相等。

$$M_D = pf(y \cdot i) \tag{1.3}$$

其中，p 为本国价格水平，f 为函数关系，y 为国民收入，i 为利率（持有货币的机会成本）。$pf(y \cdot i)$ 表示对名义货币的需求；$f(y \cdot i)$ 表示对实际货币存量（余额）的需求。

$$M_S = m(D + R) \tag{1.4}$$

其中，D 指国内提供的货币供应基数，即中央银行的国内信贷或支持货币供给的国内资产；R 是来自国外的货币供应基数，它通过国际收支盈余获得，以国际储备作为代表；m 为货币乘数，指银行体系通过辗转存贷创造货币，使货币供应基数多倍扩大的系数。货币基数又称强力货币。若将 m 忽略，可得：

$$M_S = D + R \tag{1.5}$$

$$M_S = D + R \tag{1.6}$$

$$R = M_S - D \tag{1.7}$$

式(1.7)是货币论最基本的方程式。这个方程式告诉我们：①国际收支是一种货币现象。②国际收支逆差，实际上就是一国国内的名义货币供应量(D)超过了名义货币需求量。由于货币供应不影响实物产量，在价格不变的情况下，多余的货币就要寻找出路。对个人和企业来讲，就会增加货币支出，以重新调整它们的实际货币余额；对整个国家来讲，实际货币余额的调整便表现为货币外流，即国际收支逆差。反之，当一国国内的名义货币供应量小于名义货币需求时，在价格不变的情况下，货币供应的缺口就要寻找来源。对个人和企业来讲，就要减少货币支出，以使实际货币余额维持在所希望的水平；对整个国家来说，减少支出维持实际货币余额的过程，便表现为货币内流，国际收支盈余。③国际收支问题，实际上反映的是实际货币余额（货币存量）对名义货币供应量的调整过程。当国内名义货币供应量与实际经济变量（国民收入、产量等）所决定的实际货币余额需求相一致时，国际收支便处于平衡状态。

(三) 对货币论的评价

该分析法的主要贡献在于强调国际收支失衡会引起货币存量的变化,从而影响一国经济的发展。但该分析法仍有缺陷,表现在:

(1) 着重于长期分析,但事实上货币需求在短期内并不稳定。

(2) 忽视了极为重要的非货币资产因素的作用。

(3) 颠倒了商品流通与货币流通的关系,把货币因素看成是决定性的、第一性的因素。

改革开放 40 年来我国国际收支的发展演变

改革开放以来,我国经济社会各方面都发生了翻天覆地的变化,涉外经济更是得到蓬勃发展,从国际收支数据上便能够得到充分体现。

一、改革开放推动了中国经济全面融入世界经济体系,我国国际收支交易实现了从小变大、由弱变强的巨大飞跃

我国在全球贸易中的地位明显提升。1982 年我国货物和服务进出口总额为 404 亿美元,在全球范围内位居第 20 位。之后到 2001 年加入世界贸易组织的近 20 年间,货物和服务贸易总额年均增长 14%;2001 年至 2008 年,对外贸易进入高速发展期,年均增速达 26%;2009 年至 2017 年,对外贸易在波动中逐步趋稳,年均增长 9%。2016 年,我国货物和服务进出口总额为 4.14 万亿美元,在全球范围内位居第 2 位(见图 1-2)。

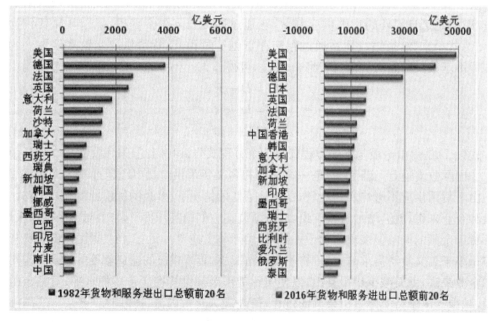

图 1-2　1982 年和 2016 年全球货物和服务贸易总额前 20 名国家或地区

注:货物和服务贸易数据来自各国国际收支平衡表;数据来源:国际货币基金组织。

对外金融资产和负债规模稳步增长。改革开放以来,跨境直接投资先行先试,债券投资和贷款逐渐被政府允许,证券投资随着合格机构投资者制度的引入实现了从无到有的突破,近年来"沪港通""深港通""债券通"等渠道不断丰富,各类跨境投融资活动日益频繁。以直接投资为例,20世纪80年代国际收支统计的外国来华直接投资年均净流入二三十亿美元,90年代升至每年几百亿美元,2005年开始进入千亿美元,中国逐步成为全球资本青睐的重要市场。对外直接投资在2005年之前每年均不足百亿美元,2014年突破千亿美元,体现了国内企业实力的增强和全球化布局的需要。国际投资头寸表显示,2017年末我国对外金融资产和负债规模合计12.04万亿美元,自2004年有数据统计以来年均增长17%。从2016年末的各国数据比较看,我国对外金融资产和负债规模在全球排第八位,并且是全球第二大净债权国。

二、改革开放促进国内经济结构和对外经济格局的优化,我国国际收支经历长期"双顺差"后逐步趋向基本平衡

我国经常账户顺差总体呈现先升后降的发展态势。1982年至1993年,我国经常账户差额有所波动,个别年份出现逆差。但1994年以来,经常账户开始了持续至今的顺差局面。其中,1994年至2007年,经常账户顺差与GDP之比由1%左右提升至9.9%,外向型经济特征凸显,在此期间也带动了国内经济的快速增长。但2008年国际金融危机进一步表明,我国经济应降低对外需的依赖,更多转向内需拉动。2008年起我国经常账户顺差与GDP之比逐步回落至合理区间,2017年降至1.3%,说明近年来内需尤其是消费需求在经济增长中的作用更加突出,这也是内部经济结构优化与外部经济平衡的互为印证。

跨境资本由持续净流入转向双向流动。在1994年经常账户开启长期顺差局面后,我国非储备性质金融账户也出现了长达二十年左右的顺差,"双顺差"一度成为我国国际收支的标志性特征。在此情况下,外汇储备余额持续攀升,最高时接近4万亿美元。2014年以来,在内外部环境影响下,非储备性质金融账户持续了近三年的逆差,外汇储备由升转降,直至2017年外汇储备再度回升。上述调整也引起了我国对外资产负债结构的变化,2017年末对外资产中储备资产占比为47%,较2013年末下降18个百分点;直接投资、证券投资和其他投资占比分别上升10个、3个和5个百分点,体现了对外资产的分散化持有与运用。同时,2017年末对外负债中的证券投资占比较2013年末上升11个百分点,其他投资占比下降9个百分点,国内资本市场开放的成果有所显现。

三、改革开放增强了我国的综合国力和抗风险能力,我国国际收支经受住了三次较显著的外部冲击考验

改革开放以来我国国际收支状况保持总体稳健。历史上,国际金融市场震荡对我国国际收支形成的冲击主要有三次。一是1998年亚洲金融危机,当年我国非储备性质金融账户出现63亿美元小幅逆差,但由于经常账户顺差较高,外汇储备稳中略升。二是2008年国际金融危机以及随后的欧美债务危机,我国国际收支"双顺差"格局没有发生根本改变,外汇储备进一步增加。三是2014年至2016年美国货币政策转向,新兴经济体普遍面临资本外流、货币贬值问题,我国外汇储备下降较多,但国际收支支付和外债偿还能力依然较强,风险可控。

日益稳固的经济基本面和不断提升的风险防范能力是应对外部冲击的关键。首先,改革开放以来,我国经济实力不断增强,逐步成为全球第二大经济体,而且产业结构比较完整,为应对外部冲击奠定了坚实的经济基础。其次,我国国际收支结构合理,抗风险能力较强,经常账户持续顺差,在1982—2013年的储备上升时期,贡献了63%的外汇储备增幅,2014年以来也起到了对冲资本外流的作用;外汇储备持续充裕,1998年亚洲金融危机前已是全球第二位,2006年起超过日本位居首位,使得我国储备支付进口、外债等相关警戒指标始终处于安全范围内。第三,我国资本项目可兑换稳步推进,人民币汇率形成机制改革不断完善,逆周期调节跨境资本流动的管理经验逐步积累,防范和缓解风险的效果明显。

资料来源:摘自《2017年中国国际收支报告》。

复习思考题

1. 根据《国际收支和国际投资头寸手册:第六版(BMP6)》,国际收支平衡表的标准构成包括哪些主要账户和子账户?
2. 国际收支平衡表是按照何种会计原理来进行记录的?具体如何记录各种国际经济交易?
3. 简述国际收支失衡的几种原因。
4. 一国应该如何选择政策措施来调节国际收支的失衡?

第二章 外汇与汇率

学习目标：

通过本章学习，主要掌握外汇、汇率等相关概念和汇率标价方法；了解汇率的种类、决定基础和主要汇率决定理论；理解并掌握影响汇率变动的因素以及汇率变动对经济的影响；熟练掌握外汇买入价、卖出价的判断方法。

本章重要概念：

外汇　汇率　直接标价法　间接标价法　美元标价法　基本汇率　套算汇率　即期汇率　远期汇率　买入汇率　卖出汇率　中间汇率　现钞汇率　固定汇率　浮动汇率　实际汇率　单一汇率　复汇率　购买力平价

第一节　外汇概述

一、外汇的概念

外汇（Foreign Exchange），它是国际汇兑的简称。我们可以从动态和静态这两个角度去理解它。

1. 动态外汇

动态外汇是指人们为了清偿国际间的债权债务关系，将一种货币兑换成另一种货币的金融活动过程。这种兑换由外汇银行办理，通过银行间的往来账户划拨资金来完成，通常不需要现钞支付和现钞运输。

2. 静态外汇

静态外汇是指可以在国际结算中使用的各种支付手段和各种对外的债权，从这个意义上说，外汇等同于外币资产。静态的外汇有广义和狭义之分。

（1）广义的静态外汇

各国外汇管制法令所称的外汇就是广义的静态外汇。例如，《中华人民共和国外汇管理条例》第一章第三条中明确规定，外汇是指下列以外币表示的可以用作国际清偿的支付手段和资产：

① 外币现钞，包括纸币、铸币；
② 外币支付凭证或者支付工具，包括票据、银行存款凭证、银行卡等；
③ 外币有价证券，包括债券、股票等；
④ 特别提款权；
⑤ 其他外汇资产。

（2）狭义的静态外汇

狭义的静态外汇是指以外币表示的随时可以用于国际结算的支付手段。按照该定义，不是所有的外国货币都能成为外汇，只有为各国普遍接受的支付手段，才能用于国际结算。因此，以外币表示的有价证券由于不能直接用于国际间的支付，故不属于外汇。在这个意义上，只有存放在国外银行的外币资金，以及将对银行存款的索取权具体化了的外币票据，才构成外汇。

具体地说，外汇主要指以外币表示的汇票、支票、本票和以银行存款形式存在的外汇，其中以银行存款形式存在的外汇是狭义静态外汇的主体。

人们通常所说的外汇指的就是狭义的静态外汇。

二、外汇的特征

从理论上说，世界上任何一个国家发行的货币对于其他国家来说，都可以当作外汇来使用。但是在现实中，能够为国际上所承认并广泛使用的外汇，在180多个不同国家的货币当中，只有十余种。那么，为什么有的国家或地区的货币（如欧元、英镑、美元、日元等）可以当作外汇在世界范围内流通，而有些国家的货币（如泰铢、朝鲜币等）还不能在国际经济交易中流通呢？事实上任何一种货币要被世界各国广泛接受，进而成为能够在国际上流通的外汇，必须具备外汇的几个特点，主要包括：

1. 外币性

外汇必须以本国货币以外的外国货币来表示。即使本国货币及以其表示的支付凭证和有价证券等，可用作国际结算的支付手段或国际汇兑，但对本国居民来说仍不是外汇。

2. 自由兑换性

外汇必须可以自由兑换成其他外币或以外币表示的金融资产，这是外汇的一个基本特点。一国货币只有当它能够自由兑换成另一国货币时，才能将一国购买力转化为另一国购买力，才能作为国际支付和国际汇兑的手段，这种货币才能称得上是外汇。

3. 可偿付性

可偿付性即外汇能在国外得到普遍认可，并能在国际上作为支付手段对外支付，对方无条件接受。凡在国际上得不到偿付的各种外币证券、空头支票、银行拒付汇票等，即使是以某种流通性很高的外币（如美元）计算，也不能视为外汇。

总之，尽管外汇从形态上要用外币来表示，但外币并不能等同于外汇，外汇的内涵要丰富得多。

三、外汇的分类

按照不同的划分标准，外汇可以区分为不同的种类。

1. 自由外汇和记账外汇

按照是否可以自由兑换，可分为自由外汇和记账外汇。

自由外汇（Free Foreign Exchange）即无须外汇管理当局的批准，便可自由兑换为其他国家货币的外汇，或可直接向第三国进行支付的外国货币与支付凭证。目前世界上有50多种货币可自由兑换，但在国际结算中普遍使用的只有十多种，如美元、欧元、英镑、瑞士法郎、日元等。记账外汇（Foreign Exchange Account），也称双边外汇、清算外汇或协定外汇，它是两国政府间支付协定项下的只能用于双边清算的外汇，未经货币发行国批准,不能兑换为其他国家的货币,也不能支付给第三国,只能用于支付协定中规定的两国间贸易货款、从属费用及其他双方政府同意的付款。

2. 贸易外汇和非贸易外汇

按照外汇的来源和用途不同,可分为贸易外汇和非贸易外汇。

贸易外汇是指用于进出口贸易及其从属费用的外汇,包括货款、保险费、运费、装卸费等外汇收支;非贸易外汇是指与进出口贸易无关的外汇,包括服务、旅游、侨汇、捐赠、援助外汇以及属于资本流动性质的外汇等。

3. 即期外汇和远期外汇

按照外汇买卖的交割期限不同,可分为即期外汇和远期外汇。

交割是指外汇买卖中货币的实际收付或银行存款账户上金额的实际划转。即期外汇(Spot Exchange),又称现汇,是指外汇买卖成交后,在两个营业日之内进行交割的外汇;远期外汇(Future Exchange),又称期汇,是指交易双方签订外汇买卖合约,规定外汇买卖的币种、数量、期限、汇率等,到约定日期按照合约规定的汇率进行交割的外汇。远期外汇交割期限可以为1~6个月,也可长达1年以上,通常为3个月。

4. 外汇现钞和现汇

按照外汇形态的不同,可分为外汇现钞和外汇现汇。

外汇现钞,是指外国纸币、铸币,主要由境外携入。

外汇现汇,是指在货币发行国本土银行的存款账户中的自由外汇,主要由国外汇入,或由境外携入、寄入的外币票据,经本国银行收妥后存入。

外汇现钞是实实在在的外国货币,当客户需要将现钞如美元现钞从国内汇出至美国时,需要将美元现钞转化为账面上的美元现汇,这种转化在现实中就表现为客户把美元现钞卖给银行,同时从银行买入美国现汇。外汇现汇是账面上的外汇,它的汇出除了账面上的转化以外,不存在实物形式的转化。

四、外汇的作用

(一) 充当国际结算的支付手段

在世界经济交往中,如果没有可兑换的外汇,那么交易各国的每一笔交易都必须用充当"世界货币"的黄金来支付、结算,而黄金在各国间的运送,既要开支大量的运送费,又会耽误支付的时间,给有关方面造成资金占压,交易各国还要承担很大风险。而以外汇充当国际结算的支付手段,则能解决这一难题。利用国际信用工具,通过在有关银行账户上的转账或冲抵的方法来办理国际支付,这种国际间非现金的结算方式,既安全迅速又简单方便,还可节省费用,不仅加速了资金周转,还促进了国际经贸关系的发展。

(二) 实现国际间购买力的转移

当今世界各国实行的是纸币流通制度,由于各国货币不同,一国货币一般不能在别国流通,对别国市场上的商品和劳务没有直接的购买力。外汇作为国际支付手段被各国普遍接受,它使不同国家间货币购买力的转移得以实现,极大地促进了世界各国在经济、政治、科技、文化等领域的相互交流。

(三) 调剂国际间的资金余缺

世界经济发展很不平衡,各国资金在客观上存在着调剂余缺的必要。资金短缺的发展中国家特别需要外汇资金来加速其经济增长,而发达国家一般拥有大量的闲置资金,正在寻找投资获利的途径。外汇作为国际支付手段,有助于国际投资和资本转移,使资金得以有效利用,资金供求关系得到调节,同时加速世界经济的一体化进程。

（四）充当国际储备资产

国际储备是指一国货币当局所持有的,能随时用来支付国际收支差额、干预外汇市场、维持本币汇率稳定的流动性资产。国际储备由货币性黄金、外汇储备、在国际货币基金组织的头寸以及特别提款权构成,其中外汇储备是当今国际储备的主体,其所占比重最高、使用频率最高。外汇储备的主要形式是国外银行存款与外国政府债券,能充当储备货币的是那些可自由兑换、被各国普遍接受、价值相对稳定的货币。

第二节 汇率标价与汇率种类

一、汇率的含义

一个国家在清算国际收支时,必然要发生本国货币与外国货币的折合兑换,这就产生了外汇汇率的问题。外汇汇率(Foreign Exchange Rate)又称为汇价,是一国货币折算成另一国货币的比率,或者是用一国货币表示的另一国货币的价格。例如 USD1＝CNY6.29,即以人民币表示美元的价格,说明了人民币与美元的比率或比价。

在不同的环境下,汇率有不同的称谓。直观上看,汇率是一国货币折算成另一国货币的比率,因此汇率又可称为"兑换率"。从外汇交易的角度来看,汇率是一种资产价格,即外汇价格。外汇作为一种特殊的商品,可以在外汇市场上买卖,这就是外汇交易。进行外汇交易的外汇必须有价格,即"汇价",它是以一国货币表示的另一国货币的价格。由于外汇市场上的供求经常变化,汇价也经常发生波动,因此汇率又称为"外汇行市"。在一些国家,如我国,本币兑换外币的汇率通常在银行挂牌对外公布,这时汇率又称为"外汇牌价"。

二、汇率的标价方法

确定两种不同货币之间的比价,先要确定用哪个国家的货币作为标准货币,哪个国家的货币作为标价货币。由于确定的标准不同,于是便产生了几种不同的汇率标价方法。

1. 直接标价法

直接标价法(Direct Quotation)是以一定单位的外国货币为标准,计算应付多少单位本国货币的方法,即以 1 个单位或 100 个单位的外国货币作为标准,来计算应付多少单位的本国货币。这是除英、美两国外,其他国家所采用的方法。在这种标价法下,外国货币数额固定不变,应付的本国货币数额则随着外国货币或本国货币市值的变化而变化。一定单位的外币折算的本国货币减少,说明外汇汇率下跌,即外币贬值或本币升值。

例如,USD1＝CNY6.29↑↓即以美元作为外币,其数额固定不变,而人民币作为本币,其数额随着外币币值或本币币值的变化而变化。外汇汇率上升,如箭头↑所示,则等式右端的本币数额增加;外汇汇率下跌,如箭头↓所示,则等式右端的本币数额减少。

2. 间接标价法

间接标价法(Indirect Quotation)是以一定单位的本国货币为标准,计算应收多少单位外国货币的方法,即用1个单位或100个单位的本国货币作为标准,来计算应收多少单位的外国货币。在这种标价法下,本国货币数额固定不变,应收的外国货币数额则随着本国货币或外国货币币值的变化而变化。一定单位的本国货币折算的外币数量增多,说明本国货币汇率上涨,即本币升值或外币贬值。目前,世界上只有少数国家采用间接标价法。其中在英国,英镑对所有其他货币汇率均以间接标价法表示;在美国,美元除对英镑实行直接标价法外,对其余货币的汇率也都以间接标价法表示。

例如,GBP1=AUD2.59↑↓即以英镑作为本币,其数额固定不变,而以澳元作为外币,其数额随着本币币值或外币币值的变化而变化。外汇汇率上升,如箭头↓所示,则等式右端的外币数额减少;外汇汇率下跌,如箭头↑所示,则等式右端的外币数额增加。

3. 美元标价法和非美元标价法

在外汇交易中如果涉及的两种货币都是外币,则很难用直接标价法或间接标价法来判断。为了适应全球化的外汇交易发展,国际外汇市场上逐步形成了以美元为基准货币进行标价的市场惯例,即美元标价法(U.S.Dollar Quotation),又称纽约标价法。美元标价法是指以1个单位的美元为基准,折合为一定数额的其他国家货币来表示汇率的方法。例如从瑞士苏黎世向日本银行询问日元汇率,东京外汇银行的报价不是直接报瑞士法郎兑日元的汇率,而是报美元兑日元的汇率。世界各金融中心的国际银行所公布的外汇牌价都是美元兑其他主要货币的汇率,其他国家货币之间的汇率则通过各自兑美元的汇率套算后,作为报价的基础。比如2013年8月10日,国际外汇市场上,1美元=0.978 2瑞士法郎,1美元=1.028 5加拿大元,1美元=96.18日元等。在这种标价法中,美元是基准货币,作为计价标准,其他国家的货币是标价货币,作为计算单位。所以,在汇率变化时,美元标价法中美元的数额不变,其他国家货币的数额随汇率的高低而变化。

非美元标价法是指以1个单位的非美元货币为基准货币,折合为一定数额的美元来表示汇率的方法。非美元货币作为基准货币,美元是标价货币。如1欧元=1.333 5美元,1澳元=0.919 8美元等。非美元标价法中基准货币主要指英镑、欧元、澳大利亚元、新西兰元和南非兰特等几种货币。在汇率发生变化时,非美元标价法中,非美元货币的数额不变,美元的数额随着汇率的高低而变化。

当外汇市场报道,美元兑瑞士法郎汇率水平为0.918 5时,即表明1美元=0.918 5瑞士法郎。如果英镑兑美元汇率水平为1.581 2,即表明1英镑=1.581 2美元。

在统一外汇市场惯例标价法下,市场参与者不必区分是直接标价法还是间接标价法,只需按市场惯例进行报价和交易。货币升值或贬值可以通过汇率数额的变化直接反映出来。

综上所述,在谈到外汇汇率上涨或下跌时,首先要明确其标价方法,然后才能正确理解其含义。

三、汇率的种类

汇率可以按照不同标准,从不同角度根据不同需要划分为各种不同的种类。

(一) 根据银行买卖外汇的方向划分

从银行买卖外汇的方向划分,汇率可分为买入汇率、卖出汇率、中间汇率和现钞汇率。

(1) 买入汇率(Buying Rate),又称为买入汇价或买价,是银行从同业或客户买入外汇时所使用的汇率。

(2) 卖出汇率(Selling Rate),又称为卖出汇价或卖价,是银行向同业或客户卖出外汇时所使用的汇率。

买入汇率和卖出汇率都是从银行(报价银行)的角度出发的,外汇银行买卖外汇的目的是为了追求利润,因为,他们总是以低价买入某种货币,然后高价卖出,即外汇银行在经营外汇的过程中始终遵循贱买贵卖的原则。买入汇率和卖出汇率二者之间的差额就是买卖外汇的收益。在使用直接标价法时,外币折合本币数额较少的那个汇率就是买入汇率,外币折合本币数额较多的那个汇率就是卖出汇率;在使用间接标价法时,本币折合外币数额较多的那个汇率就是买入汇率,本币折合外币数额较少的那个汇率就是卖出汇率;在既不是直接标价法,也不是间接标价法时,标准货币折合报价货币数额较少的那个汇率是标准货币买入汇率(报价货币卖出汇率),标准货币折合报价货币数额较多的那个汇率是标准货币卖出汇率(报价货币买入汇率)。

我们举例加以说明,在香港外汇市场上某银行给出的美元对港元的即期汇率为 USD1=HKD7.752 0/32,是直接标价法,则美元作为外汇,美元买入价为 7.752 0,美元卖出价为 7.753 2,每买卖 1 美元银行可获得 0.001 2 港元的收益;若在纽约外汇市场上某银行给出的美元对港元的即期汇率仍为 USD1=HKD7.752 0/32,则是间接标价法,港元作为外汇,港元买入价为 7.753 2,港元卖出价为 7.752 0,每买卖价值 1 美元的港元,银行可获得 0.001 2 港元的收益。

(3) 中间汇率(Middle Rate),也称中间价,是银行外汇的买入汇率与卖出汇率的平均数,即买入汇率加卖出汇率之和除以 2。中间汇率不是外汇买卖的执行价格,常用于对汇率的分析。报刊、电视报道汇率时也常使用中间汇率。

(4) 现钞汇率(Bank Notes Rate),又称为现钞买入价,是指银行从客户那里购买外币现钞时所使用的汇率。现钞买入价一般低于现汇买入价,而现钞卖出价与现汇卖出价相同,前述的买入汇率、卖出汇率是指银行购买或卖出外币支付凭证的价格。银行在买入外币支付凭证后,通过划账,资金很快就存入外国银行,开始生息或可调拨使用。一般国家都规定,不允许外国货币在本国流通。银行收兑进来的外国现钞,除少部分用来满足外国人回国或本国人出国的兑换需要外,余下部分积累到一定的数量后,必须运送到各外币现钞发行国去或存入其发行国银行及有关外国银行才能使用或获取利息,这样就产生了外币现钞的保管、运送、保险等费用及利息损失,银行要将这些费用及利息损失转嫁给出卖外币现钞的顾客,所以银行买入外币现钞的汇率要低于现汇买入汇率。

(二) 根据汇率的计算方法不同划分

按照汇率的计算方法不同划分,可分为基本汇率和套算汇率。

(1) 基本汇率(Basic Rate),是指一国货币对某一关键货币的比率。所谓关键货币,是指在国际贸易或国际收支中使用最多、在各国的外汇储备中占比最大、自由兑换性最强、汇率行情最稳定、普遍为各国所接受的货币。由于美元是国际金融支付中使用较多的货币,各国普遍把美元作为制定汇率的关键货币。

(2) 套算汇率(Cross Rate),又称交叉汇率,是在基础汇率基础上套算出的本币与非关键货币之间的比率。目前各国外汇市场上每天公布的外汇汇率都是各种货币兑美元之间的汇率,非美元货币之间的汇率均须通过该汇率套算出来。

下面,我们来介绍几种由基本汇率套算交叉汇率的方法。

① 若两个汇率的标准货币相同,则交叉相除。

【例2.1】已知某日外汇市场行情:美元兑日元的汇率为 USD1＝JPY99.050 0/99.060 0,美元兑人民币的汇率为 USD1＝CNY6.135 9/6.136 9,计算人民币兑日元的汇率。

解:

人民币兑日元的汇率为
CNY1＝JPY(99.050 0÷6.136 9)/(99.060 0÷6.135 9)＝JPY16.140 1/16.144 3

② 若两个汇率的标价货币相同,则交叉相除。

【例2.2】已知某日外汇市场行情:美元兑英镑的汇率为 GBP1＝USD1.545 2/1.545 7,美元兑欧元的汇率为 EUR1＝USD1.314 8/1.315 1,计算欧元兑英镑的汇率。

解:

欧元兑英镑的汇率为
EUR1＝GBP(1.314 8÷1.545 7)/(1.315 1÷1.545 2)＝GBP0.850 6/0.851 1

③ 若一个汇率的标准货币与另一个汇率的标价货币相同,则同边相乘。

【例2.3】已知某日外汇市场行情:美元兑日元的汇率为 USD1＝JPY99.070 0/99.090 0,美元兑欧元的汇率为 EUR1＝USD1.316 4/1.316 5,计算欧元兑日元的汇率。

解:

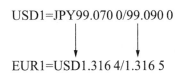

欧元兑日元的汇率为
EUR1＝JPY(99.070 0×1.316 4)/(99.090 0×1.316 5)＝JPY 130.415 7/130.452 0

(三) 按照外汇汇付的方式不同划分

按照外汇汇付的方式不同划分,可分为电汇汇率、信汇汇率与票汇汇率。

(1) 电汇汇率(Telegraphic Transfer Rate,T/T Rate),是指经营外汇业务的银行在售出外汇后,用电报或电传通知其国外的分行或代理行付款给收款人所使用的一种汇率。例如,银行同业之间买卖外汇或划拨资金就使用电汇方式。由于电汇付款较快,银行无法占用客户资金头寸,同时,国际上的电报费用较高,所以电汇汇率较一般汇率高。外汇市场所公布的汇率也多为电汇汇率。

(2) 信汇汇率(Mail Transfer Rate,M/T Rate),是指银行卖出外汇后,开立付款委托书,用信函方式通知国外分行或代理行解付时所采用的汇率。由于信函寄达的时间比电报、电传长,在此期间,银行可以占用客户的资金获取利息,所以信汇汇率较电汇汇率低。信汇方式通常在我国香港和东南亚地区与邻近国家或地区之间的交易中使用。

(3) 票汇汇率(Demand Draft Rate,D/D Rate),是指银行在卖出外汇时,开立一张由其国外分支机构或代理行付款的汇票交给汇款人,由其自带或寄往国外取款。由于汇票从卖出外汇到支付外汇有一段间隔时间,银行可以在这段时间内占用客户的头寸,所以票汇汇率一般比电汇汇率低。票汇又有长期票汇和短期票汇之分,长期票汇比短期票汇汇率要低。

当前国际外汇市场上银行间外汇交易多采用电信方式,所以电汇汇率是外汇交易的基准汇率,信汇、票汇汇率是在电汇汇率的基础上制定的。一般来说,在无特别说明的情况下,银行所报的汇价均为电汇汇率。

(四) 按照外汇买卖的交割时间不同划分

按照外汇买卖的交割时间不同划分,可分为即期汇率和远期汇率。

(1) 即期汇率(Spot Rate),又称现汇汇率,是指买卖双方成交后在两个营业日内办理外汇交割所使用的汇率。一般在外汇市场上挂牌的汇率,除特别标明远期汇率以外,都是指即期汇率。

(2) 远期汇率(Forward Rate),又称期汇汇率,是指买卖双方约定在未来某一时间进行交割,但事先签订合同,达成协议的汇率。到了交割日期,由协议双方按约定的汇率、金额进行交割。远期外汇买卖是一种预约性交易,是由于外汇购买者对外汇资金需要的时间不同,以及为了避免外汇风险而引起的。

远期汇率是双方以即期汇率为基础约定的,但往往与即期汇率有一定差价,其差价称为升水或贴水。当远期汇率高于即期汇率时称汇率升水,当远期汇率低于即期汇率时称汇率贴水。升、贴水主要产生于利率差异、供求关系、汇率预期等因素。另外,远期汇率虽然是未来交割所使用的汇率,但与未来交割时的即期汇率是不同的,前者是事先约定的远期汇率,后者是即时的即期汇率。

(五) 按照国家汇率制度的不同划分

按照国家汇率制度的不同划分,可分为固定汇率和浮动汇率。

(1) 固定汇率(Fixed Rate),是指本国货币与其他货币之间维持一个固定比率,汇率波动只能限制在一定范围内,由官方干预来保证汇率的稳定。固定汇率不是永不改变的,在纸币流通的条件下,经济形势发生较大变化时,就需要对汇率水平进行调整(或升值或贬值)。因此,纸币流通条件下的固定汇率实际上是一种可调整的固定汇率制。

(2) 浮动汇率(Floating Rate),是指汇率水平完全由外汇市场供求决定,政府不加任何干预的汇率。在现实生活中,由于汇率对一国的国际收支和经济均衡有重大的影响,各国政府大多会通过调整利率、在外汇市场上买卖外汇以及控制资本移动等形式来控制汇率的走向,我们将这种有干预、有指导的浮动汇率称为管理浮动汇率。目前,世界上大多数国家都实行浮动汇率制,只不过多数国家都是有管理的浮动汇率制。

(六) 按照汇率的适用范围不同划分

按照汇率的适用范围不同划分,可分为单一汇率与复汇率。

(1) 单一汇率(Single Rate),是指一国外汇管理机构对本国货币与外币交换只规定一种汇率,该国一切外汇收支均按一种汇率进行结算。在外汇管制较松、国际收支状况基本平衡的国家,官方往往只规定一种汇率。

(2) 复汇率(Multiple Rate),又称多元汇率,是指一种货币(或一个国家)有两种或两种以上汇率,不同的汇率用于不同的国际经贸活动。设置复汇率的目的主要在于:鼓励或限制某些商品出口;鼓励或限制某些货物进口;鼓励某些商品在国内生产,借高价卖出或低价买入以充实国库。例如,德国在 20 世纪 30 年代曾对战备物资的进口给予较优惠的汇率,对其他物品的进口则以较高的汇率来兑换。

(七) 按照外汇管制程度的不同划分

按照外汇管制程度的不同划分,可分为官方汇率和市场汇率。

(1) 官方汇率(Official Rate),又称法定汇率,是指国家机构(财政部、中央银行或外汇管理当局)公布的汇率,并规定一切外汇交易都以其公布的汇率为标准。在外汇管制比较严格的国家禁止自由市场的存在,官方汇率就是实际汇率,而无市场汇率。官方汇率一经制定往往不能频繁地变动,这虽然保证了汇率的稳定,但是汇率较缺乏弹性。

(2) 市场汇率(Market Rate),是指由外汇市场上的供求决定的、在外汇市场上买卖外汇的实际汇率。市场汇率随外汇的供求变动而变动,同时也受一国外汇管理当局对外汇市场干预的影响。在外汇管制较松或不实行外汇管制的国家,官方宣布的汇率往往只是起基准汇率的作用,实际外汇交易则按照市场汇率进行。

(八) 按照汇率的测算方法不同划分

按照汇率的测算方法不同划分,可分为名义汇率和实际汇率。

(1) 名义汇率(Nominal Rate),是指各国外汇市场或外汇管理机构公开发布的外汇汇率,是没有剔除通货膨胀因素的汇率。名义汇率有时不能反映两国货币的实际价值。

(2) 实际汇率(Real Rate),是指对名义汇率经过通货膨胀因素调整以后的汇率。

(九) 按照外汇银行的营业时间不同划分

按照外汇银行的营业时间不同划分,可分为开盘汇率与收盘汇率。

(1) 开盘汇率(Opening Rate),即外汇银行在一个营业日刚开始营业时,进行外汇买卖所使用的汇率。

(2) 收盘汇率(Closing Rate),即外汇银行在一个营业日的外汇交易终了时,进行外汇买卖使用的汇率。

随着现代科技的发展、外汇交易设备的现代化,世界各地的外汇市场紧密地连成了一体。由于各国大城市存在时差,外汇市场的开盘汇率往往会受到上一时区外汇市场收盘汇率的影响。开盘汇率与收盘汇率虽然只相隔几个小时,但在汇率频繁波动的今天,也往往会有较大的出入。

第三节 汇率的决定与变动

一、汇率的决定基础

汇率决定理论是国际金融理论体系中的核心理论,是对汇率决定因素的分析,至今仍是国际金融关注和研究的重点领域之一。在不同的货币制度下,各国货币所具有的或代表的价值量是不同的,货币之间的汇率便具有不同的决定基础。根据货币制度的演进,我们将分别探讨金本位制度下的汇率决定和纸币流通条件下的汇率决定。

(一)金本位制度下的汇率决定

金本位制度可以具体分为金币本位制、金块本位制以及金汇兑本位制三个阶段。

(1)典型的金本位制度——金币本位制度下的汇率决定

金币本位制度下汇率的决定基础是铸币平价。此时,流通中的货币是以一定重量和成色的黄金铸造而成的金币,各国货币的单位价值就是铸造该金币所耗用的实际黄金的重量,两国货币单位的含金量之比就称为铸币平价。

由铸币平价决定的汇率是一种法定的中心汇率,不会轻易变动,而市场汇率则会随着外汇供求关系的变化围绕中心汇率上下波动。这种变化并不是无限制地上涨或下跌,而是被限定在铸币平价上下一定界限内,这个界限就是黄金输送点。

当外汇市场上的汇率上涨达到或超过某一界限时,本国债务人用货币兑换外汇就不如直接运送黄金再换取他国货币来得成本低,从而引起黄金输出,这一汇率上限就是"黄金输出点";当外汇市场上的汇率下跌达到或低于某一界限时,本国债务人用外汇兑换本币的所得就会少于用外汇直接购买黄金再运输回国内的所得,从而引起黄金输入,这一汇率下限就是"黄金输入点"。

也就是说,汇率最高不会超过黄金输出点,即铸币平价加运费;最低不会低于黄金输入点,即铸币平价减运费。黄金输出点和黄金输入点共同构成了金本位制下汇率波动的上、下限。超过或低于这一界限,就会引起黄金的输出、输入和货币汇率的自动调节。

总之,在金本位制下,由于黄金输送点和价格—现金流动机制的作用,汇率的波动被限制在一定幅度内,对汇率起到了稳定和自动调节的作用。

(2)蜕化的金本位制——金块本位制和金汇兑本位制下的汇率决定

金块本位制和金汇兑本位制下,汇率决定的基础是金平价。第一次世界大战后,许多国家通货膨胀严重,银行券的自由兑换和黄金的自由流动遭到破坏,各国纷纷开始实行蜕化的金本位制度,即金块本位制和金汇兑本位制。在这两种货币制度下,国家用法律规定货币的含金量,货币的发行以黄金或外汇作为准备金,并允许在一定限额以上与黄金、外汇兑换,各国货币的单位价值由法律所规定的含金量来决定。两国货币单位所代表的含金量之比就称为金平价。

(二)纸币流通条件下汇率决定的基础

纸币是价值符号,可以代表金属货币执行流通手段的职能。在纸币流通条件下,汇率实质上是两国纸币以各自所代表的价值量为基础而形成的交换比例。所以在纸币流通条件下,纸币所代表的实际价值是决定汇率的基础。

纸币所代表的价值,在历史的发展演变过程中曾经有两种含义。

第一种含义是指纸币所代表的金平价,即国家法律所规定的纸币的含金量。在纸币发行以金准备为限的纸币流通条件下,金平价说明了每单位纸币所代表的含金量。所以,两国纸币的金平价是决定两国货币汇率的基础。

第二种含义是指纸币的购买力,即每单位纸币能购买到的商品量。按照马克思的劳动价值论和货币理论,决定两国货币汇率的是两国纸币的购买力。

1973年以后在黄金非货币化的影响下,黄金逐渐脱离了与货币的联系,不再作为各国货币的定值标准,各国也不再规定货币的含金量。纸币发行也演变为纯粹的不兑现的信用货币发行。在这样的纸币流通制度下,纸币所代表的实际价值就是纸币的购买力。

在纸币流通条件下,汇率的变动主要受外汇供求关系的影响。这种情况在历史上可以分为两个时期:在布雷顿森林体系时期,西方各国用法律规定纸币的含金量,并人为规定了汇率的波动幅度,把汇率的变动限制在一定的范围之内;而在牙买加协议基础上的现行国际金融体系时期,黄金已经非货币化,纸币的金平价也已被废止,汇率则基本摆脱了自发的及人为的限制,主要受外汇供求关系的作用,波动频繁、幅度很大,影响外汇供求关系的因素也更加复杂化

二、影响汇率变动的主要因素

汇率的变动受很多因素的影响,其中既包括经济因素,也包括政策因素和其他因素。

(一)影响汇率变动的经济因素

1. 国际收支状况

一国的国际收支状况会使其汇率发生变化。如果一国国际收支持续顺差,外汇收入相应增多,国际储备随之增加,就会引起外国对该国货币需求的增长和外国货币供应的增加,在其他条件不变时,该国货币币值就会上升,外汇汇率就会下降。反之,如果一国国际收支持续逆差,该国对外债务增加,国际储备随之减少,就会导致该国对外汇需求的增加而使本币货币币值下跌,外汇汇率上升。这里需要注意的是,只有持续、大规模的国际收支失衡,才可能会引起本币的升值或贬值,暂时的、小规模的国际收支顺差或逆差,由于很可能被国际资本流动、相对汇率和通货膨胀率等其他因素所抵消,最终不一定会引起汇率的变动。

2. 相对通货膨胀率

货币对外价值的基础是对内价值。如果货币的对内价值降低,其对外价值即汇率则必然随之下降。自从纸币在全世界范围内取代金属铸币流通后,通货膨胀几乎在所有国家都发生过。根据购买力平价理论,国内外通货膨胀率差异是决定汇率长期趋势的主导因素。其影响汇率的传导机制包括两个方面:①当一国通货膨胀率高于其他国家时,该国商品出口竞争力下降,引起贸易收支逆差,从而导致本币贬值。②通货膨胀使一国实际利率下降,资本流出,引起资本项目逆差,从而引起本币贬值。因此,在考察通货膨胀率对汇率的影响时,不仅要考虑本国的通货膨胀率,还要比较其他国家的通货膨胀率,即要考虑相对通货膨胀率。一般说来,相对通货膨胀率持续较高的国家,由于其货币的国内价值持续下降得相对较快,其货币汇率也随之下降。

3. 相对利率水平

利率对汇率变动的影响一般是短期性的,但表现较为剧烈,尤其是在浮动汇率制条件下。利率影响汇率变动,主要是通过对国际收支资本项目的影响而发挥作用。因为在开放经济条件下,国际间利率的差异往往会引起短期资本在国际间的流动,本币利率高的国家会出现资本流入,本币利率低的国家会出现资本流出。而资本的流入、流出会引起外汇市场的供求关系发生变化,从而对汇率变动产生影响。其具体的作用过程如下:

(1) 利率高→资本流入→国际收支顺差→外汇供大于求→外汇汇率下跌,本币升值。

(2) 利率低→资本流出→国际收支逆差→外汇供不应求→外汇汇率上涨,本币贬值。

4. 经济增长率

一国经济增长率对汇率变动的影响较为复杂,出现的情况可能有以下几种:①对发展中国家而言,一般表现为在国内经济增长的同时,会伴随着国际收支逆差,从而影响汇率。这主要是由于发展中国家经济增长率的提高会引起国内需求水平的提高,而它们又往往依赖于增加进口以弥补国内供给的不足,从而导致其出口增长慢于进口增长,使其国际收支出现逆差,造成本币汇率下跌。②对出口导向型国家而言,则与上述情况相反。出口导向型国家的经济增长主要表现为出口的增长,因而导致其国际收支出现顺差,以至于影响汇率。另外,经济增长也反映一国经济实力的变化。从市场参与者的心理角度分析,一国经济增长表明了该国经济实力的提高,从而会增强外汇市场对其货币的信心,提高其信誉,导致本币汇率上升。

5. 财政赤字

一国财政赤字对汇率变动的影响较为复杂。一般说来,庞大的财政赤字说明财政支出过度,因而会引发通货膨胀,导致国际收支经常项目恶化,使一国货币汇率下降。但这种情况是否会发生,主要取决于弥补财政赤字的方法。

6. 外汇储备

较多的外汇储备,表明政府干预外汇市场、稳定货币汇率的能力较强。因此,储备增加能加强外汇市场对本国货币的信心,因而有助于本国货币汇率的上升。反之,储备下降则会诱发本国货币汇率下降。

(二)影响汇率变动的政策因素

1. 汇率政策

汇率政策是指一国政府通过公开宣布本国货币贬值或升值的办法,即通过明文规定来宣布提高或降低本国货币对外国货币的兑换比率来使汇率发生变动。

2. 外汇干预政策

外汇干预政策是指一国政府或货币当局通过利用外汇平准基金介入外汇市场,直接进行外汇买卖以调节外汇供求,从而使汇率朝着有利于本国经济发展的方向变动。需要强调的是,这种干预政策不是靠行政性的硬性管制或干涉来实现的,而是靠介入外汇市场,通过外汇买卖活动这一经济行为来实现的。

3. 宏观经济政策

各国实施的宏观经济政策对本国的经济增长率、物价上涨率和国际收支等情况会产生一定的影响,这样势必会影响到汇率的变动。如1981年法国密特朗政府实行"双松"的财政政策,导致国内通货膨胀加剧,国际收支发生逆差,资金外流,从而引起法国法郎汇率节节下滑。

(三)影响汇率变动的其他因素

1. 重大国际、国内政治事件

政治及突发性因素包括政治冲突、军事冲突、选举和政权更迭、经济制裁和自然灾害等。如果全球形势趋于紧张,则会导致外汇市场的不稳定,汇率可能大幅地波动。通常情况下,一国的政治形势越稳定,该国的货币就越稳定。

2. 市场心理预期

市场对各种价格信号的预期会影响汇率,预期因素是短期内影响汇率变动的主要因素之一,其中心理预期有时候能对汇率产生重大影响。心理预期多种多样,包括经济的、政治的和社会的。就经济方面而言,心理预期包括对国际收支状况的预期,对相对物价水平和通货膨胀率的预期,对相对利率或相对的资产收益率的预期,以及对汇率本身的预期等。心理预期通常是捕捉刚刚出现的某些信号,从而改变对外汇心理预期的方向。

3. 投机因素

大规模的外汇投机活动,特别是跨国公司的外汇投机活动,有时会使汇率发生剧烈动荡。

三、汇率变动对经济的影响

(一)汇率变动对一国国际收支的影响

(1)汇率变动对贸易收支的影响。一国货币汇率变动,会使该国进出口商品价格相应涨或落,抑制或刺激国内外居民对进出口商品的需求,从而影响进出口规模和贸易收支。例如,一国货币对外汇率下跌(即对外贬值),则以本币所表示的外币价格上涨,出口收汇兑换成本币后的数额较之前增多。与此同时,一国货币汇率下跌,以本币所表示的进口商品的价格上涨,从而抑制本国居民对进口商品的需求。在一般情况下,出口的扩大,进口的减少,有利于汇率下跌国家的贸易收支的改善。如果一国货币汇率上涨,其结果则与上述情况相反。

(2)汇率变动对非贸易收支的影响。一国货币汇率下跌,则外国货币兑换本国货币的数量增加,外币的购买力相对提高,对外国游客而言,该国的商品、劳务、住宿、交通等服务费用都相对便宜了,增加了对外国游客的吸引力;而对本国居民而言,其出国旅游的成本相对提高了,从而抑制了出国旅游。至于汇率上升,其作用则与此相反。对其他非贸易收支的影响也大体如此。

(3)汇率变动对资本流动的影响。资本从一国流向国外,主要是追求利润和避免受损,因而汇率变动会影响资本的流出与流入。汇率频繁变动会增大国际资本流动的风险,从而影响国际资本流动的正常进行。同时,汇率波动还会刺激投机活动,引起短期资本在国际间的频繁流动,从而冲击各国正常的经济秩序,不利于一国经济的平稳发展。

(4)汇率变动对国际储备的影响。一是汇率变动会引起外汇储备实际价值的变化,如储备货币的汇率下跌,会使该储备货币持有国遭受损失。二是汇率变动可以通过对进出口贸易和资本流动的影响间接使该国的国际储备增加或减少,即汇率变动通过影响国际收支引起国际储备变动。

(二)汇率变动对一国国内经济的影响

(1)汇率变动对国民收入的影响。一国货币汇率下跌,由于有利于出口而不利于进口,将会使闲置资源向出口商品生产部门转移,并促使进口替代品生产部门的发展。这将使生产扩大,国民收入和就业增加。这一影响是以该国有闲置资源为前提的。如果一国货币汇率上升,将会产生减少生产、国民收入和就业的影响。

(2) 汇率变动对国内物价的影响。一国货币汇率下跌,一方面有利于出口,从而使国内商品供应相对减少,货币供给增加,促进物价上涨;另一方面会使进口商品的本币成本上升而带动国内同类商品价格上升。若一国货币汇率上升,情况则一般相反。

(三) 汇率变动对国际经济的影响

(1) 汇率不稳,加剧国际贸易市场竞争,影响国际贸易的正常发展。某些国家汇率不稳,便会利用汇率下跌扩大出口,争夺市场,引起其他国家采取报复性措施,或实行货币对外贬值,或采取保护性贸易措施,从而产生贸易战和货币战,这种行为破坏了国际贸易的正常发展,从而对世界经济产生不利影响。

(2) 汇率不稳,影响某些储备货币的地位和作用,促进国际储备货币多元化的形成。由于某些储备货币国家的国际收支恶化,其货币不断贬值,汇率不断下跌,影响其储备货币的地位和作用;而有些国家(或地区)则相反,其货币在国际结算领域中的地位和作用日益加强,因而促进了国际储备货币多元化的形成。

(3) 汇率不稳,加剧国际金融市场的动荡,但又促进国际金融业务的不断创新。由于汇率不稳,促进了外汇投机的出现,造成了国际金融市场的动荡与混乱。同时,汇率不稳与动荡不定,加剧国际贸易与金融的汇率风险,又进一步促进期权、货币互换等业务的出现,使国际金融业务的形式与市场机制得到不断创新。

此外,汇率不稳还会使以不同货币计值的财富不断变化,导致世界财富出现再分配现象等。

第四节　主要汇率决定理论

一、购买力平价说

购买力平价说(Theory of Purchasing Power Parity,PPP)是汇率决定理论中最具影响和争议的理论之一。该理论的一些思想渊源可以追溯到16世纪中叶,但直到1922年才由瑞典经济学家卡塞尔(G.Cassel)正式提出。其基本思想是:货币的价值在于其购买力,不同货币之间的兑换比率取决于其购买力之比,即汇率与各国的物价水平有直接的联系。下面从"一价定律"开始,分别介绍绝对购买力平价和相对购买力平价理论。

(一) 一价定律

假设不同地区的同种商品是同质的,均为可贸易商品,且不存在价格黏性。那么,当同种可贸易商品在不同地区的价格不同时,会引发地区间低买高卖的套利活动,从而使得地区间的价格趋于一致。这种可贸易商品在不同地区的价格一致的关系称为"一价定律"(Law of One Price)。

由此推广至不同国家之间,则需考虑汇率和外贸管制(进出口关税或其他非关税贸易壁垒)等因素,这在一定程度上增加了套利的风险和成本。如果不考虑交易成本等因素,则以同一货币衡量的不同国家的某种可贸易商品的价格应该是一致的,即为开放条件下的一价定律。用公式表示为：

$$P_i = eP_i^* \quad (2.1)$$

式(2.1)中，e 为直接标价的汇率，P_i 为本国某可贸易商品的价格，P_i^* 为外国该可贸易商品的价格。在固定汇率制下，套利活动会引起两国物价水平的调整；在浮动汇率制下，套利活动带来的外汇市场供求变化将迅速引起汇率的调整，从而实现两国价格的均衡。

（二）绝对购买力平价

以一价定律为基础，可推导出绝对购买力平价。由于货币的购买力实际上是物价水平的倒数，故两国货币的汇率就取决于两国物价水平之比，这就是绝对购买力平价。

假定对任何一种可贸易商品，一价定律都成立，且在各国物价指数中的权重相等，那么将各个可贸易商品价格加总得到该国的一般物价水平后，可得绝对购买力的一般形式：

$$e_t = \frac{P_t}{P_t^*} \quad (2.2)$$

式(2.2)中，e_t 为 t 时刻直接标价法的汇率，P_t 为 t 时刻本国的一般价格水平，P_t^* 为 t 时刻外国的一般价格水平。式(2.2)表明，在某一时期若本国价格水平不变，外国价格水平上涨，则外国货币的购买力下降，即本国货币升值，外国货币贬值；反之则外国货币升值，本国货币贬值。

绝对购买力平价是购买力平价的最典型的形式，说明的是某一时点上的汇率决定，即某一时点上的汇率等于两国一般物价水平之比，是对汇率的静态分析。

（三）相对购买力平价

由于绝对购买力平价的计算要获得反映两国真实物价水平的数据，这在实际操作过程中是比较困难的，而两国物价水平的变动率（即通货膨胀率）是相对容易获得的。为此，卡塞尔又提出了相对购买力平价。其一般形式为：

$$\Delta e \approx \Delta p - \Delta p^* \quad (2.3)$$

式(2.3)中，Δe 为汇率变化百分比；Δp 为本国通货膨胀率；Δp^* 为外国通货膨胀率。式(2.3)表明，汇率的升值与贬值是由两国通货膨胀率之差决定的。若本国通货膨胀率超过外国，则本币将贬值；反之，本币将升值。

在相对购买力平价中，计算期汇率为 e_1，基期汇率为 e_0，本国通货膨胀率为 Δp，外国的通货膨胀率为 Δp^*，则利用相对购买力平价计算汇率的公式为：

$$e_1 = e_0 \times \frac{1 + \Delta p}{1 + \Delta p^*} \quad (2.4)$$

与绝对购买力平价相比，相对购买力平价是动态的，用于解释某一时间段上汇率变动的原因。它强调两国间相对物价水平变化（表现为通货膨胀率）对汇率变动率的影响，而不再追究汇率与物价间的直接关系，对于汇率的变动做出解释和预测的能力更强。

（四）对购买力平价说的评价

首先，该理论从货币的基本功能（具有购买力）出发，利用简单的数学表达式，对汇率与物价水平之间的关系做了描述，它成为经济学家和政府部门计算均衡汇率常用的方法。其次，该理论说明在纸币流通条件下，纸币的购买力是汇率决定的基础，这一解释符合纸币流通条件下汇率决定的规律。最后,购买力平价说还分析了通货膨胀对汇率变动的影响,解释了汇率变动的长期趋势,从而为汇率的预测和调整提供了依据。

购买力平价说也具有一定的局限性。一方面,该理论只分析物价因素对汇率的影响,排除了非贸易收支、资本流动等其他因素的作用。其对物价的计算也只包括可贸易商品,只看到可贸易商品价格对汇率的影响,这显然有失偏颇。另一方面,该理论假定条件过于严格,即假定两国货币购买力具有可比性,这在现实中很难做到。尽管如此,购买力平价说仍是世界各国估算汇率所普遍接受和使用的一种最简便的方法,对西方国家的汇率理论及其政策有重大影响。

二、利率平价说

除了从商品角度,汇率还可以从利率角度进行分析,这就是利率平价说(Interest-rate Parity Theory)。早在1889年,德国经济学家沃尔塞·洛茨第一个研究了利息差额与远期汇率的关系,其后由凯恩斯于1923年在《货币论》一书中提出了古典利率平价说,后来在其他经济学家的研究中得以发展和修正。该理论突破了传统的国际收支和物价水平的研究范畴,从资本流动的角度探讨汇率的变化,奠定了现代汇率理论的基础。

利率平价理论假设:各国间资本能够完全流动,不存在任何资本控制;金融市场比较发达,外汇市场是有效的;不考虑交易成本;本国和外国的金融资产可以根据到期的时间和风险完全替代;套利资金无限,可满足任何资金需求。

该理论的基本观点是:汇率变动与两国的相对利息差额有关,投资者根据两国利差大小以及对未来汇率的预期进行投资选择,以期防范风险或获取收益。基于对不同投资者风险偏好的假设,利率平价理论可分为抛补利率平价(Covered Interest-rate Parity,CIP)和非抛补利率平价(Uncovered Interest-rate Parity,UIP)。

(一)抛补利率平价

抛补利率平价假定投资者为风险规避者。在该条件下,抛补利率平价是指利用两国利率之差,在即期外汇市场和远期外汇市场同时进行反向操作来赚取利息差额的投资方法。

其一般表达形式为:

$$p = i - i^* \quad (2.5)$$

式(2.5)中,p为远期汇率的升(贴)水率;i为本国金融市场上某种投资的收益率;i^*为外国金融市场上同种投资的收益率。其经济含义为:汇率的远期升(贴)水率等于两国的货币利率之差。如果本国利率高于外国利率,则远期汇率必将贴水,本币在远期将贬值;反之,如果本国利率低于外国利率,则本币在远期必将升水。即汇率的变动会抵消两国间的利率差异,进而使金融市场处于均衡状态。

抛补利率平价有很高的实践价值,作为指导公式被广泛运用于交易中,许多银行就是根据各国间的利差来确定远期汇率的升(贴)水额。在实证中,除了外汇市场的剧烈波动期,该利率平价都能较好地成立,但也会因达不到假设条件而产生偏离。

(二)非抛补利率平价

与抛补利率平价不同,非抛补利率平价假定投资者为理性预期和风险中立的,即投资者不进行套期保值,而根据自己对未来汇率变动的预期来计算预期收益,在承担一定汇率风险的前提下进行投资活动,该利率平价被称为非抛补利率平价,一般形式为:

$$E_p = i - i^* \qquad (2.6)$$

式(2.6)中,E_p 为预期的远期汇率的升(贴)水率;i 为本国金融市场上某种投资的收益率;i^* 为外国金融市场上同种投资的收益率。其经济含义为:预期的汇率远期变动率等于两国货币利率之差。如果本国利率高于外国利率,则市场预期本币在远期将贬值;反之,如果外国利率高于本国利率,则市场预期本币在远期将升值。

由于预期汇率变动在一定程度上是心理变量,很难获得可信的数据进行分析,且实际意义也不大。所以,随着远期外汇市场的发展,根据对汇率的预期进行非抛补套利活动已越来越少,更多的是抛补套利。

(三)对利率平价说的评价

利率平价说从资金流动的角度,阐明了利率和汇率之间的关系,合理解释了利率差异和资本流动对即期汇率及远期汇率的影响和作用,对西方国家利率政策的运用有很好的指导作用。然而,利率变动只是影响汇率的一个因素,但利率平价说把利率变动当作是决定汇率的基础和影响汇率变动的唯一因素,则过于片面。此外,利率平价说没有考虑交易成本,且假定资本流动不存在障碍等,这显然在现实中难以满足,有一定的局限性。

三、国际收支说

前文两种方法分别是从商品和利率的角度对汇率的决定进行分析,但都忽略了国际贸易对汇率水平的影响。国际收支说正是从这一角度出发,认为国际收支状况决定着外汇供求,进而决定了汇率水平。

该学说的理论渊源可追溯至14世纪。1861年,英国学者葛逊(G.L.Goschen)首次较为系统地阐述了汇率与国际收支的关系,该理论被称为国际信贷说(Theory of International Indebtedness)。第二次世界大战后,很多学者应用凯恩斯模型来说明影响国际收支的主要因素,从而形成了国际收支说的现代形式。

(一)国际借贷说

国际借贷说是国际收支说的早期形式,奠定了国际收支说的理论基础。英国学者葛逊在其1861年出版的《外汇理论》中指出,正如商品价格取决于商品供求关系一样,汇率也取决于外汇的供求关系,而外汇供求则是由国际收支引起的,这就构建了国际收支影响汇率的分析框架。

虽然商品进出口、证券买卖、旅游收支和捐赠等,都会引起国际外汇的流动,但只有已进入收支阶段的外汇才会影响外汇供求。当一国进入收支阶段的外汇收入大于进入支出阶段的外汇支出时,外汇的供大于求,则本币汇率上升;反之,则本币汇率下降。当进入收支阶段的外汇供求相等时,汇率处于均衡状态。通常将进入支出阶段的外汇支出称为流动债务,进入收入阶段的外汇收入称为流动债权。因此,葛逊的理论被称为国际借贷说。

可见,国际借贷说实际上就是汇率的供求决定论,但该理论并未说明影响外汇供求的具体因素,这就大大限制了这一理论的应用价值。该缺陷在现代国际收支说中得到弥补。

(二)国际收支说

国际收支说是以国际借贷说为基础,利用凯恩斯宏观经济模型来说明影响国际收支的主要因素及其对汇率的影响,是国际借贷说的现代形式。

该理论认为,外汇汇率是由外汇供求决定的,而外汇供求又取决于国际收支,尤其是经常账户收支。由于汇率的变动最终会使外汇市场供求达到均衡,从而使国际收支始终处于平衡状态。因此,凡是影响国际收支均衡的因素,都可以引起均衡汇率的变动。在肯定价格和利率对汇率影响的同时,该理论又将国民收入纳入其中,作为影响经常项目收支及汇率的重要因素。

假定汇率完全自由浮动,政府不对外汇市场进行任何干预,其基本公式为:

$$E=E(Y,Y^f,P,P^f,i,i^f,E^e) \tag{2.7}$$

式(2.7)中,Y和Y^f分别代表国内和国外的国民收入水平;P和P^f分别代表国内和国外的物价水平;i和i^f分别代表国内和国外的利率水平;E^e代表人们对汇率变化的预期。关于各因素如何通过影响国际收支进而对汇率的变动产生影响,参见本书的相关章节。

(三)对国际收支说的评价

国际收支说是有着凯恩斯主义色彩的汇率决定理论。该理论是从宏观经济角度(国民收入、储蓄投资等),而不是从货币数量角度(价格、利率等)研究汇率,是现代汇率理论的一个重要分支。国际收支的两种学说都说明了短期内汇率波动与外汇供求、国际收支的关系,并且现代国际收支理论还分析了汇率波动与国民收入的关系,有重要的理论意义和现实意义。

与购买力平价说和利率平价说相类似,国际收支说也并非是完整的汇率决定理论,它只是论述了汇率与其他经济变量之间存在联系。同时,其中的假设不符合实际,其对汇率波动与外汇供求之间关系的描述,只适用于市场机制发达的国家。因为只有发达的外汇市场,才会有真正的外汇供求关系。

四、资产市场说

资产市场说是20世纪70年代发展起来的一种重要汇率理论。在国际资本流动高度发展的背景下,汇率呈现出与金融资产价格相似的特点,如价格波动幅度大且极频繁、受心理预期的影响大等。因此,我们可将汇率看成一国货币用另一国货币表示的相对资产价格,采用与普通资产价格决定相同的方法分析汇率。

资产市场说认为,理性预期是决定当期汇率的重要因素,同时强调金融资产市场的存量均衡对汇率的决定作用,突破性地将商品市场、货币市场和证券市场相结合进行汇率决定分析。由于三种市场之间本币资产和外币资产替代性以及受到冲击后调整速度快慢的不同,引出了各种类型的资产市场说,具体如图2-1所示。

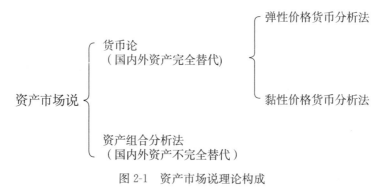

图2-1 资产市场说理论构成

(一) 弹性价格货币分析法

汇率的弹性价格货币分析法(Flexible-price Monetary Approach)简称为汇率的货币模型,是 1975 年在斯德哥尔摩召开的关于"浮动汇率与稳定政策"的国际研讨会上提出的,主要代表人物有弗兰克尔、穆萨、考瑞、比尔森等。该模型假定本币资产和外币资产是完全可替代的(即这两种资产市场是统一的市场),只要本国与外国的货币市场平衡,则资产市场也必然平衡。因此,货币模型集中分析货币市场上的供求变动对汇率的影响。

1. 基本模型

该理论主要分析货币市场上各种因素对汇率自由调整的决定性影响。基本假设包括:稳定的货币需求方程,即货币需求与某些经济变量存在着稳定的关系;购买力平价长期有效;总供给曲线是垂直的。根据上述假设,其基本公式为

$$e = \alpha(y - y^*) + \beta(I - I^*) + (M_S - M_S^*) \tag{2.8}$$

式(2.8)中,e 为汇率;y 为国民收入;I 为国内利率水平;M_S 为国内的货币供给量;相应的 y^*、I^* 与 M_S^* 分别为国外的收入、利率与货币供给量。除利率外,其余变量均为对数形式。α 与 β 均为常数,分别表示货币需求的收入弹性与利率弹性。式(2.8)表明:本国与外国之间的实际国民收入、利率水平以及货币供给都是影响汇率水平的主要因素,这样就将货币市场上的一系列因素引入到汇率的决定之中。

2. 对弹性价格货币分析法的评价

汇率的货币论强调货币市场及货币供求关系对汇率的影响,有重要的理论意义与实际价值。它正确指出了货币因素在汇率决定和变动过程中的作用,这是符合实际的,从而纠正了长期以来汇率研究中忽视货币因素的缺陷。但它只考虑货币数量对汇率的影响,而未考虑其他诸多方面的因素,因而也是一种局部静态分析。

(二) 黏性价格货币分析法

黏性价格货币分析法(Sticky-price Monetary Approach)又称"超调模型"(Overshooting Model),是 20 世纪 70 年代美国经济学家鲁迪格·多恩布什首先提出的,后经弗兰克尔、布依特和米勒等人的研究得到进一步发展。超调模型是货币主义的现代汇率理论,其最大特点是认为价格在商品市场具有黏性,使得购买力平价在短期内不成立,经济存在一个由短期均衡向长期均衡的过渡过程。由此可见,货币模型实际上是超调模型中长期均衡的情况。

1. 基本模型

该理论的假设有两点与弹性分析法相同,即货币需求是稳定的,非抛补利率平价成立。但它同时也认为商品市场价格存在黏性,使其假设与货币模型也有两点不同:购买力平价在短期内不成立;总供给曲线在短期内不是垂直的,在不同时期有着不同的形状。

在超调模型中,其他条件不变,货币供给一次性增加造成经济的调整存在短期和长期效应。货币市场失衡如货币供应量增加后,短期内由于黏性价格的存在,本国价格水平不变而利率水平下降,同时本币汇率的贬值程度会瞬时超过长期水平(通常将该现象称为"汇率超调")。在经过一段时间的调整后,长期的价格水平会缓慢上升,利率会逐渐恢复到以前的均衡水平,而汇率也会在过度贬值之后向其长期均衡水平趋近。其基本思路如图2-2所示。

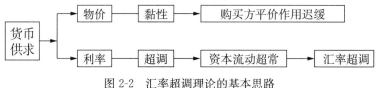

图 2-2 汇率超调理论的基本思路

2. 对黏性价格货币分析法的评价

超调模型是货币主义的动态分析。该模型首次涉及汇率的动态调整问题,开创了汇率理论的一个重要分支——汇率动态学(Exchange Rate Dynamics)。但该模型也具有一定局限性,如假定脱离实际;它将汇率的变动完全归因于货币市场的失衡,有失偏颇等。

(三)资产组合分析法

由于货币论的分析是基于国内外资产具有完全替代性的假设,但现实中各种因素的存在(如政治风险、税负差别等),使得该假设很难满足。为解决这一问题,产生了资产组合分析法(Portfolio Balance Approach)。该理论最早由布朗森(W.Branson)于1975年提出,后来考雷(Kolly)、艾伦(Allen)与凯南(Kenen)、多恩布什、费雪等人对该理论进行了发展。

该理论认为国内外货币资产之间是不可替代的。投资者根据对收益率和风险性的考察,将财富分配于各种可供选择的资产,确定自己的资产组合。一旦资产组合达到稳定状态,汇率也就相应被决定了。

1. 基本模型

该模型的基本假设为:国外利率是给定的,将本国居民持有的财富 W 划分为三种形式,即本国货币 M、本国债券 B 和外币资产 F。则投资者的总财富为:

$$W = M + B + eF \tag{2.9}$$

式(2.9)中,e 为直接标价法下的汇率。根据这一等式可知,一国资产总量受两种因素的影响:一是各种资产供给量的变动(如 M、B、F 的变动);二是本币汇率 e 的变动。在三个市场的调整过程中,本国资产与外国资产之间的替换会引起外汇供求流量的变化,从而带来汇率的变化。短期内,若各种资产的供给量既定,则由资产市场均衡可确定本国的汇率水平;在长期,在本国经常账户处于平衡状态的条件下,由此确定的本国汇率水平亦保持稳定。

2. 对资产组合分析法的评价

资产组合分析法区分了本国资产与外国资产的不完全替代性,将汇率水平与外汇供求的流量及资产市场的存量相结合,同时又采用一般均衡分析的方法,将商品市场、货币市场和资本市场结合起来进行分析,具有重要的理论和实践意义。但该模型限制条件严格,如要求国内金融市场发达,对外开放程度很高,外汇管制宽松,因此其应用也受到局限。

央行:增强利率调控能力,加大市场决定汇率的力度

2018年5月11日,中国人民银行发布了《2018年一季度中国货币政策执行报告》(下简称《报告》)。

在回顾2018年第一季度货币政策时,《报告》表示,2018年以来,中国人民银行继续实施稳健中性的货币政策,适时调整和完善宏观审慎政策,注重根据形势变化把握好调控的节奏、力度和工具组合,加强预调、微调和预期管理。一是把握好流动性的总量和结构,并发挥价格杠杆作用。灵活运用逆回购、中期借贷便利、常备借贷便利等工具提供不同期限流动性;通过临时准备金动用安排,熨平春节前现金大量投放对流动性的短期扰动;下调部分金融机构存款准备金率以置换中期借贷便利,增加银行体系资金的稳定性,优化流动性结构;公开市场操作利率随行就市小幅上行。二是落实普惠金融定向降准,运用信贷政策支持再贷款、再贴现和抵押补充贷款等工具引导金融机构加大对国民经济重点领域和薄弱环节的支持力度。三是进一步完善宏观审慎评估,自2018年第一季度起把同业存单纳入MPA同业负债占比指标;在跨境资本流动和外汇供求基本平衡的背景下,前期出台的逆周期宏观审慎资本流动管理政策全部回归中性。

央行在《报告》中指出,当前世界政治经济环境更加错综复杂,一方面全球经济保持回暖上行态势,另一方面贸易摩擦、地缘政治等也给全球经济发展带来较大的不确定性。我国经济金融领域的结构调整出现积极变化,但仍存在一些深层次问题。要把握中国经济已由高速增长阶段转向高质量发展阶段的本质特征,通过供给侧结构性改革,着力提高供给体系的质量和效益,大力推进改革开放,推动质量变革、效率变革、动力变革。

关于下一步政策,央行表示,下一阶段,将继续按照党中央和国务院的决策部署,以习近平新时代中国特色社会主义思想为指导,紧紧围绕服务实体经济、防控金融风险、深化金融改革三项任务,创新金融调控思路和方式,保持政策的连续性和稳定性,实施好稳健中性的货币政策,注重引导预期,保持流动性合理稳定,为供给侧结构性改革和高质量发展营造中性适度的货币金融环境。健全货币政策和宏观审慎政策双支柱调控框架,深化利率和汇率市场化改革,增强利率调控能力,加大市场决定汇率的力度,保持人民币汇率在合理均衡水平上的基本稳定。

资料来源:http://news.sina.com.cn/o/2018-05-11/doc-ihamfahw6341125.shtml.

复习思考题

1. 汇率有哪些标价方法,我国采用何种标价方法?
2. 为什么银行买入现钞的价格比买入现汇的价格低?
3. 对于银行报出的汇率,如何来判断买卖价?
4. 试分析不同货币制度下,汇率的决定基础是什么。
5. 简述影响汇率变动的主要因素有哪些。
6. 简述汇率变动会对经济产生哪些影响。
7. 简述购买力平价理论的基本内容。

第三章 外汇市场与外汇交易

学习目标：

通过本章学习，了解外汇市场的概念、类型、主体和功能；了解外汇交易程序；熟练掌握外汇交易的类型，包括传统外汇交易和外汇衍生交易；掌握外汇风险的概念和识别方法。

本章重要概念：

即期外汇交易　远期外汇交易　掉期外汇交易　套汇　套利　外汇期货交易　外汇期权交易　外汇风险

第一节　外汇市场概述

一、外汇市场的概念及类型

（一）外汇市场的概念

外汇市场（Foreign Exchange Market），是指进行跨国货币支付以及货币互换的交易场所。它以外汇银行为中心，由外汇需求者、供给者、买卖中间机构组成，是国际金融市场的重要组成部分。

（二）外汇市场的类型

外汇市场按照交易主题、交割时间、组织形态以及经营范围来划分，有以下几种类型。

1. 按照交易主体划分

外汇市场按照交易主体划分，可分为批发市场和零售市场。外汇批发市场是指银行同业之间的外汇市场，包括同一外汇市场和不同市场上各个银行之间的外汇交易、中央银行与商业银行之间的外汇交易以及各国中央银行之间的外汇交易。银行同业之间外汇交易的目的在于弥补银行业务经营中产生的外汇短期头寸，避免汇率风险。中央银行参与外汇交易则是对市场的政策性干预或者是为了减少国际储备币种的风险。目前，外汇市场上有95%以上的交易属于同业交易，其特点是交易额度大，交易起点高，所以称为批发市场。外汇零售市场是银行同一般客户之间的外汇买卖，包括因商品进出口而产生的外汇供求者、一般金融交易者、资金跨国间的馈赠者等之间进行的外汇交易。相对于批发市场而言，零售市场的交易规模较小，仅占外汇交易的5%左右。

外汇批发市场也称为狭义的外汇市场，外汇零售市场与批发市场共同构成广义的外汇市场。

2. 按照交割时间划分

外汇市场按照交割时间划分，可以分为即期外汇市场（Spot Transaction）与远期外汇市场(Forward Transaction)。

即期外汇市场又称为现汇交易,是指外汇买卖成交后,在两个营业日内办理交割的外汇业务。进行即期外汇交易的场所构成了即期外汇市场。即期外汇市场是外汇市场最重要的组成部分,它的主要作用是在短时期内实现不同货币的交易和结算,完成国际购买力的转移。即期外汇交易一般没有固定的交易场所,通常是在经营外汇业务的银行、大公司、外汇经纪人和客户之间通过电话或者计算机网络进行。

远期外汇交易又称为期汇交易,是指外汇交易时,买卖双方根据买卖数量、价格、币种等签订合同,然后在约定的将来某个时间,按照合同规定的汇率和金额进行交割。进行远期外汇交易的场所构成了远期外汇市场。远期外汇市场的主要功能包括规避汇率变动的风险,确定进出口贸易和国际借贷的成本,进行外汇投机等。

3. 按组织形态划分

外汇市场按照组织形态划分,可以分为有形外汇市场和无形外汇市场。有形外汇市场是指有固定外汇交易场所的市场。它有固定的交易时间和交易规则。这种市场一般由外汇业务经营的各方,在规定时间内,集合于外汇交易所内进行外汇交易。历史上这种交易方式流行于欧洲大陆国家,因此又称为"欧洲大陆式外汇交易市场"。代表性的有形外汇市场包括法国的巴黎外汇市场、比利时的布鲁塞尔外汇市场、德国的法兰克福外汇市场、荷兰的阿姆斯特丹外汇市场以及意大利的米兰外汇市场。但是,有形外汇市场已经逐渐被无形外汇市场所取代。

无形外汇市场是指没有固定交易场所的外汇市场,供求双方采用现代化电子设备和计算机终端完成外汇交易。代表性的无形外汇市场包括伦敦外汇市场、纽约外汇市场、苏黎世外汇市场、东京外汇市场、加拿大外汇市场等。无形外汇市场又被称为"英美式外汇市场",该市场没有固定的开盘、收盘时间,也没有汇率的行情牌,市场参与者通过通讯工具完成询价、报价并安排交易。例如,纽约某银行的外汇交易商同伦敦的一个外汇交易商以美元兑换英镑,他们在电话中定好价格,达成协议,交易过程通过银行计算机系统进行,只需要几秒钟的时间。然后两家银行互发载有交易细节的确认书并对交易合同的结算作出安排。纽约银行将一笔美元存款转给伦敦银行指定的银行,伦敦银行则将一笔英镑存款转给纽约银行指定的银行。

4. 按外汇市场的经营范围划分

按照外汇的经营范围划分,外汇市场可以分为国际外汇市场和国内外汇市场。国际外汇市场和无形外汇市场基本是一种市场的两个角度,是发达的、完全自由的外汇交易市场,不受所在国管制,实行货币自由兑换并且容许各国交易方自由参与买卖。交易货币包括多种国际上自由兑换的货币,可以是本国货币或者外国货币之间,也可以是外国货币和外国货币之间的自由交易;交易主体可以是本国的供需方,也可以是外国的凭借现代通讯设施参与的交易方。世界著名的国际外汇市场有纽约、伦敦、东京、法兰克福、新加坡、苏黎世、中国香港等的外汇市场。

国内外汇市场是指本国金融管制较严格的外汇市场。这种市场一般是发展中国家的外汇市场。其特点包括交易币种较少,限于本币和少数外币的交易;交易主体限于境内国家容许的金融和非金融机构。

二、外汇市场的主体

（一）商业银行

商业银行是外汇交易市场的中心。每一笔规模较大的外汇交易都需要通过借记或贷记有关商业银行的活期储蓄存款账户才能完成，交易往往是买卖以外币活期存款形式存在的外汇。例如，一家美国银行出售一笔欧元给本国进口商以支付货款，这笔交易表现为该银行借记进口商的美元存款账户，并通知国外往来银行借记自己的欧元存款账户，该出口方银行再贷记出口商的欧元存款账户。最终，进口商以一笔美元存款购入相应的一笔欧元存款，对出口商进行支付。商业银行进行外汇买卖活动的主要目的是为了赚取汇差收益。商业银行一方面从顾客手中买入外汇，另一方面又将外汇卖给顾客，在外汇的最终供给者和最终需求者之间起到了中介的作用。商业银行进行外汇买卖活动的另一个目的是调节自身资产和负债的外汇头寸，避免汇率变动的风险。商业银行在为顾客提供外汇买卖的中介服务时，难免会在营业日内出现某一种外汇头寸的多头或者空头，即一种币种的出售额低于购入额，另一些币种的出售额多于购入额。为了避免汇率变动的风险，银行需要借助同业间交易及时进行外汇头寸调整，抛出多头，补进空头，轧平各种币种的头寸。此外，银行还会出于投机或者保值等目的进行同业间交易。银行在同业市场上进行买卖并不一定是为了头寸管理，有时银行还会积极制造头寸，这实际上就是一种外汇投机。

在西方国家，银行因为巨额外汇投机而倒闭的事件层出不穷。鉴于此，各国政府都对商业银行投机性的外汇头寸进行限制。中国就规定金融机构每日交易总额不得超过其外汇实有资本的20%，外汇投机交易的头寸必须进行每日平仓，只有经最高层授权后，才可以保留少量的隔夜敞口头寸，但是不得超过外汇实有资本的1%。银行同业间外汇交易构成了外汇交易中的绝大部分。

（二）外汇经纪人

多数外汇银行相互之间都不是直接面对面地打交道，而是由经纪人做中介安排成交的。外汇经纪人是介于外汇银行之间或外汇银行与客户之间，为交易双方接洽外汇交易服务而收取佣金的中间商。外汇经纪人的作用是为买进和卖出外汇提供中介，他们不需要持有交易所需要的外汇存货，所以不承担外汇风险。他们根据成交额向交易双方收取佣金，其佣金率一般较低，例如每英镑0.001美元。但是由于批发交易金额较大，佣金数额也相当可观。外汇经纪人必须经过中央银行批准才能取得经营外汇中介业务的资格。外汇经纪人一般分两类。①一般经纪人，也称大经纪人，是公司或者合伙的组织，他们往往垄断了介绍外汇买卖成交的业务，赚取丰厚利润。有时，他们还会用自有资金参与外汇买卖，赚取利润，承担风险。②外汇掮客，也称小经纪人。他们利用通讯设备和交通工具，奔走于银行、进出口商等机构之间接洽外汇交易，专门代顾客买卖外汇，以获取佣金，不需要垫付资金，不承担风险。③经纪公司，是指那些资本实力雄厚，既充当商业银行之间外汇买卖的中介，又从事外汇买卖业务的公司。随着现代科技的不断进步，尤其是计算机技术和互联网技术的发展，传统的人工经纪市场日渐萎缩，取而代之的是电子经纪业务。电子经纪改变了外汇市场分散的局面，增加了市场的透明度，提高了外汇市场的效率。

当银行通过外汇经纪人买卖外汇时，首先要选定合适的经纪人，然后向其询价、协商，汇率商定后，经纪人会在其客户间进行询问，寻找交易对手。一旦找到交易对手，经纪人就将交易的一方介绍给另一方,实际交易在这两者间正式进行。外汇经纪人的作用是提高外汇交易的效率,同时使得交易双方保持匿名。外汇经纪商面临着同行间的激烈竞争,并且一些大的商业银行为了节省手续费,越来越倾向于供需双方直接洽谈成交。如外汇银行同国外的金融机构进行外汇交易,一般就不通过经纪人作为中介而是直接成交。

(三)个人和公司

公司包括从事国际贸易的进出口商和在多个国家进行生产经营活动的跨国公司,以及涉及业务活动的各类企业。他们或者为生产、流通等经营性目的进行外汇交易,或为保值和预防风险的目的进行交易,或者单纯地为了牟利而进行外汇买卖。个人也同样有机会进入外汇市场,例如旅游者购买或者兑换旅行支票。个人和公司的外汇买卖通常都通过商业银行完成交易。

(四)中央银行

作为国家货币政策的制定者和实施者,中央银行参加外汇市场交易的目的是干预市场,是为了维持汇率稳定和合理调节国际储备量。中央银行通过直接参加外汇市场买卖,调整外汇市场资金的供求关系,使外汇维持在一定水平上。中央银行设立外汇平准基金(亦称"外汇平准账户",是货币当局为稳定外汇汇率而设立的专用基金),当市场外汇求过于供,外汇汇率上涨时,抛售外币,收回本币;当市场上外汇供过于求,外汇汇率下跌时,买进外币,投放本币。因此,从某种意义上讲,中央银行不仅是外汇市场的参与者,也是外汇市场的实际操纵者。中央银行的市场干预活动通常通过外汇经纪人和银行进行。例如,美国财政部和联邦储备委员会为阻抑或平缓美元汇率的下跌,会向一家或多家外汇经纪人发出抛售外币的指令。一般情况下,中央银行在外汇市场上的交易量相对并不大,但它对汇率走势的影响却举足轻重。这是因为外汇市场上其他参与者都密切关注央行的举动,以便能及时获取政府宏观经济决策的有关信息。央行的一举一动都会影响外汇市场的参与者对汇率的预期。

(五)外汇投机商

外汇投机商是指通过对外汇涨跌趋势的预测,利用汇率的时间差异和地区差异,低买高卖,从中赚取投机利润的市场参与者。外汇投机商是外汇市场不可缺少的大规模外汇资金的供求者。外汇投机商交易各类资金的规模十分庞大,已经成为影响汇率走势,造成市场汇率剧烈波动的重要因素。从事外汇投机业务的有商业银行、其他金融机构、各种大的贸易公司、跨国公司以及个人外汇投机者。

三、外汇市场的功能

外汇市场的功能主要表现在三个方面,一是实现购买力的国际转移,二是提供资金融通,三是提供外汇保值和投机的市场机制。

(一)实现购买力的国际转移

国际贸易和国际资金融通至少涉及两种货币,而不同的货币对不同的国家形成购买力,这就要求将该国货币兑换成外币来清理债权债务关系,使购买行为得以实现。这种兑换就是在外汇市场上进行的。外汇市场所提供的就是这种购买力转移交易得以顺利进行的经济机制,它的存在使各种潜在的外汇售出者和外汇购买者的意愿能联系起来。当外汇市场汇率变动使外汇供应量正好等于外汇需求量时,所有潜在的出售和购买意愿都得到了满足,外汇市场处于平衡状态。这样,外汇市场提供了一种购买力国际转移机制。同时,由于发达的通讯工具已将外汇市场在世界范围内联成一个整体,使得货币兑换和资金汇付能够在极短时间内完成,购买力的这种转移变得迅速和方便。

(二)提供资金融通

外汇市场向国际间的交易者提供了资金融通的便利。外汇的存贷款业务集中了各国的社会闲置资金,从而能够调剂余缺,加快资本周转。外汇市场为国际贸易的顺利进行提供了保证,当进口商没有足够的现款提货时,出口商可以向进口商开出汇票,允许延期付款,同时以贴现票据的方式将汇票出售,拿回货款。外汇市场便利的资金融通功能也促进了国际借贷和国际投资活动的顺利进行。例如,美国发行的国库券和政府债券中很大部分是由外国官方机构和企业购买并持有的,这种证券投资在脱离外汇市场的情况下是不可操作的。

(三)提供外汇保值和投机的市场机制

在以外汇计价成交的国际经济交易中,交易双方都面临着外汇风险。由于市场参与者对外汇风险的判断和偏好不同,有的参与者宁可花费一定的成本来转移风险,而有的参与者则愿意承担风险以实现预期利润,由此产生了外汇保值和外汇投机两种不同的行为。在金本位和固定汇率制下,外汇汇率基本上是平稳的,因而就不会形成外汇保值和投机的需要及可能。而在浮动汇率下,外汇市场的功能得到了进一步的发展,外汇市场的存在既为套期保值者提供了规避外汇风险的场所,又为投机者提供了承担风险、获取利润的机会。

第二节 外汇交易

一、外汇交易的含义

外汇交易(Foreign Exchange Transaction),又称为外汇买卖,是指将一个国家的货币按照一定的价格(汇率)兑换成为另一个国家的货币的过程。这种外汇买卖,有可能买卖的是货币本身,但绝大多数是以外币表示的各种支付手段或者信用工具(如本票、支票、汇票等)的买卖活动。

二、外汇交易的程序

(一)询价

询价方一般用简洁明了的规范化语言进行询价,内容包括交易币种、交易金额、交割期限等。

(二)报价

外汇银行的交易员接到询价后,应该迅速报出所询问货币的现汇或者期汇的买入价和卖出价。

(三)成交

询价者接到银行的报价后,一般会立即作出反应,或者成交,或者放弃。当询价者表示愿意以报出的价格买入或者卖出某个期限的一定数额的某种货币时,报价银行应该对此进行承诺。一旦成交,外汇交易合同立即成立,双方应遵守各自的承诺,不得随意更改。

(四)证实

交易得到承诺后,为了防止错误或者误解,双方当事人都应该将交易的细节以书面形式相互确认。交易结束后,若发现原证实有错误或者遗漏,交易员应该尽快与交易对手重新证实,其内容必须得到交易双方的同意后方可生效。

(五)交割

交割是外汇交易的最后环节,也是最重要的环节。交易双方应按照对方要求将卖出的货币及时准确地汇入对方指定的银行存款账户中,以了结债权债务关系。

三、传统外汇交易

(一)即期外汇交易

1. 即期外汇交易的含义

即期外汇交易(Spot Exchange Transaction),又称现汇交易,是指在外汇交易成交后于两个营业日内进行清算交割的一种外汇交易。外汇交易在当时就完成,但实际资金的交付在之后的两个营业日内完成的都是即期交易。因为尽管目前银行间的电子清算系统可以做到当天交易当天划拨资金,但全球外汇市场24小时的运作以及不同国家的外汇市场位于不同的时区,所以即期外汇交易的交割也要在第二个营业日办理。因为外汇交易涉及金额巨大,而汇率又在不断变动,所以在所有的外汇市场上,都有其固定的标准交割日。交割日(Spot Date)又称为结算日,也称为有效起息日(Value Date),是进行资金交割的日期。

2. 即期外汇交易的交割日

即期外汇交易的交割有以下三种类型:

(1)标准交割

标准交割又称为即期交割,指在成交后第二个营业日进行交割,国际外汇市场上,除特殊说明外,一般采取即期交割,这已成为惯例。这是因为,国际货币的收付除了要考虑时差因素的影响外,还需要对交易的细节进行逐一核对,并发出转账凭证等。当然,随着现代化通讯技术和结算技术的发展,即期交割的时间会越来越短。

(2)次日交割

次日交割,指在成交后第一个营业日进行交割。如在香港市场上,港元兑日元、新加坡元、马来西亚林吉特的即期交易是在次日交割。

(3)当日交割

当日交割是指在买卖或成交当日进行交割。例如在香港市场上,港元兑美元的即期交易就是当日交割的。

即期外汇交易交割日确定的原则可以简要概括为:"节假日顺延,顺延不跨月。"具体来讲就是,在交割日内如果遇到任何一国银行节假日,外汇交割时间向后顺延,若顺延跨到下个月,则交割日往前推回到当月最后一个营业日。这里需要注意的是按照国际惯例,如果某一方节假日是在成交后的第一个营业日,则以报价行的交割日为准。例如,一笔星期一在伦敦市场报价成交的英镑兑美元的即期交易,按标准交割日要求,应在星期三交割。若星期三是英国节假日,则交割日顺延至星期四;若星期三是美国节假日,是英国的工作日,则交割日仍为星期三。

3. 即期外汇交易的应用——进出口贸易改换货币报价

在进出口贸易活动中,经常遇到以下情况:在出口业务中,出口商品原是以某种货币报价,现在需要改用另外一种货币报价;在进口业务中,进口方需要比较同一商品不同货币的报价。外汇市场上买入价和卖出价之间一般相差千分之一到千分之三,进出口商如果在改换货币报价时,一旦买入价或卖出价的选择出现错误,就可能蒙受损失。因此,在更改货币报价时,应该遵循以下原则。

(1) 本币报价改成外币报价,应该用买入价

例如,我国某出口商品原人民币报价为每件50元,现改为美元报价。假定当日中国外汇市场上,美元兑人民币汇率为1美元=6.276 0/85元,则美元报价为7.967(50÷6.276)美元。这是因为我方原为人民币报价,出口每件商品的收入为50元人民币,现在改为美元报价,出口的收入应该为美元,出口商将美元卖给银行,应该得到与原来相同的收入。出口商将外币卖给银行,应该使用银行的买入价。

(2) 外币报价改成本币报价,应该用卖出价

例如,某中国香港人的出口商品原以美元报价,每件100美元,现在对方要求改用港币报价。假定当日香港外汇市场上美元兑港币的汇率为1美元=7.789 0/910港元,则港币报价为779.10(100×7.791 0)港元。这是因为,港商原以美元报价,出口每件商品的收入是100美元,改为本币报价也应得到原来的收入,港商将收入的本币向银行买回如数的外币,因此用银行的卖出价。

(3) 一种外币报价改为另一种外币报价,首先把外汇市场所在地货币视为本币,然后再按照上面的两条原则处理

例如,我国出口商品原以美元报价,每件1万美元,现应客户要求改为以港币报价。当日纽约外汇市场的外汇牌价为1美元=7.789 0/910港元。我们把外汇市场所在国的货币视为本币,其他货币一律视为外币。因现在是以纽约外汇市场的牌价为准,因此,美元视为本币,港币视为外币。把美元报价改为港币报价,在这里就成为把本币报价改为外币报价,按照第一条原则,应该用买入价进行折算,即港币报价应为77 910(10 000×7.791 0)港元(纽约外汇市场的牌价采用的是间接标价法,因此,前一个数字为卖出价,后一个数字为买入价)。

(二) 远期外汇交易

1. 远期外汇交易的定义

远期外汇交易(Forward Exchange Transaction),又称为期汇交易,是指外汇买卖双方事先签订外汇买卖合约,规定买卖外汇的币种、数量、汇率和将来交割外汇的时间,到规定的交割日,按照合约进行实际交割。远期外汇交易的特点包括:汇率在成交时就确定、成交额固定、合约期限固定。远期外汇交易的交割日在多数国家是按月计算,很少按天计算。远期外汇交易的交割期限一般为1至12个月,常见的期限有1个月、2个月、3个月、6个月、9个月、12个月。1年期以上的交易叫作超远期外汇交易,占少数。

2. 远期外汇交易交割日的确定

确定远期外汇交易交割日非常重要,因为相隔一天的远期点数可能有很大的差异,短

期合约更是如此。远期外汇交易交割日的确定法则可以概括为"日对日,月对月,节假日顺延,顺延不跨月"。

(1) "日对日"是指远期外汇交易交割日是以即期外汇交易交割日为基准的。例如,即期外汇交易的成交日是3月2日,即期交割日为3月4日,则1个月远期外汇交易的交割日为4月4日,并且要求4月4日必须是相关币种国家共同的营业日。

(2) "月对月"是指"双底"惯例,如果即期外汇交易交割日是该月的最后一个营业日,那么远期外汇交易交割日为合约到期月份的最后一个交易日。例如,2017年1月31日为即期外汇交易交割日,那么1个月远期外汇交易的交割日就是2017年2月的最后一个交易日。

(3) "节假日顺延"是指在远期交割日内如果遇到银行节假日,外汇交割时间向后顺延。

(4) "顺延不跨月"是指若顺延跨到下个月,则交割日向前推回到当月最后一个交易日。例如,2个月远期外汇交易的成交日是5月28日,即期交割日是5月30日,2个月远期外汇交易交割日为7月30日,若7月30日、7月31日均不是营业日,则交割日不能顺延,而应该向前推回到7月的最后一个营业日,也就是7月29日。当然如果7月29日仍为节假日,则继续向前推到7月28日,以此类推。

3. 远期汇率的报价

(1) 完整汇率报价方式,又称为直接报价方式,是直接报出完整的不同期限远期外汇的买入价和卖出价。银行对客户的远期外汇报价通常使用这种方法。例如,某日美元兑日元的1个月远期汇价为:USD1=JPY105.15/25。

(2) 汇水报价方式,只标出远期汇率与即期汇率的差额,不直接标出远期汇率的买入价和卖出价。远期汇率与即期汇率的差额,称为汇水或远期差价(Forward Margin)。远期差价在外汇市场上可以是升水(Premium)、贴水(Discount)和平价(Parity)。升水表示远期外汇比即期外汇汇率高,贴水表示远期外汇比即期外汇汇率低,平价则表示两者相等。

由于汇率标价方法不同,计算远期汇率的公式也不相同,如下所示。

在直接标价法下:远期汇率=即期汇率+升水额
远期汇率=即期汇率-贴水额
在间接标价法下:远期汇率=即期汇率-升水额
远期汇率=即期汇率+贴水额

例如,某日在纽约外汇市场上,美元兑英镑的即期汇率为GBP1=USD1.353 5/55,若一个月远期英镑升水10/20,则英镑一个月远期汇率是GBP1=USD(1.353 5+0.0010)/(1.355 5+0.002 0)=USD1.354 5/75。

(3) "点数"报价的方式。在实际远期外汇交易中,银行只报出远期汇率升、贴水的点数,并不说明是升水还是贴水。在外汇市场上,表示远期汇率点数的有前后两栏数字,分别代表了买价和卖价。判断升、贴水的方法是:当买价大于卖价时,即为贴水;当卖价大于买家时,即为升水。但是在不同的标价法下,买价和卖价的位置不同。在直接标价法下,前面的数字是买价,后面的数字是卖价;在间接标价法下,前面的数字是卖价,后面的数字是买价。

例：某日在纽约外汇市场上，即期汇率为 USD1＝JPY100.48/58，若 3 个月远期差价为 10/20，则美元兑日元 3 个月远期汇率是多少？

解：首先判断标价方法。在纽约外汇市场上，即期汇率是 USD1＝JPY100.48/58，为间接标价法。然后，判断升、贴水。间接标价法前面的数字是卖出价，后面的数字是买入价，这里买价大于卖价，所以是贴水。在间接标价法下，远期汇率等于即期汇率加上贴水额。即 USD1＝JPY(100.48＋0.10)/(100.58＋0.20)＝JPY100.58/78。

最后需要说明一点，实际上无论是哪一种标价方法，只要远期价差点数顺序是前小后大，就用加法；只要远期价差点数的顺序是前大后小，就用减法。

4. 远期汇率升、贴水的原因

造成远期汇率升、贴水的因素很多，但主要是由相关的两个国家的利率高低决定的。当然还有其他因素，如国际政治、经济形势的变化，国际经济交易的消长，国际收支的变化，一国的政策等。

在正常的市场条件下，远期汇率的升、贴水主要取决于两国货币短期市场利率的差异，且大致与利率差异保持平衡。一般情况下，利率较高的货币的远期汇率表现为贴水，利率较低的货币的远期汇率表现为升水。这是"利率平价理论"的内容，又被称为"远期汇率决定理论"。

(1) 两国货币短期利率的差异

两国货币短期利率的差异是两国货币在远期升水或贴水的基本原因。

计算升、贴水的近似公式为：

$$\text{标准货币的升(贴)水额} = \text{即期汇价} \times \text{两国年利差} \times \text{月数}/12 \quad (3.1)$$

若求报价货币的升、贴水额，需要先进行汇率变形，把报价货币变成标准货币，再代入式(3.1)进行计算。

例：伦敦货币市场的年利率为 9.5%，纽约货币市场的年利率为 7%，伦敦外汇市场的即期汇率是 GBP1＝USD1.800 0。求 3 个月英镑的远期汇率和 3 个月美元的远期汇率。

解：3 个月英镑的贴水额＝1.800 0×(9.5%－7%)×3/12＝0.011 3 美元，所以 3 个月英镑的远期汇率＝即期汇率－远期贴水额＝1.800 0－0.011 3＝1.788 7 美元。

3 个月美元的升水额＝(1/1.800 0)×(9.5%－7%)×3/12＝0.003 5 英镑，所以 3 个月美元的远期汇率＝即期汇率＋远期升水额＝0.555 6＋0.003 5＝0.559 1 英镑。

当然 3 个月美元的远期汇率也可以通过直接计算 3 个月英镑的远期汇率的倒数获得。

(2) 两国货币远期外汇市场的供求关系

以两国货币的短期利率差所决定的远期汇率升、贴水额只是剔除供求因素影响的纯理论数值，实际的远期外汇市场的升、贴水额还是要受到供求关系的影响。从长期和均衡的观点来看，外汇市场的远期汇率升、贴水额总是围绕着由两国货币短期利差所决定的升、贴水额上下波动。在供求均衡的情况下，两者才会一致。

外汇市场的供求关系决定的标准货币远期汇水的折年率计算公式为：

$$\text{标准货币升、贴水额的折年率} = (\text{升、贴水额} \times 12)/(\text{即期汇率} \times \text{月数}) \times 100\% \quad (3.2)$$

例：若某日即期外汇市场汇价为 GBP1＝USD2.250 0，3 个月远期汇率为 GBP1＝USD2.275 0，纽约市场年利率为 7%，伦敦市场年利率为 5.5%，问投资者应该在英国还是在美国投资?

解:英镑升水折年率=(升、贴水额×12)/(即期汇率×月数)×100%
　　　　　　　　=(0.025 0×12)/(2.250 0×3)×100%=4.4%

美、英两国的年利差为:7%-5.5%=1.5%

与在美国投资相比,投资者在英国投资一年有1.5%的利息损失,但是英镑的升水折年率为4.4%,不仅弥补了所有利息损失,还有剩余,因此应该选择在英国投资。

由此例题,我们可以看出,若升、贴水折年率大于两国利差,投资者在低利率货币国投资更有利可图。

5. 远期外汇交易的应用

远期外汇买卖,就其本身而言就是一种合约交易,在外汇交易尚不活跃时,对需要外汇时能否买入外汇,或者有外汇收入时能否顺利卖出,完全没有把握。因此人们通过这种合同交易以保证能按时买进所需外汇,或者把将来取得的外汇顺利卖出,就像商品合同交易一样,其作用主要是稳定销售和货源。

随着国际经济交易和外汇市场的发展,人们不再担心能否卖出或买入外汇,而随着浮动汇率制度的实行,按什么汇率买卖外汇则成为外汇交易的核心问题。于是,人们开始主要为防范风险或从利率的变动中赚取风险收益而进行远期外汇交易。这样,远期外汇交易就在传统的外汇市场上迅速发展起来,其在外汇市场上的作用主要包括套期保值、平衡头寸以及投机。

(1) 套期保值

套期保值(Hedging)是指未来有外汇收入或支出的企业卖出或买入等于该笔金额的远期外汇,交割期限与该笔外汇收入或支出的期限一致,使该笔外汇以本币表示的价值免受汇率波动的影响,从而达到保值的目的。

在国际贸易、国际投资等中,由于从合同签订到实际结算之间总存在着一段时间,在这段时间内,汇率有可能向不利的方向变化,从而使得交易的一方蒙受损失。为了规避这种风险,进出口商会在签订合同时,向银行买入或卖出远期外汇,当合同到期时,即按已经商定的远期汇率买卖所需要的外汇。

例:某美国出口商向英国进口商出售一批汽车,价值1 000万英镑,三个月后收汇。假定外汇市场的行情为即期汇率GBP1=USD1.452 0/30,三个月远期差价为30/50,问美国出口商如何利用远期外汇交易进行套期保值?

解:根据已知条件,三个月远期汇率为GBP1=USD1.455 0/80。

美国出口商三个月后将有1 000万英镑的外汇收入,为防止三个月后英镑贬值,美国出口商在签订合同时就应向银行卖出三个月期1 000万英镑远期外汇予以套期保值,即美国出口商签订合同时就明确知道三个月后将收入1 000×1.455 0=1 455万美元。

当然,若三个月后英镑升值,由于美国出口商在签订合同时就向银行卖出三个月期1 000万英镑远期外汇予以套期保值,因而也无法获得汇率有利变动的好处。

(2) 外汇银行利用远期外汇交易平衡其外汇头寸

当面临汇率风险的客户与外汇银行进行远期外汇交易时,实际是将汇率变动的风险转嫁给了外汇银行。而当银行在它所做的同种货币的同种期限的所有远期外汇交易不能买卖相抵时,就产生了外汇净头寸,此时就会面临风险损失。为避免这种损失,银行需要将多头抛出、空头补进,轧平各种币种、各种期限的头寸。

例:某银行某日开盘时卖给某企业1个月100万英镑的远期外汇,买进相应的1个月远期美元。

假设开盘时的汇率行情如下:

即期汇率为GBP1=USD1.4520,1个月远期汇率为GBP1=USD1.4530。

该银行在卖出1个月远期100万英镑后,若认为其英镑远期头寸不足,则应该补回100万英镑的远期外汇,以平衡美元头寸。由于外汇市场行情处于不断的变化之中,银行在平衡外汇头寸的过程中,有可能要承担汇率变化的风险。假设该银行在当日接近收盘时补进1个月远期100万英镑。

假设收盘时的汇率行情如下:

即期汇率为GBP1=USD1.4550,1个月远期汇率为GBP1=USD1.4560。

这样该银行就要损失(1.4560-1.4530)×100=0.3万美元。

因此,银行在实际业务处理过程中,为避免汇率风险,在卖出远期外汇的同时,往往要买入相同数额、相同币种的即期外汇。在本例中,银行在开盘时卖给企业100万英镑的远期外汇的同时,以GBP1=USD1.4520的即期汇率买进100万英镑;到收盘时该银行在补进1个月远期100万英镑的同时,按照GBP1=USD1.4550的即期汇率卖出100万即期英镑。这样,尽管银行补进卖出的远期英镑要损失0.3万美元,但是在即期交易中获得(1.4550-1.4520)×100=0.3万美元的收益,可以抵消远期外汇市场上的损失。

综上所述,银行在进行外汇买卖过程中,当某种货币出现空头寸或多头寸时,可以利用即期外汇买卖和远期外汇买卖相配合,来弥补暂时货币头寸余缺。

(3) 利用远期外汇交易进行投机

投机是指投机者根据对有关货币汇率变动趋势的分析预测,通过买卖现汇或期汇的方式故意建立某种货币的开放性头寸,或故意保留其在对外经济交往中正常产生的外汇头寸,以期在汇率实际变动之后获取风险利润的一种外汇交易。

远期外汇投机与即期外汇投机相比,其突出表现为:"以小博大"和"买空卖空"。"以小博大"是指远期外汇投机不涉及现金和外汇的即期支付,仅需要少量的保证金,无需付现,一般都是到期轧抵,计算盈亏,支付差额,并且大多数远期外汇投机在到期前就已经平仓了,因而远期外汇投机不必持有巨额资金就可做巨额交易。"买空"或"做多头"是指投机者预测某种货币的汇率将上升,则买入远期的该种货币。此时,投机者并没有立即支付现金,也没有取得相应的外汇,只是签订了一份买卖合约,承担了在未来某一日按一定价格交付某种货币而收取另一种货币的权利和义务。与此相反,"卖空"或"做空头"是指投机者预测某种货币的汇率会下降,则卖出远期的该种货币。

例:在纽约外汇市场上,英镑兑美元3个月远期汇率为GBP1=USD1.4560,某美国外汇投机商预测3个月后英镑的即期汇率为GBP1=USD1.4660,如果投机者预测正确,在不考虑其他费用的前提下,该投机商买入3个月远期100万英镑,可获得多少投机利润呢?如果签订远期合约1个月后,英镑兑美元2个月远期汇率为GBP1=USD1.4670,该投机商认为,英镑汇率继续上涨的可能性不大,该投机商会如何操作?

解:若投机者预测正确,该投机商按照远期合约买入100万英镑(价格为GBP1=USD1.4560),然后在即期外汇市场商卖出,可获得利润(1.4660-1.4560)×100=1万美元。

若1个月后投机者认为英镑上涨可能性小,则该投机商可以卖出2个月远期100万英镑,关闭其远期外汇头寸提前锁定其收益 $100\times(1.4670-1.4560)=1.1$ 万美元,而不管以后市场汇率如何变动。但是,这1.1万美元的投资收益需要等到远期合约到期后,通过交割这两个远期合约来实现。

需要说明的是,投机是一种建立在预期心理基础之上,通过主动承担风险以获得利润的行为。市场上的投机活动具有正、反两个方面的作用,有时能起到稳定市场的作用,有时又会动摇市场的稳定。就经济整体而言,风险只能转移而不能消除。从某种意义上说,正是由于外汇市场上存在大量的投机活动,才使得风险回避者的保值目的得以实现。因此,适当数量的投机者对市场的存在与发展是至关重要的。

(三) 掉期外汇交易

1. 掉期的含义

掉期交易(Swap Transaction)也称为调期交易或时间套汇,是指在外汇市场上,交易者在买进或卖出一种货币的同时,卖出或买入交割期限不同的等额的同种货币的交易。掉期交易改变的不是交易者手中的外汇金额,而是改变交易者的货币期限。例如,以A货币交换B货币,并约定未来时日,再以B货币换回A货币。

掉期交易最初是在银行同业之间进行外汇交易的过程中发展起来的,目的是为了某种货币的净头寸在某一特定日期为零,以规避外汇风险,后来逐渐发展成具有独立运用价值的外汇交易活动。

2. 掉期的类型

(1) 即期对即期掉期交易

即期对即期的掉期交易又称为"一日掉期交易",是指两笔交易都是即期外汇交易,但是两笔交易数额相同,交割日相差1天,交易方向相反。一日掉期交易主要用于银行同业的隔夜资金拆借,其目的在于避免在进行短期资金拆借时因剩余头寸或短期头寸的存在而遭受汇率变动的风险。

(2) 即期对远期掉期交易

即期对远期的掉期交易指一笔为即期交易,另一笔为远期交易,是最常见的掉期交易形式。主要用于避免外汇资产到期时外币即期汇率下降,或外币负债到期时即期汇率上升而带来的损失,也可用于货币的兑换、外汇资金头寸的调整。

(3) 远期对远期掉期交易

远期对远期的掉期交易是指两笔均为远期交易,但是远期交割期限不同的掉期交易。这种形式分为两类:一类是"买短卖长",另一类是"卖短买长"。这种形式的掉期交易可以利用有利的汇率变动机会从中获利,所以越来越多地受到重视和使用。

3. 掉期的应用

(1) 套期保值

进出口商等外汇保值者同时拥有不同期限的外汇应收款和应付款,他们通常利用掉期业务套期保值,并利用有利的汇率机会套期图利。国际投资者和借贷者在对外投资和借贷时,需要购买或出售即期外汇,为了规避免在收回投资或偿还借款时,外汇汇率波动所带来的风险,他们也可以利用掉期交易进行套期保值。

例:某美国公司2个月后将收到100万英镑的应收账款,同时4个月后将向外支付100万英镑。假定外汇市场行情为2个月远期汇率GBP1＝USD1.450 0/50,4个月远期汇率GBP1＝USD1.400 0/50,该公司为固定成本,避免外汇风险,应该如何进行掉期交易?

解:该公司应买入4个月远期100万英镑,按照远期合约应支付140.50万美元;同时卖出2个月远期100万英镑,按照远期合约应收入145万美元,盈利4.5万美元。通过掉期业务,该公司既盈利4.5万美元,又避免了外汇风险。

(2) 银行调整外汇头寸

银行每天与客户交易后,会出现外汇头寸的超买/超卖、多头/空头等现象,这将使得银行遭受汇率变动的风险;也可能发生外汇与本金资金过多或不足的情况,从而影响外汇业务的发展。

银行每日应编制外汇头寸报表,包括即期存款账户余额、即期外汇买卖余额、远期外汇买卖余额,它们统称为外汇综合头寸。银行选择外汇头寸调整方法时,应从资金使用效率和买卖损益立场考虑,比较哪种方法较为有利。针对外汇头寸不平衡,如果采取单独每笔的即期或远期交易进行调整,成本很高;而如果采用掉期交易,则操作简单,不仅成本低,还可以保值,可同时达到外汇头寸调整和外汇资金调整的目的。

例:某银行收盘时发现,3个月远期头寸空头200万英镑,6个月远期多头200万英镑;同时,3个月远期港币多头2 400万,6个月远期港币空头2 400万港元。应如何进行调整?

解:若该银行对空头与多头分别进行抛补,需要多笔交易,成本较高。可以通过掉期交易进行外汇头寸的调整。买入3个月远期200万英镑(卖出3个月远期2 400万港元),同时卖出6个月远期200万英镑(买入6个月远期2 400万港元)。这样,只一笔掉期交易,就可以使得英镑和港币头寸达到平衡。

(四) 套汇与套利交易

1. 套汇交易

套汇交易(Arbitrage)是利用不同的外汇市场、不同的货币种类、不同的交割期限在汇率上的差异,进行贱买贵卖、赚取利润的外汇买卖业务。套汇交易按照差异的种类不同可以分为地点套汇、时间套汇和套利交易。地点套汇是指人们利用同一时刻不同外汇市场上汇率的差异,从价格低的市场买进的同时在价格高的市场卖出,从中赚取利润。时间套汇就是上面介绍的掉期交易。套利交易是指利用不同外汇市场不同货币短期利率的差异,将资金由利率低的货币转换为利率高的货币,从中赚取利息差额收入的外汇交易。

地点套汇按照交易方式划分,可以分为直接套汇和间接套汇。

(1) 直接套汇(Direct Arbitrage),又称为双边套汇(Bilateral Arbitrage)或两角套汇(Two-point Arbitrage),是指利用同一时刻两个外汇市场某种货币的汇率差异,同时在两个外汇市场低价买入、高价卖出该种货币,从中赚取利润的外汇交易方式。这种套汇在国际上极为常见。

例:某日的即期外汇行情如下,纽约外汇市场报价为USD1＝JPY105.50/60,东京外汇市场报价为USD1＝JPY105.30/40,假设套汇者用1 000万美元进行直接套汇,应如何操作?

解：日元在纽约更便宜，在东京更贵，根据"贱买贵卖"的原理，套汇者应该在纽约外汇市场贱买日元（贵卖美元），同时在东京外汇市场贵卖日元（贱买美元）。

套汇者在纽约外汇市场卖出1 000万美元买入日元，收入1 000×105.50＝105 500万日元；同时，在东京外汇市场上卖出105 500万日元买入美元，收入105 500/105.40＝1 000.95万美元。在不考虑交易成本的情况下，套汇收益为：1 000.95－1 000＝0.95万美元。

（2）间接套汇(Indirect Arbitrage)，又称三角套汇(Tree-point Arbitrage)或多边套汇(Multilateral Arbitrage)，是指利用同一时刻三个或三个以上外汇市场之间出现的汇率差异，同时在这些市场贱买贵卖有关货币，从中赚取利润的外汇交易方式。间接套汇与直接套汇在本质上是一致的，区别在于直接套汇利用两个市场完成交易，可以直接看出某种货币在不同市场上到底是贵还是贱；而间接套汇则利用三个或三个以上市场完成交易，并且不能直接看出某种货币在不同市场的贵贱区别。

例：某日的外汇市场的即期外汇行情如下，

纽约外汇市场为 USD1＝HKD7.756 0/70；

香港外汇市场为 GBP1＝HKD12.956 0/70；

伦敦外汇市场为 GBP1＝USD1.662 5/35。

若套汇者拥有100万英镑，将如何进行间接套汇，不考虑交易成本的情况下，获利多少？

解：套汇者拥有100万英镑，因而套汇者应从英镑出发，假设套汇者有1英镑，经过一系列同时进行的交易再回到英镑，如果大于1英镑，则找到正确的路径。过程如下，

香港外汇市场卖出英镑买入港元：1/1.663 5港元；

纽约外汇市场卖港元买美元：1/(1.663 5×7.757 0)美元；

香港外汇市场卖美元买英镑：1/(1.663 5×7.757 0)×12.956 0＝1.004英镑。

套汇收益为：100×(1.004－1)＝0.4万英镑。

2. 套利交易

套利交易(Interest Arbitrage Transaction)，亦称为利息套利，是指套利者利用不同国家或地区短期利率的差异，将资金从利率较低的国家或地区转移至利率较高的国家或地区，从中获得利息差额收益的一种外汇交易。例如，美国金融市场上的短期利率为年利率12％，而英国为10％，资金转移可以获得的利润率为2％，即为英、美两国短期利率的差额。如果这时由英国调往美国的是自由资金，则可比在英国运用时多赚取年利率为2％的利润。但无论是借入或自有，由英镑兑换成美元汇往美国都要承担美元汇率波动的风险。因此，在英国购进美元现汇进行套利时，一般还需要做一笔远期外汇买卖，即同时在英国售出与这笔英镑等值的美元现汇，以避免美元汇率波动带来的损失。

套利与套汇一样，是外汇市场上重要的交易活动。由于目前各国外汇市场联系十分紧密，一有套利机会，大银行或者大公司就会迅速投入大量资金，最终促使各国货币利差与货币远期贴水率趋于一致，使得套利无利可图。套利活动使得各国货币利率和汇率形成了一种有机的联系，两者相互影响、相互制约，推动着国际金融市场的一体化。

套利交易按套利者在套利时是否做反方向交易轧平头寸，可以分为抛补套利和无抛补套利。

(1) 抛补套利(Covered Interest Arbitrage)是指套利者把资金从低利率国家或地区调往高利率国家或地区的同时,在外汇市场上卖出高利率货币的远期,以规避汇率风险的外汇交易。这实际是将远期与套利结合起来。抛补套利根据抛补的数额,又可以具体分为本利全抛和抛本不抛利。本利全抛是指本金和利息都进行相反方向的远期外汇交易,抛本不抛利是指本金进行相反方向的远期外汇交易,利息任由市场汇率的波动。在没有明确说明的情况下,抛补套利是指本利全抛。

例:在纽约外汇市场某日即期汇率为 GBP1＝USD1.730 0/20,一年远期英镑汇水为 20/10,纽约货币市场年利率为 11%,伦敦货币市场年利率为 13%,如果投资者拥有 200 万美元,进行抛补套利,投资期限为一年,试计算其收益是多少?

解:计算远期市场汇价为 GBP1＝USD(1.730 0－0.002 0)/(1.732 0－0.001 0)＝USD 1.728 0/310。

套利者在即期市场卖出美元买入英镑＝200/1.732 0＝115.473 万英镑。

将买入的英镑存入伦敦货币市场本利收入＝115.473×(1＋13%)＝130.485 万英镑。

在远期市场卖出一年期的英镑(本利和)买进美元＝130.485×1.728 0＝225.478 万美元。

若 200 万美元存入纽约货币市场一年的本利收入＝200×(1＋11%)＝222 万美元。

抛补套利收益＝225.478－222＝3.478 万美元。

(2) 非抛补套利(Uncovered Interest Arbitrage)是指单纯将资金从利率低的国家或地区转向利率高的国家或地区,从中赚取利率差额收入的外汇交易。这种交易不同时进行反方向交易,要承担高利率货币贬值的风险。

例:美国货币市场的年利率为 8%,英国货币市场的年利率为 6%,某日即期汇率为 GBP1＝USD1.600 0。英国一位套利者以 1 000 万英镑进行非抛补套利交易,投资期限为 6 个月,假设 6 个月后的即期汇率为如下三种情况:①GBP1＝USD1.600 0;②英镑升值 2.5%;③英镑升值 0.5%。试计算在以上三种情况下,6 个月后的收益分别是多少?

解:投资者将资金存入英国货币市场 6 个月后获得本利收入＝1 000×(1＋6%/2)＝1 030 万英镑。

在即期市场卖出英镑买入美元＝1 000×1.600 0＝1 600 万美元。

将美元投资在美国货币市场本利收入＝1 600×(1＋8%/2)＝1 664 万美元。

若 6 个月后汇率没有发生变化,投资者可以多获利＝1 664/1.600 0－1 030＝10 万英镑。

若 6 个月后英镑升值 2.5%,则 6 个月后的即期汇率为:GBP1＝USD1.600 0×(1＋2.5%)＝USD1.640 0,则 6 个月后收益＝1 664/1.64－1 030＝－15.37 万英镑。

若 6 个月后英镑升值 0.5%,则 6 个月后的即期汇率为:GBP1＝USD1.600 0(1＋0.5%)＝USD1.608 0,则 6 个月后收益＝1 664/1.608 0－1 030＝4.83 万英镑。

根据以上分析可知,若英镑升值率小于利差,投资者非抛补套利就有收益,否则就有损失。这里为了简化计算,假定存、贷款利率相等,因而计算最终收益时,直接扣除低利率货币在本国存款的本利和。

四、外汇衍生交易

(一) 外汇期货交易

外汇期货交易(Foreign Exchange Futures)也称为货币期货交易,是指期货交易双方在期货交易所以公开喊价方式成交后,承诺在未来某一特定日期,以当前所约定的汇率交付某种特定标准数量的外汇。外汇期货交易并不是实际外汇的交易,其买卖的是标准化的外汇期货合约。外汇期货合约的具体内容包括交易币种、交易单位、报价方法、最小变动单位、购买数量限制、交易时间、交割月份、交割地点等。

外汇期货是产生最早且最重要的一种金融期货。1972年5月,美国芝加哥商品交易所成立"国际货币市场"(International Monetary Market, IMM),首次开办了外汇期货交易业务,其重要目的是运用商品期货交易技巧,为外汇市场参与者提供一种套期保值或转移风险的金融工具。此后,国际上许多国际金融中心相继开设了此类型交易。

目前,芝加哥商品交易所的外汇期货交易约占全球外汇期货合约成交量的90%以上。绝大多数外汇期货交易的目的并不是为了获得货币在未来某日的实际交割,而是为了对汇率变动做类似远期外汇交易所能提供的套期保值。

1. 外汇期货市场的构成

(1) 期货交易所。期货交易所是非盈利性机构,它为期货交易者提供交易的场地,本身并不参与交易。为了使交易活动能顺利进行,期货交易所有着严密的管理方式、健全的组织结构、完善的设施和高效率的办事风格,交易所还具有监督和管理的职能,对交易活动起到重要的约束作用。交易所向会员收取费用,包括交易所会费、契约交易费等,以弥补交易所的开支。期货交易所一般采取会员制,公司在取得交易席位后,就成为交易所的会员,便有资格进入交易所进行外汇期货交易。

(2) 清算所。清算所是期货交易所下设的职能机构,其基本工作就是负责交易双方最后的业务清算以及征收保管外汇期货交易所需的保证金。在期货交易中,交易者买进或卖出期货合约时并不进行现金结算,而且交易者往往有多笔交易,最后由清算所办理结算。

(3) 佣金商。佣金商是代理金融、商业机构和一般公众进行外汇期货交易并收取佣金的个人或组织。佣金商必须是经注册的期货交易所的会员,他们的主要任务是代表那些没有会员资格的客户下达买卖指令、维护客户的利益、提供市场信息、处理账目和管理资金,以及对客户进行业务培训等。

(4) 场内交易员。场内交易员是指在交易所内实际进行交易的人员。他们既为自己,也为那些场外交易者进行买卖。他们接受客户的委托订单,并执行客户发出的指令。

2. 外汇期货的交易过程

外汇期货交易都是在专营或兼营外汇期货的交易所进行的,任何企业和个人都可通过外汇期货经纪人或交易商买卖外汇期货。

客户欲进行外汇期货交易,首先,必须选择代理自己交易的佣金商,开设账户存入保证金。然后,客户即可委托佣金商替他办理外汇期货合约的买卖。每一笔交易之前,客户要向佣金商发出委托指令,说明他们愿意买入或卖出外汇期货、成交的价格、合约的种类和数量等,指令是以订单的形式发出的。佣金商接到客户订单后,便将此指令通过电话或其他通讯设备通知交易厅内的经纪人,由他执行订单。成交后,交易厅内交易员一方面把交易结果通知佣金商和客户,另一方面将成交订单交给清算所,进行纪录并最后结算。每个交易日末,清算所计算出每个清算会员的外汇头寸(买入与卖出的差额)。

3. 外汇期货交易的特点

(1) 外汇期货交易的是标准化的合约。这种合约除了价格外,在交易币种、标准化合约额、交易时间、交割日期等方面都有明确规定,交易数量用合约来表示,买卖的最小单位是一份合约,每份合约的金额交易所都有规定,并且交易的金额是标准化合约额的整数倍。

(2) 交易方式采取双向定价拍卖方式。外汇期货交易在交易所内公开喊价,竞价成交,同时场上的价格又随时公开报道,进行交易的人可以根据场上价格变化,随时调整他们的要价、出价。

(3) 外汇期货市场实行会员制。只有会员单位才可以在交易所内从事期货交易,而非会员只能通过会员单位代理买卖。由于期货交易只限会员之间,而交易所的会员同时又是清算所的成员,都缴纳了一定的保证金,因而交易的风险很小。

(4) 期货交易的买方和卖方都以交易所下属的清算所为成交对方。清算所充当期货合约购买方的卖方,又充当期货合约出售方的买方,因此,买卖双方无需知道对手是谁,也不必考虑对方的资信如何。由于期货合约包括双向买卖,所以一方的盈利恰好是另一方的亏损。

(5) 期货交易实行保证金制度和每日结算制度。为了确保每一份合约生效后,当事人双方不至于因为期货价格发生不利变动而违约,期货交易所要求交易双方都要缴纳保证金。保证金的数量由交易货币、市场不同而定,一般为合约总值的 3%～10%。保证金一般要求以现金形式存入清算所账户。保证金包括初始保证金和维持保证金。初始保证金是客户每一次交易开始时必须缴纳的保证金,而维持保证金是开立合同后如果发生亏损,致使保证金减少,直到客户必须补交保证金时的最低保证金要求。

外汇期货交易每天由清算所结算盈亏,获利可以提走,而亏损超过最低保证金时,要立即予以补足,否则期货交易所可以强制进行平仓。每个交易日市场收盘后,清算所会对每个客户确定当日的盈亏,这些盈亏都反应在保证金账户内,这种方法称为"逐日盯市"制度。

4. 外汇期货与外汇远期的区别

期货合约源自远期合约,两者有共性,但仍有区别。

(1) 合约的标准化程度不同。外汇期货合约是一种标准化合约,除价格外,在币种、交易时间、交易金额、结算日等方面都有明确规定。远期外汇合约则无固定的规格,一切由交易双方自行商定。

(2) 市场参与者不同。在外汇期货市场上,任何投资人只要按规定缴存保证金,均可以通过具有期货交易所结算会员资格的外汇经纪商来进行外汇期货交易,不受资格限制。从事远期外汇交易虽然无资格限制,但实际上远期外汇市场参与者大多数为专业化的证券交易商或与银行有良好往来关系的大客户,而广大个人投资者由于缺乏足够的信用标准并没有参与的机会。

另外,由于大量投机者与套利者的存在,市场流动性很大,外汇期货市场的发展极为迅速。而在远期外汇市场上最大的参与者是套期保值者,市场流动性小,市场规模不易扩大,而且经常是单向交易,容易出现有行无市的情况。

(3)交易方式不同。在外汇期货市场上,交易双方不直接接触,买卖的具体执行都由经纪商代理。交易双方不知道真正的对手是谁,他们都分别与交易所的清算所打交道,清算所是交易的中介。由于信用风险较小,在进行外汇期货交易时可以不考虑对方的信用程度。

外汇远期交易可分为银行间的交易和银行对客户的交易两种。两者均通过电话、电传进行。有时虽然也有经纪商介入,但通常由买卖双方直接联系并进行交易。因此,每一笔交易都要考虑对方的信用程度,难免要承担信用风险。

(4)交易场所不同。外汇期货交易是一种场内交易,即在交易所内,按规定的时间,采取公开叫价的方式进行交易,其竞争相当激烈。场内交易只限于交易会员之间进行,非会员如要进行交易,必须经由会员代为买卖。

外汇远期是一种场外交易,没有固定的交易场所,也没有交易时间的限制。它通过电话、电传等通讯设备,在银行同业间、银行与经纪人之间以及银行与客户之间单独进行。如果要委托经纪人进行交易,也不存在任何限制。

(5)保证金和佣金的制度不同。在外汇期货交易中,为确保每一份合约生效后,当事人能及时支付因期货价格的不利变动而造成的亏损,期货交易所要求买卖双方存入保证金,且在期货合约有效期内每天都进行结算,调整保证金。

远期外汇买卖一般不收取保证金。如果客户是与银行有业务往来的公司,通常的做法是公司在银行享有的信贷额度应随着远期合同的金额相应减少。只有在个别情况下,如银行对客户的信用情况不熟悉,公司在银行无信贷额度或信贷额度即将用完,银行才会要求客户存入约为远期合同金额5%~10%的资金作为其履约的保证。

(6)交易结算制度不同。外汇期货交易由于金额、期限均有规定,故不实行现货交割,而实行逐日盯市、现金结算,其余额必须每天经清算所清算,获利可取出,而亏损则要按照维持保证金的水平予以补足。

远期外汇交易合约的盈亏只有到了协定的交割日才能进行现货交割。将交易方向相反的买卖结果互相抵消后,实际资金的移动仅限于差额部分。

(7)交易的最终交割不同。由于市场的参与者大多是保值者和投资者,外汇期货市场上的任何变动都会导致交易者买入或卖出合约,以赚取利差或减少损失,因此,外汇期货到期进行实际交割的合约数一般不到总额度的2%。而远期外汇合约到期进行实际交割的比重高达90%以上。

5. 外汇期货的应用

外汇期货的参与者主要有两类:套期保值者(Hedger)和投机者(Speculator)。前者是未来有外汇收入或支出的单位或个人,以规避风险为最终目的;后者在未来没有具体的外汇需要保值,而是在预期汇率变化趋势的基础上,低买高卖,赚取利润。

(1)投机功能。由于外汇期货交易的保证金制度,使得其具有强大的杠杆作用,并且外汇期货合约是标准化的合约,能够随时在交易所买卖,具有很高的流动性,因而外汇期货交易具有很强的投机功能。当投机者预测外汇期货价格将上升时,他们会先买入外汇期货合约,待外汇期货价格上升后再卖出外汇期货合约,从中赚取差价。当投机者预测外汇期货价格将下降时,他们会先卖出外汇期货合约,待期货价格下降后再买入外汇期货合约,从中赚取差价。如果投机者预测的汇率走势和实际的走势一致,投机者就会获利,否则,就会遭受损失。

例:某外汇投机商3月1日预测瑞士法郎的期货价格将上升,于是他当日购入10份12月份到期交割的瑞士法郎期货合约,成交价为1瑞士法郎=0.6116美元,到了4月8日,瑞士法郎的期货价格果然上升,于是他迅速卖出10份12月份到期交割的瑞士法郎合约,成交价为1瑞士法郎=0.6216美元,问该外汇投机商投机获利多少?利润率是多少?(一份瑞士法郎期货合约的价值为125 000瑞士法郎,在IMM市场每份瑞士法郎期货合约的初始保证金是1 688美元)

解:盈利=125 000×10×(0.621 6−0.611 6)=12 500美元

利润率=12 500/16 880=74.05%

(2) 套期保值功能。套期保值(Hedge)又称为对冲,是指交易者目前或预期未来将有现货头寸,并暴露于汇率变化的风险中,在期货市场做一笔与现货头寸等量而买卖方向相反的交易,以补偿或对冲因汇率变动可能带来的损失。套期保值的客观基础在于,期货市场价格与现货价格存在平行变动性和价格趋同性。前者是指期货价格与现货价格的变动方向相同、幅度接近;后者是指随着到期日的临近,两者的价格差额会越来越小,在到期日两者相等。套期保值的原理就是利用基差,基差是指期货价格与现货价格之间的差额。

例:美国某进口商在3月1日从瑞士进口价值CHF240 000的商品,3个月后,即6月1日需向瑞士出口商支付CHF240 000的货款。假设3月1日的即期汇率为USD1=CHF1.651 1,6月份瑞士法郎的期货价格为CHF1=USD0.605 7,6月1日的即期汇率为USD1=CHF1.647 1,6月份瑞士法郎期货价格为CHF1=USD0.607 1,问美国进口商如何利用期货交易防范汇率风险?(一份瑞士法郎期货合约的标准金额为CHF125 000,操作见表3-1)

表3-1 多头套期保值的操作

现货市场	期货市场
3月1日 现汇汇率USD1=CHF1.651 1,假设买进CHF240 000,需要支付145 357.64美元	3月1日 进口商买入2份6月到期的瑞士法郎期货合约,总价值151 425美元
6月1日,即期汇率为USD1=CHF1.647 1,瑞士法郎汇率上升,实际买进CHF240 000,需要支付145 710.64美元	6月1日进口商卖出6月到期的瑞士法郎期货合约2份,总价值151 775美元
亏损353美元	盈利350美元

资料来源:刘铁敏,张锦宏主编.国际金融[M].北京:清华大学出版社,2013.

(二) 外汇期权交易

1. 外汇期权的含义

外汇期权(Foreign Exchange Options),又称外币期权,是一种选择权契约,它赋予契约购买方在契约到期日或期满之前以预先确定的价格买进或卖出一定数量某种外汇资产的权利。看涨期权(Call Option)赋予契约持有者买入资产的权利,看跌期权(Put Option)赋予契约持有者卖出资产的权利。

目前主要西方国家都有规范化的交易所进行货币期权交易;另外,主要的大商业银行也提供场外交易。场外交易的币种主要集中在美元同英镑、欧元、日元、瑞士法郎和加元等货币之间。1982年12月,美国费城股票交易所率先推出了标准化的货币期权交易合同。随后,芝加哥商品交易所及其他一些美国股市也纷纷效仿,不久标准化的交易方式又传到其他西方国家。

2. 外汇期权的类型

(1) 按照执行时间划分为欧式期权和美式期权。欧式期权(European－style Option):期权的持有者(买方)只能在期权到期日当天,向期权的卖方宣布决定执行或不执行合约。美式期权(American－style Option):期权的持有者(买方)可在期权到期日之前的任何一个工作日,向期权卖方宣布执行或不执行期权合约。

当到期日相同时,美式期权比欧式期权更为灵活,所以一般情况下,美式期权的保险费比欧式期权高。

(2) 按照交易场所划分为场内期权和场外期权。场内期权(Exchange Traded Option),又称交易所期权,是在外汇交易中心和期货交易所内进行交易,期权合约标准化,流动性强。期权的各项内容如到期日、协定价格、保证金制度、交割地点、合约各方头寸限制、交易时间等都由交易所制定,交易者只需考虑合约的价格和数量,遵守交易所的规定。有资格进入交易所的都是交易所的会员,非交易所会员要通过交易所会员进行交易。期权合约买卖成交后,由期权清算公司来保证交易的执行。清算公司要对购买者期权费的支付和开立者履行合同负最终责任。期权的持有者不必对开立者的信用状况进行繁琐的调查。对于期权购买者来说,需要注意的是期权清算公司的财力状况。与期货交易中要交易双方都开设保证金账户不同,场内期权交易要求期权开立者缴纳保证金,而期权持有者无保证金要求,因为后者在支付了期权价格(期权费)后不承担履行合同的义务。

场外期权(Over The Counter,OTC),又称为柜台期权。其产生要早于交易所期权,它通过电子通讯网络进行交易,交易比较灵活,不必像场内期权那样标准化,可以协商,根据客户的需求对期权进行特制,合同涉及的金额至少上百万美元,因而柜台期权交易只对大公司开放。期权的持有者与开立者之间的权利义务不对称,开立者违约的风险完全落在持有者身上。因此,签发场外期权的,往往是一些资信较好的大公司和银行,以伦敦和纽约为中心的银行同业外汇期权市场为代表。目前场外期权交易也有向标准化发展的趋势,其目的是提高效率、节约时间。

(3) 按照期权购买方获得的是买权还是卖权划分为看涨期权和看跌期权。看涨期权(Call Option),又称为买入期权或多头期权。期权购买者支付期权费,取得以执行价格从期权卖方手里购买特定数额外汇的权利。看涨期权的购买者一般是预期外汇价格上涨而对其所负外汇债务进行保值,也可以进行外汇投机,即在外汇价格上涨期间有权以较低价格(执行价格)买进外汇,同时以较高的价格(市场价格)卖出,从中赚取利润。

看跌期权(Put Option),又称为卖出期权或空头期权。期权购买者支付期权费,取得以执行价格向期权卖方出售特定数额外汇的权利。看跌期权购买者或为了使其所持有的外汇债权在外汇价格下跌期间得以保值,或为了以较低的市场价格买入外汇,以较高的价格(执行价)卖出而进行投机。

3. 外汇期权的特点

(1) 期权交易双方的收益风险不对称。期权交易是在期货交易的基础上发展起来的。期权合同和期货合同在概念上很相似,所交易的金融工具也很相近,但是两者最明显的区别在于期货合同赋予合同买方的是一种义务,无论合同到期时市场形势对他有利还是不利,都必须如约履行合同,买卖金融工具,如果预期错误,只能承担损失。而期权交易恰恰规避了这一点,如果合同成交后形势一直对合同买方不利,则买方可以不执行合同,让合同自然过期失效,损失的仅是签订合同时付出的期权价格。因此,期货交易被称为"双刃剑",期权交易则是"单刃剑"。

对于期权买方,也称为合约持有人,其承担的最大风险是事先就确定的期权费,而他可能获得的收益从理论上来说是无限的。但由于汇率变动受到市场供求关系的影响,对于竞争性很强的外汇市场,某种货币的汇率一般不会单方向无限增加。对于期权卖方,他所能实现的收益也是事先确知的、有限的,即期权费;而他承担的风险却是无限的,因为期权的执行与否由买方确定。无论当时的行情对期权的卖方多么不利,他们都有义务履行合约,因此期权卖方需要缴纳保证金,而期权的买方则不必缴纳保证金。

(2) 期权费无追索权。期权费(Premium)又称权力金或保险费,它是期权买卖的价格,在订约时由买方支付给卖方,以取得履约选择权。期权费既构成了买方的成本,同时又是卖方承担汇率变动风险所得到的补偿。期权费一旦支付,无论买方是否执行合同,都不能收回,即期权费无追索权。

期权费通常按协议价格的百分比表示或直接报出每单位外汇的美元数。如协议价格为 EUR1=USD1.020 0 的看涨期权,其期权费可以是 3‰ 或每欧元支付 0.030 6 美元。

(3) 外汇期权风险小、灵活性强。外汇期权是在远期外汇交易和期货交易基础上的延伸,但其保值功能与远期交易和期货交易存在明显区别。外汇购买者无须缴纳保证金,不必每日清算盈亏,而且有执行或不执行的选择权,灵活性大,常常作为可能发生但不一定实现的资产或收益的最理想的保值工具。

4. 远期外汇、外汇期货、外汇期权的比较(表 3-2)

表 3-2 外汇远期、外汇期货、外汇期权的比较

项目	远期外汇	外汇期货	外汇期权
交易方式	通过电话等方式直接进行交易	在交易所以公开竞价的方式进行	场内期权以公开竞价方式进行,场外期权自由交易
合约	自由议定	标准化	场内期权为标准化的,场外期权合约非标准化、自由议定
履约义务	交易双方都有履约义务	交易双方都有履约义务	卖方有履约义务,买方则只拥有权力而不必承担履约义务
交割日期	自由议定	标准化	到期前任何时间交割(美式)
保证金	无保证金,但银行对客户都保留一定的信贷额度	买卖双方都需要缴纳保证金,每日计算盈亏,不足时需补交	买方只支付期权费,卖方需缴纳保证金;不必每日计算盈亏,到期前无现金流动
价格波动	无限制	对各类合约有每日价位最高限幅	无限制

资料来源:侯高岚编著.国际金融(第 3 版)[M].北京:清华大学出版社,2013.

5. 外汇期权的应用

(1) 买入看涨期权。涉外公司未来要向外支付一笔外汇,如果担心外汇汇率上涨,便可以提前买入看涨期权以规避汇率风险。

例:美国进口商从英国进口一批货物,三个月后将支付 625 万英镑。当时的有关外汇行情如下,即期汇价为 GBP1＝USD1.400 0,协议价格为 GBP1＝USD1.430 0,期权费为 GBP1＝USD0.022 0,佣金占合同金额的 0.5%,采取欧式期权。美国进口商担心英镑升值,利用外汇期权交易套期保值。问:美国进口商应该购买何种外汇期权?三个月后假设市场汇价分别为 GBP1＝USD1.450 0 和 GBP1＝USD1.410 0 两种情况,美国进口商需要多少美元才能支付货款?

解:美国进口商三个月后将有外汇支付,应该购买看涨期权,以实现套期保值。

当 GBP1＝USD1.450 0 时,英镑市场汇价高于协议价格,应行使期权,支付美元总额为:$1.430\ 0\times625+625\times0.022\ 0+625\times0.5\%\times1.400\ 0=911.88$ 万美元;当 GBP1＝USD1.410 0 时,英镑市场价格低于协议价,应放弃执行期权。支付美元总额为:$1.410\ 0\times625+625\times0.022\ 0+625\times0.5\%\times1.400\ 0=899.38$ 万美元。

(2) 买入看跌期权。涉外公司未来将要收到一笔外汇,如果担心外汇汇率下跌,便可以提前买入看跌期权以规避汇率风险。

例:美国某外贸公司向英国出口商品,1 月 20 日装船发货,三个月后将收入 150 万英镑,该公司担心到期结汇时英镑对美元汇价下跌减少美元创汇收入,以外汇期权交易保值。已知,1 月 20 日即期汇价为 GBP1＝USD1.486 5,协议价格为 GBP1＝USD1.495 0,保险费为 GBP1＝USD0.021 2,佣金占合同金额的 0.5%,采取欧式期权。求:美国进口商应购买何种外汇期权?3 个月后在英镑对美元汇价分别是 GBP1＝USD1.4000 与 GBP1＝USD1.600 0 两种情况下,该公司收入多少美元?

解:美国出口商 3 个月后将有外汇收入,应该买入看跌期权,以实现套期保值。

在 GBP＝USD1.400 0 的情况下,英镑的协议价格高于市场价格,外贸公司应该执行期权,收入的美元总额为:$150\times1.495\ 0-150\times0.021\ 2-150\times0.5\%\times1.486\ 5=219.96$ 万美元。

在 GBP1＝USD1.600 0 的情况下,市场价格高于协议价格,该公司可以放弃执行期权,美元收入为:$150\times1.600\ 0-150\times0.021\ 2-150\times0.5\%\times1.486\ 5=235.71$ 万美元。

第三节 外汇风险管理

一、外汇风险的含义

外汇风险是指由于汇率变动而使以外币计值的资产、负债、盈利或预期未来现金流量的本币价值发生变动而给外汇交易主体带来的不确定性。广义的外汇风险是指既有损失可能性又有盈利可能性的风险,狭义的外汇风险仅指给经济主体带来损失可能性的风险。

二、外汇风险的类型

按照外汇交易发生的时间,经济主体所面临的外汇风险可以分为三类,即交易风险、会计风险和经济风险。

（一）交易风险

交易风险（Transaction Risk）是指经济主体在其以外币计值结算的国际经济交易中，从合同签订之日到其债权债务得到清偿这段时间内，因该种外币与本币间的汇率变动而导致该项交易的本币价值发生变动的风险，是一种流量风险。这种风险起源于已经发生但尚未结清的以外币计值的应收款项或应付款项，与国际贸易和国际资本流动有着密切关系。主要表现为交易结算风险、资产减少或负债增加的风险。

从进出口业务中，存在从签订合同到实际支付货款为止这段时间内，因汇率变动而产生的交易结算风险。例如，美国某出口商向日本出口一笔货款为 90 万日元的商品，签约时的汇率为 1 美元折合 90 日元。在 6 个月后发生实际货款支付时的汇率为 1 美元折合 100 日元。那么，在半年时间内，汇率变动给美国出口商带来的风险损失是 0.1 万美元。

在国际信贷业务中，存在因汇率变动而产生的资产减少或负债增加的风险。例如，日本某一银行向国外借入一笔为期 1 年的 100 万美元的资金，签约日的汇率为 1 美元折合 100 日元，银行用该借款向国内企业提供 1 亿日元贷款。如果 1 年后的汇率为 1 美元折合 125 日元，那么在不考虑利息的情况下，银行将蒙受 20 万（100—1 亿/125）美元的经济损失。

（二）会计风险

会计风险（Accounting Risk），又称折算风险（Translation Risk），是指由于汇率变动导致资产负债表中某些外汇项目的价值发生变化的风险。当跨国企业编制统一的财务报表时，将其以外币计量的资产、负债、收入和费用折算成以本币表示的有关项目，汇率变动就有可能给公司造成账面损益，这种账面损益即是由转换风险所带来的。可见，会计风险的产生是由于换算时使用的汇率与当初入账时使用的汇率不同，从而导致外界评价过大或过小。

例如，中国某公司持有银行往来账户余额 100 万美元，汇率为 USD1＝RMB6.5，折算成人民币为 650 万元。如未来美元贬值，人民币升值，汇率变为 USD1＝RMB6.2，该公司 100 万美元的银行往来账户余额折算成人民币后就只有 620 万元了，在两个折算日期之间，该公司 100 万美元的价值，按人民币折算就减少了 30 万元。

（三）经济风险

经济风险（Economic Risk），又称实际经营风险（Operating Risk）。它是指预测之外的汇率变动通过影响企业的生产数量、价格、成本而使企业未来一定时期内的收益和现金流量减少的一种潜在损失。这里之所以指出是预测之外的风险，主要是因为企业在决策时将预测到的汇率风险已经进行了相应处理，因此意料之中的汇率变动对企业而言不存在不确定性。经济风险与以上两种风险相比，它对公司产生的影响是长期和复杂的。

例如，当本币贬值时，某企业一方面由于出口货物的外币价格下降，有可能刺激出口额增加；另一方面因该企业在生产中所使用的主要是进口原材料，本币贬值后又会提高以本币所表示的进口原材料价格，出口货物的生产成本因此而增加，结果该企业将来的纯收入可能增加，也可能减少，这就是经济风险。

三、外汇风险管理

外汇风险管理是风险管理的一个重要组成部分，凡是风险管理的一般方法和原则对外汇风险的管理同样适用。

（一）外汇交易风险管理

对于外汇交易风险管理，主要有以下几种方法。

1. 选择适当的计价货币和组合

外汇交易风险产生的一个重要原因，在于经济主体对外经济交往中采用外币计价，因此要承受汇率变动的风险。经济主体在交易中如果能够选择适当的计价货币，可以在一定程度上减少外汇交易风险。具体而言，应掌握以下几点。

第一，尽量坚持"收硬付软"的原则来选择计价货币，即对于构成债权、形成收入的国际经济交易应尽量采用硬币计价，其中硬币（Hard Money）是指未来汇率具有上升趋势的货币；对构成债务、对外支付的交易尽量采用软币计价，其中软币（Soft Money）是指未来汇率具有下降趋势的货币。

第二，可以选择本币作为对外经济交往的计价货币，没有货币兑换，就不会产生外汇交易风险。但由于我国目前人民币尚未实现自由兑换，因此在对外经济交易中采用人民币计价存在障碍，一般仅在双边记账贸易的非现汇结算中使用。

第三，根据对汇率波动趋势的预测，恰当地选择提前收付或拖延收付。当预期某种货币汇率将上升时，具有该种货币债权的经济主体可以选择延期收汇，而拥有该种货币债务的经济主体可以选择提前付汇；当预期某种货币汇率将下降时，具有该种货币债权的交易可以选择提前收汇，而拥有该种货币债务的主体可以选择延迟付汇。

第四，采用多种货币规避外汇交易风险，即在对外经济合同中采用两种或两种以上的货币来计价，从而消除外汇汇率波动风险。多种货币组合中既有硬货币，也有软货币，因而在付款或收款时，若某种货币升值，另一种货币相对贬值，汇率波动的风险收益与风险损失相互抵消，从而使汇率风险降低。

2. 利用金融市场进行套期保值

这种交易分为两类：一类是利用传统的外汇交易，如即期、远期、掉期外汇交易等；另一类是利用金融衍生工具，如期货、期权、远期利率协议、固定汇率协议等。这些外汇交易的操作方法在前几节中已经详细阐述，这里不再赘述。

3. 使用保值条款

货币保值法是指贸易双方通过在合同中签订适当的保值条款，来防止未来汇率变动的风险。常用的保值条款有黄金保值、硬货币保值和"篮子"货币保值。

黄金保值是指贸易双方在签订合同时，按照当时的黄金市场价格将支付货币的金额折合为若干盎司的黄金。到实际支付日，若黄金市场价格上涨，则支付货币的金额相应增加；若黄金市场价格下降，则支付货币的金额相应减少。例如，某项经济交易合同在签约时的黄金市场价格是 1 盎司黄金＝300 美元，合同的交易金额是 300 000 美元，相当于 1 000 盎司黄金。在货款支付日，若黄金市场价格是 1 盎司黄金＝600 美元，则合同的支付金额为 600 000 美元。

硬货币保值是指在合同中注明以硬货币计价，以软货币支付，并标明两种货币当时的汇率。在执行合同时，如果支付货币的汇率变动，则支付金额要按照支付日的货币汇率等比例进行调整。这样实际计价货币金额与签约时相同，从而可以规避支付货币汇率变动的风险。例如，某项经济交易合同在签约时，合同注明以美元计价，以日元支付，当时日元和美元的汇率为1美元＝200日元,货款金额为10 000美元。那么按签约时的汇率计算,货款的金额可折合2 000 000日元,若支付货款时日元和美元的汇率为1美元＝250日元,那么以日元表示的合同支付金额为2 500 000日元。

"篮子"货币保值是指在签订合同时确定支付货币与"篮子"保值货币之间的汇率,并规定各种保值货币与支付货币间汇率变化的调整幅度。到实际支付时,如果汇率的变动超过规定的幅度,则按当时的汇率调整,以达到保值的目的。目前,在国际支付中,特别是对于一些长期经济合同,较多地使用"特别提款权"及欧洲货币单位等"篮子"货币保值。

4. 平衡法和组对法

平衡法是指在同一时期内利用一笔与存在外汇风险的交易具有相同币种、相同金额、相同期限但资金流动方向相反的交易,来消除外汇交易风险的方法。例如,某日本公司3个月后有一笔应付的1万英镑货款,为了避免汇率波动的风险,该公司应该设法出口价值1万英镑的商品,并使两笔交易的结算期限一致,从而消除英镑汇率波动的风险。

组对法是指将某种货币资金流动所产生的风险,通过一笔与其金额相同、期限相同、方向相反的另一种货币的对冲交易来抵消风险的方法。此方法主要是利用不同货币的汇率走势的同向相关性来进行对冲交易。例如,在较长时期内如果美元与日元汇率走势存在正相关关系,则某企业出口一批货物,3个月后将收回1 000万日元的货款。为规避外汇风险,该企业可以进口一批相同价值的货物,但用欧元计价,并尽可能将收回日元与支付欧元的期限安排一致,从而实现对冲,消除外汇风险。

5. 净额结算

它分为双边和多边净额结算。双边净额结算只涉及两个公司,每一对互联公司都相互抵消各自的头寸以获得净额,结算时只结算净额即可。就操作而言,双边净额结算主要的实际问题是决定采用哪种货币进行结算。多边净额结算是指多个公司之间的相互转划和冲销,使一些公司只剩净债权,而另一些公司只剩净债务,然后拥有净债务的公司直接向拥有净债权的公司清偿。其最终的债权债务的偿还还有两种方法:一是现金总库法,就是净债务人将款项汇到总库,然后由总库将款项再支付给净债权人;二是直接冲销法,就是债权债务双方直接结算。

在不同结算方法下,应收、应付账款规模不同,一般来说,直接冲销法更经济合理一些。

净额结算可以节省相当多的兑换和交易成本,一般在跨国公司中应用比较广泛,因为它需要一个集团的结算中心以及对分公司的规定严格与之相匹配。另外需要注意,许多国家外汇管理当局限制双边或多边净额结算。

(二)外汇会计风险管理

外汇会计风险的管理一般有两种思路,其一是缺口管理法,其二是合约保值法。前者主要通过资产负债在总额上的平衡实现对风险的控制,后者则带有一定的投机性。

1. 缺口管理法

对于外币资产来说,那些在折算时使用现行汇率的资产对汇率的变动是敏感的,这些资产也称风险资产,同理,那些使用现行汇率折算的负债称为风险负债。缺口管理的核心是分别计算出风险资产和风险负债的大小,并调整其差额使缺口为零,从而避免汇率风险所带来的损失。

2. 合约保值法

首先确定企业可能出现的预期折算损失,再采取相应的远期交易规避风险。例如,假定美国的瑞士子公司预期其资产负债表存在 44 000 瑞士法郎的损失,在预测瑞士法郎贬值的情况下,可以于期初在远期市场上卖出瑞士法郎,期末再买进等额瑞士法郎,并进行远期合约的交割。如果期初远期市场汇率为 CHF1＝USD1.059 4,大于预期期末即期汇率,则在远期市场卖出瑞士法郎,获得的美元大于购回等额瑞士法郎所花费的美元,即交易有利可图;反之,若期初远期汇率等于或小于期末即期汇率,则进行远期交易并无意义。这种合约的保值方法与一般的套期保值不同,它以折算结果为基础,并且与预期期末折算汇率有密切联系,只有预期准确方可进行。

(三) 外汇经济风险管理

对外汇经济风险的管理,主要有以下几种方法。

1. 营销策略

企业可以采取调整售价、市场分布以及改变促销政策和产品政策等措施来减少经济风险的影响。

首先,企业应全面分析调整售价对自身的影响,根据不同国家或地区的市场状况,实行多样化的定价策略,稳定现金流。

其次,企业应该尽量分散产品的销售国别或地区分布,以减少目标市场和结算币种过于单一带来的较高的经济风险,即采用多种币种结算,可以使汇率在不同币种间的变化在不同目标市场之间部分或全部中和,不至于因为市场过于集中,汇率总朝着一个方向变化,而使企业承担汇率单向变动风险,从而达到分散、化解风险,稳定企业现金流的最终目的。

再次,企业在制定促销策略时应充分考虑汇率变动的影响。一般来说,生产国货币贬值时,向第三国出口的子公司,应增加广告和培训等促销支出,因为此时可以用低价策略占领市场。反之,生产国货币升值时,促销支出应减少。

最后,企业可以通过产品策略来抵消外汇风险,尤其是应该不断开发新产品,因为无论汇率如何波动,企业对新产品都掌握定价权,新产品价格对汇率波动不敏感。对于原有产品,当本币贬值时,企业应利用价格优势,增加销量,扩大产品系列,满足消费者更多的需求;当本币升值时,企业应重新定位其产品品种,把目标市场定位在那些收入高、对价格不敏感的消费群体。

2. 生产策略

首先,企业应该根据汇率变动对成本的影响以及本企业的全球战略安排,在不同国家安排生产。在本币升值期间,企业可以选择在贬值国的子公司增加生产,减少升值国的生产,以达到防范汇率波动风险的目的。

其次,企业应尽可能多地在多个国家和地区进行原材料采购,使用多种货币结算。原材料来源地的选择,一是考虑原材料出口国的资源禀赋状况,合理配置生产能力;二是考虑汇率变动趋势,从贬值国进口原材料非常有利于降低成本。此外原材料来源地多元化,意味着以不同的货币购买原料投入,可以减轻汇率冲击对成本的影响。

3. 财务策略

经济风险的财务管理主要指财务多样化。这包括投资的多样化和筹资的多样化。对投资而言,可以选择多种货币进行投资,在同一种币种中选择多种不同类型、不同期限的证券进行投资。企业融资时,要尽量以多种货币从多个渠道筹资,如企业可发行股票、债券,还可利用银行贷款,既可以利用固定利率的信贷,也可以利用浮动利率的信贷。

企业同时也应该调整自身的资产负债结构,要使不同币种、不同期限的外币资产与负债数额基本相等,尽量减少受险头寸的暴露。如果外币升值,应使外币负债尽快减少到外币资产的水平,使风险抵消。如果外币贬值,应使外币资产尽量减少到外币负债的水平。

延伸阅读

全球第二大银行集团——汇丰控股表示,由于2003年汇市波动幅度较大而导致避险资金流动增加,该集团上半年的外汇交易获利较2002年同期增加14%,达到6.69亿美元。该集团同时表示,包括股票和债券在内的总体交易获利大幅上升95%至12.58亿美元,交易获利的增长远远超过佣金收入的减少。该集团在声明中称,"外汇交易方面的营业收入维持强劲态势,汇市波动较大,且以美元疲软为特征的市场趋势明显",交易量大幅增加。因市场波动较长,客户对汇市部分进行避险操作。2003年全球汇市最大银行调查结果显示,汇丰控股名列第七,市场份额为3.89%。全球外汇市场每日成交达到1.2兆(万亿)美元。汇丰控股称,南美业务方面,以巴西货币进行的即期交易业务为公司交易获利较前一季度增长贡献颇大。该行称,"交易获利增长,主要是因为在巴西汇率波动较大的情况下,在巴西的即期交易获利成长"。该公司较早表示,截至2003年6月30日的上半年税前获利升至61.1亿美元,去年同期为50.6亿美元。

资料来源:刘艺欣,赵炳盛,李玉志主编.国际金融[M].大连:东北财经大学出版社,2013.

复习思考题

一、简答题

1. 简述外汇交易的程序。
2. 外汇期货交易有哪些特点?
3. 比较远期外汇、外汇期货、外汇期权交易的区别?
4. 简述外汇风险的类型。
5. 企业在交易风险管理中常用哪些方法?

二、计算题

1. 6月2日某法国进口商从日本进口一批货物,价值20亿日元,3个月后付款,已知6月2日外汇市场行情如下。即期汇率:1欧元=105.20/30;三个月远期差价:70/40。问:该法国进口商如何利用远期外汇交易进行套期保值?

2. 3月初,美国某进口商从加拿大进口一批农产品,价值500万加元,6个月后支付货款。为防止6个月后加元升值,进口商购买了IMM期货,进行多头套期保值,汇率如下所示,试计算套期赢亏。

日期	现货市场	期货市场
3月1日	CAD1＝USD0.846 0	CAD1＝USD0.849 0
6月1日	CAD1＝USD0.845 0	CAD1＝USD0.848 9

第四章 汇率制度与外汇管制

学习目标：

熟悉固定汇率制度和浮动汇率制度、外汇管制、货币自由兑换和汇率制度方面的概念、类型和内容；了解中国的外汇管理、人民币汇率制度的历史演变过程；掌握货币自由兑换所需要的条件及人民币自由兑换可能出现的问题。

本章重要概念：

固定汇率 浮动汇率 自由浮动 管理浮动 单独浮动 联合浮动 钉住浮动 有限弹性浮动 较大弹性浮动 外汇管制 直接外汇管制 间接外汇管制 货币自由兑换

第一节 汇率制度

汇率制度是指一国货币当局对本国货币汇率的确定、汇率变动方式等问题所做的一系列安排或规定。其具体内容包括：一是确定货币汇率的原则和依据，如汇率水平的高低和汇率种类如何等；二是维持与调整汇率的办法，如实行自由浮动还是钉住某一国货币，或者是参照一篮子货币；三是管理汇率的政策或法规，如一国外汇管理当局可能会有针对不同行业、不同企业及不同地区的汇率政策；四是确定维持与管理汇率的机构，如外汇管理局、外汇平准基金委员会等。二战后，主要发达国家的汇率制度经历了两个阶段：第一是1945年到1973年的固定汇率制度阶段；第二是1973年后建立的浮动汇率制度。

一、固定汇率制度

固定汇率制度是指两国货币比价基本固定，并且两国货币比价的波动幅度控制在一定范围内的汇率制度。

（一）固定汇率制度的类型

固定汇率制度可以分为金本位体系下的固定汇率制度和布雷顿森林体系下的固定汇率制度两个阶段。

1. 金本位制度下的固定汇率制度

金本位制度下，固定汇率制度的主要特点是：

（1）各国货币都有其法定含金量，两国货币的含金量之比即为铸币平价，是自发形成的汇率基础。

（2）由于金币可以自由铸造，银行券可以自由兑换黄金，黄金可以自由输出入，所以，市场汇率总是围绕铸币平价上下波动，汇率波动的上下限为黄金输送点，汇率非常稳定。正是因为各国货币在金本位制度下能保持真正的稳定，使黄金得以实现其世界货币的职能，从而有利于促进国际贸易的发展。

2. 布雷顿森林体系下的固定汇率制度

1944年7月，在美国新罕布什尔州布雷顿森林举行的联合国国际货币金融会议，确立了以美元为中心的固定汇率制度，所以称之为"布雷顿森林体系"。这一制度的最大特征就是确定了"双挂钩"原则，即美元与黄金挂钩，其他国家货币在确定各自货币的含金量后与美元挂钩。在此原则下，各国货币与美元之间的固定比价根据各国货币的含金量与美元的含金量之比确定，称之为黄金平价。国际货币基金组织统一规定，根据供求关系汇率可以围绕黄金平价上下各波动1%。超过此幅度，各国政府有义务进行干预，使汇率回到规定的幅度范围之内。只有当一国国际收支出现根本性失衡时，才可以经过国际货币基金组织的核准允许货币贬值或升值。由此可见，各国货币相互之间实际上保持着可调整的固定比价，整个汇率体系成为一个固定汇率的货币体系。

3. 两种固定汇率制度的区别

（1）两种固定汇率制度形成机理不同。金本位制度下的固定汇率制度是商品经济发展到一定阶段自发形成的，而布雷顿森林体系下的固定汇率制度是通过国际间的协议建立的，是主要资本国家控制和主宰国际货币金融的表现和结果。

（2）货币与黄金的联系方式不同。金本位制度下，各国货币直接与黄金发生联系，相互兑换自由。而布雷顿森林体系下，各国货币是通过美元间接与黄金发生联系，即限于各国政府持有美元的数量，而且能否兑换还受美国黄金储备的约束。

（3）汇率波动条件不同。金本位制度下，汇率是通过黄金自由输出入进行自动调节，而布雷顿森林体系下，汇率波动幅度及其维持是人为的，即当汇率波动超过一定幅度时，各国政府或央行可以直接干预或通过国内经济政策进行调整，把汇率控制在一定幅度范围内。

（4）汇率变动波及范围不同。金本位制度下，汇率变动只影响贸易双方的国内货币供给和贸易收支，而布雷顿森林体系下，如果美元的价值发生变动，会影响到美元与黄金的比例关系，进而会影响到美元与各国货币之间的兑换比价，因而，其影响是世界性的。

（二）固定汇率制度的优缺点

1. 固定汇率制度的优点

（1）减少汇率风险。在固定汇率制度下，由于各国汇率相对比较稳定，国际贸易和投资者易于确定国际商品价格，准确核算进出口贸易的成本和利润，减少因汇率波动带来的风险损失，对世界经济贸易发展起到一定促进作用。

（2）抑制外汇投机行为。在固定汇率制度下，由于各国汇率相对比较稳定，汇率波动幅度很小，国际游资和国际投机者就难以通过外汇市场大量买卖某种货币进行投机，一定程度上抑制了外汇投机行为，利于稳定国际金融市场。

2. 固定汇率制度的缺点

（1）削弱了国内货币政策的独立性与有效性。因为在固定汇率制度下，各国货币汇率不能随意变动，所以，各国不能把汇率当作调整国际收支的政策工具，只能通过调整国内经济政策调节国际收支。

（2）容易引起一国外汇储备流失。在固定汇率制度下，如果一国的货币汇率波动超过规定幅度，相关国家的货币当局有义务进行干预。在货币汇率波动幅度不大时，一国货币当局往往会动用外汇储备来维持本国货币汇率的稳定。

(3) 可能引起国际汇率制度的动荡与混乱。如果一国国际收支恶化,进行市场干预仍不能平抑汇价时,该国最后有可能采取法定贬值的措施,这会引起与该国有密切联系的国家也采取法定贬值的措施,从而导致外汇市场和整个国际汇率制度的动荡与混乱。

二、浮动汇率制度

浮动汇率制度是指政府对汇率不加固定,也不规定上下波动的界限,由外汇市场供求情况决定。从1973年以美元为中心的固定汇率制度崩溃后,主要西方国家普遍实行浮动汇率制度。从1976年1月开始,国际货币基金组织正式承认浮动汇率制度。1978年4月,国际货币基金组织理事会通过"关于第二次修改协定条例",正式废止以美元为中心的固定汇率制度。至此,浮动汇率制度在世界范围内取得了合法地位。

(一) 浮动汇率的分类

(1) 按政府是否进行干预,浮动汇率制的类型可分为自由浮动汇率和管理浮动汇率。自由浮动汇率是指货币当局不进行干预,完全由外汇市场供给来决定本国货币的汇率。管理浮动是指一国货币当局按照本国经济利益的需要,随时进行干预,以使本国货币汇率朝着有利于本国利益的方向发展。

第二次世界大战后,西方国家实行的浮动汇率制度是管理浮动。即使某些国家宣称,它的货币汇率是由市场来决定的,也并不改变它实行管理浮动汇率制度的事实。因为它只在一个有限时间内实行汇率自由浮动,一旦汇率的波动范围损失了它的经济利益,它就会马上采取干预措施。这说明,在国家垄断资本主义空前发展的条件下,不存在完全的汇率自由浮动,而只能采取管理浮动形式。

(2) 按照浮动的形式,浮动汇率制又可分为单独浮动和联合浮动。单独浮动是指一国货币不同任何外国货币有固定比价关系,其汇率只根据外汇市场供求状况和政府干预的程度自行浮动。联合浮动是指由几个国家组成货币集团,集团内各自货币间保持固定比价关系,而对集团外的其他国家的货币则共同浮动。

(3) 按浮动方式分,据IMF统计,截至1998年3月31日,IMF182个成员国共实现9种汇率制度安排。这9种汇率安排可以归纳为以下三大类。

① 钉住汇率制。它是指一国采取使本国货币同某外国货币或一篮子货币保持固定比价关系的做法。一篮子货币,除特别提款权外,还有"其他组合货币"。所谓"其他组合货币"是指一国按照本国主要贸易伙伴国贸易比重来选择和设计的、模仿特别提款权的一篮子货币。按照前述概念,钉住汇率制实际上属于固定汇率制度的范畴,但它不同于布雷顿森林体系下各国货币都钉住美元的做法。在布雷顿森林体系下,各国货币所钉住的美元是同黄金挂钩的,而美元代表的黄金量又是固定的。然而,1973年以后,一些国家所钉住的货币汇率却是浮动的。这是我们称1973年以后的国际汇率制度为浮动汇率制度的根本原因所在。

② 有限弹性浮动。它是指一国货币的汇率以一种货币或一组货币为中心而上下浮动,但不高度依赖该种货币,且波动幅度也不大。有限弹性分为单一货币的有限弹性和联合浮动。对单一货币的有限浮动允许有一定的波动幅度,但这一幅度一般维持在中心汇率的上下2.25%范围内,超过了即为较大弹性浮动。联合浮动是指一些经济关系密切的国家组成集团,在成员国的货币间实行固定汇率并规定波动幅度,而对非成员国货币则采

取共同浮动的做法。这种浮动形式由1973年3月欧洲共同体的六个国家(法国、联邦德国、荷兰、比利时、丹麦、卢森堡)以及非共同体的瑞典和挪威共同建立联合浮动集团开始实行的。它规定成员国货币之间仍保持固定汇率,其波动幅度限制为2.25%以内。当两个成员国之间的货币汇率超出这个限度时,两国中央银行就有义务进行干预。对于成员国货币与其他国家货币之间的汇率则任其受市场供求关系而自行上下浮动,不加干预,但其浮动幅度保持大致相同,联合浮动。

③ 较大弹性浮动。较大弹性浮动包括单独浮动和管理浮动。IMF对管理浮动和单独浮动的解释是:前者是在实行较为严格的外汇与资本流动管制条件下的汇率安排,后者则是在相对有限的管制条件下的汇率安排。

(二)浮动汇率制度的优缺点

1. 浮动汇率制度的优点

(1)汇率随市场供求变化自由浮动,自动调节国际收支的不平衡

当一国出现国际收支持续逆差时,出口额小于进口额,外国货币供给减少,该国货币汇率呈下降趋势时,意味着该国出口商品以外币表示的价格下降,将利于出口,抑制进口,从而扭转国际收支逆差;反之亦然。

(2)可以防止外汇储备大量流失和国际游资的冲击

在浮动汇率制度下,汇率没有固定的波动幅度,政府也没有义务干预外汇市场。因此,当本国货币在外汇市场上被大量抛售时,该国政府不必为稳定汇率动用外汇储备,大量抛售外币,吸购本币;相反,当本国货币在外汇市场上被大量抢购时,该国政府也不必大量抛售本币,吸购外币。本币汇率的进一步上升,自然会抑制市场对本币的需求,这样就可以减少国际游资对某一种货币冲击的可能性。

(3)有助于独立自主地选择国内经济政策

与固定汇率制度相比,浮动汇率制度下一国无义务维持本国货币的固定比价,因而可以根据本国国情,独立自主地采取各项经济政策。同时,由于浮动汇率下,为追求高利率的投机资本往往受到汇率波动的打击,因而减缓了国际游资对一国的冲击,从而使其货币政策能产生一定的预期效果。由于各国没有维持固定汇率界限的义务,在浮动汇率制度下,一定时期内的汇率波动不会立即影响国内的货币流通,国内紧缩或宽松的货币政策从而得以贯彻执行,国内经济则得以保持稳定。

2. 浮动汇率制度的缺点

(1)浮动汇率制度增加了国际间的贸易风险

在浮动汇率制度下,汇率有可能暴涨暴跌,国际贸易往来无安全感。例如,在以外币计价结算的贸易中,出口商要承受外汇下跌而造成结汇后本币收入减少的损失;相反,进口商则要承受外汇汇率上涨而造成进口成本加大的损失。此外,汇率的剧烈波动使得商品的报价、计价货币的选择、成本的核算变得十分困难,这对国际贸易的发展不利。

(2)汇率剧烈波动助长了外汇市场的投机

在浮动汇率制度下,汇率的波动取决于外汇市场的供求关系,汇率波动频繁,波动幅度大,外汇投机者就有可乘之机。有些西方国家的商业银行也常常参与外汇市场上的投机活动,通过预测外汇汇率变化,在外汇市场上低买高卖,牟取暴利。在固定汇率制度下,因国家干预,汇率波动并不频繁,其波动幅度也不过是铸币平价上下的1%,但在浮动汇

率制度下,汇率波动则极为频繁和剧烈,有时一周内汇率波动幅度能达到10%,甚至在一天内就能达到18%。这进一步促使投机者利用汇率差价进行投机活动,来获取投机利润。但汇率剧跌,也会使他们遭受巨大损失。

同时,浮动汇率频繁与剧烈地波动,也会增加国际贸易风险,使出口贸易的成本加重或不易核算,影响对外贸易的开展。这也促使外汇期权、外汇期货、远期合同等有助于风险防范的金融业务的创新与发展。

三、汇率制度的选择

没有一种汇率制度可以在所有的时候适合任何国家,每一个国家(地区)都应该根据自己的实际情况选择适合自己的汇率制度。

(一)本国经济结构性特征

如果一国是小国,那么它就较适宜采取固定性较高的汇率制度,因为这类国家一般与少数几个大国的贸易依存度较高。汇率的浮动会给它的国际贸易带来不便,而且其经济内部价格调整的成本较低。相反,如果一国是大国,则一般以实行浮动性较强的汇率制度为宜,因为大国的对外贸易多元化,很难选择一种基准货币实施固定汇率;同时,大国经济内部调整成本较高,并倾向于追求独立的经济政策。一国选择什么样的汇率制度,主要取决于其经济特性:

(1) 经济规模,即国民生产总值(GNP)和人均GNP的规模;
(2) 对外贸易依存度,即对外贸易值/GNP;
(3) 国内金融市场发达程度及其同国际金融市场一体化程度;
(4) 通货膨胀率同世界平均水平的差异;
(5) 进出口商品结构与外贸的地域分布。

一个经济规模宏大、对外贸易依存度较低、国内金融市场发达并与国际金融市场联系密切、通货膨胀率明显不同于世界平均水平、进出口商品结构与外贸地域分布多元化的国家,一般倾向于单独浮动;反之,则倾向于实现固定汇率制或者钉住汇率制。

(二)特定的政策目的

这方面最突出的例子之一就是固定汇率有利于控制国内的通货膨胀。在政府面临高通货膨胀问题时,如果采用浮动汇率制往往会产生恶性循环。例如,本国高通胀使本国货币不断贬值,本国货币贬值通过成本机制、工资收入机制等因素反过来会进一步加剧本国的通货膨胀。而在固定汇率制度下,政府政策的可信性增强,在此基础上的宏观政策调整比较容易收到效果。又如,一国为防止从外国输入通货膨胀而往往选择浮动汇率制度。因为在浮动汇率制度下一国的货币政策自主权较强,从而赋予了一国抵制通货膨胀于国门之外,同时选择适合本国通胀率的权利。可见,政策意图在汇率制度选择上也发挥着重要作用。再如,出口导向型与进口替代型国家对汇率制度的选择也是不一样的。

(三)地区性经济合作情况

一国与其他国家的经济合作情况也对汇率制度的选择有着重要的影响。例如,当两国存在非常密切的贸易往来时,两国间货币保持固定汇率比较有利于相互间经济关系的发展。尤其是在区域内的各个国家,其经济往来的特点往往对它们的汇率制度选择有着非常重要的影响。

(四)国际、国内经济条件的制约

一国在选择汇率制度时还必须考虑国际、国内经济条件的制约。例如,在国际资金流动数量非常庞大的背景下,对于一国内部金融市场与外界联系非常紧密的国家来说,如果本国对外汇市场干预的实力因各种各样条件的限制而不是非常强的话,采取固定性较强的汇率制度的难度无疑是相当大的。进出口商品结构与外贸地域分布多元化的国家,一般倾向于让其货币汇率单独浮动。

第二节 外汇管制

一、外汇管制的含义和目标

外汇管制是指一个国家通过法律、法令、条例等形式对外汇资金的收入和支出、汇入和汇出、本国货币与外国货币的兑换方式及兑换比价进行的限制。

外汇管制的目标是维持本国国际收支的平衡,保持汇率有秩序的安排,维持金融的稳定,促进本国竞争力和经济的发展。一般来说,发展中国家实行外汇管制的目的有以下几点:

(1) 控制本国对外贸易,促进本国经济发展。
(2) 稳定外汇汇率,抑制通货膨胀。
(3) 限制资本外流,改善国际收支。
(4) 保护本国产业,缓和就业矛盾。
(5) 以外汇管理为手段,要求对方国家改善贸易政策。

二、外汇管制的机构与对象

外汇管制的机构是外汇管制的执行者,主要负责外汇管理的日常事务,执行外汇管理的法令条文,提出外汇管理的政策建议,并随时跟进情况变化和政策需要,采取各种措施,控制外汇收支情况。

目前,世界上外汇管制机构有三种类型:第一类是由国家设立专门的外汇管理机构,如中国等国家是由国家指令中央银行设外汇管理局作为外汇管制的机构。第二类是由国家授权中央银行作为外汇管理机构,如英国由它的中央银行(英格兰银行)代表英国财政部执行外汇管理工作。第三类是由国家行政部门直接负责外汇管理,如美国的外汇管理由美国财政部负责,日本的外汇管理则由财务省和通产省负责。

外汇管制的对象分为人和物两方面。对人的外汇管制,是将人划分为居民和非居民。大多数国家由于居民的外汇收支对本国的国际收支影响较大,所以对居民的外汇收入管理较严,对非居民外汇管理较松。对物的外汇管制是指对外汇收支中所使用的各种支付手段和外汇资产,根据本国的实际需要有选择、有重点地进行管理。一般来讲,大部分国家都以物作为管理的主要对象。

三、外汇管制的方式

外汇管制的方式多种多样,归纳起来不外乎数量管制和价格管制两种。

(一)数量管制

数量管制是对外汇买卖的数量进行限制。通过数量管制来集中外汇收入,控制外汇支出,对外汇进行统筹统配。具体方式主要有外汇结汇控制和外汇配给控制。外汇结汇控制是指当局为集中外汇收入,强制外汇收入者将获得的外汇按官价向指定银行全部或部分出售,其控制办法主要为出口结汇制。外汇配给控制是指当局为了控制外汇支出,根据用汇方向的优先等级对有限的外汇资金在各个用汇方向之间进行分配,其控制办法主要为进口申请批汇制。

(二)价格管制

价格管制是对外汇买卖的价格即汇率进行限制。通过汇率管制来保障外汇供给,限制外汇需求,维持汇率稳定,保障国内经济的顺利发展。

汇率管制又可采取直接管制或间接管制的方式。

1. 直接外汇管制

直接外汇管制是指对外汇买卖和汇率实行直接的干预和控制。直接管制按管理方式不同,又可分为行政管制和数量管制。

行政管制是指政府以行政手段对外汇买卖、外汇资产、外汇资金来源和运用所实行的监督和控制。具体措施有:①政府垄断外汇买卖。政府通过外汇管制机构控制一切外汇交易,汇率由官方决定,限制外汇买卖。②政府监管私有外汇资产。政府强制国内居民申报他们所拥有的一切国外资产,以便尽可能地掌握外汇资产,在急需时可以运用。③管理进出口外汇。规定出口商所获外汇必须按照官方价格卖给外汇指定银行,而进口商所需外汇必须向外汇管制机构申请核准,不能以收抵支、调剂使用。④控制资本输入输出。无论资本输出输入的资金多少,都必须逐笔向外汇管制机构申报。未经批准,任何居民或非居民都不得向外借债,更不得将外汇、黄金输出境外。

数量管制是指对外汇收支实行数量调节和控制。具体措施有:①进口限额制。由外汇管制机构按照本国在某一时期内所需进出口的物资数量和种类,对不同进出口商所需外汇分别实行限额分配。②出口外汇分成制。由外汇管制机构根据本国某些方面的需要制定出口所获外汇的分成比例。外汇分成制的具体形式有现汇留成、额度留成或者结汇证留成。③进出口连锁制。这是一种以出限进的制度,即需进口货物者,必须先行出口货物;只有能够出口货物者,才能取得相应的进口权。

2. 间接外汇管制

间接外汇管制也称成本管制,是指外汇管制机构通过控制外汇交易价格来调节外汇的成本和外汇的供求关系,从而达到间接管理外汇的目的。具体措施有:①实行差别汇率制。外汇管制机构根据进出口商品的种类和用途不同,规定两种以上的进出口售汇汇率。通常,对某些生产资料等必需品的进口规定较低的售汇汇率,而对某些高档奢侈品的进口规定较高的售汇汇率,以便通过汇率差别抑制某些高档商品的进口,支持必需品的进口。相应地,对属于鼓励出口的商品按较高的汇率售汇,其余商品的出口则按一般的汇率结汇。②进口外汇公开标售。外汇管制机构对进口用汇价格不予规定而是采用公开招标方式,将外汇卖给出价最高者。

四、外汇管制的作用和弊端

（一）外汇管制的作用

1. **防止资本外逃**

国内资金外逃是国际收支不均衡的一种表现。在自由外汇市场上，当资金大量外逃时，由于无法阻止或调整，势必造成国家外汇储备锐减，引起汇率剧烈波动。因此，为制止一国资金外逃，避免国际收支危机，有必要采取外汇管制，直接控制外汇的供求。

2. **维持汇率稳定**

汇率的大起大落，会影响国内经济和对外经济的正常运行，所以通过外汇管制，可控制外汇供求，稳定汇率水平，使之不发生经常性的大幅度波动。

3. **维护本币在国内的统一市场不易受投机影响**

实行外汇管制，可以分离本币与外币流通的直接关系，维持本币在国内流通领域的唯一地位，增强国内居民对本币的信心，抵御外部风潮对本币的冲击。

4. **便于实行贸易上的差别待遇**

一国实行外汇管制，对外而言，有利于实行其对各国贸易的差别待遇或作为国际间政府谈判的手段，还可通过签订清算协定，发展双边贸易，以克服外汇短缺的困难；对国内而言，通过实行差别汇率或补贴政策，有利于鼓励出口，限制进口，增加外汇收入，减少外汇支出。

5. **保护民族工业**

发展中国家工业基础薄弱，一般工艺技术有待发展、完善，如果不实行外汇管制及其他保护贸易政策，货币完全自由兑换，则发达国家的廉价商品就会大量涌入，从而使其民族工业遭受破坏和扼杀。实行外汇管制，一方面可管制和禁止那些可能摧残本国新兴工业产品的外国商品的输入，同时可鼓励进口必需的外国先进技术设备和原材料，具有积极发展民族经济的意义。

6. **有利于国计民生**

凡涉及国计民生的必需品，在国内生产不足时，政府均鼓励进口，准其优先结汇，按较低汇率申请进口，以减轻其成本，保证在国内市场上廉价供应，而对非必需品、奢侈品则予以限制。

7. **提高货币价值，稳定物价**

实行外汇管制，可集中外汇资财，节约外汇支出，一定程度上可提高货币的对外价值，增强本国货币的信心，加强一国的国际经济地位。

另外，纸币的价值对外表现为汇率，对内表现为物价。当一国主要消费物资和生活必需品价格上涨过于剧烈时，通过外汇管制对其进口所需外汇给予充分供应，或按优惠汇率结售，则可增加资源，促进物价回落，抑制物价水平上涨，保持物价稳定。因此，外汇管制虽直接作用于外汇，但对稳定物价也有相当的作用，可避免或减轻国外通货膨胀对国内物价的冲击。

（二）外汇管制的弊端

1. **不利于平衡外汇收支和稳定汇率**

法定汇率的确定，虽可使汇率在一定时期和一定范围内保持稳定，但是影响汇率稳定的因素很多,单纯依靠外汇管制措施以求汇率稳定是不可能的。比如,一个国家财政状况不断恶化,财政赤字不断增加,势必会增加货币发行,引起纸币对内贬值。通过外汇管制,人为高估本国币值的法定汇率,必然会削弱本国商品的对外竞争力,从而影响外汇收入,最后本国货币仍不得不对外公开贬值,改变法定汇率。若财政状况仍没有根本好转,新的法定汇率就不易维持,外汇收支也难以平衡。

2. 阻碍国际贸易的均衡发展

采取外汇管制措施,虽有利于双边贸易的发展,但由于实施严格的管制后,多数国家的货币无法与其他国家的货币自由兑换,必然限制多边贸易的发展。另外,官方对汇率进行干预和控制,汇率不能充分反映外汇供求的真实状况,常出现高估或低估的现象。汇率高估,对出口不利,汇率低估,又对进口不利,汇率水平不合理会影响进出口贸易的均衡发展。

3. 限制资本流入

在一定情况下,实行外汇管制不利于本国经济的发展与国际收支的改善。比如,外商在外汇管制国家投资,其投资的还本付息、红利收益等往往难以自由汇兑回国,势必影响其投资积极性,进而影响本国经济发展。

4. 价格机制失调,资源难以合理配置

外汇管制会造成国内商品市场和资本市场与国际相分离,国内价格体系与国际相脱节,使一国不能充分参加国际分工和利用国际贸易的比较利益原则来发展本国经济,资源不能有效地分配和利用。资金有盈余的国家,不能将其顺利调出,而急需资金的国家又不能得到它,资金不能在国际间有效流动。

第三节 货币自由兑换

进入20世纪80年代后,不论发达国家还是发展中国家都在采取各种形式不断放松外汇管制,朝着货币自由兑换的方向发展。

一、货币自由兑换的概念

货币自由兑换也称货币可兑换,一般是指一个国家或某一货币区的居民,不受官方限制地将其所持有的本国货币兑换成其他国家或地区的货币,或将任何其他货币兑换为本币,并且这些货币现钞和其他形式的金融资产流出或流入国境时不受限制,即一国的货币当局对该国及外国的居民和非居民的货币兑换以及资金流出、流入不做限制。

二、货币自由兑换的类型

(一)按货币可兑换程度,分为部分自由兑换和完全自由兑换

1. 部分自由兑换

部分自由兑换是指一国或某一货币区的居民,可以在国际支付的部分项目下,自由地将其所持有的本国货币兑换成其他国家货币,用于国际间的支付和资金转移。部分自由兑换分为经常账户自由兑换与资本和金融账户自由兑换两种。

经常账户自由兑换是指对国际收支中经常账户的外汇支付和转移的汇兑实行无限制

的兑换。在《国际货币基金组织协定》第八条款中对基金成员国在可兑换性方面应承担的义务作了具体规定。

(1) 避免对经常性支付的限制,各会员国未经基金组织的同意,不得对国际经常往来的支付和资金转移施加汇兑限制。

(2) 不得实施歧视性的货币措施或多种汇率措施。歧视性的货币措施主要是指双边支付安排,它有可能会限制非居民的货币转移以及多重货币做法。

(3) 兑付外国持有的本国货币。任何一个成员国均有义务购其他成员国所持有的本国货币结存。经常账户自由兑换是一国成为《国际货币基金组织协定》第八条款国后必须承担的国际义务,也承担了国际货币基金组织协议的第八条款所规定的义务,成为"第八条款国"。

资本和金融账户自由兑换又称资本账户自由兑换,是指资本流入和流出的兑换均无限制。《国际货币基金组织协定》第六条款中,区分了经常账户和资本账户的自由兑换,允许成员国运用必要的控制手段来调节资本的转移,即成员国没有义务来实施资本账户的自由兑换。

2. 完全自由兑换

完全自由兑换是指一国或某一货币区的居民,可以自由地将其所持有的本国货币兑换成其他国家或地区的货币,用于经常项目和资本项目的国际支付和资金转移。归结起来,一国货币走向完全自由兑换的阶段大致有4个:经常项目的有条件自由兑换;经常项目自由兑换;经常项目自由兑换与资本和金融项目的有条件自由兑换;经常项目和资本项目都自由兑换。

实现完全自由兑换还是实行部分自由兑换,在一定程度上取决于一个国家对资本管制的宽严程度,以及一国货币政策和财政政策的运筹能力。

(二) 按货币可兑换范围,可分为国内自由兑换和国际性自由兑换

1. 国内自由兑换

国内自由兑换是指一国或某一货币区的居民能够自由地、不受限制地将本币兑换成为外币,但这种货币并不是国际化的货币,在国际支付中接受这种货币的持有者,可以将所持有的此种货币用于向发行国支付,也可以向发行国兑换为其他国货币。目前,一些国家尽管实行了货币自由兑换,却未使本币国际化。

2. 国际性自由兑换

国际性自由兑换是指一国或某一货币区的货币不仅能够在国内自由兑换成为其他国货币,而且在国际市场上也能自由兑换为其他国货币,也就是货币国际化。

三、货币自由兑换的条件

从表面上看,自由兑换是一国货币能不能自由地与其他国家货币兑换的问题,但其实质上则是一国的商品和劳务能不能与其他国家自由兑换。能否自由兑换和自由兑换的程度,与一国经济在国际上的地位密切相关,受一国商品、劳务在国际、国内市场上的竞争能力、资本余缺状况等许多因素制约。因此,一国货币能否自由兑换,必须具备以下条件。

(一) 有充分的国际清算支付能力

在不受限制的情况下,国际收支平衡体现了一国的外汇收入满足了国民对外汇的需

求,这样才能保持国家外汇储备的稳定和增加,为本币自由兑换提供基础。如果国际收支长期逆差,国家的外汇储备会很快减少甚至消失,从而失去货币自由兑换的基础。保持国际收支大体平衡和外汇储备的稳定及增长,要求该国的产品和劳务在国际、国内市场上有较强的交换性和替代性。

（二）具有合理的汇率水平和开放的外汇市场

货币自由兑换要求避免和取消外汇管制,任何企业和个人都可以在外汇市场上买入和卖出外汇,这就要有开放的外汇市场。同时还要求汇率能够客观地反映外汇的供求,从而正确地引导外汇资源的合理配置。

（三）具有完全有效的宏观调控系统

在财政方面,收支平衡没有过大的财政赤字而导致国际收支逆差。在金融方面,中央银行有较强的实施货币政策的能力,具有较强的外汇市场干预政策和操作能力,包括外汇风险管理与控制、储备资产投资战略以及与这些业务有关的会计和监督能力。同时,还应具备良好的宏观经济政策环境。

（四）树立国民对本币的信心

必须抑制通货膨胀,维持物价基本稳定,建立货币政策的可信性,增强国民对本币的信心。随着上述过程的深入和国民对本币信心的树立,对经常项目交易以及对所有外汇交易的限制即可取消,实现本币的自由兑换。

（五）具有宽松的外汇管制政策或取消外汇管制

一国货币能否自由兑换,与一国的外汇管制程度密切相关。可以说,一国实施货币自由兑换的过程,就是一国逐渐取消外汇管制的过程。一国如果适度放宽外汇管制,例如放宽经常项目管制,就可以说该国实现了货币在经常项目下的自由兑换。如果一国大幅度放宽或取消外汇管制,也就意味着该国货币基本实现了自由兑换或实现了完全自由兑换。当然,一国要放松或取消外汇管制,应具备一定的条件,必须依据一国的整体经济发展状况、金融市场的成熟程度以及相应的管理水平来进行。

（六）微观经济实体对市场价格迅速作出反应

货币自由兑换与微观经济实体如银行、企业等关系密切,只有微观经济实体能对市场价格迅速作出反应,才会加强对外汇资源的自我约束能力,自觉参与市场竞争,提高国际市场的竞争能力,而要做到这一点,一国必须实现货币的自由兑换。

四、货币自由兑换的利弊分析

（一）货币自由兑换的有利影响

1. 有利于完善金融市场,增强国内金融机构的竞争力和经营效率

当资本和金融项目开放后,一国国内金融机构不仅在吸引外国资本方面与国外金融机构展开竞争,也与外来的金融机构在本国金融市场上展开竞争。面对这两方面竞争,国内金融机构必然要不断改进服务质量,提高经营效率,并在产品开发、设计、定价和创新等方面加大力度。

2. 有利于不同经济实体实现资产组合多元化,分散风险

当资本和金融项目开放后,个人、企业和政府可以选择在国内外不同的金融市场上运作,进行资产多元化组合,降低风险,提高投资回报。

3. 有利于进一步开放和发展国内经济

货币自由兑换后,将使一国的对外贸易、金融和国际投资出现大幅度增长,使本国经济更多地融入整个国际经济中,各国优势互补,实现共赢。

4. 有利于合理配置社会资源和引进外资

货币自由兑换意味着一国的资本流出和流入更为自由。当一国经济高速增长并出现资金缺口时,可以通过扩大利用外资来提高投资能力和生产能力,进而增强综合国力。

5. 有利于节省审批成本

在货币不能自由兑换的情况下,国家的外汇管理机构需要经常审批资本和金融项目,不仅涉及的环节多,容易滋生腐败,而且还耗费大量人力、物力和财力,造成高额社会成本。货币自由兑换后,国家外汇管理机构就可以只需负责对外汇交易的合规性监督,取消大量烦琐的审批事务,既节约成本又提高效率。

(二)货币自由兑换的不利影响

1. 容易遭到国际投机资本的冲击

从国际投机资本的本质看,它们在一国经济和金融出现问题时,很可能会对该国货币发起冲击,希望从中赚取投机利润。

2. 国内金融市场容易发生动荡

货币自由兑换后,资本的流出和流入肯定会更加频繁。这势必会使国内的外汇市场、货币市场和资本市场出现大的金融风潮,并对央行的货币政策效力产生不利影响。

3. 有可能出现大量资本外逃

短期资本是国际资本流动中最活跃且破坏性也很强的一种资本。货币自由兑换后,一旦国家经济指标恶化,很有可能导致资本出现大量外逃。

鉴于上述货币自由兑换的不利影响,一国在开放资本和金融项目方面应该非常谨慎,法国、意大利和日本等国在接受了《国际货币基金组织协定》第八条款义务——实行经常项目自由兑换二十多年后,才于20世纪80年代末实现了本国货币在资本和金融项目下的自由兑换。

五、人民币自由兑换

迄今为止,人民币自由兑换的进程经历了以下5个阶段。

(1)高度集中控制阶段(1979年以前)。当时,一切外汇收支由国家管理,一切外汇业务由中国银行经营,国家对外汇实行全面的计划管理,统收统支。

(2)向市场化过渡阶段(1979—1993年)。这一时期,随着经济体制改革的发展,对人民币兑换的控制开始放松,国家对企业创汇实行额度留成制度。相应地,为解决创汇企业和用汇企业之间调剂外汇余缺的需要,我国形成了外汇调剂市场。这时,相当一部分用汇需求可在外汇调剂市场上实现,但经常账户下的支付用汇仍有一部分需要计划审批。

(3)经常账户下有条件的自由兑换时期(1994—1996年)。1994年1月1日,我国外汇管理体制实行了重大改革,改汇率双轨制为以市场为基础的、单一的、有管理的浮动汇率制;以结售汇制代替外汇留成制,经常账户下正常对外支付用汇不必计划审批,可持有效凭证用人民币到外汇指定银行办理购汇,而且消除了以往对经常账户的歧视性多种汇率现象。

(4) 经常账户下完全自由兑换时期(1996年12月至2006年4月)。从1996年12月1日起,我国承诺接受《国家货币基金组织协定》第八条款的全部义务,人民币实现了经常项目下的完全可兑换。当然,我国的经常账户下外汇收支的管理仍然存在,如对企业还实行结售汇制,对经常账户下的外汇收支还实行监管。与此同时,我国还对资本和金融账户实行较严格的管制。

(5) 经常账户外汇管理新政与资本项目管制放松时期(2006年4月至今)。2006年4月13日,国家外汇管理局发布《国家外汇管理局关于调整经常项目外汇管理政策的通知》,放宽了我国经常项目下的多项外汇管理政策。同一天,中国人民银行发布了2006年第5号公告,对包括资本项目下的多项外汇管理政策进行了重大调整。境内资本投资于境外金融产品的大门,就此正式打开。银行、证券、保险、QDII获准齐发,使得中国资本市场融入国际资本市场的步伐进一步加快。

随着我国经济的发展以及与世界经济依存度的不断提高,今后的人民币兑外汇的汇率制度,将从以市场供求为基础的、参考一篮子货币管理浮动起步,最终实现人民币的自由兑换,并不断推进人民币的国际化进程。

第四节 人民币汇率制度

一、人民币汇率制度的历史沿革

1948年12月1日,中国人民银行成立,并发行了统一的货币——人民币。人民币对西方主要货币的汇率于1949年1月18日首先在天津口岸产生,全国各地以天津口岸的汇率为标准,根据当地的具体情况,公布我国的人民币汇率。回顾历史,人民币汇率制度已经历了六个阶段。

第一阶段:1949年1月19日至1953年初。人民币汇率根据人民币对美元的出口商品比价、进口商品比价和华侨的日用品生活费比价三者的加权平均数进行调整。

第二阶段:1953年初至1970年底。由于当时美国对我国实行经济封锁,政府实行了人民币钉住英镑的汇率制度,又由于当时我国与一些社会主义国家的经贸关系比较重要,人民币还实行了钉住卢布的汇率政策。这段时间,人民币汇率的主要特点是钉住英镑和卢布的双重汇率制度。

第三阶段:1971年至1979年底。随着布雷顿森林体系的崩溃,主要西方国家普遍实行浮动汇率制,汇率安排出现了多种形式。这一阶段,人民币采取钉住一篮子货币并按照该货币篮子的价格变动进行调整的汇率安排。

第四阶段:1979年下半年至1993年底。1979年8月,国务院决定改革汇率制度,除人民币公开牌价外,另行制定内部贸易结算价。从1981年1月1日开始,人民币实行了官方牌价与内部结算价(即外汇调剂市场汇率)并行的双重汇率制。1981—1984年,官方牌价与贸易内部结算价并存。1985年1月1日起,取消贸易内部结算价,重新实行单一汇率,1美元折合2.796 3元人民币。1986年7月5日,由1美元兑换3.198 3元人民币上调到1美元兑换3.703 6元人民币。1989年12月26日,由1美元3.703 6元人民币上调到1美元兑换4.722 1元人民币。1990年11月17日,由1美元兑换4.722 1元人民币调到 1 美元兑换 5.222 1 元人民币。

第五阶段：1994 年初到 2005 年 7 月 20 日。1994 年 1 月 1 日起，我国实行外汇管理体制改革，实现人民币汇率并轨（即把外汇调剂市场的汇价与官方牌价合二为一，保留一个汇率），实行以市场供求为基础的、单一的、有管理的浮动汇率制度。人民币一步并轨到 1 美元兑换 8.27 元人民币，国家外汇储备大幅度上升。1994—1996 年间，出现了严重的通货膨胀和大量资本内流及亚洲金融危机，人民币汇率承受巨大压力。1997 年之后，人民币汇率始终保持在较窄范围内浮动，波幅不超过 120 个基本点，并没有随宏观基本面变动而波动。2003 年起，国际社会强烈呼吁人民币升值，国内外关于人民币升值与否的论战不断升级。

第六阶段：2005 年 7 月 21 日至今。自 2005 年 7 月 21 日起，我国开始实行以市场供求为基础、参考一篮子货币进行调节、有管理的浮动汇率制度。同时人民币升值 2%，美元兑人民币的汇率为 1∶8.11。

二、人民币汇率形成新机制

人民币汇率形成新机制是以市场供求为基础、参考一篮子货币进行调节、有管理的浮动汇率制度。

（一）以市场供求为基础

目前我国外汇市场由企业结售汇市场与银行间外汇市场这两个子市场组成。

1. 企业结售汇市场

1994 年人民币汇率并轨后，根据结售汇制度，内资企业必须把商品和劳务出口的收汇出售给政府，资本项目的外汇必须调回境内，出售给政府或保留，而内资企业进口用汇则需要经过真实性审核或批准。1996 年 7 月，三资企业也加入结售汇制。同年 12 月，中国接受国际货币基金组织协定第八条款，实行人民币经常项目下可兑换。经常项目下的外汇需求经过真实性审核就可以得到满足，但对资本项目下的用汇需求仍需要批准，有时是被禁止的。

1994 年至 2012 年 4 月，我国的结售汇制度一直带有强制性质，企业出口创汇强制出售给政府指定银行，而企业外汇需求则受到限制。结售汇制度通过企业和外汇指定银行之间的外汇交易实现。出口企业收汇出售给外汇指定银行，用汇从外汇指定银行购买。这个外汇交易市场是我国外汇交易的一个子市场。

2012 年 4 月 16 日，国家外汇管理局网站刊文《强制结售汇制度退出历史舞台，企业和个人可自主保留外汇收入》，至此，实施了 18 年之久的强制结售汇制度宣告终结，我国开始实行意愿结售汇制度。

2. 银行间外汇市场

1996 年 4 月，为了使银行间外汇资金流动畅通，建立了银行间外汇市场。银行间外汇市场设在上海外滩的中国外汇交易中心，参加的交易主体有中国人民银行和外汇指定银行等。外汇指定银行每天买卖外汇的差额形成外汇周转头寸。政府规定外汇管理局对各个外汇指定银行所持有的外汇头寸实行限额管理，超过限额的外汇出售给其他没有达到限额的外汇指定银行或中国人民银行。

中国人民银行是银行间外汇市场的主要参与者，它向外汇指定银行出售外汇头寸，同时,收购外汇指定银行出售的外汇头寸。为了把市场汇率调控在目标范围内,中国人民银行经常入市交易,中国人民银行参与银行间外汇市场交易所形成的外汇增量,就是国家外汇储备的增加。

（二）参考一篮子货币

人民币汇率形成新机制所参考的"一篮子货币"的组成原则是:着重考虑商品和服务贸易的权重作为篮子货币选取及权重确定的基础;适当考虑外债来源的币种结构;适当考虑外商直接投资的因素;经常项目中一些无偿转移类项目的收支,也在权重的考虑之中。目前,美国、欧元区、日本、韩国等是中国最主要的贸易伙伴,相应地,美元、欧元、日元、韩元等也自然成为主要的篮子货币。另外,由于新加坡、英国、马来西亚、俄罗斯、澳大利亚、泰国、加拿大等国与中国的贸易比重也较大,它们的货币对人民币汇率也是很重要的。

（三）有管理的浮动

人民币汇率是有管理的浮动,具体规定为:

（1）每日银行间即期外汇市场人民币对美元的交易价可在中国外汇交易中心对外公布的当日人民币对美元汇率中间价上下2%的幅度内浮动。人民币对欧元、日元、港币、英镑、澳大利亚元、加拿大元和新西兰元的交易价在中国外汇交易中心对外公布的人民币对该货币汇率的中间价上下3%的幅度内浮动。人民币对马来西亚林吉特、俄罗斯卢布交易价在中国外汇交易中心对外公布的人民币对该货币汇率的中间价上下5%的幅度内浮动。人民币对其他非美元货币交易价的浮动幅度另行规定。

（2）银行可基于市场需求和定价能力对客户自主挂牌人民币对各种货币汇率,现汇、现钞挂牌买卖价没有限制,根据市场供求自主定价。在外汇交易中心,各外汇指定银行根据企业在银行的结售汇情况和中国人民银行对其核定的外汇头寸限额买卖外汇,平补头寸,形成外汇供求。中国外汇交易中心于每日银行间外汇市场开盘前向银行间外汇市场做市商询价,并将做市商报价作为人民币对美元汇率中间价的计算样本,去掉最高和最低报价后,将剩余做市商报价加权平均,得到当日人民币对美元汇率中间价,权重由中国外汇交易中心根据报价方在银行间外汇市场的交易量及报价情况等指标综合确定。人民币对欧元、港币和加拿大元汇率中间价由中国外汇交易中心分别根据当日人民币对美元汇率中间价与上午9:00国际外汇市场欧元、港币和加拿大元兑美元汇率套算确定。人民币对日元、英镑、澳大利亚元、新西兰元、马来西亚林吉特和俄罗斯卢布汇率中间价由中国外汇交易中心根据每日银行间外汇市场开盘前银行间外汇市场相应币种的直接交易做市商报价平均得出。外汇指定银行和经营外汇的其他金融机构,根据公布的汇率和浮动范围,自行确定对客户的外汇买卖价,办理外汇业务。

第五节　中国的外汇管理

一、中国外汇管理的必要性

中国是一个发展中国家,曾经在相当长的时期内外汇资金比较缺乏,因此,在较长的时期里,中国曾实行了比较严格的外汇管理。随着近几年国家外汇储备的增多,尽管外汇管理的程度逐步放宽,但政府还是在短期资本和长期资本的个别项目上实行比较严格的

外汇管理。从根本上讲,外汇管理是为了稳定中国的对外金融,促进国民经济发展及维护国家权益。具体表现在以下几个方面:

(1) 实行外汇管理是中国对外经济开放的客观需要。改革开放以来,中国经济生活发生了根本性的变化,进出口贸易发展迅速,对外劳务输出入成倍增长,外资利用增加迅猛,外汇体制改革取得了可喜的成绩。在这种改革开放的形势下,如果不进行外汇管理,很容易造成热钱和资本外逃等短期资本以及证券投资等长期资本的频繁流动,并对我国外汇市场和资本市场等产生冲击。因此,在中国金融体系不够强大的背景下,必须有一定程度的外汇管理以确保国家的对外开放政策达到预期效果。

(2) 实行外汇管理是实现中国国际收支平衡的需要。随着中国对外开放程度的不断加大,对外经济的收入与支出越来越频繁,数额也越来越大,这就需要进一步加强外汇管理,以实现中国的国际收支平衡。因为一国的国际收支状况是一国经济实力的体现,并反映该国的国际经济地位,如果放松或不进行外汇管理,就会造成滥用外汇、乱借外汇、套汇及逃汇等严重后果,最终将严重影响到国际收支的平衡。

(3) 实行外汇管理是中国维护人民币统一市场的需要。人民币是中国内地唯一的法定货币,国内禁止一切外币流通。曾经有些年份,中国南方部分城市同时流通港币、外汇兑换券和人民币,助长了国内一些地方非法倒卖外汇及外汇兑换券的活动,严重扰乱了金融秩序。为了维护人民币统一市场,维护中国的金融秩序,就必须加强外汇管理。外汇兑换券于1994年开始停止使用。

(4) 实行外汇管理是中国提高用汇经济效益的需要。由于中国曾经在较长时间内外汇资金短缺,所以国家要对有限的外汇资金进行管理,合理安排,将其用在重点建设项目上,从而提高用汇经济效益。如果放松外汇管理,将外汇资金过度分散,听任各地方和部门随意使用,那么,国家重点开发项目所需的外汇资金将得不到保证,这对经济建设是不利的。

二、中国外汇管理的历史发展

新中国成立以来,中国外汇管理的发展大致分为四个阶段。

(一) 国民经济恢复时期的外汇管理(1949—1952年)

旧中国是一个半封建、半殖民地国家,外国银行在中国享有发行钞票、公布汇率、操纵外汇资金和外汇交易等特权。新中国成立以后,中央人民政府指定中国人民银行为外汇管理机关,各大行政区实行各自的外汇管理法令。当时,中国外汇管理的主要内容是:肃清外币,禁止外币流通、买卖,防止逃套外汇;管理人民币、外币、金银贵金属出入国境;管理华商和外商指定银行及建立供给外汇的制度等。在《外汇分配、使用暂行办法》中明确规定:出口货款,各种业务、劳务所得外汇,华侨汇入的外汇,必须集中于中国银行;进口所需外汇和其他非贸易用途的外汇,必须申请批准;对进出口贸易实行许可证管理制度。当时全国外汇资金由中央人民政府财政经济委员会统一掌握分配,按照先中央后地方、先工业后商业、先公家后私人的原则分配。这一系列外汇管理措施的实行,保证了外汇收入集中在国家手中,用于恢复和发展国民经济最急需的地方,对稳定物价起了重要作用。

(二) 实行全面计划经济时期的外汇管理(1953—1978年)

自1953年起,中国进入社会主义改造和建设时期,外币在国内已停止流通,外商银行除准予保留的设在上海和厦门的 5 家银行外都已停业。到 1956 年,随着对私营工商业的社会主义改造的完成,中国进入了全面建设时期,对外贸易由国营外贸专业公司统一经营,全国物价基本稳定。这一时期中国外汇管理工作是在国家核定的计划范围内,由对外贸易部、财政部和中国人民银行三家单位分口负责管理,对外贸易部负责进出口贸易外汇,财政部负责中央的非贸易外汇管理,中国人民银行负责地方非贸易外汇和私人外汇管理。国家实行"集中管理、统一经营"的管汇方针,即一切外汇收支由国家管理,一切外汇业务由中国银行经营。由于在这一时期,中国没有确立外汇主管部门,也没有制定全国统一的外汇管理法令,即使有一些内部掌握方法,也因未履行立法手续而不具备法律性质,因此,在对外经济往来中,中国外汇管理工作比较被动。这是中国的外汇管理处在从分散到集中的过渡时期。

(三) 改革开放后逐步健全外汇管理体系时期(1979—1993 年)

1979 年以前,中国的那种高度集中统一的、以行政手段管理为主的外汇管理制度,是与当时指令性计划管理体制和国家垄断的外贸管理体制相适应的。目的是把有限的外汇资金用于经济建设急需的重点项目,对保证外汇收支平衡及汇率稳定起到过积极作用。但这种外汇管理体制过于集中,统得过死,完全依靠计划和行政手段,忽视了市场规律和经济手段。并且,经济效益低,应变能力差,不利于调动各方创汇积极性和经济的发展。

1979 年之后,中国的工作重点转移到社会主义现代化建设上来,实行了改革开放政策,经济体制逐步向着有计划的商品经济转变。1992 年又确定了发展社会主义市场经济,对外贸易由国家垄断变为多家经营和自负盈亏,对外贸易、金融与技术合作迅速增加,外汇收入成倍增长。如何积极利用外资,引进外国先进技术,发展外向型经济,这一系列问题要求我们加强和改善对外汇的宏观控制。1993 年 12 月 28 日,中国人民银行发布了《关于进一步改革外汇管理体制的公告》,进一步深化了中国外汇管理体制改革。这段时期,中国的外汇管理制度改革通过下列举措取得了一定的成效。

(1) 设立专门的外汇管理机构。1979 年以前,国家计划委员会、财政部等多家机构分别承担管理外汇的任务。为了适应改革开放形势的需要,国务院于 1979 年 3 月批准设立国家外汇管理总局,并赋予它统一管理全国外汇的职能。当时国家外汇管理总局与中国银行是一个机构两块牌子。1982 年,根据国务院关于政企分开的决定,国家外汇管理总局同中国银行分开,划归中国人民银行领导。1988 年 6 月,国务院又决定国家外汇管理局升为国务院直接领导的国家局,归中国人民银行管理,进一步加强了外汇管理工作。

(2) 颁布外汇管理条例和各项实施细则。1981 年前,中国没有一个全国性的外汇管理法规。随着对外开放,外商和外国银行需要了解中国的外汇管理法规,国内企业对外谈判、签订合同,也需要有一个外汇收支方面的法律依据。1980 年 12 月,国务院公布了《中华人民共和国外汇管理暂行条例》,随后又陆续颁布了一系列外汇管理实施细则和其他管理方法,使中国的外汇管理法律和制度日臻完善。

(3) 改革外汇分配制度,实行外汇留成办法。多年来,中国对外汇实行的统收统支、统一分配的办法难以调动创汇单位的积极性。1979 年 8 月,国务院决定在外汇由国家集中管理、统一平衡、保证重点的同时,实行贸易和非贸易外汇留成,区别不同情况,适当留给创汇的地方、部门和企业一定比例的外汇,以进口发展生产、扩大业务所需要的物资和技术。留成外汇是计划分配外汇的补充,对奖励出口、弥补出口亏损、调动各方面创汇的积极性以及发展生产都起到了积极的作用。

(4) 建立外汇调剂市场,对外汇进行市场调节。多年来,中国没有外汇市场,外汇是按照指令性计划纵向分配的,不允许外汇横向流通。1979年实行外汇留成办法后,客观上产生了调剂外汇余缺的需要。1980年10月国家公布了《中国银行调剂外汇暂行办法》,1981年又补充公布了《关于外汇额度调剂工作暂行办法》,允许有留成外汇的国营和集体企业,通过外汇管理部门,按照高于贸易外汇内部结算价的5%~10%的调剂价格,把多余的外汇卖给需要外汇的国营和集体企业,并于1986—1987年两次提高外汇调剂价格。1986年11月,根据《国务院关于鼓励外商投资的规定》,允许外商投资企业之间调剂外汇,价格由它们自己确定。1988年3月,为了配合对外贸易承包经营责任制,根据《国务院关于加快和深化对外贸易体制改革若干问题的规定》,制定了《关于外汇调剂的规定》,各省、自治区、直辖市都设立了外汇调剂中心,办理地方、部门、企业的留成外汇和外商投资企业的自有外汇的调剂业务,价格放开,由买卖双方根据外汇供求状况自行议定。从1991年起允许侨汇和国内居民通过外汇调剂中心买卖外汇。截至1991年底,全国已建立40多个外汇调剂中心,有的城市还开办了公开的外汇调剂交易市场,根据国家产业政策和进口计划,制定了调剂外汇的投向指导序列,至此,已初步建立起一个中国式的外汇调剂市场。外汇调剂市场的建立是适应计划经济与市场调节相结合的需要,促进了外汇资金的横向流通,提高了资金使用效益,对协助进口,鼓励出口,解决外商投资企业的外汇平衡,以及促进中小企业的生产和发展科研、文教及卫生事业,都起到了积极作用。

(5) 引进外资银行,建立多种形式的金融体系。1979年之前,所有外汇业务由中国银行独家经营。1979年起,中国的经济体制向"以国营经济为主体,多种经济形式并存"的方向发展,对外贸易经营权下放。到1991年,全国有外贸经营权的企业超过4 000家。由于对外经济贸易发展迅速,由一家银行经办外汇业务的状况已不能满足需要。与此同时,中国经济特区和沿海城市的改革开放与发展,促使外汇业务经营体制逐步进行改革。

自1979年10月开始,中国首先在深圳特区引进外资银行。1985年4月,国务院颁布了《经济特区外资银行、中外合资银行管理条例》后,在经济特区及上海等沿海城市批准了一批经营外汇业务的外资银行及中外合资银行。与此同时,还设立了一批全国性和区域性的综合银行,如交通银行、中信实业银行、深圳发展银行等,批准它们经办外汇业务,从而使中国银行、经营外汇业务的国营专业银行和新兴股份制银行、外资银行、中外合资银行、中外合资财务公司及国营非银行金融机构等共同形成了一个以外汇事业为主、多种金融并存的国内外汇金融体系,对发展中国对外经济贸易,促进外商投资,提高金融服务质量起到了一定作用。

(6) 积极引进外资,建立外债与外商投资企业的外汇管理。自20世纪60年代中期到1979年期间,中国基本上不向外国借款,也不允许外国来华投资。改革开放后,中国引进了大量外资,到1992年底外债余额近700亿美元。同时,中国还在120多个国家设立了大量的非贸易性生产企业。

在这一阶段,中国逐步建立对外借款的计划管理制度、向外借款的窗口管理制度、借款的审批制度、外债的监测登记制度和外汇的对外担保方法及短期债务余额的控制办法,从而使中国的外债规模控制在国家承受能力范围之内,使偿债率(当年还本付息额/当年外汇收入额)和债务率(年底外债余额/当年外汇收入)均低于国际公认的外债警戒线

(20%和100%)。

为了鼓励外商来华投资,改善投资环境,保障投资者的权益,中国对外商投资企业的外汇管理采取比较灵活的办法。1983年8月,国家公布了《对侨资企业、外资企业、中外合资经营企业外汇管理施行细则》。1986年1月,国务院发布了《关于中外合资经营企业外汇收支不平衡问题的规定》。1986年10月,国务院又发布了《关于鼓励外商投资的规定》。中国对外商投资企业外汇收支的政策是鼓励外商投资的产品出口,允许企业保留出口或提供劳务所得的全部外汇,在银行开立外汇账户,自行安排使用;正常业务的外汇支出、外方投资者分得的纯利润、外籍职工的工资收入、外汇资本的转移,都允许从其外汇存款账户中支取并汇往境外;允许外商投资企业向国内外银行借用外币贷款,自借自还;允许外商投资业务在外汇调剂市场买卖外汇;允许在国内市场购买中国的商品出口换取外汇,将所得的人民币利润再投资于能创汇的企业。

(7) 放宽对国内居民的外汇管理。1979年起,我国实行居民收入的外汇按规定比例留存的办法。从1988年起,国家银行开办了居民外汇存款,从外国和我国港澳地区给内地居民的汇款和居民持有的外币现钞都允许存入银行并允许在规定的数额和用途内提取外汇、汇出外钞、进行外汇买卖或携带出境使用。

(8) 1993年12月28日,中国人民银行总行公布了中国外汇管理体制的新方案,这是一次力度很大的外汇改革。主要有以下几个方面:①汇率并轨,取消人民币官方汇率,人民币汇率由市场供求关系决定,政府只是在必要时予以干预和调控。②实行结汇制,取消对国内企业实行的长达15年的外汇留成制度,企业出口所得外汇收入须结售给指定的经营外汇业务的银行,以后需要用汇时,凭合法进口单据再向银行买汇,无需再经外汇管理当局批准,供求关系由汇率调节。③银行向持有合法进口单据的用汇需求者提供(出售)外汇。为确保供汇,建立银行间外汇市场,中心设在上海(即中国外汇交易中心),联网全国,相互调剂头寸,形成由银行市场决定的汇率。外汇调剂中心的原有功能逐渐消退。④取消外币和外汇券计价,经过一段时间过渡后,取消外汇券。⑤取消外汇收支的指令性计划,国家主要运用经济、法律手段实现对外汇和国际收支的宏观调控。

上述几方面的改革,使中国外汇管理体制进入了一个全新的阶段,其主要特征是:汇率统一,以结售汇代替留成制,以全国联网的统一银行间外汇市场取代以前的官价市场和分散隔离的调剂市场,以管理浮动汇率取代以前的官价固定和调剂价浮动的双重汇率制,以单一货币(人民币)流通取代以前的多种货币流通和计价。这些重大改革举措,使中国外汇管理体系进入了一个更加透明、更加市场化、更加统一和高效的新时期。

(四) 逐步放松的外汇管理时期(1994年至今)

1994年人民币实现了经常账户下有条件可兑换之后,1996年中国在外汇管理体制改革方面作了进一步改革,实现了人民币在经常账户下的可兑换。1996年,为了消除中国外汇管理体制同《国际货币基金组织协定》第八条款的差距,以及按照国际化的要求完善外汇管理基础工作,相继出台了一系列法规。1996年1月1日,中国正式实施《国际收支统计申报办法》,该申报办法是根据社会主义市场经济的需要而制定的符合社会主义市场经济发展状况的数据收集体系,在制定申报办法时参照了国际货币基金组织《国际收支手册(第五版)》的原则,具有较高的国际可比性和国际化程度。1996年4月1日,《中华人民共和国外汇管理条例》正式实施,该条例是对1994年以来外汇管理体制改革成果的规范化和法制化,立法的基点是人民币经常项目可兑换。该条例在内容上包括了当时出台的新业务和新制度,如银行间外汇市场、银行结售汇制度和国际收支统计申报制度等;在外汇管理方式上,体现了外汇管理由直接管理过渡为间接管理为主的管理方式的转变;在汇率形成机制上,明确了中国人民币汇率实行以市场供求为基础的、单一的、有管理的浮动汇率制度;在法律责任上,对各类违反外汇管理法规的行为制定了详细而又具体的处罚措施,便于执法并有利于加强人们的法律意识。同年7月1日,中国正式实施了一系列直接缩小与《国际货币基金组织协定》第八条款差距的外汇管理法规。这些法规包括《结汇、售汇及付汇管理规定》《外商投资企业境内外汇账户管理暂行办法》《外商投资企业外汇登记管理暂行办法》《外资银行结汇、售汇及付汇业务实施细则》《境内居民因私兑换外汇办法》和《境内居民外汇存款汇出境外的规定》等。前四个法规的实施将外商投资企业纳入了银行结售汇体系,消除了中国外汇管理体制与《国际货币基金组织协定》第八条款的差距,同时也允许在中国境内的外资银行、中外合资银行和外国银行分行经营结售汇业务;后两个法规的实施,消除了中国当时外汇管理体制与《国际货币基金组织协定》第八条款在非贸易性、非经营性项目用汇方面的主要限制。同年10月1日,《境内机构对外担保管理办法》正式实施。同年11月29日,中国人民银行行长宣布,中国于1996年12月1日起正式实行人民币经常账户可兑换。实行人民币经常账户可兑换,表明中国宏观调控能力进一步提高,有能力通过间接调控办法来管理国际收支。

1997年10月,为了进一步加快国有企业改革,完善企业经营机制,国家外汇管理局允许符合一定条件的中资企业开立外汇结算账户,保留一定限额的经常账户外汇收入。

2001年12月1日,国家外汇管理局对企业出口外汇核销和外汇账户管理进行了调整。一方面是对当时的出口收汇核销方式进行了改进,另一方面是对当时中资企业外汇结算账户政策进行了调整,主要是降低了中资企业外汇结算账户的开立标准。

此外,2004年,国家为了加快中国银行体系的改革,利用外汇储备为建设银行、中国银行注资共450亿美元。2005年,国家再次动用外汇储备为中国工商银行注资150亿美元。

1994年以来,中国对资本和金融账户的开放也采取了循序渐进的方式,采取的具体方针是:先逐步放开长期资本和金融账户,后放开短期资本项目;先放开流入,后放开流出;先放开对金融机构的管制,后放开对非金融企业和个人的管制。在长期资本和金融项目中,在继续扩大利用外国直接投资和鼓励外资参与国内企业和银行并购及参股的同时,资本市场也逐渐开放。自2003年以来,中国不断吸引包括境外基金管理公司、保险公司、证券公司、信托机构或政府投资机构等在内的合格境外机构投资者(Qualified Foreign Institutional Investor,QFII)参与证券市场的投资活动。此外,中国银行体系也不断对外开放,一方面为了加快银行体系的改革,一些国有商业银行、股份制商业银行和城市商业银行已经分别从花旗银行、美国银行、汇丰银行和渣打银行等引进了战略投资者;另一方面,政府鼓励国内银行海外淘金,不断地收购或参股国外优质银行,参与国际竞争。2006年,中国政府鼓励合格境内机构投资者(Qualified Domestic Institutional Investor,QDII)走出国门,参与国际资本市场运作。随着外汇储备的增多,政府鼓励越来越多的国内企业走出国门,进行海外投资,参与海外企业并购。2005年后,积极探讨开放的领域包括:允许国内企业境外上市募集资金经批准后存放境外或进行保值运作;引进国际开发机构在境内发行人民币债券;支持保险机构、社保基金进行境外证券投资;加大对境外投资企业后续融资的支持力度;研究允许跨国公司购汇进行跨境资金运营。目前,实行严格外汇管理的项目主要集中在短期资本项目、没有实物背景的项目和其他项目中。1994年之后,尽管中国汇率制度名义上实行的是单一的管理浮动,但就实质而言,是钉住美元的汇率制度。2005年7月21日,中国人民银行总行颁布了《关于完善人民币汇率形成机制改革的公告》,汇率改革政策的三大要点是:人民币不再钉住单一美元,而是参考一篮子货币,同时根据市场供求关系进行浮动;汇率将是浮动的,而且区间是合理的;人民币对美元升值约2%。并且强调人民币汇率形成机制的重要原则是渐进性。这次汇率机制的改革,使中国的外汇管理改革更加深入。有三点需要特别肯定:在人民币参考的一篮子货币中,美元必然是最重要的参考货币;人民币汇率更富有弹性,更能反映市场供求关系;政府不会放弃对人民币汇率的管理,任凭汇率暴涨暴跌。

2005年8月3日,国家外汇管理局再次调高境内机构经常项目外汇账户限额,境内机构经常项目外汇账户可保留现汇的比例,由30%或50%调高到50%或80%,这是1994年实行结售汇制度以来的第八次调整。这一调整有利于理顺外汇市场供求关系,完善人民币汇率形成机制。

此外,为了配合外汇管理的改革,中国人民银行还于2005年8月颁布了《关于扩大外汇指定银行对客户远期结售汇业务和开办人民币与外币掉期业务有关问题的通知》和《关于加快发展外汇市场有关问题的通知》,为外汇银行的外汇业务开展和进一步发展外汇市场指明了方向。

2007年,企业的强制结售汇制度调整为意愿结售汇,原先的藏汇于国调整为藏汇于民。

2010年7月,国家外汇管理局指出,防范热钱仍是国家外汇管理的重点之一。国家外汇管理局将不断提高应对和打击热钱流入的针对性和有效性;国家外汇管理局将加大对违规资金流入的查处和惩罚力度,对地下钱庄、网络炒汇等外汇违法违规行为开展打击行动。同时,将完善监测预警体系,完善跨境资金流出入应急预案,形成对资本流出入的双向监测、预警与应急反应机制,密切防范国际收支风险,切实维护国家经济金融安全。国家外汇管理局还将进一步改进外汇管理,推进外汇市场建设,防范跨境收支风险。

国家外汇管理局指出,我国跨境资金流动大部分是合法合规的,是合理的,是在国际收支平衡表中可以解释的,但也不排除部分违法套利的资金混入。防范热钱是外汇管理部门的职责之一,同时也需要各方配合,标本兼治。

在推进贸易便利化方面,2013年7月,国家外汇管理局发布《国家外汇管理局关于印发服务贸易外汇管理法规的通知》(汇发〔2013〕30号),决定自2013年9月1日起,在全国范围内实施服务贸易外汇管理改革。此次改革的主要内容包括:推进简政放权;小额交易无需审单;简化单证审核;清理整合法规;放宽境外存放;强化均衡管理和事后管理。

2013年12月,国家外汇管理局发布了关于完善银行贸易融资外汇管理的通知,要求银行在积极支持实体经济发展的基础上,对贸易融资特别是90天以上的远期贸易融资的真实性、合法性进行认真审查。同时要求银行,无论企业贸易融资是否足额交付了保证金,都要针对不同企业的特点,按照企业是否存在一些异常的交易行为等,进行真实性审查。

同时,国家外汇管理局加大了对异常企业的关注,特别是对远期贸易融资建立起一系列事后管理制度,如现场核查制度、分类管理制度、综合分析制度等。现场核查制度就是针对系统筛查出的异常企业,以约谈企业负责人、深入企业进行现场核查等方式,要求企业对异常情况进行解释说明。分类管理制度是根据企业遵纪守法的程度对其进行分类。对 A 类企业给予充分的收支便利,对 B、C 类企业在单证审核、业务办理、结算方式等方面实施严格监管,建立起"便利守法者、关注可疑者、惩戒违规者"的正向激励机制。国家外汇管理局同时加大了对银行和企业违法违规处罚的力度。

与此同时,国家外汇管理局还将推进合格境外机构投资者制度和合格境内机构投资者制度,以配合我国资本和金融账户的开放进程。据国家外汇管理局统计,截至 2014 年 6 月 30 日,已有 252 家合格境外机构投资者合计获批 565.48 亿美元的投资额度,共有 121 家合格境内机构投资者累计获得 804.93 亿美元的额度。

此外,国家外汇管理局还将促进外汇市场发展,进一步发挥外汇市场在价格发现、资源配置和风险防范中的作用。完善市场交易机制,提高外汇交易清算效率。加大外汇市场产品创新力度,继续支持多种主体进入银行间外汇市场,改进银行间外汇市场做市商管理。

总之,改革开放 40 年来,中国的外汇管理改革成绩斐然,并为将来人民币实现自由兑换打下了坚实的基础。

三、中国外汇管理机构及其职能

中国外汇管理机构是国家外汇管理局及其分支局。国家外汇管理局是国务院领导下,归中国人民银行管理的国家局,在全国各省、自治区、直辖市、计划单列市、经济特区都设有分支局,目前分支局已达 440 多个。其主要职能是:

(1) 根据国家的政策和经济建设的需要,制定外汇管理的法规和制度,并组织实施;
(2) 会同国务院有关部门,编制国家外汇收支计划并监督执行;
(3) 管理国家外汇资金和外汇储备;
(4) 制定和调整人民币汇率政策;
(5) 管理银行间外汇市场,代理中国人民银行干预外汇市场;
(6) 管理外债,审批向国外银行借款、在国外发行债券和对外担保业务,办理全国外债的监测、登记和统计;
(7) 审批和管理银行与非银行金融机构的外汇业务;
(8) 监管贸易、非贸易外汇收支和外商投资企业的外汇收支;
(9) 管理在境外投资企业的外汇收支;
(10) 编制国家外汇收支统计和国际收支平衡表;
(11) 检查和处罚违反外汇管理的案件。

四、人民币自由兑换的前提条件

一国货币实现自由兑换既有利也有弊。一方面可以促进国际资本流动,带动技术及其他生产要素的流动,从而带动经济的发展;另一方面,国际资本流动反复无常,各国对资本大进大出的承受能力差异很大,抵御危机的能力也不尽相同,基础较弱的国家很可能在受到冲击后一蹶不振。综观发展中国家的历程,尤其是东南亚国家金融危机带来的教训,可将发展中国家货币自由兑换的前提条件归纳为以下几个方面,这几个方面同时也是人民币实现自由兑换的前提条件。

(一) 经济体系良好

从世界上大多数货币已经实现自由兑换的国家经验来看,其资本和金融账户之所以最终能够开放,与其具有良好的经济体系是分不开的。只有建立良好的经济体系,才能保证国民经济持续增长和国际收支平衡。良好的经济体系包含两方面的内容:①国民经济结构合理,具有良好的规模优势和强大的国际竞争力;②各个微观经济主体市场运营机制完善、技术先进、管理科学、运行效率高。显然,只有拥有良好的国内经济体系,才能保证金融市场的健康发展,才能支持利率和汇率市场化进程,并确保货币政策和财政政策的有效性,从而实现国际收支长期均衡,维持货币在资本和金融账户下自由兑换。1997年亚洲一些国家爆发金融危机的教训之一就是它们在国内经济体系质量较差的情况下,过早地开放了本国资本市场,实现了资本和金融账户下货币的自由兑换,最终导致金融危机爆发。

(二) 宏观经济政策健全

一国要成功实现自由兑换,就必须有健全有效的货币政策和财政政策,并且搭配得当,这样,才能确保国民经济持续增长,使国际收支实现平衡。具体来说,货币政策要有效控制通货膨胀,防止泡沫经济,促进经济实质性增长;财政政策要平衡中央财政,特别是限制政策的直接支出,同时有能力征收基础广泛的税收,消除财政赤字或将其保持在国际公认的低水平。尤其要注意使国内金融交易的税负与国际市场持平,避免国内外税负差异增大,从而导致大量资本流动。如果货币政策和财政政策的实施不当或配合不好,就会导致经济过热,国际收支严重失衡,从而严重影响宏观经济的稳定,使预算收支恶化、通货膨胀(或紧缩)加剧、投机频繁、人们信心动摇等相互影响并引发恶性循环。最终,也就不存在货币在资本和金融账户下可兑换的基础和前提。所以,只有宏观经济政策健全,才能有助于社会总需求与社会总供给之间达到平衡,使国民经济得以持续、健康、稳定地发展,才有助于一国保持稳定的实际汇率。

(三) 国内金融体系完善

所谓完善的金融体系包括良好的金融监管、健全的金融市场、发达且具有竞争力的金融机构和充分的金融工具。具体来说,良好的金融监管能够确保金融业的发展和管理有法可依。金融市场能够满足利率市场化和汇率市场化后人们规避风险和投机的需要。在金融机构中,无论是银行还是证券公司,都应有良好的公司治理结构和风险防范机制。银行体系要完善,并且满足《巴塞尔协议》的有关要求,而证券公司也要规范其在资本市场上的行为。金融监管部门和金融机构,应该审时度势地推出新产品,设计新的金融工具,并且善于对新的工具进行合理定价。只有建立一个稳健、高效的国内金融体系,才能充分抵制外部冲击,为货币实现资本和金融账户下自由兑换提供保证。

(四) 汇率制度安排合理和形成机制有效

一般来说,浮动汇率制度适合于经济结构较为合理的大市场国家,固定汇率制度则适合于小规模的开放经济国家。对任何一个国家来说,要使货币实现在资本和金融账户下的自由兑换，就必须积极稳妥地推进汇率制度改革，结合本国经济金融的实际情况作出合理安排。对多数发展中国家而言，推出固定汇率制度的最佳时机是外汇市场相对稳定的时候，因为此时人们没有较强的贬值预期。推出钉住浮动汇率制度的较好时机是一国经历大规模资本流入、汇率有较强升值压力的时候。恰当的汇率制度安排是货币实现资本和金融账户下自由兑换的一项重要保证。通常，管理浮动被认为是一种灵活且富有弹性、适于微调的汇率制度，能给国内货币政策一定的回旋余地。只有汇率形成机制和汇率水平符合实际，才能有效地反映市场供求状况、外汇市场和实务部门交易之间的平衡状况，并有效地调节国际收支。对市场汇率进行不恰当的限制或干预而使本币汇率人为地高估或低估，都会影响市场机制发挥作用。当然，中央银行要加强对市场的宏观指导和调控。在汇率由市场决定的基础上，可以通过建立一套指标来监测市场汇率水平是否合理并反映国家的国际收支平衡目标，以确保汇率的合理和相对稳定，防止汇率受国际投机者的冲击而出现暴涨暴跌。

（五）利率市场化

利率市场化是实现货币在资本和金融账户下实现自由兑换的保证条件。只有利率实现市场化，才能使利率成为资本市场货币的价格并反映市场资金供求，才能为中央银行提供一个自主制定和执行货币政策的空间，从而有利于调控因资本流动不正常而造成的国内波动。利率市场化是一种历史必然趋势。无论是发展中国家还是发达国家，自第二次世界大战以后，大多经历了一个从利率管制到市场化的过程。因为僵化的利率体系和利率水平对社会储蓄、资本形成和国际收支都有不利影响，而且政府通过控制利率水平来降低政府债券的发行成本，不利于提高全社会的资源配置效率。中国于1996年开始利率市场化进程，并且采取了先开放外币利率后开放人民币利率、先开放贷款利率后开放存款利率的步骤。尽早在中国完成利率市场化，可以在更高层次上把握货币政策的主动权，这对进一步改革中国汇率形成机制，发挥金融支持国民经济发展的作用，以及最终实现人民币自由兑换都是至关重要的。2012年6月7日和7月6日，央行两次对商业银行存贷款准利率非对称降息；2013年7月20日，央行放开商业银行贷款利率下限；2014年3月，上海自贸区外币存款利率实现市场化。

（六）国内资本市场发育良好

国内资本市场不仅直接关系到一个国家的直接融资规模，而且其发展和扩大是任何一国开放资本和金融项目的重要基础条件。当一国资本市场处于发展初期时，其政府对市场的监督和管理往往缺乏经验，此时，若开放资本和金融项目，就很容易受到国际投机者的冲击。因此，政府应针对流入的外资建立有效的监督和管理制度。在当今国际离岸金融市场活动异常活跃和金融衍生工具层出不穷的情况下，发展中国家只有在建立良好的监管和成熟的资本市场后，才能开放资本和金融项目，否则将难以抵御国际投机资本的冲击。东南亚金融危机的爆发已经充分地证明了这一点。

（七）中央银行监管得力

这是一国开放资本和金融项目的最重要监管调控条件之一。在发展中国家的银行体系中，中央银行的监管和调控能力不是很强，尤其是在透明度的提高、预警系统和风险化解机制的建立，以及金融统计覆盖面、时效性和质量的提高等方面需要不断完善。因为资本和金融账户的开放必然使银行的离岸业务扩展，金融衍生产品的不断运用必然使投机性融资安排增加,怎样防范外资利用本国金融市场进行洗钱等非法活动已经成为各国中央银行面临的头等大事。只要中央银行提高金融监管能力和质量检测能力,提高金融市场透明度和金融体系管理水平,在必要时帮助投资者规避金融风险,那么资本和金融账户的开放就指日可待。

五、2008年以来的人民币国际化进程

2008年,当美国次贷危机逐步演变成国际金融危机后,中国政府先后与韩国、中国香港、马来西亚、白俄罗斯、印度尼西亚、阿根廷和冰岛等国家和地区分别签订了双边货币互换协定(见表4-1)。这些协议的签订表明,人民币在跨境贸易结算中的地位提高,开始了其国际化进程。

表4-1 2008年国际金融危机之后中国与部分国家或地区进行的双边货币互换

时间	其他国家或地区	金额	协议有效期
2009.1.20 2011.11.22(续签) 2014.11.22(续签)	香港	2 000亿元人民币/2 270亿港元 4 000亿元人民币/4 900亿港元(续签) 4 000亿元人民币/5 050亿港元(续签)	3年
2009.2.8 2012.2.8(续签) 2015.4.17(续签)	马来西亚	800亿元人民币/400亿马来西亚林吉特 1 800亿元人民币/900亿马来西亚林吉特(续签) 1 800亿元人民币/900亿马来西亚林吉特(续签)	3年
2009.3.11 2015.5.10(续签)	白俄罗斯	200亿元人民币/8万亿白俄罗斯卢布 70亿元人民币/16万亿白俄罗斯卢布(续签)	3年
2009.3.23 2013.10.1(续签) (已失效)	印度尼西亚	1 000亿元人民币/175万亿印尼卢比 1 000亿元人民币/175万亿印尼卢比(续签)	3年
2009.4.2 2014.7.18(续签) 2017.7.18(续签)	阿根廷	700亿元人民币/380亿阿根廷比索 700亿元人民币/900亿阿根廷比索(续签) 700亿元人民币/1550亿阿根廷比索(续签)	3年
2009.4.20 2011.10.26(续签) 2014.10.11(续签)	韩国	1 800亿元人民币/38万亿韩元 3 600亿元人民币/64万亿韩元(续签) 3 600亿元人民币/64万亿韩元(续签)	3年
2010.6.9 2013.9.11(续签) 2016.12.21(续签)	冰岛	335亿元人民币/660亿冰岛克朗 35亿元人民币/660亿冰岛克朗(续签) 35亿元人民币/660亿冰岛克朗(续签)	3年
2010.7.23 2013.3.7(续签) 2016.3.7(续签)	新加坡	1 500亿元人民币/300亿新加坡元 3 000亿元人民币/600亿新加坡元(续签) 3 000亿元人民币/640亿新加坡元(续签)	3年
2011.4.18 2014.4.25(续签) 2017.5.19(续签)	新西兰	250亿元人民币/50亿新西兰元 250亿元人民币/50亿新西兰元(续签) 250亿元人民币/50亿新西兰元(续签)	3年

续表 4-1

时间	其他国家或地区	金额	协议有效期
2011.4.19 (已失效)	乌兹别克斯坦	7 亿元人民币/1 670 亿乌兹别克苏姆	3 年
2011.5.6 2012.3.20(扩大) 2014.8.21(续签) 2017.7.6(续签)	蒙古	50 亿元人民币/1 万亿蒙古图格里克 100 亿元人民币/2 万亿蒙古图格里克(扩大) 150 亿元人民币/4.5 万亿蒙古图格里克(续签) 150 亿元人民币/5.4 万亿蒙古图格里克(续签)	3 年
2011.6.13 2014.12.14(续签)	哈萨克斯坦	70 亿元人民币/1 500 亿哈萨克斯坦坚戈 70 亿元人民币/2 000 亿哈萨克斯坦坚戈(续签)	3 年
2011.12.22 2014.12.22(续签)	泰国	700 亿元人民币/3 200 亿泰铢 700 亿元人民币/3 700 亿泰铢(续签)	3 年
2011.12.23 2014.12.23(续签)	巴基斯坦	100 亿元人民币/1 400 亿巴基斯坦卢比 100 亿元人民币/1 650 亿巴基斯坦卢比(续签)	3 年
2012.1.17 2015.12.14(续签)	阿联酋	350 亿元人民币/200 亿阿联酋迪拉姆 350 亿元人民币/200 亿阿联酋迪拉姆(续签)	3 年
2012.2.21 2015.9.26(续签)	土耳其	100 亿元人民币/30 亿土耳其里拉 120 亿元人民币/50 亿土耳其里拉(续签)	3 年
2012.3.22 2015.3.30(续签)	澳大利亚	2 000 亿元人民币/300 亿澳大利亚元 2 000 亿元人民币/400 亿澳大利亚元(续签)	3 年
2012.6.26 2015.5.15(续签)	乌克兰	150 亿元人民币/190 亿乌克兰格里夫纳 150 亿元人民币/540 亿乌克兰格里夫纳(续签)	3 年
2013.3.26 (已失效)	巴西	1 900 亿元人民币/600 亿巴西雷亚尔	3 年
2013.6.22 2015.10.20(续签)	英国	2 000 亿元人民币/200 亿英镑 3 500 亿元人民币/350 亿英镑(续签)	3 年
2013.9.9 2016.9.12(续签)	匈牙利	100 亿元人民币/3 750 亿匈牙利福林 100 亿元人民币/4 160 亿匈牙利福林(续签)	3 年
2013.9.12 (已失效)	阿尔巴尼亚	20 亿元人民币/358 亿阿尔巴尼亚列克	3 年
2013.10.8 2016.9.27(续签)	欧洲央行	3 500 亿元人民币/450 亿欧元 3 500 亿元人民币/450 亿欧元(续签)	3 年
2014.7.21 2017.7.21(续签)	瑞士	1 500 亿元人民币/210 亿瑞士法郎 1 500 亿元人民币/210 亿瑞士法郎(续签)	3 年
2014.9.16	斯里兰卡	100 亿元人民币/2 250 亿斯里兰卡卢比	3 年
2014.10.13	俄罗斯	1 500 亿元人民币/8 150 亿俄罗斯卢布	3 年
2014.11.8	加拿大	2 000 亿元人民币/300 亿加拿大元	3 年
2015.3.18	苏里南	10 亿元人民币/5.2 亿苏里南元	3 年
2015.3.25	亚美尼亚	10 亿元人民币/770 亿德拉姆	3 年
2015.4.10	南非	300 亿元人民币/540 亿南非兰特	3 年
2015.5.25	智利	220 亿元人民币/22 000 亿智利比索	3 年
2015.9.3	塔吉克斯坦	30 亿元人民币/30 亿索莫尼	3 年

续表 4-1

时间	其他国家或地区	金额	协议有效期
2016.5.11	摩洛哥	100亿元人民币/150亿摩洛哥迪拉姆	3年
2016.6.17	塞尔维亚	15亿元人民币/270亿塞尔维亚第纳尔	3年
2016.12.6	埃及	180亿元人民币/470亿埃及镑	3年

数据来源：中国人民银行网站。

2010年6月，我国多个官方部门联合发布了《关于扩大跨境贸易人民币结算试点有关问题的通知》，以扩大跨境贸易人民币结算试点范围。此次试点扩大后，跨境贸易人民币结算试点地区由上海市和广东省的4个城市扩大到北京等20个省、自治区、直辖市；试点业务范围包括跨境货物贸易、服务贸易和其他经常账户人民币结算；不再限制境外地域，企业可按市场原则选择使用人民币结算。

（一）人民币国际化面临的历史机遇

（1）新兴经济体传统贸易支付手段短缺，为人民币实现贸易结算提供了机遇。在2008年以来的国际金融危机中，大量美元从新兴经济体流出，这使得我国新兴经济体贸易伙伴在危机环境下虽仍有贸易需求，但一时却因缺乏传统的美元支付手段而无法开展与我国的贸易，这给人民币国际化的第一步即人民币贸易结算提供了良好机遇。

（2）国际金融危机令美元信任危机大幅上升，为人民币的国际化打开了历史空间。危机之后出现的美元大幅无序波动、巨额贸易逆差和财政赤字，以及美元大量投放所诱发的未来大幅贬值预期，可能令其他国家特别是新兴经济体考虑进行储备资产多元化，在储备中加入其他更具有保值或升值潜力的币种。基于对中国长期经济增长前景的普遍乐观预期，加上我国所保留的全球第一的外汇储备，未来人民币仍将总体保持升值大趋势已成为国际市场的一致看法，这无疑鼓励了更多国家选择人民币作为储备资产的可能性。

（二）促成人民币国际化的主要因素

促成一国货币国际化的主要因素有：该国经济在世界经济中的相对规模、该国贸易在世界贸易总量中的相对规模、该国币值的稳定性、该国金融市场的稳定和完善程度及历史偏向等。

1. 中国经济在世界经济中的相对规模

中国经济总量已跻身世界前列。2010年，中国GDP总量超过日本，成为全球第二大经济体。

2. 中国贸易在世界贸易总量中的相对规模

中国2012年的贸易总额为38 667亿美元，基本确定在货物进出口总值上超越美国，成为全球最大货物贸易国。这是继2009年中国成为世界第一大出口国和第二大进口国之后，中国对外贸易发展的又一个象征性节点。中国目前已是所有东南亚主要国家的最大贸易伙伴之一。大量研究表明，这些国家大量依赖中国的加工贸易向西方国家间接输出商品。而同一产业链上不同环节价格的相对稳定，对维持产业链的连续、稳定、顺畅运作至关重要；同时，目前我国对东南亚总体还是贸易逆差，人民币流出国内也属自然。显然，这为人民币国际化特别是贸易中的人民币结算首先从东南亚地区起航奠定了一个重要初始基础。

3. 人民币币值的稳定性

人民币币值总体稳定性较好。一般来说，一国货币币值可区分为对内价值和对外价值。从对内价值稳定性来看，根据国际货币基金组织的《世界经济展望》相关数据表明，我国近些年通胀水平的稳定程度甚至与主要发达国家大致相当，国内通胀水平稳定性较好。

对外价值稳定性上，从近些年人民币汇率的走势上看，人民币汇率总体上稳定性较好。

4. 中国的金融市场完善程度

我国在这方面已有巨大进步，但与发达国家尚存在巨大差距。从金融市场的建设来讲，我国国内证券市场、外汇市场、黄金市场和衍生品市场等从无到有，发展迅速。但总体上来看，市场发展还处于初级阶段。由于我国当前国内金融市场尚不完善，造成人民币流动性总体仍较差，因此，这构成了人民币国际化进程中最迫切需要解决的基础性问题。

5. 历史偏向

历史偏向是指由于历史原因，在其他货币已先行占据国际货币地位之后，给后起货币国际化所形成的制约。人民币作为一种后起货币，在其他货币已成为区域货币或全球货币的情况下，要使自己最终跻身国际货币行列，需要付出更大的努力。这对我国目前是一个巨大挑战。应对这一挑战的基本原则是，降低当前使用其他国际货币国家的退出成本，同时提高其他国家使用人民币的收益。

（三）中国应借鉴的其他货币国际化的历史经验与教训

从典型货币的国际化性质来看，总体可分为三大类型，即强权辅助下的国际化、区域一体化助成的国际化、金融市场改革推进的国际化，这三种类型的代表货币分别为英镑与美元、马克(欧元)、日元。

1. 强权辅助下的国际化——英镑与美元：无法复制的经验

虽然英镑和美元的国际化，都与两国经济实力的提升并最终成为全球经济霸主紧密相连，但不可忽视的是在英镑和美元国际化进程中，本国强权的大力支持和推进至关重要。在和平与发展已成为全球主旋律的背景下，英镑和美元借助强权进行国际化的经验，对于人民币的国际化几乎不具有可复制性。

2. 区域一体化助成的国际化——马克：可以部分借鉴的经验

与当年英镑和美元强权下的国际化不同，德国马克是在第二次世界大战之后特别是20世纪80年代和平环境中，其国际化取得了长足进步，并最终上升为国际货币体系中仅次于美元的国际货币。马克所取得的这一成就，直接奠定了此后欧元国际地位至关重要的历史基础。从马克国际化的历程来看，除德国自身经济地位提升、在世界贸易份额上升之外，最重要的是战后欧洲国家之间强烈的一体化愿望和切实行动。从某种程度上说，是欧洲货币体系(EMS)成就了德国马克的顺利国际化。当然，在当时欧洲一体化的进程中，原本还存在英国和法国两大可与之竞争的"火车头"，只是因为德国央行对通胀的控制更为成功，维持了马克币值的稳定，从而使德国马克成为欧洲国家不约而同选择的"驻锚"货币，由此将其带入了快速的国际化轨道。

从上述德国马克的国际化成功经验中，我国可得到两点启示：第一，积极面对区域经济一体化进程；第二，因地制宜选择汇率制度，保持币值稳定。这对加快人民币的国际化进程至关重要。

3. 金融市场改革推进的国际化——日元:更为类似的情形,经验与教训并存

日元的国际化进程同英镑与美元及德国马克的情形都有所不同。它既无法借助于强权,也无法获得区域经济一体化的助力,而只能依靠自身金融市场的改革发展来推进日元国际化。早在1984年,日本国内就提出了日元国际化的问题。大藏省在1999年即明确提出要认真考虑日元国际化的各种建议。随后日本采取的措施主要集中在取消国内金融市场管制,鼓励日本企业在贸易中以日元结算,建立欧洲日元市场,加强东京金融市场国际化等方面。日本政府的上述一系列措施取得了明显成效,最终使日元在国际贸易结算中的占比出现了显著上升;在国际储备中的比重也有所提高,特别是在亚洲官方储备中的比重高于日元在全球储备中的平均水平。但是,20世纪90年代日本泡沫经济破灭,日本经济坠入了"失去的十年",金融机构的稳健性也备受重创,由此使国际市场对日元信心不足,最终制约了其随后进一步国际化的进程。

我国需要借鉴日元国际化的主要经验是:首先,货币的国际化进程有可能通过政府顺应潮流的政策选择而得以加快;其次,完善本币金融市场,提高市场流动性,便利国外居民参与本币金融市场活动,建立本币国际金融中心等措施,是有价值的政策努力方向;最后,鼓励贸易中用本币结算,可以作为货币国际化初期的重要步骤。

我国需要吸取日元国际化的主要教训是:没有经济的持续稳定增长,就不可能单纯借助于政策的推进而获得货币持续国际化的成功,也就是说,一国政策不能只注重推进货币国际化本身,而应首先认真权衡利弊和政府对形势的调控能力,在确保经济稳定的前提下,稳步推进货币国际化的措施。一些日本学者曾认为,与其说出台政策措施是为了推进日元国际化,还不如说所有这些措施只是在为促使更有效率地利用金融资源创造条件,而日元的国际化则是在此基础上水到渠成的自然结果。

(四)人民币国际化的前提条件

从国际货币功能的角度来看,支持人民币国际化还需要三个主要条件:发挥人民币国际贸易计价和结算功能,需要人民币币值坚挺;发挥人民币国际货币的交易功能,需要人民币自由兑换;发挥人民币的国际贮藏功能,需要境外人民币能够回流。

1. 发挥人民币国际贸易的计价和结算功能,需要人民币币值适度坚挺

开展跨境贸易人民币结算试点工作是人民币国际化的重要一步,有利于人民币发挥国际贸易未来计价和结算功能。对于中国的进出口企业而言,有利于规避汇率风险和节省汇兑成本,国际金融市场上其他货币汇率的变动对以人民币结算的中国进出口企业影响会变小。

人民币相对于美元汇率稳定且适度升值,会使人们更愿意接受人民币。人民币汇率稳定,有利于促进人民币充当中国和其他国家国际贸易和投资的货币计价和结算功能。实际上在2010年4月8日国务院已决定,在上海市和广东省的广州、深圳、珠海、东莞4个城市开展与港、澳地区跨境贸易人民币结算试点。这项试点工作被视为人民币走出去的开始。

对于中国的进出口企业而言,以人民币计价结算能够规避汇率风险和节省汇兑成本。国际金融市场上主要货币汇率变动频繁,而用人民币结算会使中国进出口企业汇率风险较小,有利于促进中国进出口企业和其他国家与地区的贸易和投资往来。

对于境外的进出口企业而言,以人民币计价结算也是一个不错的选择。由于国际金

融危机和欧洲主权债务危机的爆发,主要国际货币波动频繁,如2010年欧洲主权债务危机的蔓延导致欧元持续走软,汇率风险较高。而人民币一直坚挺,币值稳定,人民币受到市场投资者的青睐。因此,对中国企业而言,人民币币值稳定,可以防范汇率风险;对境外企业而言,人民币币值稳定,有利于防范其他货币贬值的风险。

2. 发挥人民币的国际货币的交易功能,需要人民币自由兑换

我国外汇储备充足,在人民币还未实现完全自由兑换的情况下,为人民币的国际媒介功能提供了足够的信用保证,即人民币虽然还不是国际货币,但是我国有足够的国际货币兑换能力。

回顾布雷顿森林体系下,第二次世界大战后美国储备了世界上2/3的黄金,以黄金作为美元的固定锚,增强了美元的信用,其他国家货币才可能与美元挂钩,并愿意接受美元资产,从而确定了美元的国际货币地位。

当今黄金已不是世界各国主要的储备资产,一些主要的国际货币充当了国际货币媒介和储备的功能,如美元、欧元等,在某种意义上起到了当时黄金的作用和功能。随着中国综合国力的增强,人民币的国家信用日益提高,同时由于我国外汇储备额较高,实际上也为我国人民币提供了足够的信用。

换言之,虽然人民币尚未实现完全自由兑换,但人民币与其他国际货币的兑换是不存在障碍的,我国有足够的外汇储备,能够保证人民币与其他国际货币的最终兑换,这也是人民币国际信用的一种保证。

尽管如此,人民币要实现国际化,对人民币实现完全自由兑换的需求变得越来越迫切,无论是国内还是境外,人民币与主要国际货币之间的自由兑换将是推动人民币国际化的重要基础。如果人民币不能够与主要国际货币自由兑换,进出口商持有人民币的意愿将下降,也不利于人民币进一步走出去。

3. 发挥人民币的国际贮藏功能,需要境外人民币能够回流

人民币充当贸易往来的结算货币,境外进出口商必然会产生人民币资金的结余,怎样解决人民币资金结余的投资和回流问题将是一个重要问题。从短期来看,中国的银行在境外的分支机构应该吸纳该国的人民币资金存款,为该国人民币资金提供投资渠道。从长期来看,国内的金融市场应该逐步对境外的人民币资金回流开放。要大力发展我国的国债市场,为将来的人民币资金回流做准备,发达的金融市场有利于人民币的国际化。

从美元的国际化来看,通过美元输出促进了美国贸易和投资的发展和便利化。其他国家聚集了大量的美元资产,世界上形成的石油美元、欧洲美元和亚洲美元,这些美元资产等将来又会回流到美国,为美国的发展继续提供充足的资金,而这些资金的回流主要是投资在美国的金融市场上,其中更多的则是投资在美国的国债市场上。

显然,我国在努力推动人民币国际化的时候,要大力发展资本市场,尤其是国内的国债市场,因为这可能会是将来人民币回流的主要投资市场。从长期来看,随着人民币走出去,其他国家和地区储备人民币资产会不断增加,除了满足经常账户及资本和金融账户下的交易外,多余的人民币资产必须寻求投资场所,我国的银行间债券市场可以对这些国家和地区的人民币资产开放,这样才有利于进一步推动人民币的国际化。

(五)人民币国际化需要注意的问题

基于国内外学者们对货币国际化的研究成果和典型国家货币国际化的经验教训,我国可在以下几方面着手努力:

(1)保持国内经济在尽可能长时期内的平稳较快发展,这是最重要的基本面决定因素。正如一些学者进行的计量研究所显示的,在诸多因素中,一国经济在世界经济中的地位,几乎是在统计检验中唯一重要的因素。日元国际化后劲不足的教训足以证明,一国经济的持续稳定增长,才是一国货币能够持续国际化的原动力。

(2)提高宏观调控能力,做好应对人民币国际化挑战的准备。应该说,宏观调控政策是否得当,直接影响到一国是否能够持续保持经济平稳快速发展。理论和实践都证明,一国货币的国际化进程中,货币政策会面临最严峻挑战。因为国外货币需求的不确定性和金融市场波动的溢出,常常令总体货币需求变动更加剧烈也更难预期,从而给宏观当局的调控能力和政策目标的达成构成巨大挑战。德国马克国际化的成功经验表明,确定合适的"货币锚",并根据形势变化调整"锚定机制",确保目标达成是极为重要的。

我国人民币在改革开放以来相当长的时间里都是钉住美元的,而20世纪80年代以后的一段时间里美国货币政策所取得的巨大成功,令人民币也分享到了美联储在币值稳定方面的成果。但是,2008年国际金融危机后的形势已经显示,未来美元币值无论是对内还是对外,都可能面临剧烈波动,因而,它已不适合作为追求币值稳定国家的"驻锚"货币。如果人民币继续钉住美元,则未来币值的继续稳定也将无法得到保证。因此,人民币汇率制度改革在2010年6月重启是非常必要的。

(3)不断完善多层次金融市场,提高市场流动性,便利非居民参与。这方面虽然工作繁复、任务艰巨、牵涉甚广,但最重要的是要活跃当前的人民币基础金融产品交易,尽快形成人民币利率、汇率定价基准(SHIBOR曲线与国债收益率曲线的完善),提高商品期货、黄金期货和股指期货交易的国际影响力,并在此基础上促进利率和外汇期货等衍生品交易的发展和完善。

(4)积极推动区域经济一体化进程。我国已成为所有东南亚主要经济体的最重要贸易伙伴之一;东盟国家(或地区)则已成为我国第四大贸易伙伴。通过加工贸易,我国与它们之间初步形成了较为稳定的垂直分工架构。自2005年7月汇率改革以来,我国在未遭受重大国际金融冲击的情况下,人们已经观察到:虽然大量东南亚国家(或地区)都宣布,自身有管理的浮动汇率是参照一篮子货币确定的,但在趋势上,这些国家的货币已与人民币之间出现了兑美元汇率总体共进退的端倪。这意味着,人民币已具备未来可能作为东南亚国家(或地区)"货币锚"的潜力。同时,理论和实践表明,彼此互为主要贸易伙伴时,其中的大国货币更容易上升为区域内的贸易结算货币,而在近来我国对这些国家存在贸易逆差、人民币存在自然流出可能的情况下就更是如此。因此,只要人民币国际清算机制得以完善、投资机制能够形成,未来贸易中的人民币结算将在东南亚国家(或地区)中具有广阔的发展空间。正是基于上述形势,我国未来应积极推进与东南亚国家(或地区)的贸易自由化进程,而经贸联系的密切和加深,必将大大推动人民币国际化。

波兰外汇体制改革的经验

当马佐维耶茨基在1989年9月担任波兰总理的时候,他的新政府面临世界上最糟糕的金融危机:每月大约40%的通货膨胀率以及基本生活品的严重短缺。20世纪70年代后期开始的经济衰退造成的长期持续的危机,使波兰人民十分沮丧。在副总统巴尔采罗维奇的领导下,新政府的经济小组推出了一个全面、急剧变革的计划,试图制止恶性通货膨胀,结束短缺,尽可能迅速地建立市场经济。新经济小组曾选出几种方案,但最重要的是,他们认识到国际贸易将是在经济中引入竞争的最有效的途径。通过一开始就创立一种可兑换的货币,以及通过消除对国际贸易的几乎所有限制,建立在西方进行自由贸易的体制,这样将使波兰能"进口"一个真实的价格体系。由于当时的政策因素,团结工会政府已经在公众的选择中掌权,公众对政府的高度信任和他们在国家危急关头的责任感,使政府充分享有由此而来的不可缺少的行动自由。公众企盼着有力的措施,而政府又有着制定与实施这些措施的政治机会。波兰政府充分利用了"政府承诺"的作用,相信在承诺货币可兑换后,居民不会急于去换外币,事实也确实如此。

在1990年的第一天,官方汇率急剧贬值,制定了统一汇率,从1989年底的6500兹罗提兑换1美元贬值为9500兹罗提兑换1美元,作为所有波兰与西方进行贸易的可兑换的稳定汇率,兹罗提同时成为稳定的可兑换货币。正如人民希望的那样,固定汇率提供了一个有效的"名义价格的制动器",该制动器稳定了贸易商品的兹罗提价格。伴随着可兑换货币的确立,波兰政府进一步实行了国际贸易的放开及国内价格的解除控制。同时,实行了严格的财政和货币政策,大幅度提高了利率;为了消除财政赤字,政府大幅度削减了对亏损企业的信贷和财政补贴,大部分残留的补贴迅速消失或完全取消。这些措施导致了一种起校正作用的通货膨胀:根据官方价格统计资料,1990年1月份的日用品价格平均比1989年12月份的价格提高78%。但这种通货膨胀只是一次性的爆发,很快就消失了,从2月份到3月份,价格上涨不到5%。紧缩措施和固定的、竞争性的兹罗提汇率共同作用的结果,迅速扭转了波兰的对外贸易形势。1990年前4个月,波兰与西方的贸易顺差是1.2亿美元,为1989年全年贸易顺差的两倍多。特别是出口显著增长,3月份接近10亿美元,几乎高出上年同期水平的20%。作为价格稳定性的关键,稳定的汇率因外汇储备的增加而有了充分的保证,并进一步减轻了可能产生危机的风险,创造出一个使经济转轨得以推进的比较稳定的环境。

引人注目的是,波兰一步到位实行货币国内自由兑换,没有导致本国居民大规模地用本币换取外币而使官方外汇储备耗尽。除了政府许诺的作用外,在一定程度上是因为国内金融资产的实际利率相对高于外币金融资产。外币存款在国内货币总量中所占的比重从1990年初的63%降到1990年6月底的42%。

案例来源:王晓光主编.国际金融(第三版)[M].北京:清华大学出版社,2016.

复习思考题

1. 外汇管制的概念及目的是什么?

2. 固定汇率制度和浮动汇率制度的优缺点有哪些?
3. 一国应如何选择合理的汇率制度?
4. 货币自由兑换的类型有哪些?
5. 外汇管制主要有哪些措施?
6. 中国外汇管理局的职能是什么?
7. 浮动汇率对经济有什么影响?
8. 试述1994年我国外汇体制改革的主要内容。

第五章 国际储备

学习目标：

通过本章学习，掌握国际储备的概念、构成和作用；了解国际储备的规模管理和结构管理；了解中国的国际储备情况。

本章重要概念：

国际储备　国际清偿力　国际储备规模管理　国际储备结构管理

就一般意义而言，一个国家的国际收支总是不平衡的，国际收支顺差将增加该国的国际储备，而国际收支逆差要以外汇资金弥补，这些外汇资金来源无外乎本国的储备和国外借款，而一国借款的能力大小和条件的优劣又取决于该国黄金和外汇储备的数量以及该国的信誉。因此每个国家都必须保持适量的储备，以备应急使用。在经济全球化和各国经济日益开放的条件下，各国更加重视运用融资政策作为政策调节的主要手段，而一国储备的多少以及对其管理的效率也是决定一个国家调节经济时采用的融资政策有效性的基础条件。此外，就世界而言，国际储备是二战后国际货币制度改革的重要问题之一，它不仅关系各国调节国际收支和稳定汇率的能力，而且会影响世界物价水平和国际贸易的发展。

第一节　国际储备概述

一、国际储备的概念和特征

国际储备(International Reserve)，也叫官方储备，是一国货币当局持有的，用于平衡国际收支、稳定汇率和作为对外偿债保证的国际间可以接受的一切资产。

一种资产，作为国际储备需要满足以下条件：

(1) 官方持有。即这种资产必须是一国政府或货币当局直接有效控制的，非官方机构、企业和私人持有的资产不能算作国际储备。

(2) 高度流动性。作为国际储备资产必须具有高度的流动性，而且能为政府或货币当局随时动用。因此国际储备是一国具有的现实的国际清偿能力，是一国的自有储备，能够随时用于对外支付。

(3) 普遍接受性。国际储备资产必须是世界各国普遍认同和愿意接受的。如果某些外汇资产不能自由兑换，不能被世界各国普遍接受，就不能作为储备资产。

(4) 可得性。作为国际储备的资产必须能够随时地、方便地被政府得到。

这是狭义的国际储备，即自有储备。本章所指主要是狭义的国际储备。

此外，还有广义的国际储备，即国际清偿力(International Liquidity)，它是一国现有的对外清偿能力和可能有的对外清偿能力之和,它包含自有储备和借入储备。借入储备资产主要包括:备用信贷、互惠信贷和支付协议、本国商业银行的对外短期可兑换资产等三项内容。

备用信贷是国际货币基金组织成员在国际收支发生困难或预计要发生困难时,同基金组织签订的一种备用借款协议。协议一经签订,成员国在需要时,便可以按照协议规定的方法使用,无需再办理新的手续,对于未使用部分的款项,只需缴纳1%的年管理费。

互惠信贷协议是指两个国家签订的使用对方货币的协议,按照该协议,当其中一个国家发生国际收支困难时,便可以按照协议规定的条件自动地使用对方国家的货币基金,然后在规定时间内偿还。

本国商业银行的对外短期可兑换资产,虽然不属于政府,也未被政府借入,但这些资金对政策反应灵敏。政府可以通过政策的、新闻的和道义的手段来诱导其流动,从而间接达到调节国际收支的目的。

二、国际储备的构成

按照IMF的统计口径,国际储备由以下几个部分构成:

（一）黄金储备(Gold Reserve)

黄金储备指一国政府持有的货币性黄金,非货币用途的黄金不在此列。黄金在历史上曾经占据重要地位。国际金本位制度和布雷顿森林体系时期,黄金一直是最重要的储备资产,一国黄金储备数量反映着该国应付国际收支危机的能力及其货币的国际信用,也反映其在国际金融市场的实际地位。黄金在国际储备中的比重逐渐在下降。但黄金储备总量却比较稳定,国际黄金储备数量大致维持在10亿盎司的水平。在黄金储备持有的结构上各国仍然悬殊较大,主要集中于少数发达国家,如美国的黄金储备就达到8 133.5吨（见表5-1）。

时至今日,由于黄金非货币化,黄金已经不能直接充当国际清偿手段,需要用黄金调节国际收支逆差和清偿国际债务时,也是将黄金作为商品在黄金市场出售,换成可兑换性货币,再用于国际支付,因此虽然黄金还是国际储备的组成部分,但实质上是二级储备。

表5-1 一些国家黄金储备总量

国家	总量（吨）	黄金占外汇储备（%）
美国	8 133.5	71.9
德国	3 384.2	68.4
意大利	2 451.8	67
法国	2 435.4	65.1
中国	1 658	1.6
俄罗斯	1 094.7	9.7
瑞士	1 040	8
日本	765.2	2.5
荷兰	612.5	54
印度	557.7	73

注:截止2015年8月（数据来源:世界黄金协会）。

目前,黄金作为世界货币和储备资产的地位虽然已被削弱,但作为储备资产有其他储备资产不可替代的优点:①黄金通常被认为是可靠的保值手段。实际上,黄金价格变化也是很大的。1970年金价为每盎司35.99美元,1980年1月金价曾上涨到每盎司850美元,此后金价逐步下跌,2001年降到每盎司271.5美元,2011年9月6日黄金涨到每盎司1 912美元,2016年4月15日国际金价大约每盎司1 234美元。②黄金储备完全属于国家主权范围,可以自动控制,不受任何超国家权力的干预。③黄金是最可靠的清算手段,较少受政治、经济和金融局势动荡的影响。

（二）外汇储备（Foreign Exchange）

外汇储备指一国政府所持有的外国可兑换货币及其短期金融资产,即政府持有的外汇资产。被各国用作外汇储备的货币称为储备货币,它是世界各国普遍接受的通货。例如1880—1914年,英镑是最重要的储备货币,20世纪30年代以后,美元与英镑并驾齐驱,而二战以来,美元又独占鳌头,成为最重要的储备货币。目前,美元、欧元是最主要的国际储备货币。作为储备货币,必须具备以下三个条件:①在国际货币体系中占有重要地位;②能自由兑换其他储备资产;③人们对其购买力的稳定性具有信心。

外汇储备相比较黄金储备有明显的优点,不需要支付管理费,而且以国外存款和国债形式存在的外汇储备还可以获得银行利息和债券收益;外汇资产动用比较方便。但是外汇储备价值易受汇率的影响;易受到储备货币发行国的干预和影响。

外汇储备是国际储备中规模最大和使用频率最高的部分,截止2017年第三季度,达到11.297万亿美元。因此外汇储备供给状况直接影响世界贸易和国际经济往来的顺利进行,供给太少,会缺乏支付手段,供给太多,可能会增加世界性通货膨胀的压力。

（三）储备头寸（Reserve Position）

储备头寸又称普通提款权,是指IMF会员国在国际货币基金普通账户中可自由提取和使用的那一部分资产,包括会员国向该基金认缴份额中占1/4的黄金份额或可兑换货币份额,本币份额中被基金组织贷给其他国家的部分,以及基金组织向该国的借款净额。

（四）特别提款权（Special Drawing Rights，SDR）

特别提款权（简称SDR）是IMF分配给成员的一种使用资金的权利,是国际货币基金组织于1969年创设的一种账面资产,并按一定比例分配给会员国,用于会员国政府之间的国际结算,并允许会员国用它换取可兑换货币进行国际支付。

特别提款权只是一种记账单位,并不具有内在价值,其人为赋予的价值最初以黄金表示,此后,定价方式几经变动。

值得关注的是,2015年12月1日,人民币加入SDR货币篮,SDR货币篮货币构成的权重如下:美元41.73%、欧元30.93%、人民币10.92%、日元8.33%、英镑8.09%,此次调整已于2016年10月1日生效。人民币加入SDR货币篮,将会进一步推动人民币的国际化。

SDR储备货币的地位只是根据IMF的协议而确定,因而称为"纸黄金",与普通提款权不同,参加国无条件享有其分配,其用途仅限于国际支付目的。

由于特别提款权不受任何一国政府的影响而贬值,它被认为是一种比较稳定的资产。基金组织一直试图把特别提款权作为主要储备资产。但迄今为止,只进行了四次分派,其中前两次共分配214亿特别提款权;2009年进行了第三次分配,金额为1 620亿特别提款权;《国际货币基金组织协定》第四次修订于2009年8月10日生效,根据这次修订,进行了特别提款权的特别的一次性分配,金额为215亿特别提款权。几次分配累计达到2 040亿特别提款权,相当于2 867亿美元(按照2016年4月15日汇率折算),仅相当于大约2.5%的外汇储备,在世界储备总额中所占比重就更低了。

三、国际储备的来源

一个国家的储备来源主要有以下几个途径:

(1) 国际收支盈余是国际储备最主要的、最直接的来源。其中经常项目盈余最为稳定可靠。因为持续的经常项目顺差是一国外贸处于优势的标志,如中国巨额的国际储备主要是由于持续巨额的经常项目盈余造成的。资本项目的顺差虽然也可以增加国际储备,但长期资本输入在若干年后会伴随投资收益的汇出或国外突然抽回投资而不稳定,短期资本流入则更为不稳定。因而,就质量而言,资本项目收支顺差作为国际储备的来源不如经常项目可靠。

(2) 对外借款净额。政府或中央银行向国外借款可补充国际储备。国际金融市场的发展,大大加快了国际信贷的扩张和国际资本的周转,数以万亿计的资金通过国际性商业银行或国际债券市场寻找投资场所,一些国家便利用中央银行或政府机构向外举债,弥补国际收支逆差并补充官方储备的不足。

(3) 国家干预外汇市场而收进的外汇也可作为储备。一些国家设有外汇平准基金,当本国货币受到升值的压力时,金融当局为避免本国货币汇率波动对国内经济产生不利影响,可以抛售本国货币而换购外币,这部分外币收入便可补充到国际储备中。不过这种方式具有不稳定性,而且通过这种方法增加外汇储备,一般仅限于极少数货币"坚挺"国家,而大多数国家的货币经常处于币值下浮状况,这些国家很难依靠这种方法来增加国际储备。

(4) 中央银行在国内收购黄金。收购的黄金可扩充国际储备,一般来说,该国黄金产量较高,能够满足该国工业与装饰用金量的需求。但一国黄金产量很难增加,而黄金加工业以及电子业对黄金的需求却日益增加,这样从国内收购以增加黄金储备的途径不容乐观。

(5) 特别提款权的分配。这一部分储备资产是由基金组织根据成员国所缴份额的大小予以分配的,各国无法主动增加其持有额。事实上,特别提款权迄今为止一共才进行了三次普遍分配和一次特别性分配。

四、国际储备的作用

各国保持国际储备具有各种各样的目的,但国际储备作为衡量一个国家金融实力的标志,其主要作用如下。

(一) 调节国际收支

国际储备的首要用途就是在一国国际收支发生困难时作为一种缓冲器对国际收支调节起缓冲作用。这种缓冲作用能使一国避免在国际收支暂时发生困难时被迫采取不利于本国经济的调整行为,或当一国国际收支长期恶化而使调整不可避免时,能将调整分散在一个最适当的时期。例如,当一国国际收支因出口减少或出口价格下降以及其他偶然条件造成临时性逆差时,可动用国际储备来弥补,而无需采用压缩进口等办法限制交易活动,亦可避免借用外债对国内经济平衡产生的影响。如果一国因国际收支发生根本性不平衡而必须进行调整时,它也可通过运用国际储备来缓和调整过程,从而减少因采取紧急调整措施而付出的代价。

(二)稳定本国货币汇率

一国金融当局可利用国际储备干预外汇市场,以使汇率维持在政府所希望的水平。在现行浮动汇率制度下,一国经济实力的消长会导致该国货币汇率的变动。为防止汇率波动影响本国经济,一些国家通过动用国际储备在国际金融市场买卖外币或本币以影响外汇行市。例如,当日元升值太快时,日本大藏省就可以抛出日元,购进美元;反之,当日元汇率下跌太快时,大藏省就利用自己掌握的国际储备,抛售美元,买进日元,以维持日元汇价。此外,较多的国际储备,在心理上也会起到稳定一国货币汇率的作用。

(三)信用保证

国际储备可以作为一国向外借款的保证,也是债务国到期还本付息的基础和保证。20世纪80年代初期,一些发展中国家爆发债务危机,充分说明了国际储备的信用保证作用。一般说来,一国国际储备雄厚,偿还外债的能力就强,国际金融机构、财团或政府就愿意向它提供贷款;若国际储备不足,偿还能力就小,它就难以获得贷款。

此外,国际储备在化解金融危机、维护国家金融和经济安全等方面也有一定作用。以1997年的东南亚金融危机为例,由于泰国经济出现问题,1997年2月,国际投机资金就掀起了抛售泰铢的风潮,为了应对泰铢下跌,泰国中央银行动用国际储备进行了强有力的干预,只是由于投机力量太强和泰国经济的脆弱性,最终无力回天,被迫于1997年7月2日放弃泰铢和美元的挂钩,由此拉开了东南亚金融危机的序幕。实际上,如果没有国际储备的干预,东南亚金融危机的爆发时间可能会提前半年左右,国际储备对金融危机的爆发起到了第一道防波堤的作用。

第二节 国际储备体系及其发展

一、国际储备体系的含义

国际储备体系(International Reserves System)是指在一种国际货币制度下,国际储备资产的结构及各种资产间相互关系的法律制度和安排的总称。其根本问题是中心储备货币或资产的确定及其与其他货币或资产的相互关系。

二、国际储备体系的演变

国际储备体系的演变,实际上就是中心货币或资产在国际经济交易中的延伸和扩大。其演变过程是随着国际货币体系的变迁,从单元的储备体系逐步向多元的储备体系的发展。

(一)金本位制下的黄金—英镑储备体系

19世纪80年代,主要的资本主义国家都先后实行了金本位制。黄金是国际结算的主要手段,也是最主要的储备货币。由于英国逐渐在资本主义世界占据统治地位,英镑成为世界上最重要的货币,于是英镑和黄金一起成为主要储备货币,此时的国际储备体系被称为黄金—英镑储备体系。在这个体系中,黄金仍然占主导地位。

(二)两次世界大战之间的过渡性储备体系

第一次世界大战使金本位货币制度受到了严重的冲击。一战结束后,各国着力恢复金本位制,但仅有美国实行了完整的金本位制,其他国家实行的是退化了的金块本位制和金汇兑本位制。与此同时,随着法国和美国等国家经济实力的日益提升,法国法郎和美元也成为储备资产的组成部分。此时的国际储备体系是一种过渡性的储备体系,预示着国际储备体系开始向多元化的方向发展。

(三)布雷顿森林体系下的美元—黄金储备体系

第二次世界大战后,西方主要资本主义国家的力量对比发生了巨大变化,美国取代英国,在世界经济体系中占据了主导地位。在美国的积极推动下,建立了美元居于核心地位的布雷顿森林体系。在该体系下,美元成为支配国际储备的关键货币,黄金地位有所下降,但仍然是重要的国际储备资产。

相比较金本位制,布雷顿森林体系下的美元—黄金储备体系中,国际储备体系的中心货币是信用货币。美元—黄金储备体系的建立是以美国强大的经济实力和美国承诺以美元兑换黄金的信用保证为基础的,所以,当美国经济相对衰落,美元的价值开始下跌时,美元的地位就会发生动摇,这一体系便开始瓦解了。

(四)牙买加体系下的多元储备体系

1973年,布雷顿森林体系解体,国际金融陷入了混乱状态。1976年4月,IMF理事会通过了《国际货币基金组织协议》的第二次修订案,牙买加体系形成。黄金非货币化,外汇储备成为国际储备的主体,储备体系也从单一的储备体系发展成为多元的储备体系。美元占绝对优势地位的局面被打破,日元、英镑等成为重要的储备货币。

二、多元化储备体系形成的原因

(一)美元—黄金储备体系具有不可克服的内在缺陷

布雷顿森林体系下,美国为了保证美元的稳定,保证美元与黄金之间的固定比价和可兑换,必须控制美元的输出量,而其他国家为了保证国际清偿力,必须持有一定数量的美元储备,而各国的美元储备是通过美国的国际收支逆差获得的。这显而易见的矛盾是储备货币自身带有的,并且是不可协调的。这一矛盾最早由美国耶鲁大学教授罗伯特·特里芬在20世纪50年代提出,因此也被称为"特里芬难题"。

特里芬难题是布雷顿森林体系崩溃的内在根源,也是美元—黄金储备体系被取代的根本原因。随着各国经济的快速发展,人们对美元的需求越来越大,美元的输出日益增加,美国的国际收支逆差不断加剧,人们对美元与黄金之间的可兑换性产生怀疑。当人们对美元的信心发生动摇时,就会不断抛售美元,抢购黄金和其他处于上升趋势的货币,这会导致美元危机不断爆发。

(二)资本主义国家经济力量对比发生变化

一国强大的经济实力是该国货币成为储备货币的前提。二战之后,经济发展不平衡,日本和德国等经济发展较快。经济的崛起使得这些国家的货币被人们看好并成为硬通货。频频爆发的美元危机,使得人们对其信任度越来越低,越来越多的国家逐渐将美元换成日元和马克等,从而使国际储备资产分散化。

（三）美国和西方主要国家的储备意识发生变化

储备货币发行国可以直接用本国货币对外支付和偿还债务,还可以发放贷款和进行国际投资来获取收益,也可以通过控制他国的国际储备来影响他国经济。因此,在美元危机前,美国一直坚持维护美元作为储备货币的垄断地位。而他国则不愿意完全开放本国的金融市场,追求汇率的稳定和货币政策的独立性以及减少外部风险等,一直拒绝本国货币成为储备货币。

美国的态度在美元危机爆发后有所转变,愿意放弃美元的垄断地位,并与其他国家一起分享储备货币发行国的利益。此外西欧各国和日本的意识发生变化,逐渐放弃了严格的外汇管制,促进本国货币国际化。这些措施加速了储备货币多元化的进程。

（四）规避汇率风险的需要

布雷顿森林体系解体后,大多数西方国家实行浮动汇率制度,这使得外汇市场的汇率波动越来越频繁,波动幅度越来越大,外汇资产的汇率风险越来越高。为了规避汇率风险,各国开始有意识地将储备货币分散化、多元化,从而分散汇率风险,以保证资金安全。

三、多元化储备体系的影响

多元化储备体系的形成对世界经济和金融的发展具有重大的影响,在推动世界经济和金融健康发展的同时,也带来了新的难题和挑战。

（一）积极影响

1. 打破了美元的垄断地位

多元化的储备体系,使得各国摆脱了对美元的依赖,从而打破了一直以来美元的垄断地位,这对美国和其他国家来说都是有利的。对美国来说,世界各国的国际储备不再单一依赖美元,有效缓解了特里芬难题给美国经济带来的负面影响。对于他国来说,不必再担心美国通过控制或操纵储备货币的发行量来实行金融霸权主义,各国都可以更自由地选择储备货币,而不必在特殊时期通过增加黄金储备来免受超国家权利的干预。

2. 增加了储备货币的供给

在单一化的国际储备体系下,常常因为供应来源单一而出现供应不足的问题。这不仅使美国承受了巨大的逆差压力,还使其他国家因国际储备不足而产生了各种问题,不利于世界各国经济的发展。在多元化国际储备体系下,储备资产由美国、日本等多个国家的货币组成,扩大了储备资产的供给来源,供给总量也大为增加,从而在根本上缓解了供需矛盾。多样化的储备资产业务为各国提供了多样化的选择,有利于政府和货币当局运用国际储备达到本国外部均衡的目的。

3. 分散了外汇资产的汇率风险

当汇率变动时,单一的储备资产可能会遇到贬值,从而会导致各国的国际储备缩水,因为各国无法提前采取有效的防范措施。而在储备多元化条件下,各国可以根据汇率的走势选择上升趋势的货币来保值和增值。另外,储备资产由多种货币组成,即便一种货币贬值,其他货币可能处于升值状态,从而保证外汇资产的安全。

4. 促进了各国在金融领域的合作和协调

在多元化国际储备体系下,各国的国际储备不再依赖于美元,各国储备货币之间相互竞争、相互影响，任何一国都不能将本国的经济危机转移到其他国家，因此国际货币纪律得到了加强。此外，保证多元化国际储备体系的实行就是一个国际化的问题，只有各国积极合作，共同干预和管理，才能促进多元化国际储备体系的健康发展，保证国际金融形势的稳定。

（二）多元化国际储备体系带来的困难和挑战

多元化的国际储备体系形成至今，已有四十多年了，总体来看，经受住了各种考验，但也确实带来了一些困难和挑战。

1. 加大了储备资产管理的难度

在多元化储备体系形成之前，各国要进行储备资产的管理，只要密切关注美元的汇率变化和黄金的价格走势即可，相对来说管理难度较低。储备资产多元化后，各储备货币发行国的经济发展状况、各国对储备货币的需求变化、各国利率以及通胀的变化等都会引起储备货币地位的变化和汇率的涨跌。这要求各国储备管理机构必须密切关注多个储备货币发行国的政治经济动态，关注多种储备货币的汇率变化，再根据各种货币的地位变化和汇率的变化不断调整本国储备货币的数量和结构。在这个过程中，既需要完善的通讯系统，还需要具备灵敏的判断力和熟练操作技巧的人才，因此，储备管理的难度大大增加了。

2. 一定程度上加剧了世界性的通货膨胀

世界性通货膨胀的一个导因是国际储备货币总额的过分增长，而多元化国际储备体系恰好能"制造"出更多的储备货币，促使国际储备总额成倍增长。以外汇储备为例，1969年底全球不到400亿美元，至1992年底达到6 733亿美元，2000年底达到13 459亿美元，到2017年第三季度达到11.297万亿美元。快速增加的国际储备，成为全球通货膨胀的主要诱因。

3. 加剧了国际金融市场的动荡

在多元化的国际储备体系下，国际储备的供给数量增加了，同时各种投机资本也在快速增长。这些投机资本在国际金融市场上快速移动，加剧了市场的动荡。当某种国际储备货币出现明显的升值趋势时，各国为了储备资产的保值和增值，也会购买该种货币，而大量抛售其他储备货币，这将导致外汇汇率的剧烈波动。因此，在多元化的储备体系下，市场更加动荡，增加了各国稳定外汇的难度。

4. 特里芬难题依然存在

特里芬难题是单一化国际储备的一个难以克服的问题，最终导致单一化国际储备体系的解体。但多元化的国际储备体系只是在一定程度上缓解了特里芬难题，却没从根本上解决这一难题。每一种储备货币仍然面临两难选择，而且仍然没有制定出有约束力、有权威性的规则来监督和协调储备货币的供应。各发行国决定发行量多少是建立在本国货币政策和国际收支状况的基础上的。当维护世界金融秩序和维护本国经济目标发生冲突时，谁都无法保证各发行国会采取一致的措施来维护世界金融秩序。

（三）多元化储备体系下南北矛盾依然存在

在多元化储备体系下发达国家和发展中国家之间的矛盾，主要表现在储备货币的来源、流通以及特别提款权等方面。

1. 储备货币来源、流通的不对称

在多元化国际储备体系下，虽然储备货币多元了，打破了美元的垄断局面，但储备货币的发行国都是发达国家,发展中国家仍然处于相对弱势的不利地位。发行储备货币能给该国带来一定的好处:首先,当市场对储备货币的需求增加时,必须通过发行国的收支逆差来增加供给,但对于发行国来说,逆差意味着资源的流入,适当的逆差不但不会对国内经济带来不利影响,反而促进国内经济发展;其次,储备货币发行国可以获取一定的铸币税收入。发展中国家处于不利地位主要表现在:首先,发展中国家需要增加国际储备时,必须以本国资源来换取储备资产,这会造成资源的净流出;其次,一般来说,发展中国家对外借款能力较低,因此相对而言会持有较多的储备,当汇率波动影响储备资产价值时,发展中国家会成为风险的主要承担者。

2. 特别提款权分配的不对称

特别提款权在分配时是根据成员在 IMF 的份额来确定的。发达国家在 IMF 中的份额远远高于发展中国家,因此发达国家可以得到更多的 SDR。拥有适量的 SDR 可以缓解储备资产不足的困难,还可以用于偿付国际收支逆差和归还 IMF 贷款。发展中国家对储备资产的需求远远高于发达国家,对 SDR 的需求也远高于发达国家,但只能得到少量的 SDR,这对发展中国家是十分不利的。

可见,多元化国际储备体系的建立与发展,具有它不可替代的优点,但同时也带来了不少管理上的困难。因此,如何利用这些优点,克服它的缺点,制定符合实际的储备政策与管理体制,是摆在各国面前亟须解决的问题。

第三节 国际储备管理

国际储备管理主要包括两个方面,即规模管理和结构管理。通过规模管理,力求使一国的国际储备保持在适度水平上;通过结构管理,力求使一国的国际储备保持合理的结构,以便发挥国际储备应有的作用。

一、国际储备的规模管理

一国对国际储备的需求,主要是以此来弥补国际收支赤字,维持本国货币汇率。但并非持有的国际储备越多越好,因为国际储备本身是一种闲置资金,储备量超过国家的需要量,就意味着牺牲一部分投资和经济增长。比如黄金作为国际储备,虽是一种保值手段和储备手段,但是,用作储备的黄金既不能生息获利,也不能发挥其非货币性功能,储备过多还会因收购黄金而增加货币投放。再如外汇储备的数额过多,既不能发挥这笔巨额资金的效益,还要承担储备货币币值变动或汇率变动的风险。所以,每个国家都存在确定适度国际储备量的问题。

(一) 国际储备规模管理的基本含义

所谓国际储备的规模管理是指通过有关规定和营运安排,使一个国家的储备数量保持在适度水平上。

关于"适度性",国际上并没有一个统一的解释,存在着多种说法。例如,弗莱明认为,"库存量及增长率使储备缓解程度最大化,则一国的储备库存和增长率就是最适度的"。所谓缓解程度是指一国金融当局相信利用储备融通国际收支逆差而无需采用开支转换、开支变更和向外借款融资的办法。海勒认为,"能使解决国际收支逆差所采取的开支转换、开支变更和向外借款融资政策的成本最小的国际储备就是最适合的国际储备量"。巴洛则认为,对于发展中国家,"在现有的资源和储备条件下,如果储备增长促进经济增长率最大化,则其国际储备就是最适度的"。

(二) 影响储备需求的因素

如果不考虑储备的供给,从需求角度确定最适度国际储备量时,主要考虑以下因素:

1. 经济开放和国民经济对外依存度

经济开放程度越大,对外依赖程度越强,则所需的国际储备量越大。完全开放型经济对外支付较多,所需的储备资产量就大,而封闭型经济对国际储备的需求则小。国际储备与国民经济对外依赖程度成正比。

2. 汇率制度和外汇政策

固定汇率制和稳定外汇的政策对国际储备的需求要比自由浮动汇率制大。在固定汇率制下,政府为维持汇率波动的界限,必须保有并可能随时运用黄金、外汇储备。当一国国际收支发生逆差时,本国对外币需求增多,外汇汇率上涨,如果涨幅超过了规定的波动上限,该国政府就从外汇储备中拿出一部分外汇在市场出售,以增加外汇供应,平抑汇率上涨的幅度,使其不致超过波动的上限。这样,各国为维持某一固定汇率,就必须拥有大量黄金、外汇储备。在浮动汇率制下,当一国货币汇率波动时,因该国无维持固定比价的义务,一般无须立即运用大量外汇储备影响汇率,这样该国的外汇储备就不致急剧流失,因而浮动汇率制度下所需的外汇储备反要比固定汇率制下少些。当然,同样是浮动汇率制度,若采取稳定外汇的政策就比采取自由放任的外汇政策需要较多的外汇储备。

3. 外汇管制程度

外汇管制越严厉,越能控制外汇的收入和支出,因此需要的储备就少;反之,外汇管制越松,就容易出现收支不平衡,因此需要较多的国际储备。

4. 对外筹借应急资金的能力

一国如果具有较强的对外资金筹集能力,就需要较少的国际储备;反之,对外筹资能力较弱,就需要较多的国际储备。

5. 进口规模以及进出口贸易(或国际收支)差额的波动幅度

一国如果进口规模越大,出口(或国际收支)差额的波动幅度越大,就需要较多的国际储备;反之,就需要较少的国际储备。

6. 国际收支自动调节机制和调节政策的效率

国际收支自动调节机制效率低,国际收支逆差的调节任务将更多地依靠国际储备(或政府的政策)来完成,国际储备需求就多;国际收支自动调节机制效率高,国际储备(或政府的政策)的调节任务轻,国际储备需求就少。

7. 持有储备的机会成本

持有国际储备具有机会成本,例如意味着牺牲一定的投资和经济增长。机会成本越大,持有量就应越低。

8. 金融市场的发育程度

发达的金融市场能提供较多的诱导性储备,这些储备对利率和汇率等调节政策的反应比较敏感。因此金融市场越发达,政府持有的国际储备便可相应减少;反之,金融市场不发达,调节国际收支对政府自有储备的依赖就越大,需要的储备自然就多。

除了上述之外,一些其他因素,如国际货币合作状况、国际资本流动情况、政府调节国际收支失衡时的政策偏好以及相关部门所信奉的经济哲学等也会影响国际储备需求量。

(三)国际储备量的有关指标

最适度的国际储备水平与一个国家的经济规模、外债数量和进口规模等因素有关。在衡量储备水平是否适量时,可以根据以上因素以及经验进行量化,主要的量化指标有:

(1)国际储备量和国民生产总值之比。国民生产总值高,相应的就需要较多的国际储备,一般认为10%为宜。

(2)国际储备量与外债总额比例。国际储备的一个重要作用就是对外支付,包括偿还外债,外债较多,就需要较多的国际储备。一般认为,一国国际储备占外债总额的50%为宜。

(3)国际储备与月平均进口额之比。通常认为外汇储备量相当于3个月的进口量是比较合理的。国际储备与月平均进口额的比例是衡量一国储备是否合理的最重要指标,20世纪70年代后,这个指标得到了广泛重视和应用。不同类型的国家,由于经济发展水平和经济结构不同,这个指标的差别也较明显。对发达国家来说,由于经济发展水平高、经济实力及出口能力强,因此可保持较低的国际储备水平,经验数据表明发达国家平均国际储备水平相当于2~3个月的进口额。发展中国家的经济发展水平较低,出口能力也相对较差,因此国际储备水平应高一些,国际储备水平保持4~5个月的进口量,甚至更多些。

总之,最适度国际储备量是一个很难确定的变量,我们最好将其视为这样一个区域值:即以保证该国最低限度进出口贸易总量所必需的储备资产量(经常储备量)为下限,以该国经济发展最快时可能出现的外贸量与其他金融支付所需要的储备资产量(亦称保险储备量)为上限。在上限与下限之间,构成一国适量国际储备区间。

国际储备同物资储备一样,是一种缓冲器。规模管理具有两面性,一方面使政府在国内经济调节和控制上具有更大的活动余地,另一方面要付出相应的代价,因此,有效的管理应是在保证支付的前提下,使储备资产付出的代价尽可能小。

二、国际储备的结构管理

(一)国际储备结构管理的基本含义

所谓国际储备结构管理是指如何最佳地分布储备资产,而使黄金、外汇、普通提款权以及特别提款权保持适当比例关系,以及如何合理运用储备资产。由于外汇是国际储备中最重要的组成部分,因此,重点是外汇储备中货币币别之间以及将外汇存放在外国银行部分和投资于外国证券部分之间保持适当比例关系。

20世纪70年代后,国际货币制度和国际金融市场发生了重大变化,使国际储备的结构管理重要性日益提高。这些变化主要表现为:汇率制度由固定汇率制度转变为浮动汇率制度;储备货币由单一的美元变为美元、英镑和日元等多种货币;各种货币的汇率、利率和通胀率各不相同;市场创新加快,金融风险加大。在这样的环境下,只有加强结构管理才能使储备币种构成合理,发挥作用;外汇资产保值和增值;外汇资产及时兑现以及获取收益。

(二) 国际储备管理原则

国际储备管理重点是外汇储备的管理,在外汇管理中应遵循以下原则。

(1) 安全性:指外汇储备存放安全可靠,内在价值稳定,不会受到损失。

(2) 流动性:指资产变为货币的难易程度,即变现能力。国际储备作为保障性资产,一旦需要,应随时变现,以满足国际支付的需要。

(3) 收益性:指储备资产在保值的基础上有较高的收益,既保值又增值。

(4) 方便性:指在币种的搭配上要与贸易支付和债务支付的币种相匹配,以减少未来货币的兑换,降低汇率风险。

外汇储备内部结构的确定,应坚持安全性、流动性、收益性和方便性相结合的原则。在"四性"原则中,安全性是第一位的。首先应充分了解各国的外汇管理原则、各大银行的资信、货币的相对稳定性以及各类金融资产的安全性,确定将外汇资金存放在哪些国家、哪几家银行以及能投资于哪几类金融资产等。

某种外汇资产,既可将其存放在国外银行的活期账户上,又可将其投资于收益较高的证券。从灵活性的要求看,最好将储备货币存放于国外银行的活期账户上,以备国际支付。但活期存款一般付低息甚至不付息,达不到盈利性要求。若从盈利角度看,最好将储备货币投放于收益较高、期限较长的证券上,而这又牺牲了安全性和灵活性。在"四性"原则相互矛盾的情况下,如何在外汇储备结构中兼顾它们各自的要求,成为摆在各国金融当局面前现实而迫切的课题。虽然并没有现成的公式或标准来衡量一个国家储备资产的构成是否最佳,但这并不是说中央银行可随心所欲地确定自己的外汇储备资产构成,而是应该根据世界经济、国际金融市场的发展状况,以及本国经济政策的要求,合理确定外汇储备中各种货币的比例,最大限度地避免外汇风险,获取盈利。

为实现外汇储备资产安全性、流动性、盈利性和方便性的最佳结合,应当做好对国际金融市场特别是国际证券市场的分析和预测,研究证券投资的方法,各种证券的流动性、收益率和安全性,并根据各种可供投资的证券的品种、币别、期限、收益率等进行综合分析,以便制定兼顾"四性"的最优投资方案。

(三) 安排储备货币结构应注意的问题

在进行国际储备货币分散化,安排各主要储备货币的比重时,除要遵循"四性"原则外,还要考虑以下几个问题。

(1) 在储备货币的品种选择上,应尽可能地增加有升值趋势的"硬"货币的储备量,减少有下跌趋势的"软"货币的储备量。为此,须对各国经济、金融实力,经济发展状况,国际收支动态等情况做好调查研究,掌握市场汇率变动的信息,并据以做出汇率变动趋势的预测。预测的准确性是做好储备货币品种选择的关键。

(2) 根据各种储备货币汇率波动的幅度进行选择,尽可能增加汇率波动幅度较小的货币储备量,减少汇率波动幅度较大的货币储备量。由于国际金融市场汇率变动频繁,加上各国政府的干预,决策者很难预测汇率变动的趋势。在这种情况下,可比较各种储备货币在较长时期内汇率波动的平均幅度,从中选择汇率波动较小的货币作为主要储备货币,以减少汇率波动的贬值风险。在研究各种储备货币汇率的同时,还必须研究各种货币的利率,因为利率关系到储备资产的收益。我国收汇与付汇以美元为主,除多留美元外,还应搭配其他国际货币,观察汇率和利率的变化趋势,及时调整。

(3) 根据本国对外贸易的结构以及国际贸易和其他金融支付对储备货币的需求作出选择。国际储备资产是国际支付的准备金,因此,分析外贸商品的流向、数量和历来的支付惯例,以及对外贸易和其他金融活动对某种储备货币的支付需求,对确定储备货币的构成有现实意义。按支付需要确定储备货币结构,可防止汇率变动情况下因储备结构不适应而发生兑换储备货币困难的风险。

(4) 储备货币的构成要与干预外汇市场所需要的货币保持一致。储备货币的功用之一是干预外汇市场以稳定本国货币汇率。因此,要维持本国货币对某种自由兑换货币的汇率,就必须储备这种货币。特别是一些储备货币发行国,尽管能用本国货币弥补逆差,但还是要选择其他国家的货币作为国际储备,以准备随时干预外汇市场。如美国要维持美元兑日元和欧元的汇价,就必须储备这两种货币。一旦金融市场上人们普遍抛售美元,抢购日元和欧元,引起美元汇价下跌,而美国政府又不愿美元汇价下跌时,便可用储备的日元和欧元来干预外汇市场,收购美元,以保持美元汇率的稳定。

第四节 中国的国际储备

改革开放前,中国实行计划经济管理体制,加之在外汇管理中实行"量入为出,以收定支,收支结余,略有结余"的方针,建立国际储备的必要性并不紧迫,虽积累了一定的国际储备,但规模非常小,到1978年,我国仅有1.67亿美元的外汇储备。改革开放后,国际经济对我国宏观经济的影响越来越大,为了应付不时之需,我国开始建立国际储备。依据国际惯例,我国的国际储备亦由黄金、外汇、在IMF的储备头寸和SDR四部分构成。我国在IMF的份额不高,储备头寸和SDR的数额有限,而黄金份额也较稳定,因此我国国际储备主要为外汇储备。我国国际储备的管理机构几经变动,目前由国家外汇管理局负责。

一、我国国际储备的规模

关于我国国际储备的需求量,一直是个有争议的问题,一种观点认为,我国应该保持较多的国际储备量,其理由是:我国产品竞争力较弱,而进口突发性强,收支调节能力差;我国有较多的对外债务,需要国际储备担保偿还;同时较多的国际储备还有利于化解金融风险,提高国家信用水平,维护国家经济安全,促进人民币国际化等,作为一个大国理应保持较多的国际储备。而另一种观点认为,我国应该保持较少的国际储备,其理由是:我国在国际金融市场上有较强的资信,具有较强的借用资金的能力;我国是一个发展中国家,资金较紧张,过多的储备会造成浪费,过多的储备也与我国积极利用外资的政策相矛盾,因此我国应该保持较少的国际储备。

改革开放后,我国积极引进外资,但由于出口竞争力较弱,而进口需求刚性,外汇储备增长缓慢。到了20世纪90年代,特别是1994年汇改后我国外汇储备迅速增长。如表5-2所示,在2014年年末,我国的外汇储备达到惊人的38 430.18亿美元。此后,虽有回落,但基本维持在3万亿美元以上。

我国外汇储备的快速增长主要有以下几个原因:①我国宏观经济的持续、快速、稳定和健康增长,在全球经济增长乏力的情况下,大量资本流入我国。②我国贸易优势进一步增强,出口贸易快速增长。③我国相对重视"请进来",轻视"走出去",对外投资规模较小。

那么,我国的国际储备是多还是少呢?按照国际上通常的指标衡量我国储备的多寡,以 2017 年的数据为例(见表 5-2),2017 年年底我国外汇储备为 31 399.49 亿美元,我国进口规模为 18 409.80 亿美元,以国际储备与月平均进口额比率来看:国际储备/月平均进口额=31 399.49/(18 409.80/12)≈20.47,这远远超出国际上通行的 3 个月的指标;如果从国际储备与外债的比率来看,31 399.49/17 106≈1.84,而且我国截止 2017 年年末的 17 106 亿美元的债务还是全口径统计的,即便这样,这也远远超出国际上通行的 50%的指标。因此,如果从单纯的指标来考量,我国的国际储备是偏多的。

巨额的国际储备带来的消极影响日渐突出:影响宏观货币政策,机会成本越来越高,资产管理难度越来越大。因此中国要采取措施尽量避免储备的继续增长,如:进一步扩大内需,更加重视进口;要完善外商投资指导目录,有选择性地利用外资;简化企业对外投资审批手续和企业用汇额度审批,继续鼓励企业实行"走出去"战略,获取国外市场和资源。

表 5-2　我国历年外汇储备(1978—2017 年)

年份	外汇储备(亿美元)	年份	外汇储备(亿美元)
1978	1.67	1998	1 449.59
1979	8.4	1999	1 546.75
1980	−12.96	2000	1 655.74
1981	27.08	2001	2 121.65
1982	69.86	2002	2 864.07
1983	89.01	2003	4 032.51
1984	82.20	2004	6 099.36
1985	26.44	2005	8 188.72
1986	20.72	2006	10 663.44
1987	29.23	2007	15 282.49
1988	33.72	2008	19 460.30
1989	55.50	2009	23 991.52
1990	110.93	2010	28 473.38
1991	217.12	2011	31 811.48
1992	194.43	2012	33 115.89
1993	211.99	2013	38 213.15
1994	516.20	2014	38 430.18
1995	735.97	2015	33 303.62
1996	1 050.00	2016	30 105.17
1997	1 399.00	2017	31 399.49

资料来源:国家外汇管理局官方网站。

但是,必须考虑到我国经济结构的特殊性和特定的经济发展阶段。从现实考量,我国必须维持较多的国际储备,巨额的外汇储备有利于维护国家和企业的对外信誉,有利于拓展国际贸易,吸引外商直接投资,有利于维护金融体系稳定,防范和化解金融风险,有利于促进人民币国际化和推进"走出去"战略。事实上,IMF 评估认为,我国需要大约 2.8 万亿美元的国际储备,这与目前我国实际储备量相差并不大。

二、我国国际储备的结构

（一）我国国际储备管理的原则

我国国际储备尤其是外汇储备结构管理的原则是安全性、流动性、收益性和方便性。面对巨额的国际储备,在金融全球化和国际金融市场动荡多变的今天,稍有不慎,就会蒙受巨大的损失,因此安全性就成为我国外汇储备管理的首要目标,应适时调整外汇储备的币种结构和投放结构。外汇储备的基本功能是对外支付,因此要保持外汇资产的流动性,以满足随时支付的需要。在确保安全性和流动性的基础上,要适当兼顾盈利性,以实现外汇资产的保值和增值。为减少汇率风险,币种的安排还要与我国对外贸易支付和外债偿付以及市场干预的币种一致,以保持支付的方便性。

（二）我国国际储备结构管理存在的问题

我国储备结构不尽合理,外汇储备所占比重过大,黄金比重过低(如表 5-1 所示)。一些国家,尤其是发达国家持有较多的黄金储备,而我国黄金储备偏低,仅占外汇储备的 1.6%,而美国黄金储备占外汇储备比率达到 71.9%。还有,我国外汇储备中币种结构单一,美元占比偏高;风险防范技术落后,面对风云多变的国际金融市场,缺乏有限的风险防范技术;资产投放不尽合理,购买美国国债占有较高的比重(截至 2016 年 2 月底,我国持有美国国债 1.252 3 万亿美元);缺少对外汇储备币种结构调节的必要管理手段以及缺少专门的国际储备经营管理人才等。

（三）我国国际储备管理改革措施

巨额的国际储备,使得我国国际储备的结构管理更具有紧迫性。今后要进一步强化中央银行对国际储备的管理职能;逐步制定和颁布国际储备管理有关的法律、法规,使国际储备管理走上有章可循、有法可依的健全轨道;培养和引进专业的国际储备管理人才;进一步调整储备结构,择机增加黄金的储备;进一步调整外汇储备的币种结构,坚持多元化的原则,适时增加一些新兴工业化国家的货币,"不把所有的鸡蛋放在同一个篮子里";拓宽外汇储备的投放渠道,增加投资收益。

客观看待当前我国外汇储备规模及其变动

截至 2016 年末,我国外汇储备余额 30 105 亿美元,尽管已从峰值回落,但目前规模仍处于较高水平,相关变动也需要客观看待。当前我国外汇储备规模在世界范围内依然高居榜首。从 2016 年末全球各国(地区)的外汇储备相对规模看,我国稳居首位。第二位日本为 1.16 万亿美元,第三位瑞士为 6 349 亿美元,巴西、印度、俄罗斯均为 3 000 多亿美元(见图5-1)。在全球10.7万亿美元的外汇储备规模中,我国约占28%,日本和瑞士分别约占11%和6%(见图5-2)。

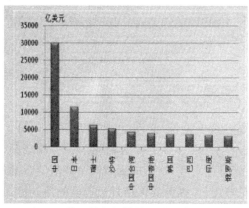

图5-1 外汇储备规模前十位国家(地区)

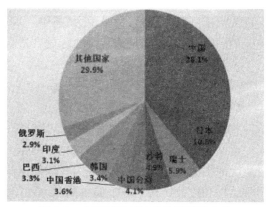

图5-2 主要国家(地区)外汇储备占比

从对外支付能力和债务清偿能力看,我国外汇储备仍十分充裕。目前,全球无公认统一的标准衡量储备充足度。按照传统的衡量标准,在进口支付方面,外汇储备至少需要满足3个月的进口,假定没有人民币对外支付,目前为四千亿美元左右的外汇需求。在对外债务偿还方面,外汇储备需要覆盖100%的短期外债,目前的本外币短期外债规模为八九千亿美元,比2014年末的1.3万亿美元明显下降,说明近一段时期我国外债偿还压力已得到较大释放。因此,总的来说,从当前我国的外汇储备规模看,国际支付和清偿能力依然很强,能够很好地维护国家经济金融安全。从外汇储备满足境内主体增持对外资产需求的角度看,储备变化本质上反映了我国对外资产持有主体的结构变化,是一个逐步发展的过程,也具有积极意义。近年来,随着我国企业、个人经济实力的增强,我国民间部门多元化配置资产的需求相应增加。从国际投资头寸表看,截至2016年末,我国民间部门对外资产占全部对外资产的比重首次过半,达到52%,民间部门对外资产和对外负债的匹配度趋向改善。2016年末,我国民间部门对外净负债1.3万亿美元,较2014年末的2.3万亿美元高点明显下降。而且,满足民间部门增持对外资产需求不一定全靠外汇储备。我国经常账户持续顺差,跨境融资、市场开放等政策也便利了境外资金流入,这些都可以成为境内主体增加对外资产的资金来源。当然,对外资产在官方和民间部门之间的调整需要合理、适度,与国家的经济发展水平、对外开放程度相协调。未来我国将在增强汇率弹性的同时保持人民币汇率在合理均衡水平上的基本稳定,不断健全宏观审慎管理框架下的跨境资本流动管理体系,这都有利于相关调整平稳进行。近期外汇储备变动也反映了官方外汇市场操作、储备资产价格变动和储备的多元化运用等因素。具体来看:一是央行在外汇市场的操作,一方面满足我国市场主体对外直接投资、证券投资、贷款等各类投资需求,2014下半年以来上述投资增加超过1.2万亿美元;另一方面用于证券投资以及外债等其他投资资金流出,2014下半年以来净流出2700多亿美元,其中,2016年二季度以前累计净流出4000亿美元左右,二季度以来转为净流入近1300亿美元。二是外汇储备投资资产的价格波动,也会导致储备余额发生变化。三是由于美元作为外汇储备的计量货币,其他各种货币相对美元的汇率变动可能导致外汇储备规模的变化。四是根据国际货币基金组织关于外汇储备的定义,外汇储备在支持"走出去"等方面的资金运用记账时会从外汇储备规模内调整至规模外,反之亦然。

资料来源: 国家外汇管理局国际收支分析小组《**2016 年中国国际收支报告**》。

复习思考题

1. 国际储备有哪些作用?
2. 国际储备规模管理需要考虑哪些因素?
3. 一国为什么要保持一定规模的国际储备?
4. 请查阅资料说明近几年我国国际储备变动情况,并阐述原因。

第六章 国际货币体系

学习目标：

通过本章的学习，主要了解国际货币制度的演变；理解国际金本位制、布雷顿森林体系和牙买加货币体系各自的内容及缺陷；熟悉欧洲货币体系的新发展及欧元启动对世界经济的影响；掌握国际货币体系的基本概念、内容及类型，重点掌握布雷顿森林体系产生、崩溃的原因，以及现行国际货币体系的改革方向。

本章重要概念：

国际货币体系　金本位制　金块本位制　布雷顿森林体系　牙买加协定

第一节　国际货币体系概述

一、国际货币体系的内涵

国际货币体系（International Monetary System）是各国对货币本位、储备资产、汇率安排、货币兑换、国际收支调节以及国际货币合作等问题共同作出的一系列制度安排及组织机构的总和。这种制度安排可在国际范围内自发形成或以政府间协议的方式确立，其内容涉及国际货币本位或国际储备资产、汇率制度的安排，国际收支的调节机制，国际金融市场与资本流动管理，以及国际货币合作的形式与国际金融机构等。

国际货币体系的核心问题有两个：一是寻找充当国际清偿力的本位货币并保持其适度增长；二是形成围绕本位货币的国际收支协调机制。国际货币体系是国际货币运行的基本规则，对于整个国际金融活动具有基本的制约作用，因而对国际上的贸易结算与资本流动、国际储备安排及各国的汇率制度选择、国际收支调节等都会产生重要的影响。

这里需要说明的是，国际货币体系是国际金融中非常重要的一个部分。国际金融描述的是国与国之间的货币关系，而国际货币体系所要解决的问题就是理顺这些货币关系，为国际金融活动铺平道路。目前这项理顺国际货币关系的工作还没有完成，其进展也是困难重重。

二、国际货币体系的主要内容

无论是何种国际货币体系，其主要内容都是对其运行所遵照的规则与制度进行规范。一个完整的国际货币体系应该包含以下几个方面的内容。

（一）各国货币比价的确定

为适应国际交往、国际支付和货币在国际范围发挥世界货币职能的需要，必须确定各国货币之间的比价即汇率，并相应地明确货币比价确定的依据、货币比价浮动的范围、货币比价的调整,以及维持货币比价的措施。

(二)国际储备制度和国际储备资产的确定

国际储备制度包括国际储备资产的形式,如黄金、美元或其他货币,还包括国际储备资产的数量。为避免支付危机或汇率的大幅波动,要求各国的国际储备资产满足一定的条件。国际储备资产代表国际清偿能力,其内容、结构随着历史的推进而发生变化。各国储备的标准是什么、需要多少储备资产、新的储备资产如何供应与创造等,这都需要由国际性的规则和制度作出规定。

(三)各国货币的兑换性与国际结算原则

各国货币的兑换性与国际结算原则主要涉及一国货币能否自由兑换成其他货币,是否对支付施加限制,国与国之间进行债权、债务结算的原则和方法等。

(四)国际收支的调节方式

国际货币体系的良好运作有赖于对各国国际收支的适当调节,从而可以促进国际贸易和世界经济的发展,以及国际经济合作的加强。

三、国际货币体系的类型

国际货币体系可从多个角度进行划分,既可以从货币本位角度进行划分,也可以从汇率制度角度进行划分,还可以按货币制度运行的地域范围进行划分。

(一)从货币本位角度划分

从货币本位角度划分,国际货币体系可划分为纯粹商品本位、纯粹信用本位和混合本位三种类型。纯粹商品本位是指纯粹以某种商品或贵金属作为货币本位的货币制度。如我们通常提到的国际金本位制(金币本位制)只以黄金作为国际货币本位,因而是一种纯粹商品本位。纯粹信用本位,也可称为"不兑换纸币本位",是指只以外汇作为国际货币本位而与黄金无任何联系的货币制度。如《牙买加协定》后的国际货币体系只以美元、英镑、德国马克、瑞士法郎、日元等外汇作为国际货币本位,因而是一种纯粹信用本位。混合本位是指同时以黄金和可兑换黄金的外汇作为国际货币本位的货币制度。如国际金本位制崩溃后的金汇兑本位制以及布雷顿森林体系就是一种混合本位制。

(二)按汇率制度角度划分

按汇率制度角度划分,国际货币体系可划分为固定汇率制和浮动汇率制两种类型。其中,固定汇率制分为金银复本位制、金本位制和纸币本位制;浮动汇率制分为管理浮动汇率制和自由浮动汇率制。我们通常将国际金本位制及布雷顿森林体系归结为固定汇率制类型,而将《牙买加协定》后的国际货币体系归结为浮动汇率制类型。

(三)按货币制度运行的地域范围划分

按从货币制度运行的地域范围划分,国际货币体系可划分为全球性的国际货币体系和区域性的国际货币体系两种类型。前者如布雷顿森林体系,世界上绝大多数国家都加入了;后者如欧洲货币体系,主要限于欧洲地区的国家。

实际上,我们在谈到一种货币制度时总是将这些划分标准结合起来,如国际金本位制是一种以黄金为货币本位的固定汇率制,布雷顿森林体系是一种以美元为中心的固定汇率制,而《牙买加协定》后的国际货币体系是一种储备货币多元化的浮动汇率制。

四、国际货币体系的作用

如同一国国内的经济一样,世界经贸往来自从以货币为媒介开始,世界经济的发展与稳定就与货币问题紧密地联系在一起。国际货币体系的主要任务就在于促进世界经济的稳定和各经济的平衡发展。具体来讲,国际货币体系有三大任务。

第一,确定国际收支调节机制的形式和性质,以确保世界经济的稳定和各国经济的平衡发展。调节机制涉及三个方面的内容:一是汇率机制;二是对逆差国的资金融通机制;三是对国际货币(储备货币)发行国的国际收支纪律约束机制。

在国际金本位制时期,国际收支调节机制是价格—铸币流动机制,即通过物价的变动和铸币的流动来调节国际收支的不平衡。在布雷顿森林体系下,由于基本上是固定汇率制,一国不得不经常性地采用财政政策、货币政策和管制政策来维持国际收支的平衡。因为国际收支的逆差尤其是大幅度的逆差,将导致本国货币汇率的贬值;国际收支的顺差尤其是大幅度的顺差,将导致本国货币的升值。固定汇率已经失去调节国际收支的功能。为了维持汇率的固定,政府不得不采取其他措施来维持国际收支的平衡。当前的浮动汇率制下,汇率的波动本身具有调节国际收支的功能。汇率的波动既反映了国际收支的状况,又能调节国际收支。国际货币体系的任务之一便是根据世界经济形势和各国经济的状况,确定世界范围的汇率制度。

确定资金融通机制是指确定当某国发生国际收支逆差时,能在什么样的条件下从何处获得资金以及资金的数量和币种,以弥补其国际收支逆差,避免采取不必要的调节措施或有损别国的政策。资金融通的数量大、条件松,则国际收支政策调节的必要性就下降;反之,可供融通的资金数量小、条件严,则国际收支政策调节的必要性就增加。国际货币体系的任务就是要确定恰当的资金融通机制,使融资数量和融资条件相宜,以避免不必要的国际收支政策调节或拖延必要的国际收支政策调节。

当一个国家的主权货币能充当国际货币(或储备货币)时,它就能够用输出货币(纸币)的方式来弥补其国际收支逆差。如果对国际货币发行国没有适当的约束机制,那么它可能为达到本国某种目的而持续性地保持国际收支逆差和纸币输出。国际货币供应的持续增长,可能引起世界性的通货膨胀,破坏国际货币金融领域的稳定。因此,确定一项机制来约束国际货币发行国的国际收支行为,也是国际货币体系的任务之一。

第二,确定国际清算和支付手段的来源、形式和数量,为世界经济的发展提供必要的、充分的国际货币,并规定国际货币及其同各国货币的相互关系的准则。例如,当确定黄金或特别提款权作为世界清算和支付手段的来源时,国际货币体系还需就黄金或特别提款权与其他国际货币及各国货币的比价关系和兑换方式作出规定。此外,对黄金或特别提款权本身的定价方式、运动范围等,也要作出具体的规定。

第三,确立有关国际货币金融事务的协商机制或建立有关的协调和监督机构。在早期,有关国际货币金融的事务,多半通过双边协商。随着第二次世界大战后各国间经济联系的加强,参与国际货币金融业务的国家日益增多,形势日益复杂,程度日益加深,范围日益广阔,因此,双边磋商已不能解决所有的问题,有必要建立多边的带有一定权威性的国际货币金融机构,以监督各国的行为,提供磋商的场所,制定各国必须共同遵守的基本行为准则,并在必要时向各国提供资金帮助。国际货币体系的建立,使各国有了共同遵守的准则和惯例。通过国际货币机构,各国也获得了发表关于国际货币问题主张的讲坛。这样,便在一定程度上使各国获得了参与国际货币事务决策和管理的机会。

第二节 国际金本位制

国际金本位制是以黄金作为国际储备货币或国际本位货币的国际货币制度。国际金本位制是世界经济体系形成中出现的第一个国际货币制度,它大约形成于1880年年末,到1914年第一次世界大战爆发时结束。在国际金本位制下,黄金具有货币的全部职能,即价值尺度、流通手段、贮藏手段、支付手段和世界货币。

一、国际金本位制的类型

国际金本位制按照货币与黄金联系程度的不同,可分为金币本位制、金块本位制和金汇兑本位制三种类型。

（一）金币本位制（Gold Specie Standard）

金币本位制是以黄金作为金属货币进行流通的货币制度,是19世纪后半期至1914年间,资本主义各国普遍实行的一种货币制度。1816年,英国颁布了《金本位制度法案》,率先实行金币本位制。19世纪70年代以后,欧美各国和日本等国相继效仿,许多国家的货币制度逐步趋于一致,金币本位制也逐步由一种国内的货币制度变为统一的国际货币制度,从而促进了近代世界经济体系的形成。

在金币本位制下,黄金作为货币商品具有一般商品和特殊商品的双重性质,在商品交换中以其自身价值衡量商品的价值,这使金币本位制具有"三个自由"的特点,即金币可以自由铸造、纸币作为金币的价值符号可以与金币自由兑换、黄金可以自由输出入。在金币本位制下,货币的含金量是各国货币兑换的基础,各国货币按其含金量的实际价值进行兑换。黄金作为国际支付手段可以自由地输出入国境,具有自动调节汇率的机能,这使得金币本位制成为一种健全而稳定的国际货币制度,促进了统一的世界市场的形成和资本主义经济的发展。

第一次世界大战爆发后,帝国主义国家的军费开支猛增,纷纷禁止金币的自由铸造、自由兑换、自由输出入,金币本位制的"三个自由"原则均遭到破坏,最终导致金币本位制彻底崩溃。

（二）金块本位制（Gold Bullion Standard）

金块本位制是以黄金作为准备金,以有法定含金量的价值符号作为流通手段的货币制度。第一次世界大战结束后,国际金融界处于一片混乱之中,汇率波动很大,一些资本主义国家受到了通货膨胀的冲击,世界货币体系重建问题引起了各国的重视。由于黄金短缺且分配极不均衡,因此恢复金币本位制已不可能。为了建立新的稳定的国际经济秩序,1925年,英国首先实行了金块本位制,一些资本主义国家也纷纷实行这一制度。在金块本位制下,货币单位仍然规定含金量,但国家不铸造金币,黄金只作为货币发行的准备金集中于中央银行,中央银行以金块为准备金发行的钞票取代了金币的流通,银行券与黄金的兑换受到数量上的限制。黄金的输出入由中央银行掌管,禁止私人输出黄金。金块本位制实际上是一种残缺不全的金本位制,它从本质上看更像金汇兑本位制,既保持了同黄金的联系,又使黄金的使用得到了节约。但这种金块本位制并没有存在多久,在1929—1933年世界性经济危机的冲击下很快就崩溃了。

(三)金汇兑本位制(Gold Exchange Standard)

金汇兑本位制又称为"虚金本位制"。其特点是:国内不流通金币,只流通有法定含金量的纸币,纸币不能直接兑换黄金,只能兑换外汇。这实际上是一国货币以另一个采用金本位制(或金块本位制)国家的货币为发行标准,用法律的形式规定二者的固定比价,并在实施金本位制(或金块本位制)的国家存放外汇和黄金作为准备金的货币制度,它体现了货币弱国对货币强国、经济小国对经济大国的依附关系。

二、国际金本位制的共同特点

(一)实行固定汇率制

金本位制下,各国货币都规定了一定的含金量,各国货币按照本身的含金量来确定彼此之间的比价。各种货币之间的兑换率也是通过单位本币所含的黄金量计算出来的,这种兑换率称为铸币平价。因此,国际金本位制是严格的固定汇率制度。当然,由于外汇供求关系的变动,外汇市场的实际汇率会围绕铸币平价而上下波动。

由于金本位制下黄金可以自由输出入,所以汇率的波动幅度始终维持在黄金输送点之间。铸币平价加减国际间运送黄金的费用,即为黄金输送点,这是金本位条件下汇率波动的上下界限。一旦市场汇率波动超过黄金输送点,人们很快会发现在偿还国际性债务的时候,使用黄金直接支付会比借助汇率兑换外汇更为便宜,所以,外汇的交易需求将会减少,将会促使汇率回到黄金输送点之间,由此保证金本位制下的汇率稳定性。

(二)黄金执行国际支付手段和国际储备货币的职能

金本位制下,各国的储备货币都是黄金,黄金作为最终的清偿手段,是"价值的最后标准",充分发挥了世界货币的职能。各国在国际结算当中也都使用黄金,而且金币可以自由铸造,银行券可自由兑换成黄金,黄金可以自由输出入,各国一般不对黄金的流出和流入加以任何限制。但事实上,在金本位制实行期间,黄金的输入、输出并不频繁,大多数时候人们总是使用英镑来替代黄金。

(三)国际收支自动调节

金本位制下,各国的国际收支可以自发进行调解。这一自动调节规律被称为"价格—现金流动机制",由于它是由古典经济学家大卫·休谟(David Hume)提出的,所以又被称为"休谟机制"。即当一国国际收支不平衡时,会引起该国黄金的输出入,而黄金的流动又会使该国银行准备金发生变动,而银行准备金的变动将引起国内货币数量的变化,从而影响国内物价,物价的变动又会导致进出口变动,最后纠正国际收支的不平衡。

(四)国际金本位制是一个松散、无组织的体系

各国实行金本位制时所做的规定与采取的措施大致相同,黄金在国际间的支付原则、结算制度与运动规律都是统一的。但国际金本位货币制度中没有一个常设的固定机构来规范和协调各国的行为,也没有各国货币会议宣布成立金本位货币制度,只是各国自行选择的结果,各国都遵守金本位制的原则和惯例,因而构成了一个体系。

三、国际金本位制的利弊

（一）国际金本位制的优点

第一，可以限制政府或银行滥发纸币的权力，不易造成通货膨胀。

第二，各国汇率基本固定，有利于国际贸易和国际投资。

（二）国际金本位制的缺点

第一，新开采黄金的供应量与世界经济增长所需的货币数量无密切关系，货币的供应缺乏灵活性。

第二，一个国家会受其他国家或地区经济衰退或通货膨胀的影响。

第三，当失业率增加或经济增长率下降时，一国的国际收支逆差需要经过长期的调整过程。

第四，当一国的国际收支失衡时，国内的经济活动常会被迫服从外部平衡的需要。

四、国际金本位制的崩溃

（一）国际金本位制崩溃的原因

国际金本位制通行了约100年，其崩溃的主要原因有：

第一，黄金生产量增长的幅度远远低于商品生产量增长的幅度，黄金不能满足日益扩大的商品流通的需要，这极大地削弱了金币流通的基础。

第二，黄金存量在各国的分配不平衡。1913年年末，美、英、德、法、俄五国占有世界黄金存量的三分之二。黄金存量大部分为少数强国所掌握，这必然导致金币的自由铸造和自由流通受到破坏，从而削弱了其他国家金币流通的基础。

第三，第一次世界大战爆发，黄金被参战国集中用于购买军火，并停止自由输出和银行券的兑现，最终导致了国际金本位制的崩溃。

（二）国际金本位制崩溃的影响

国际金本位制的崩溃，对国际金融乃至世界经济都产生了巨大的影响。

1. 为各国货币贬值、推行通货膨胀政策打开了方便之门

废除国际金本位制后，各国为了弥补财政赤字或扩军备战滥发不兑换的纸币，加速了经常性的通货膨胀，这不仅使各国的货币流通和信用制度遭到了破坏，而且加剧了各国出口贸易的萎缩及国际收支的恶化。

2. 导致汇价剧烈波动，冲击了世界汇率制度

在国际金本位制下，各国货币的对内价值和对外价值大体上是一致的，货币之间的比价比较稳定，汇率制度也有较为坚实的基础。但各国流通纸币后，汇率的决定过程变得复杂了，国际收支状况和通货膨胀引起的供求变化对汇率起着决定性的作用，从而影响了汇率制度，影响了国际货币金融关系。

第三节 布雷顿森林体系

一、布雷顿森林体系的建立

布雷顿森林体系（Bretton Woods System）是指第二次世界大战后以美元为中心的国

际货币体系。1944年7月,西方主要国家的代表在联合国国际货币金融会议上确立了该体系,由于此次会议是在美国新罕布什尔州布雷顿森林举行的,因此称之为"布雷顿森林体系"。

布雷顿森林体系是以美元和黄金为基础的金融汇兑本位制。其实质是建立一种以美元为中心的国际货币体系,基本内容包括美元与黄金挂钩、其他国家的货币与美元挂钩以及实行固定汇率制度。布雷顿森林货币体系的运转与美元的信誉和地位密切相关。

两次世界大战之间的约20年中,国际货币体系分裂成几个相互竞争的货币集团,各国货币竞相贬值,动荡不定。在第二次世界大战后期,英、美两国政府出于本国利益的考虑,构思和设计战后国际货币体系,分别提出了"怀特计划"和"凯恩斯计划"。"怀特计划"和"凯恩斯计划"同是以设立国际金融机构、稳定汇率、扩大国际贸易、促进世界经济发展为目的,但运营方式不同。由于美国在世界经济危机和第二次世界大战后登上了资本主义世界盟主地位,美元的国际地位因其国际黄金储备的实力得到稳固,双方于1944年4月达成了反映"怀特计划"基本内容的《关于设立国际货币基金的专家共同声明》。

1944年7月1日,44个国家或政府的经济特使在美国新罕布什尔州的布雷顿森林召开了联合国货币金融会议(简称布雷顿森林会议),商讨第二次世界大战后的世界贸易格局。经过3周的讨论,会议通过了以"怀特计划"为基础制定的《国际货币基金组织协定》和《国际复兴开发银行协定》,确立了以美元为中心的国际货币体系,即布雷顿森林体系。1945年12月27日,参加布雷顿森林会议国家中的22国代表在《布雷顿森林协定》上签字,正式成立国际货币基金组织(简称IMF)和世界银行(简称WB)。两机构自1947年11月15日起成为联合国的常设专门机构。中国是这两个机构的创始国之一,1980年,中华人民共和国在这两个机构中的合法席位先后得到恢复。

布雷顿森林体系建立了国际货币基金组织和世界银行两大国际金融机构。前者负责向成员方提供短期资金借贷,目的是保障国际货币体系的稳定;后者提供中长期信贷来促进成员方的经济复苏。

二、布雷顿森林体系的主要内容

(一)美元与黄金挂钩

各国确认1944年1月美国规定的35美元一盎司的黄金官价,每一美元的含金量为0.888 671克黄金。各国政府或中央银行可按官价用美元向美国兑换黄金。为使黄金官价不受自由市场金价冲击,各国政府需协同美国政府在国际金融市场上维持这一黄金官价。

(二)其他国家货币与美元挂钩

其他国家政府规定各自货币的含金量,通过含金量的比例确定同美元的汇率。

(三)实行可调整的固定汇率

《国际货币基金组织协定》规定,各国货币对美元的汇率,只能在法定汇率上下各1%的幅度内波动。若市场汇率超过法定汇率1%的波动幅度,各国政府有义务在外汇市场上进行干预,以维持汇率的稳定。若会员方法定汇率的波动超过1%,就必须得到国际货币基金组织的批准。1971年12月,这种即期汇率波动的幅度扩大为上下2.25%的范围,决定"平价"的标准由黄金改为特别提款权。布雷顿森林体系的这种汇率制度被称为"可调整的钉住汇率制度"。

（四）各国货币兑换性与国际支付结算原则

《国际货币基金组织协定》规定了各国货币自由兑换的原则：任何会员方对其他会员方在经常项目往来中积存的本国货币，若对方为支付经常项目货币换回本国货币，考虑到各国的实际情况，作了"过渡期"的规定。《国际货币基金组织协定》规定了国际支付结算的原则：会员方未经基金组织同意，不得对国际收支经常项目的支付或清算加以限制。

（五）确定国际储备资产

《国际货币基金组织协定》中关于货币平价的规定，使美元处于等同黄金的地位，成为各国外汇储备中最主要的国际储备货币。

（六）国际收支的调节

国际货币基金组织会员方份额的25%以黄金或可兑换成黄金的货币缴纳，其余则以本国货币缴纳。会员方发生国际收支逆差时，可用本国货币向基金组织按规定程序购买（即借贷）一定数额的外汇，并在规定时间内以购回本国货币的方式偿还借款。会员方所认缴的份额越大，得到的贷款也越多。贷款只限于会员方用于弥补国际收支赤字，即用于经常项目的支付。

三、布雷顿森林体系的特点

1. 与美元建立关系

第二次世界大战后的国际货币制度不是按各国的铸币平价来确定汇率，而是根据各国货币法定金平价的对比，普遍地与美元建立固定比例关系。

2. 汇率波动

第二次世界大战前，黄金输送点是汇率波动的界限，以此来自动地调节汇率。第二次世界大战后，人为地规定汇率波动的幅度，汇率的波动是在国际货币基金组织的监督下，由各国干预外汇市场来调节。

3. 货币兑换

国际金本位制下，各国货币自由兑换，对国际支付一般不采取限制措施。在布雷顿森林体系下，许多国家不能实现货币的自由兑换，对外支付受到一定的限制。

4. 国际储备资产

国际金本位制下，国际储备资产主要是黄金。第二次世界大战后的国际储备资产则是黄金、可兑换货币和特别提款权，其中黄金与美元并重。在外汇储备上，第二次世界大战前包括英镑、美元与法国法郎，第二次世界大战后的国际货币几乎包括资本主义世界所有国家和地区的货币，其中美元是最主要的外汇储备。

5. 双边安排

国际金本位制下，各国实行自由的多边结算。第二次世界大战后的国际货币制度，有不少国家实行外汇管制，采用贸易和支付的双边安排。

6. 黄金的流动

国际金本位制下，黄金的流动是完全自由的；布雷顿森林体系下，黄金的流动受到一定的限制。第二次世界大战前，英、美、法三国都允许居民兑换黄金；实行金汇兑本位制的国家也允许居民用外汇（英镑、法郎或美元）向英、美、法三国兑换黄金。第二次世界大战后,美国只同意外国政府在一定条件下用美元向美国兑换黄金,不允许外国居民用美元向美国兑换黄金。

四、布雷顿森林体系的运转条件及作用

(一)布雷顿森林体系的运转条件

以美元为中心的国际货币制度能在一个较长的时期内顺利运行,与美国的经济实力和黄金储备分不开。要维持布雷顿森林体系的运转,需具备三项基本条件。

(1)美国国际收支保持顺差,美元对外价值稳定。若其他国家通货膨胀严重,国际收支逆差,在国际货币基金组织同意下,该国货币可以贬值,重新与美元建立固定比价关系。

(2)美国的黄金储备充足。在布雷顿森林体系下,美元与黄金挂钩,外国政府或中央银行持有的美元可向美国兑换黄金。美国要履行35美元兑换一盎司黄金的义务,必须拥有充足的黄金储备。

(3)黄金价格维持在官价水平。第二次世界大战后,美国黄金储备充足,若市场价格发生波动,美国可以通过抛售或购进黄金加以平抑。

(二)布雷顿森林体系的作用

布雷顿森林体系有助于国际金融市场的稳定,对第二次世界大战后的经济复苏起到了一定的作用。

1. 暂时结束了战前货币金融领域里的混乱局面,维持了战后世界货币体系的正常运转

固定汇率制是布雷顿森林体系的支柱之一,不同于金本位制下汇率的相对稳定。在典型的金本位制下,金币本身具有一定的含金量,黄金可以自由输出、输入,汇价的波动界限狭隘。1929—1933年的资本主义世界经济危机,引起了货币制度危机,导致金本位制崩溃,国际货币金融关系呈现出一片混乱局面。以美元为中心的布雷顿森林体系的建立,使国际货币金融关系有了统一的标准和基础,混乱局面暂时得以稳定。

2. 促进各国经济的发展

在金本位制下,各国注重外部平衡,国内经济往往带有紧缩倾向。在布雷顿森林体系下,各国偏重内部平衡,国内经济比较稳定,危机和失业情形较之战前有所缓和。

3. 布雷顿森林体系的形成,在相对稳定的情况下扩大了世界贸易

美国通过赠与、信贷、购买外国商品和劳务等形式,向其他国家散发了大量美元,客观上起到扩大全球购买力的作用。固定汇率制在很大程度上消除了由于汇率波动而引起的动荡,在一定程度上稳定了主要国家的货币汇率,有利于国际贸易的发展。

4. 布雷顿森林体系的形成,对世界经济的恢复和发展起了一定的积极作用

国际货币基金组织提供的短期贷款暂时缓和了战后许多国家的收支危机,促进了支付办法上的稳步自由化。国际货币基金组织的贷款业务迅速增加,重点由欧洲转至亚、非、拉等第三世界。世界银行提供和组织的长期贷款和投资不同程度地解决了会员方战后恢复和发展经济的资金需要。国际货币基金组织和世界银行在提供技术援助、建立国际经济货币的研究资料及交换资料情报等方面对世界经济的恢复与发展起到了一定作用。

5. 布雷顿森林体系的形成有助于生产和资本的国际化

汇率的相对稳定,避免了国际资本流动中引发的汇率风险,有利于国际资本的输入与输出;为国际间融资创造了良好环境,有助于金融业和国际金融市场的发展,也为跨国公司的生产国际化创造了良好的条件。

五、布雷顿森林体系的局限性

众所周知,布雷顿森林体系之所以能正常运作,完全取决于三个基本条件的满足:一是美国国际收支保持顺差,美元汇价稳定;二是美国黄金储备充足,美国履行其美元对黄金的有限兑换义务;三是黄金价格维持在不超过35美元上下1盎司的官价水平。一旦这三个条件无法满足,布雷顿森林体系就会处于危机之中。

（一）布雷顿森林体系的内在不稳定性

（1）由于美元是最主要的储备资产,它就享有一种特权地位。美国可以利用美元弥补国际收支赤字,使美元持有国的实际资源向美国转移。美国可以利用美元直接对外投资,购买外国企业,操纵国际金融事务。由于各国货币钉住美元,使美国的货币政策对各国经济有重大的影响。

（2）随着国际贸易的发展,对国际储备的要求增加。第二次世界大战后由于黄金生产的停滞,美元在国际储备总额中所占的比重显著增加。如果美国国际收支长期保持逆差,必然影响美元信用,引起美元危机;如果美元保持国际收支平衡,稳定美元,则又会断绝国际储备来源,引起国际清偿能力不足的问题。这就是著名的"特里芬难题"的"两难"困境。

（3）布雷顿森林体系所实行的固定汇率制,对美元输出通货膨胀有一定的影响。在各国货币对美元的汇率超过《布雷顿森林协定》所规定的界限时,各国政府有义务进行干预。如果美元汇率下跌,各国政府就要大量抛出本国货币,买进美元,促使美元的需求增加,美元汇率回升,结果这些国家的货币流通量增多,从而加剧世界通货膨胀。而且在美元过剩的情形下,持有大量美元的国家如果抛售美元,则会引起美元危机;如果继续持有,又将遭受贬值的损失,这也使它们处于两难境地。

（4）布雷顿森林体系过分强调汇率的稳定,忽视了国际收支的调节机制。各国难以利用汇率的变化来调节国际收支,只能消极地实行贸易管制或放弃稳定国内经济的政策目标,这又将阻碍贸易的发展或牺牲国内经济的稳定。由于汇率体系缺乏弹性,不能适应各国经济情况的急剧变化,因此国际收支的调节机制具有僵硬的特点。

（5）发展中国家所获得的基金份额太少,利用国际货币基金组织贷款的条件过严,不利于其调节国际收支,稳定国内经济。

（6）各国政府可以把出口收入和干预市场回购到的美元随时按官价向美国兑换黄金,这会造成美国黄金大量流失,动摇布雷顿森林体系的根基。

布雷顿森林体系的建立,对第二次世界大战后一定时期内国际金融的稳定与国际贸易的扩大有一定作用。但随着时间的推移,布雷顿森林体系的种种缺陷日益暴露出来,使布雷顿森林体系逐渐处于危机状态。

（二）美元危机

美元危机是引起布雷顿森林体系崩溃的直接原因。布雷顿森林体系是一种以美元为中心的目标货币体系。因此,美元在国际金融中心的地位及其变动,对这个体系有着举足轻重的影响。第二次世界大战以后,美元的变动经历了如下几个过程。

1. 美元荒(Dollar Shortage)

第二次世界大战后,欧洲各主要资本主义国家因受战争的严重破坏,物质匮乏,资金短缺,生产很难恢复,生活必需品的供应也极端困难。当时美国的国内经济实力不但没有削弱,反而增强,生产大大发展,各国所需要的各种商品都必须向美国购买。但购买美国商品,需用黄金或美元支付,而各国的黄金数量终究有限,不足以应付巨额贸易逆差。同时,欧洲各国以及其他一些地区的国家因经济尚未恢复,也没有多少商品可以输往美国换取美元,因此,各国普遍感到缺乏美元,因而形成美元荒。美国的商品却源源不断地输入西欧、日本乃至世界各地,结果美国国际收支大量盈余。到1949年,美国的黄金储备高达245亿美元之多,占了整个资本主义世界黄金储备的3/4。

2. 美元灾(Dollar Glut)

1948年美国实行"马歇尔计划",对外提供经济援助,大量美元开始流入西欧各国,促使这些国家的经济逐步得到恢复。他们的商品打入国际市场后也与美货竞争,使他们的国际收支状况大为好转,不仅国际收支逆差转为顺差,而且获得了较多的黄金和美元。1950年美国开始推行对外扩张政策,发动侵略战争,使美国在国外的驻军费用支出大大增加。另外,美国的低利率政策也促使国内资金外流,这些都导致美元大量外流。因而美国自1950年起,国际收支开始出现逆差,黄金储备也随之减少。1958年欧洲共同市场成立,欧洲许多国家的货币恢复自由兑换,美国国际收支逆差的程度更为严重,各国持有的美元大量增加。这样,第二次世界大战后普遍存在的美元缺乏转而变成美元过剩,这就是美元灾。

3. 美元危机(Dollar Crisis)

美元危机是指世界各国对美元币值稳定的信心发生动摇,出现抛售美元、抢购黄金与其他国家货币的现象。由于美国国际收支连年逆差,因而黄金不断外流,黄金储备持续减少,由第二次世界大战结束后初期的245亿美元减至1960年年底的178亿美元,而当时美国的短期外债高达210亿美元,这就说明美国的黄金储备已不够抵偿其所负担的短期外债。这使人们对美元币值能否稳定及美国能否维持黄金官价兑换美元产生怀疑,于是出现了挤兑黄金的现象,也就是用美元向美国兑换黄金,并在金融市场上大量抛售美元抢购黄金和其他国家货币,造成金价上涨和美元汇率下跌。从20世纪60年代到70年代,美元曾发生过多次危机。1960年,美国对外短期债务已超过了它的黄金储备额,美元信用不断下跌,黄金市场达1盎司41.5美元,伦敦金融市场出现了抛售美元、抢购黄金的风潮,由此爆发了第一次美元危机,作为关键货币的美元从此处于岌岌可危的境地。美元危机的出现,使得这个以美元为中心的布雷顿森林体系开始进入动荡阶段。

(三)维持布雷顿森林体系的挽救措施

为减缓美元危机,不致削弱国际货币制度运转的基础,自1960年第一次美元危机爆发以后,美国、西欧各国及国际货币基金组织先后采取了许多措施进行补救,以维持布雷顿森林体系的稳定。这些措施包括:

(1)美国和西欧7国拿出价值2.7亿美元的黄金组成"黄金总库",以平抑国际市场的金价涨势和维持美元的中心地位。但因美元信用日趋下降,金价只涨不跌,黄金总库如杯水车薪。为了应付抢购黄金风潮,黄金总库于1968年3月被迫解散。

（2）美国等10个工业国签订借款总安排，筹集60亿美元，借款给面临国际收支危机的国际货币基金组织成员国，但实际上是美国借用其他9国货币，以缓和美元危机和维持国际货币体系正常运转。

（3）美国先后同14个工业国签订了货币互换协议，按优惠汇率相互提供货币，以稳定外汇市场。这一举措虽提高了兑付能力，但难以遏制美元汇价日下的趋势。

（4）实行"黄金双价"。美国不再以官价向黄金市场提供黄金，任凭黄金市场金价自由涨落，但各国政府仍可按黄金官价向美国兑换，二价背离，美元实际上已经贬值，加速了黄金—美元本位制的瓦解。

（5）创设特别提款权。这是国际货币基金组织分配给会员国的一种特别使用资金的权利，创立时与美元等值，但不能兑换黄金（1974年改用16种货币加权平均定值，后又改用5种货币，即美元、马克、英镑、日元和法国法郎加权平均定值），俗称纸黄金，可作为国际储备，也能用于会员国之间的国际结算。美国分到的特别提款权最多，增强了其应付国际收支逆差的能力，并减少了黄金储备的流失。

上述措施虽在一定程度上发挥了减缓美元危机的作用，但鉴于美国国际收支存在逆差，美国经济实力的进一步衰退这一根本性问题无法解决，它们对于风雨飘摇的美元地位来说终究无济于事。特别是进入1971年后出现的美元与黄金脱钩以及后来发生的两次美元贬值，最终导致了布雷顿森林体系的崩溃。

六、布雷顿森林体系的崩溃

（一）美元与黄金脱钩

黄金双价制实行后，美国的国际收支状况并未因此而改善，又于1969—1970年爆发了周期性的经济危机。这个时期，美国工业产值下降8.1%，失业率达6.1%，失业人数506万，贸易逆差高达220亿美元，黄金储备下降为110亿美元，而外债却高达533亿美元。这导致1971年5月在西欧主要金融市场掀起了又一次抛售美元、抢购黄金和西德马克的风潮。这是第二次世界大战后最严重的一次美元危机。美国尼克松政府被迫于1971年8月15日宣布实施"新经济政策"：对内采取冻结物价和工资，并削减政府开支；对外停止履行外国中央银行按黄金官价以美元向美国兑换黄金的义务，并对进口商品征收10%的附加税，以限制进口，改善美国的国际收支和美元地位。新经济政策的推行，意味着美元与黄金脱钩，这样布雷顿森林体系两大支柱之一的美元可兑换黄金倒塌了，它标志着布雷顿森林体系开始走向崩溃。

（二）美元贬值

美国的新经济政策引起西方各国的强烈不满和反对，西德、荷兰以及其他国家先后实行浮动汇率，法国则实行双重汇率，西方各国货币金融市场一片混乱。在这种情况下，1971年12月，"十国集团"在美国华盛顿的史密森学会大厦举行财政部长和中央银行行长会议，达成《史密森学会协议》（又称《华盛顿协议》）。其主要内容是：自1971年12月18日起，美元对黄金贬值7.89%，黄金官价由每盎司35美元提高到38美元；美国取消10%的进口附加税，但仍然停止美元兑换黄金；各国货币对美元汇率的波动幅度，从过去按平价上下限的1%扩大到2.25%，继续维持固定汇率制；日本、西德、比利时、荷兰、瑞典、瑞士、意大利7国的货币根据其定值变化和美元贬值幅度分别调整其对美元的汇率。

美元停止兑换黄金与美元的小幅度贬值,并未能阻止美元危机与美国国际收支危机的继续发展。1973年1月和3月初,在国际金融市场又连续爆发大量抛售美元,抢购西德马克、日元和黄金的两次美元危机。对此,美国于1973年2月被迫宣布美元第二次贬值,美元对黄金贬值10%,即黄金官价由每盎司38美元提高到42.22美元。西欧各国先后取消了本国货币与美元的固定比价,宣布实行浮动汇率制;欧共体9国财政部长达成协议,建立由西德、法国、荷兰、比利时、卢森堡、丹麦组成"联合浮动集团",并于1973年3月19日开始实施;英国、爱尔兰、意大利3个欧共体成员国继续实行单独浮动。日本也实行单独浮动。至此,固定汇率制已为浮动汇率制所替代,布雷顿森林体系的另一支柱——固定汇率制也倒塌了。如前所述,布雷顿森林体系所必备的三个基本条件无一能满足,这标志着布雷顿森林体系彻底崩溃。

七、对布雷顿森林体系的评价

(一)布雷顿森林体系的进步之处

1. 建立了永久性的国际金融机构

布雷顿森林体系建立了国际货币基金组织、国际复兴开发银行等永久性国际金融机构。通过国际金融机构的组织、协调和监督,保证统一的国际金汇兑本位制各项原则、措施的推行。

2. 签订了有一定约束力的《国际货币基金组织协定》

金本位制对汇率制度,黄金输出、输入没有一个统一的协定,货币区是在规定的地区实施宗主国、联系国的法令。第二次世界大战后的《国际货币基金组织协定》是一种国际协议,对会员方政府具有一定的约束力。它的统一性在于把资本主义国家囊括在国际金汇兑本位制之下;它的严谨性在于对维持货币制度运转的有关问题作了全面规定,并要求各国遵守。

3. 建立制度

根据《国际货币基金组织协定》,建立了现代国际货币管理所必需的各项制度。例如,国际收支调节制度、国际信贷监督制度、国际金融统计制度、国际汇率制度、国际储备制度、国际清算制度等。

(二)布雷顿森林体系的缺陷

由于资本主义发展的不平衡性,主要资本主义国家经济实力对比一再发生变化,以美元为中心的国际货币制度本身固有的矛盾和缺陷日益暴露。

1. 金汇兑制本身的缺陷

美元与黄金挂钩,享有特殊地位,加强了美国对世界经济的影响。其一,美国通过发行纸币而不动用黄金进行对外支付和资本输出,有利于美国的对外扩张和掠夺。其二,美国承担了维持金汇兑平价的责任。当人们对美元充分信任,美元相对短缺时,这种金汇兑平价可以维持;当人们对美元产生信任危机,美元拥有太多,要求兑换黄金时,美元与黄金的固定平价就难以维持。

2. 储备制度不稳定

这种制度无法提供一种数量充足、币值坚挺、可以为各国所接受的储备货币,以使国际储备的增长能够适应国际贸易与世界经济发展的需要。1960年,美国耶鲁大学教授特里芬在其著作《黄金与美元危机——自由兑换的未来》中指出：布雷顿森林制度以一国货币作为主要国际储备货币，在黄金生产停滞的情况下，国际储备的供应完全取决于美国的国际收支状况。美国的国际收支保持顺差，国际储备资产不敷国际贸易发展的需要；美国的国际收支保持逆差，国际储备资产过剩，美元发生危机，危及国际货币制度。这种难以解决的内在矛盾，国际经济学界称之为"特里芬难题"，它决定了布雷顿森林体系的不稳定性。

3. 国际收支调节机制的缺陷

该制度规定汇率浮动幅度需保持在1%以内，汇率缺乏弹性，限制了汇率对国际收支的调节作用。这种制度着重于国内政策的单方面调节。

4. 内外平衡难统一

在固定汇率制度下，各国不能利用汇率杠杆来调节国际收支，只能采取有损于国内经济目标实现的经济政策或采取管制措施，以牺牲内部平衡来换取外部平衡。当美国国际收支逆差、美元汇率下跌时，根据固定汇率原则，其他国家应干预外汇市场，这一行为导致和加剧了这些国家的通货膨胀；若这些国家不加干预，就会遭受美元储备资产贬值的损失。

第四节　牙买加货币体系

布雷顿森林体系崩溃后，国际货币金融领域动荡混乱，美元的国际地位不断下降，国际储备呈现多元化，许多国家实行浮动汇率，全球性国际收支失衡现象日益严重，西方发达国家之间以及发达国家与发展中国家之间的矛盾空前激化，急需建立新的国际货币制度。

一、牙买加货币体系的形成

布雷顿森林体系虽然崩溃了，但其建立的国际货币基金组织与世界银行仍然发挥着重要的作用。国际货币基金组织于1972年7月成立了一个专门委员会，具体研究国际货币制度的改革问题。委员会于1974年6月提出一份"国际货币体系改革纲要"，对黄金、汇率、储备资产、国际收支调节等问题提出了一些原则性的建议，为以后的货币改革奠定了基础。

1976年1月8日，国际货币基金组织的"国际货币制度临时委员会"在牙买加首都金斯敦举行会议，就许多有关国际货币制度问题达成协议，并建议修改《国际货币基金组织协定》的条款，汇率制度和黄金问题是会议讨论的重点。1976年4月，国际货币基金理事会通过了《国际货币基金组织协定》（修改草案），并送交各成员国完成立法批准手续。1978年4月1日，修改后的《IMF协定第二修正案》正式生效。由于这个协定是在牙买加会议上通过的，所以称为《牙买加协定》，国际上一般把《牙买加协定》后的国际货币制度称为"牙买加货币体系"(Jamaica Monetary System)。

二、《牙买加协定》的主要内容

1. 现行浮动汇率制的合法性

《牙买加协定》正式确认了浮动汇率制的合法化,承认固定汇率制与浮动汇率制并存的局面,成员国可自由选择汇率制度。同时 IMF 继续对各国货币汇率政策实行严格监督,并协调成员国的经济政策,促进金融稳定,缩小汇率波动范围。

2. 实行黄金非货币化

《牙买加协定》废除黄金官价,会员国中央银行可按市价自由进行黄金交易;减少黄金的货币作用,黄金不再作为各国货币定值的标准;取消国际货币基金组织会员国必须用黄金缴付其份额 25% 的义务和以黄金清偿债务的规定;国际货币基金组织持有的黄金,其中 1/6(约 2 500 万盎司)按市价出售,超过官价的部分用于援助发展中国家,另外 1/6 则按官价归还给会员国,剩余部分(约 1 亿盎司)根据总投票的 85% 的多数作出的具体处理来决定。

3. 提高特别提款权在储备资产中的地位

《牙买加协定》规定:特别提款权可以作为各国货币定值的标准;特别提款权可以供参加这种账户的国家用来清偿对国际货币基金组织的债务;参加国也可以用特别提款权进行借贷。这样,特别提款权成为主要的国际储备资产。

4. 修订国际货币基金组织份额

增加国际货币基金组织成员国缴纳的基金份额,由原来的 295 亿特别提款权增加到 390 亿特别提款权,增加了 33.6%。具体到各成员国所承担的基金份额,则有升有降。石油输出国所承担的份额由 5% 提高到 10%,联邦德国和日本也略有增加,其他西方工业国家都有所下降。

5. 扩大对发展中国家的资金融通

为了扩大对发展中国家的资金融通,用出售黄金所得收益建立信托基金,以优惠条件向最穷困的发展中国家提供贷款,以解决其国际收支问题;扩大基金信用贷款的额度,由占成员国份额的 100% 增加到 145%;提高国际货币基金组织"出口波动补偿贷款"在份额中的比重,由占份额的 50% 提高到占份额的 75%。

三、牙买加货币体系的运行

1. 储备货币多元化

与布雷顿森林体系下国际储备结构单一、美元地位十分突出的情形相比,在牙买加货币体系下,国际储备呈现多元化局面,美元虽然仍是主导的国际货币,但美元地位明显削弱了,由美元垄断外汇储备的情形不复存在。西德马克(后为德国马克)、日元随两国经济的恢复发展脱颖而出,成为重要的国际储备货币。欧元启动后,国际储备货币更日趋多元化,ECU 也被欧元所取代,欧元有可能成为与美元相抗衡的新的国际储备货币。

2. 汇率安排多样化

在牙买加货币体系下,以管理浮动汇率制为中心的多种汇率制度并存。一般而言,发达工业国家多数采取单独浮动或联合浮动,但有的也采取钉住自选的货币篮子。对发展中国家而言,多数是钉住某种国际货币或货币篮子,单独浮动的很少。不同汇率制度各有优劣,浮动汇率制度可以为国内经济政策提供更大的活动空间与独立性,而固定汇率制则减少了本国企业可能面临的汇率风险,方便生产与核算。各国可根据自身的经济实力、开放程度、经济结构等一系列相关因素去权衡得失。

3. 多种渠道调节国际收支

国际收支调节政策主要包括以下几种。

(1) 运用国内经济政策

国际收支作为一国宏观经济的有机组成部分,必然受到国内其他经济因素的影响。一国会经常运用国内经济政策,改变国内的需求与供给,从而消除国际收支不平衡。比如在资本项目逆差的情况下,可提高利率,减少货币发行,以此吸引外资流入,弥补缺口。需要注意的是运用财政或货币政策调节外部均衡时,往往会受到"米德冲突"的限制,在实现国际收支平衡的同时,牺牲了其他的政策目标,如经济增长、财政平衡等,因而,内部政策应与汇率政策相协调,才不至于顾此失彼。

(2) 运用汇率政策

在浮动汇率制或可调整的钉住汇率制下,汇率是调节国际收支的一个重要工具,其原理是:经常项目赤字下本币趋于下跌,而本币下跌,导致外贸竞争力增加、出口增加、进口减少,经济项目赤字就趋于减少或消失。相反,在经常项目顺差时,本币币值上升会削弱进出口商品的竞争力,从而减少经常项目的顺差。但实际经济运行中,汇率的调节作用受到"马歇尔—勒纳条件"以及"J 曲线效应"的制约,其功能往往令人失望。

(3) 国际融资

在布雷顿森林体系下,这一功能主要由 IMF 完成。在牙买加货币体系下,IMF 的贷款能力有所提高,更重要的是,伴随石油危机的爆发和欧洲货币市场的迅猛发展,各国逐渐转向欧洲货币市场,利用该市场比较优惠的贷款条件融通资金,调节国际收支中的顺、逆差。

(4) 加强国际协调

主要体现在:①以 IMF 为桥梁,各国政府通过磋商,就国际金融问题达成共识与谅解,共同维护国际金融形势的稳定与繁荣。②新兴的七国首脑(美国、英国、法国、德国、日本、意大利和加拿大)会议的作用。西方七国通过多次会议,达成共识,多次合力干预国际金融市场,主观上是为了各自的利益,但客观上也促进了国际金融与经济的稳定与发展。

四、对牙买加货币体系的评价

(一) 牙买加货币体系的积极作用

牙买加货币体系建立以来,对维持国际经济正常运转,推动世界经济继续发展发挥了积极作用。

(1) 多样化的汇率安排适应了多样化的、不同发展水平的各国经济,为各国维持经济发展与稳定提供了灵活性与独立性,同时有助于保持国内经济政策的连续性与稳定性。它基本摆脱了布雷顿森林体系下各国货币与美元挂钩所产生的弊端,比较灵活的复合汇率体制使各个主要国家货币的汇率能够根据市场供求状况自发调整,灵活地反映不断变化的客观经济状况,这对于世界经济的发展是比较有利的。

(2) 多元化的储备结构摆脱了布雷顿森林体系下各国货币间的僵硬关系,为国际经济提供了多种清偿货币,在较大程度上解决了储备货币供不应求的矛盾。

牙买加货币体系形成以后,实现了国际储备多元化,特别提款权作为国际储备资产和记账单位的作用大大加强,美元已经不是唯一的国际储备货币和国际清算及支付手段。

即使美国国际收支不断出现顺差,即使美国不向外投放美元,仍会有其他国际储备货币和国际清算及支付手段缓解国际清偿力的不足。由于美元已与黄金脱钩,即使美国的国际收支不断发生逆差,即使各国的美元储备超过美国的黄金储备,各国也不可能用美元向美国挤兑黄金,从而加重美国的经济困难。这在一定程度上解决了"特里芬难题"(Triffin Dilemma)。

(3) 国际收支的调节有多种渠道并行,更为有效与及时。牙买加货币体系采取多种调节机制相互补充的办法来调节国际收支,因而在一定程度上缓和了布雷顿森林体系调节机制失灵的困难。

然而,随着国际经济关系的发展变化,这一国际货币制度的弊端也日益明显。在西方七国首脑会议上或在国际货币基金组织的年会及其他会议上,都曾讨论过国际货币制度改革的问题。进一步改革国际货币制度,建立合理而稳定的国际货币新秩序仍势在必行。

(二) 牙买加货币体系的缺陷

1. 汇率体系不稳定,货币危机不断

牙买加货币体系下,国际货币基金组织的 181 个成员中,有 1/3 实行的是独立浮动或管理浮动汇率,欧共体实质上是联合浮动,日元是单独浮动,还有众多的国家是钉住浮动(钉住单一货币或复合货币)。钉住汇率实际上是相对的固定汇率制度,钉住货币的汇率被动地随被钉住货币汇率的变动而变动。这使国际货币体系变得复杂而难以控制。

20 世纪 80 年代以来,美元、日元、德国马克的汇率此消彼长,波动惊人,使钉住货币国家汇率扭曲,出现经济结构失衡,国际收支失衡。最严重的是,有的货币被严重高估,国际游资趁势冲击,致使货币危机爆发。1994 年的墨西哥货币危机、1997 年的东南亚金融危机、2001 年的阿根廷金融危机都属于这种类型。钉住汇率制与独立浮动汇率制之间的这一内在矛盾是牙买加货币体系下汇率动荡、货币危机频发的根源。

2. 国际收支调节与汇率体系不适应,国际货币基金组织协调能力有限

牙买加货币体系下的国际收支调节渠道比布雷顿森林体系下的调节渠道有所增加,如浮动汇率制使汇率调节政策更有效,国际融资范围扩大,国际对话或论坛性组织增加。但是,由于时滞原因,大多数发展中国家不具备马歇尔—勒纳条件,汇率调节反而使国际收支恶化。直接通过国际融资来弥补逆差虽然比较直接,但不能从根本上消除收支失衡。而且,如果长期依赖国际借款,必然会加重债务负担,可能发生债务危机。在这些方面,国际货币基金组织的协调能力有限,而且在向发生金融危机的国家提供资金援助时有大量的附带条件。

牙买加货币体系下,国际收支调节机制并不健全,各种现有的渠道都有各自的局限,牙买加货币体系并没有消除全球性的国际收支失衡问题。

3. 国际资本流动缺乏有效的监督

牙买加货币体系下的汇率体系极不稳定的另一主要原因就是国际游资对汇率体系的冲击。国际金融机构对国际游资束手无策,强大的游资与大多数国家维护钉住汇率的有限能力形成鲜明的对比。钉住汇率下一国货币很容易被高估或低估,便为游资留下投机空间。国际游资的流动性很强,在现代通讯与电子技术高度发达的今天,资本的跨国转移数秒钟就可以完成,对其监管的难度很大。这方面,如果没有相应的国际组织与相应的国际规则、立法,汇率体系就不可能稳定,货币金融危机就不可能避免。

如果说在布雷顿森林体系下,国际金融危机是偶然的、局部的,那么,在牙买加货币体系下,国际金融危机就成为经常的、全面的和影响深远的。1973年浮动汇率制普遍实行后,西方外汇市场货币汇价的波动、金价的起伏经常发生,小危机不断,大危机时有发生。1978年10月,美元对其他主要西方货币汇价跌至历史最低点,引起整个西方货币金融市场的动荡。这就是著名的1977—1978年西方货币危机。由于金本位与金汇兑本位制的瓦解,信用货币无论在种类上、金额上都大大增加。信用货币占西方各国通货流通量的90%以上,各种形式的支票、支付凭证、信用卡等种类繁多,现金在某些国家的通货中只占百分之几。货币供应量和存、放款的增长大大高于工业生产增长速度,而且国民经济的发展对信用的依赖越来越深。总之,现行的国际货币体系被人们普遍认为是一种过渡性的不健全的体系,需要进行彻底的改革。

五、国际货币体系的改革方向

随着以美元为中心的国际货币体系的瓦解,改革国际货币制度成为举世瞩目的重大问题。1972年7月26日,国际货币基金组织通过决议,成立了一个由发达国家和发展中国家共同参加的解决国际货币制度和有关问题的委员会(即二十国委员会,在十国集团外增加了澳大利亚、印度、巴西、摩洛哥、埃塞俄比亚、阿根廷、墨西哥、扎伊尔、印度尼西亚和伊拉克),讨论国际货币制度的改革问题。但在如何制止由于美元泛滥而造成的国际货币动荡局势,以及如何取代美元的国际储备货币地位等问题上,美国和西欧国家之间矛盾重重。西欧国家要求美国恢复美元兑换黄金,以清偿美元债务;而美国则坚持要等其国际收支状况改善后再解决,主张创立一种由国际机构管理的固定的国际货币,使国际货币基金组织具有世界中央银行的地位和作用。西欧国家尤其是法国主张用黄金取代美元作为国际储备货币,认为现阶段黄金仍是政府间办理清算的重要手段,而美国则主张减少黄金的货币作用,实现黄金非货币化,使之成为一种金属商品。由于各方意见分歧,二十国委员会成立时原定在两年内提出货币改革方案的计划无法实现。

1974年6月委员会提出了一个原则性的"改革大纲"便结束了工作。同时成立了一个临时委员会代替二十国委员会继续就国际货币制度改革问题进行研究,并于1976年1月就取消固定汇率制、肯定浮动汇率制、各成员方可自行选择汇率制度、废除黄金官价、取消有关基金份额中的25%须以黄金缴付的规定,以及扩大特别提款权的使用范围等问题达成协议,即《牙买加协定》。但这些改革与发展中国家要求从根本上改革国际货币制度的愿望相距甚远。

1968—1987年,亚洲、非洲、拉丁美洲和欧洲的南斯拉夫等77个发展中国家(即七十七国集团)先后举行过6次部长级会议,提出了改革国际货币制度的行动纲领,通过了《哈瓦那宣言》。其主要内容是:制定一个解决发展中国家债务问题的新战略,把债务的偿还额同实际偿债力挂钩;增加多边金融机构的资金来源;免除较穷发展中国家所欠官方发展援助项下的债务;通过各种渠道如官方发展援助、出口信贷和直接投资等增加发展中国家的资金流入量;稳定货币汇率;增加特别提款权的分配,大幅度提高发展中国家在国际货币基金组织中的份额;设立一个发达国家和发展中国家共同参加的部长代表委员会,审议国际货币制度的改革等问题。这为发展中国家参与国际货币多边谈判提供了一个较为统一而完整的指导方针。但这些建议由于遭到发达国家反对,一直未能实现。金融危机的爆发与蔓延使我们不得不一次次面对这个古老但悬而未决的问题,那就是什么样的国际储备货币才能保持全球金融稳定、促进世界经济发展。历史上的银本位、金本位、金汇兑本位、布雷顿森林体系都是解决该问题的不同制度安排,这也是国际货币基金组织成立的宗旨之一。但几次的金融危机表明,这一问题不仅远未解决,由于现行国际货币体系的内在缺陷反而使其愈演愈烈。理论上讲,首先,国际储备货币的币值应有一个稳定的基准和明确的发行规则以保证供给的有序;其次,其供给总量还可及时、灵活地根据需求的变化进行增减调节;最后,这种调节必须是超脱于任何一国的经济状况和利益。当前以主权信用货币作为主要国际储备货币是历史上少有的特例。金融危机再次警示我们,必须创造性地改革和完善现行国际货币体系,推动国际储备货币向着币值稳定、供应有序、总量可调的方向完善,才能从根本上维护全球经济金融稳定。

国际货币体系改革需要注意以下几点。

1. 反映当前国际货币体系的内在缺陷和系统性风险

对于储备货币发行国而言,国内货币政策目标与各国对储备货币的要求经常产生矛盾。货币当局既不能忽视本国货币的国际职能而单纯考虑国内目标,又无法同时兼顾国内外的不同目标。既可能因抑制本国通胀的需要而无法充分满足全球经济不断增长的需求,也可能因过分刺激国内需求而导致全球流动性泛滥。理论上特里芬难题仍然存在,即储备货币发行国无法在为世界提供流动性的同时确保币值的稳定。当一国货币成为全世界初级产品定价货币、贸易结算货币和储备货币后,该国对经济失衡的汇率调整是无效的,因为多数国家货币都以该国货币为参照。经济全球化既受益于一种被普遍接受的储备货币,又为发行这种货币的制度缺陷所害。从布雷顿森林体系解体后金融危机屡屡发生且愈演愈烈来看,全世界为现行货币体系付出的代价可能会超出从中带来的收益。不仅储备货币的使用国要付出沉重的代价,发行国也在付出日益增大的代价。危机未必是储备货币发行当局的故意,但却是制度性缺陷的必然。

2. 避免主权信用货币作为储备货币的内在缺陷,是国际货币体系改革的理想目标

超主权储备货币的主张虽然由来已久,但至今没有实质性进展。20世纪40年代凯恩斯就曾提出采用30种有代表性的商品作为定值基础建立国际货币单位"Bancor"的设想,遗憾的是未能实施,而其后以怀特方案为基础的布雷顿森林体系的崩溃显示凯恩斯的方案可能更有远见。早在布雷顿森林体系的缺陷暴露之初,国际货币基金组织就于1969年创设了特别提款权(下称SDR),以缓解主权货币作为储备货币的内在风险。遗憾的是由于分配机制和使用范围上的限制,SDR的作用至今没有能够得到充分发挥,但SDR的存在为国际货币体系改革提供了一线希望。超主权储备货币不仅克服了主权信用货币的内在风险,也为调节全球流动性提供了可能。由一个全球性机构管理的国际储备货币将使全球流动性的创造和调控成为可能,当一国主权货币不再作为全球贸易的尺度和参照基准时,该国汇率政策对失衡的调节效果会大大增强。这些能极大地降低未来危机发生的风险,增强危机处理的能力。

3. 改革应从大处着眼,小处着手,循序渐进,寻求共赢

重建具有稳定的定值基准并为各国所接受的新储备货币可能是个长期内才能实现的目标。建立凯恩斯设想的国际货币单位更是人类的大胆设想,并需要各国政治家拿出超凡的远见和勇气。而在短期内,国际社会特别是基金组织至少应当承认并正视现行体制

所造成的风险,对其不断监测、评估并及时预警,同时还应特别考虑充分发挥 SDR 的作用。SDR 具有超主权储备货币的特征和潜力,同时它的扩大发行有利于基金组织克服在经费、话语权和代表权改革方面所面临的困难。因此,应当着力推动 SDR 的分配。这需要各成员方政治上的积极配合,特别是应尽快通过第四次章程修订及相应的 SDR 分配决议,以使 1981 年后加入的成员方也能享受到 SDR 的好处。在此基础上考虑进一步扩大 SDR 的发行。SDR 的使用范围需要拓宽,从而使其能真正满足各国对储备货币的要求:①建立起 SDR 与其他货币之间的清算关系。改变当前 SDR 只能用于政府或国际组织之间国际结算的现状,使其能成为国际贸易和金融交易公认的支付手段。②积极推动在国际贸易、大宗商品定价、投资和企业记账中使用 SDR 计价。这不仅有利于加强 SDR 的作用,也能有效减少因使用主权储备货币计价而造成的资产价格波动和相关风险。③积极推动创立 SDR 计值的资产,增强其吸引力。国际货币基金组织正在研究 SDR 计值的有价证券,如果推行将是一个好的开端。④进一步完善 SDR 的定值和发行方式。SDR 定值的篮子货币范围应扩大到世界主要经济大国,也可将 GDP 作为权重考虑因素之一。此外,为进一步提升市场对其币值的信心,SDR 的发行也可从人为计算币值向有以实际资产支持的方式转变,可以考虑吸收各国现有的储备货币以作为其发行准备。

4. 由国际货币基金组织集中管理成员方的部分储备

由基金组织集中管理成员方的部分储备,不仅有利于增强国际社会应对危机、维护国际货币金融体系稳定的能力,更是加强 SDR 作用的有力手段。由一个值得信任的国际机构将全球储备资金的一部分集中起来管理,并提供合理的回报率吸引各国参与,将比各方的分散使用、各自为战更能有效地发挥储备资金的作用,对投机和市场恐慌起到更强的威慑与稳定效果。对于参与各方而言,也有利于减少所需的储备,节省资金用于经济发展和增长。国际货币基金组织成员众多,同时也是全球唯一以维护货币和金融稳定为职责,并能对成员方宏观经济政策实施监督的国际机构,具备相应的专业特长,由其管理成员方储备具有天然的优势。基金组织集中管理成员方储备,也将是推动 SDR 作为储备货币发挥更大作用的有力手段。基金组织可考虑按市场化模式形成开放式基金,将成员方以现有储备货币积累的储备集中管理,设定以 SDR 计值的基金单位,允许各投资者使用现有储备货币自由认购,需要时再赎回所需的储备货币。这样既推动了 SDR 计值资产的发展,也部分实现了对现有储备货币全球流动性的调控,甚至可以作为增加 SDR 发行、逐步替换现有储备货币的基础。

第五节　区域性货币制度

一、区域性货币合作概述

随着世界经济尤其是区域经济一体化的发展,很多国家在经济发展水平和发展阶段上呈现出了相似性,并开始进行区域性的货币合作。1961 年,中美洲一些国家成立了中美洲经济一体化银行;1962 年,西非六国成立了西非货币联盟;1968 年和 1977 年,拉美五国分别成立了安第斯开发公司和安第斯储备基金;1972 年,21 个阿拉伯国家建立了阿拉伯货币基金;1963 年,苏联和东欧诸国建立了以转账卢布为中心的经互会货币区;1972

年,西欧诸国实行了联合浮动汇率,进而演变为较紧密的欧洲货币体系,再发展到更紧密的欧洲货币联盟和欧元区……这些都是区域性货币合作的具体表现。从严格意义上讲,适当区分区域性货币合作、区域性货币同盟以及通货区是有益的。

区域性货币合作是一个广义的概念,它覆盖了所有货币合作的形式和程度。它既可以是松散的,也可以是紧密的;既可以是暂时的,也可以是长久的;既可以局限在某个方面,也可以是全面的。因此,区域性货币合作实际上是指有关国家在货币问题上实行的协商、协调乃至共同行动。

区域性货币同盟是区域性货币合作的一种表现形式,它是指通过法律文件(共同遵守的国际协议)就货币金融的某些重大问题进行的合作。

通货区是区域性货币同盟的一种高级表现形式。它具有以下几个显著特点:第一,成员货币之间的名义汇率相互固定;第二,具有一种占主导地位的货币作为各国货币汇率的共同基础;第三,这种货币与成员方货币之间可充分地自由兑换;第四,有一个适当的协调和管理机构;第五,成员方的货币政策主权受到削弱。

二、欧洲货币体系的形成

为了加强政治、经济联合,西欧六国(法国、联邦德国、意大利、荷兰、比利时、卢森堡)于1958年1月1日成立了欧洲经济共同体(European Communities)。其共同目标是:在经济领域里逐步统一经济政策,建立工农业产品的统一市场,在共同体内实现资本和劳动力的自由流动,协调各成员方财政、金融、货币等方面的政策和立法,当时机成熟时,再从经济联盟发展成为政治联盟。欧洲经济共同体在建立初期,由于以美元为中心的布雷顿森林体系运转尚好,因此没有明确提出货币一体化的目标,只注意到了协调货币金融政策的问题。

20世纪60年代初,布雷顿森林体系陷入危机。1960年10月,第二次世界大战后第一次抛售美元、抢购黄金的风潮爆发,引起了欧洲经济共同体成员方货币汇率的波动。于是,欧洲经济共同体成员国要求协调货币政策、逐步实现货币一体化的呼声日益高涨。1965年4月8日,六国签订了《布鲁塞尔条约》,决定将欧洲煤钢共同体、欧洲原子能共同体和欧洲经济共同体统一起来,统称"欧洲共同体"。1971年2月9日,欧洲共同体部长理事会达成协议,决定着手建立经济和货币同盟。布雷顿森林体系崩溃后,国际金融关系错综复杂,各国之间的利益冲突甚大,短期内无法建立一个统一的、被大多数国家所接受的国际货币体系。欧洲共同体中的法国、联邦德国、荷兰、比利时、卢森堡和丹麦等国家率先建立了"联合浮动集团",并于1973年3月开始实行联合浮动,参加联合浮动的国家的货币之间仍维持固定汇率,由各国中央银行保证它们之间的波动幅度不超过2.25%,它们对美元及其他货币则实行浮动汇率,任其根据外汇市场的供求状况自由涨落。1978年4月,在丹麦哥本哈根举行的欧洲共同体首脑会议上,各成员国对建立欧洲货币体系的可能性首次交换了意见,同年7月和12月,各成员国两次讨论了欧洲货币体系的问题,并决定自1979年1月1日起正式建立欧洲货币体系(European Monetary System)。

三、欧洲货币体系的主要内容

欧洲货币体系旨在进一步摆脱对美元的依赖及美元危机的影响,最终目的是实现欧洲共同体的经济货币联盟,其首先要解决的问题是稳定成员国的货币汇率。为此,欧洲货币体系确定了一系列主要内容。

1. 建立欧洲货币单位

欧洲货币单位(European Currency Unit,ECU,也称埃居)是欧洲货币体系的核心,它是由欧洲共同体成员国的货币,各按一定比重加权计算定值的一篮子货币。各成员国货币所占的比重取决于各自的经济实力(如外贸和国民生产总值),每隔5年调整一次,但如果任何一种货币的比重变动超过25%时,权数构成可重新调整。

2. 实行稳定汇率机制

稳定汇率机制是欧洲货币体系的核心组成部分。根据该机制的安排,汇率机制的每一个参加国都要确定本国货币同欧洲货币单位的固定比价,即确定一个中心汇率,然后依据中心汇率套算出与其他参加国货币相互之间的比价。稳定汇率机制通过各国货币当局在外汇市场上的强制性干预,将各国货币汇率的波动限制在允许的幅度以内。也就是说,如果两种货币的汇率达到允许波动幅度的上限或下限,那么弱币国货币当局必须买入本币以阻止其进一步贬值,相应地,强币国货币当局必须卖出本币以阻止其继续升值。通过这种对称性的市场干预,欧洲共同体实现了汇率机制的稳定。

3. 建立欧洲货币基金

欧洲货币基金是欧洲货币体系的基础。1973年4月,欧洲共同体为稳定汇率而建立了"欧洲货币合作基金",对成员国提供信贷,但该基金总共只有28亿欧洲货币单位,远不足以适应干预市场的需要。1979年4月,该基金又集中了当时欧洲共同体9个成员国20%的黄金、外汇储备,以及相同数额的各国本国货币。到1981年4月,该基金的总额达到了730亿美元。与此同时,该基金还规定了信贷体制,各成员国中央银行可以相互提供本国货币的短期信贷,数量不限,以作为干预市场能力的补充,并最终形成了实力雄厚的稳定市场所必需的共同储备。

四、欧洲货币体系的发展——欧洲货币联盟(European Monetary Union)

进入20世纪80年代以后,欧洲共同体各国逐渐摆脱了经济的内外危机,要求积极推进欧洲联盟的建设和欧洲货币一体化的进程。1985年12月,欧洲共同体卢森堡首脑会议通过了《单一欧洲法》,决定用7年时间,于1992年年底建成欧洲统一大市场,实现商品、资本、人员和服务等在成员国之间的自由流通,真正达到经济、货币一体化。1988年6月第39届欧洲共同体首脑会议决定,成立以欧洲共同体执委会主席德洛尔为首、各成员国央行行长和专家参加的17人委员会,专门研究欧洲货币联盟的可行性。1989年6月,共同体理事会讨论并批准了德洛尔委员会提出的《关于欧共体经济与货币联盟的报告》,该报告建议分三个阶段实现经济与货币联盟,每个阶段的具体期限没有规定,只是规定了第一个阶段最晚起始于1990年7月1日和各阶段的主要目标。

1991年12月9日至10日,欧洲共同体12个成员国首脑在荷兰小镇马斯特里赫特召开会议,并于1992年2月7日签署了《马斯特里赫特条约》,即《欧洲联盟条约》。《欧洲联盟条约》是欧洲货币一体化道路上的一个里程碑。

《欧洲联盟条约》分为《政治联盟条约》和《经济联盟条约》,并参照德洛尔计划制定了实现欧洲货币联盟的具体时间表:第一阶段从1990年7月1日到1993年年底,各成员国均应加入欧洲货币体系的汇率机制,并加强成员国货币政策和汇率政策的协调,尽可能减少中心汇率的调整次数;第二阶段从1994年1月1日到1996年年底,最迟至1998年年底,开始建立和建成独立的欧洲货币机构,以监督成员国的经济政策和货币政策,实现各国汇率的窄幅浮动,加强经济政策的协调,使一些主要经济指标达到规定标准;第三阶段从1997年起,即最早始于1997年年初但不晚于1999年1月1日,实现单一货币,同时规定于1997年1月1日或最迟于1998年12月31日成立欧洲中央银行,负责制定统一的货币政策。

《欧洲联盟条约》于1992年2月7日正式签订,原计划在1993年1月1日前完成各成员国批准的程序,但由于中间的曲折,1993年11月1日才正式生效,比原计划拖延了10个月。随着《欧洲联盟条约》的正式生效,欧洲共同体更名为欧洲联盟,简称欧盟。根据《欧洲联盟条约》的规定,欧盟在1995年12月15日召开的欧盟马德里首脑会议上,将欧洲货币的名称正式确定为"欧元"(EURO),取代了欧洲货币体系的"埃居"(ECU),并确定了单一货币实施的时间表。按照这一时间表,欧元的启动分为以下几个阶段进行。

第一阶段:1991年12月至1998年12月31日,此阶段为欧元实施的准备阶段。

第二阶段:1999年1月1日至2001年12月31日,此阶段为欧元区内各国货币向欧元转换的过渡期,欧元汇率于1999年1月1日固定下来,并且不可撤销。金融批发市场的业务将以欧元进行,企业、个人可以在银行开立欧元账户,欧元的收付可以在账户之间进行,但欧元的纸币和硬币未投入流通。

第三阶段:2002年1月1日至2002年6月30日,此阶段欧元纸币和硬币将投入流通,欧元在欧元区内与各国原货币的纸币和硬币同时流通。

第四阶段:2002年7月1日以后,欧元区内各国的原货币完全退出流通,欧元成为欧元区内唯一的货币,欧洲统一货币正式形成。

五、欧元的启动对经济的影响

欧洲单一货币——欧元的实现,不仅使欧洲的面貌发生了深刻的变化,而且将在国际金融领域发挥重要的作用,对世界政治和经济的发展产生深远影响。

(一)对欧盟国家经济的影响

1. 欧元的启动有利于减少外汇风险,促进欧盟的生产、贸易和投资

欧元流通后,欧元区原有的汇率自然消失,这大大减少了统一市场内的外汇风险,使成员国之间的融资和投资步伐加快,也使各种生产要素在整个欧元区的配置更加合理。

2. 欧元的启动对欧元区国家抑制通货膨胀、稳定物价起到积极作用

抑制通货膨胀长期以来是欧盟各国政府政策的重要目标,但由于缺乏有效的配合,各国都付出了很大的代价,一个国家的货币政策往往被另一个国家的货币政策所抵消。欧元启动后,货币政策由欧洲央行统一制定,欧洲央行具有较强的独立性,并且把抑制通胀、稳定物价作为首要目标,这有可能从制度上减少恶性通货膨胀的产生。

3. 欧元的启动大大降低了成员国之间经济交易的成本

欧元使用的直接结果是简化了手续,节省了时间,加快了商品的流通速度,大幅度降低了货币汇兑成本,减少了核算费用和交易费用等非生产性支出。

4. 欧元的启动加速了以欧盟为核心的"大欧洲"的形成

欧元区的形成有助于欧洲作为世界的一极,在国际组织和世界事务中产生更大的影响,发挥更大的作用。

(二)对世界经济的影响

1. 对世界贸易产生推动作用

由于欧元区是世界经济增长源之一,欧元区的经济增长对其他国家和地区来讲,意味着进出口市场的容量扩大,从而带动了世界其他国家和地区对外贸易的增长。

2. 对国际货币体系的影响

欧元对国际货币体系的影响主要体现在以下几方面:

(1)对国际储备的影响。欧元启动后不久便成为仅次于美元的第二大国际储备货币,它的出现对以美元为主的国际储备格局形成了重大的冲击。目前,美元在世界经济与国际金融中仍占据主导地位,但从长期前景来看,美国的经济周期变化以及欧洲经济实力与规模效益的逐渐释放,会有助于欧元竞争力的提高,欧元在各国外汇储备中的比重将逐渐增加,国际储备体系将由第二次世界大战后以美元为主导的单极格局逐渐转变为以欧元和美元为主导的双极格局。

(2)对国际汇率制度的影响。欧元作为国际货币的地位对国际汇率制度也产生了很大的影响。1999年,欧元区以外的30多个国家都不同程度地将汇率制度与欧元挂钩。除此以外,欧元还在一些国家和地区成为法定货币。

(3)对全球货币一体化的影响。欧洲货币一体化的成功有较强的示范效应,它将推动世界其他国家和地区对区域货币一体化的尝试,从而加剧全球范围内货币集团化的倾向。

3. 对国际资本市场产生重大影响

欧元的启动为欧洲资本市场的发展提供了一个良好的契机。自1999年1月1日起,在欧洲各股票交易所上市的所有股票均以欧元报价,这样就使股票市场、货币市场和银行业务融为一体。从中期看,这将改变人们的投资策略,促进跨欧洲的蓝筹股市场的建立。从长期看,欧盟将整合为一个统一的资本市场。

六、其他区域性货币体系

1. 中非货币联盟

中非货币联盟(Central Africa Currency Union)由喀麦隆、乍得、刚果、加蓬和中非共和国5个成员国组成。这些成员国原来是法国殖民地,也是法郎区的一部分。1973年4月1日,中非货币联盟成立了共同的中央银行,称为"中非国家银行",总行设在喀麦隆首都雅温得,发行共同的货币"中非金融合作法郎"。

2. 西非货币联盟

西非货币联盟(Union Monétaire Ouest Africaine,UMOA)最初建立于1962年5月12日,当时由非洲西部的塞内加尔、尼日尔、贝宁、科特迪瓦、布基纳法索、马里、毛里塔尼亚7个成员国组成。1963年11月,多哥加入了该联盟。西非货币联盟成员国原是法国的领地或殖民地,是法郎区的一部分,这些国家在独立前后的一段时期,使用的货币为"法属非洲法郎"。1962年11月1日,西非货币联盟成立了"西非国家中央银行",作为成员国共同的中央银行,总行设在塞内加尔首都达喀尔,在各成员国设有代理机构。总行负责制定货币政策,管理外汇储备,发行共同的货币"非洲金融共同体法郎",供各成员国使用。

西非货币联盟现为西非经济货币联盟(1994年1月10日成立),其根本宗旨是建立稳定的、有助于成员经济发展的货币和金融环境,它的基本职能有以下四项:①创建统一货币,即非洲金融共同体法郎,俗称"西非法郎"或"西非郎"。②建立共同中央银行,负责发行货币,即西非国家中央银行。③建立统一的监督机构,即银行委员会。④建立、执行共同的银行政策。

3. 北美自由贸易区

北美自由贸易区(North American Free Trade Area,NAFTA)由美国、加拿大和墨西哥3国组成,3国于1992年8月12日就《北美自由贸易协定》达成一致意见,并于同年12月17日由3国领导人分别在各自国家正式签署。1994年1月1日,协定正式生效,北美自由贸易区宣布成立。北美自由贸易区的组织机构体系,包括了自由贸易委员会、秘书处、专门委员会、工作组、专家组、环境合作委员会、劳工合作委员会、各国行政办事处、北美发展银行和边境环境委员会。3个会员国彼此必须遵守协定规定的原则和规则,如国民待遇、最惠国待遇及程序上的透明化等来实现其宗旨,借以消除贸易障碍。自由贸易区内的国家货物可以互相流通并减免关税,而贸易区以外的国家则仍然维持原关税及壁垒。美墨之间因北美自由贸易区使得墨西哥出口至美国受惠较大。

4. 东盟

东盟(Association of Southeast Asian Nations,ASEAN)是东南亚国家联盟的简称,是亚洲发展中国家经济一体化组织。东盟的前身是马来亚(现马来西亚)、菲律宾和泰国于1961年7月31日在曼谷成立的东南亚联盟。1967年8月7日、8日,印度尼西亚、泰国、新加坡、菲律宾四国外长和马来西亚副总理在曼谷举行会议,发表了《曼谷宣言》,正式宣告东南亚国家联盟成立。东南亚国家联盟成为政府间、区域性、一般性的国家组织。1967年8月28日、29日,马、泰、菲三国在吉隆坡举行部长级会议,决定由东南亚国家联盟取代东南亚联盟。东盟现有10个成员国:文莱、柬埔寨、印度尼西亚、老挝、马来西亚、缅甸、菲律宾、新加坡、泰国、越南。

东盟的宗旨和目标是:以平等与协作精神,共同努力促进本地区的经济增长、社会进步和文化发展;遵循正义、国家关系准则和《联合国宪章》,促进本地区的和平与稳定;促进经济、社会、文化、技术和科学问题的合作与相互支持;在教育、职业和技术及行政训练和研究设施方面互相支援;在充分利用农业和工业、扩大贸易、改善交通运输、提高人民生活水平方面进行更有效的合作;促进对东南亚问题的研究;同具有相似宗旨和目标的国际和地区组织保持紧密和互利的合作,探寻与其更紧密的合作途径。

延伸阅读

特别提款权

特别提款权(Special Drawing Rights,SDR)是国际货币基金组织(IMF)于1967年创立的一种新型的国际储备资产,是一种无形的账面资产,是成员国在"普通提款权"之外使用IMF资金的一种权利。普通提款权(General Drawing Rights)是IMF向成员国发放的普通贷款,用于解决会员国出现国际收支逆差的暂时资金需要。

国际货币基金组织(IMF)在1969年的年会上正式通过了十国集团提出的特别提款权(SDR)方案,决定创设SDR以补充国际储备的不足。SDR可以用来弥补国际收支逆差、偿还IMF的债务,充当计算货币汇率的标准,但不能直接用于贸易及非贸易支付。习惯上把成员国从IMF的借款即取得贷款称为提款。提款的多少按成员国在IMF的缴款份额来确定,最初为最多不能超过认缴份额的125%,并把125%按每部分25%的幅度分了五个档次,每个档次的审批手续不同,幅度越大审批越严。

SDR于1970年1月开始正式发行,为成员国在货币基金体系内的资产储备,又称纸黄金。最初发行时每一单位等于0.888克黄金,与当时的美元等值。SDR旨在补充黄金及可自由兑换货币以保持外汇市场的稳定。

SDR的分配。按IMF的规定,会员国都可以自愿参加SDR的分配,成为特别提款账户参加国。参加后如要退出,只需事先以书面通知。IMF规定,每5年为一个分配SDR的基本期。第24届基金年会决定了第一次分配期,即自1970年至1972年,发行93.148亿特别提款单位,按会员国所摊付的基金份额比例进行分配。这次工业国共分得69.97亿特别提款单位,占总额的74.05%。其中美国最多,为22.94亿特别提款单位,占总额的24.63%。这种分配方法使急需资金的发展中国家分到的很少,因此发展中国家对此非常不满,一直要求改变这种不公正的分配方法,要求把SDR与援助联系起来,并要求增加它们在IMF中的份额,IMF 2009年7月20日公布了2 500亿美元SDR分配草案。根据该草案,新兴市场和发展中国家将新增1 000亿美元的SDR,其中中国新增90亿美元,俄罗斯新增66亿美元,印度新增45亿美元,巴西新增约30亿美元。发达国家中,美国新增426亿美元,日本新增150亿美元。这是SDR创立以来规模最大的一次增配,是国际货币基金组织应对危机举措的重要组成部分。

SDR的用途。参加国分得SDR以后,即列为本国储备资产,如果发生国际收支逆差即可动用。使用SDR时需通过IMF,由它指定一个参加国使用SDR,并提供可自由使用的货币,主要是美元、欧元、日元和英镑。还可以直接用它来偿付IMF的贷款和支付利息费用。参加国之间只要双方同意,也可直接使用SDR提供和偿还贷款,进行赠予,以及用于远期交易和借款担保等各项金融业务。SDR的利率开始时较低,1970年年利率仅为1.5%,1974年6月起年利率提高到5%。以后,SDR的利率大致是根据美、德、日、英、法5国金融市场短期利率加权平均计算,每季度调整一次。

SDR的定值。SDR创立初期,它的价值由含金量决定,当时规定35个SDR单位等于1盎司黄金,即与美元等值。1971年12月18日,美元第一次贬值,而SDR的含金量未动,因此1SDR单位上升为1.085 71美元。1973年2月12日,美元第二次贬值,SDR含金量仍未变,1SDR单位再上升为1.206 35美元。1973年,西方主要国家的货币纷纷与美元脱钩,实行浮动汇率以后,汇价不断发生变化,而SDR同美元的比价仍固定在每单位等于1.206 35美元的水平上。同时SDR对其他货币的比价,都是按美元对其他货币的汇率来套算的,已经失去了独立性,引起许多国家不满。二十国委员会主张用一篮子货币作为SDR的定值标准。1974年7月,IMF正式宣布SDR与黄金脱钩,改用16种货币组成的"篮子"作为定值标准。这16种货币包括截至1972年的前5年中在世界商品和劳务出口总额中占1%以上的成员国的货币。除美元外,还有联邦德国马克、日元、英镑、法国法郎、加元、意大利里拉、荷兰盾、比利时法郎、瑞典克朗、澳元、挪威克朗、丹麦克朗、西班牙比塞塔、南非兰特以及奥地利先令,每天依照外汇行市变化,公布SDR的牌价。1976年7月IMF对"篮子"中的货币作了调整,去掉丹麦克朗和南非兰特,代之以沙特阿拉伯里亚尔和伊朗里亚尔,对"篮子"中的货币所占比重也作了适当调整。为了简化SDR的定值方法,增强其吸引力,1980年9月18日,IMF又宣布将组成"一篮子"的货币,简化为5种西方国家货币,即美元、联邦德国马克、日元、法国法郎和英镑,它们在SDR中所占比重分别为42%、19%、13%、13%、13%。1987年,货币篮子中5种货币权数依次调整为42%、19%、15%、12%、12%。SDR采用一篮子货币的定值方法,货币篮子每5年复审一次,以确保篮子中的货币是国际交易中所使用的那些具有代表性的货币,各货币所占的权重反映了其在国际贸易和金融体系中的重要程度。随着2000年10月11日有关SDR定值规则复审工作的结束,国际货币基金组织执行董事会同意对SDR定值方法和利率的确定进行修改,并于2001年1月1日生效。

货币篮子的选择方法和每种货币所占权重的修改……依据以下两个因素:①会员国或货币联盟的商品和劳务出口额;②各个会员国的货币被国际货币基金组织其他会员国所持有储备资产的数量。国际货币基金组织已确定4种货币(美元、欧元、日元和英镑)符合上述两个标准,并将其作为2001—2005年SDR权重的篮子货币。这些货币所占权重根据其在国际贸易和金融领域的位置而定。引入欧元的主要原因是因为欧元是许多欧洲国家的共同货币,且在国际金融市场上的角色日益重要。SDR的美元比价每日依据伦敦市场中午的外汇牌价将四种货币各自兑换美元值加权平均而成,SDR定值公布在IMF的网站上。

IMF 2010年11月15日宣布,其执行董事会于15日完成了对组成SDR篮子货币的例行5年期审查,并对货币篮子权重进行调整,其中美元和日元的权重将下降,而欧元和英镑的权重将上升。新权重于2011年1月1日生效。其中美元的权重由2005年审查确定的44%下降至41.9%,欧元的权重由34%上升为37.4%,英镑的权重由11%上升至11.3%,日元的权重由11%下降至9.4%。

SDR的未来。《牙买加协定》的签订已经有30多年时间了,它规定的把SDR作为主要国际储备资产的目标远未实现。SDR占国际储备总额1971年为4.5%,1976年下降到2.8%,1982年重新增加到4.8%,近十几年来基本上没有什么进展。而在世界储备资产中主要的储备仍然是外汇,其中主要是美元。SDR要成为牙买加货币体系的支柱看来不是容易实现的。

资料来源:IMF执行董事会.IMF调整特别提款权货币篮子权重人民币未入选[OL].中国经济网,2010-11-18.

复习思考题

1. 什么是国际货币体系?它的具体作用有哪些?
2. 简述布雷顿森林体系的主要内容及其缺陷。
3. 简述牙买加货币体系的主要内容及其缺陷。

第七章 国际金融市场

学习目标：

通过本章学习，了解国际金融市场的概念、类型和作用；掌握国际货币市场、国际资本市场的概念及构成；掌握欧洲货币市场的概念、特点、构成及其对经济的影响。

本章重要概念：

国际金融市场　国际货币市场　国际资本市场　欧洲货币市场　国库券　大额可转让定期存单　辛迪加贷款　外国债券　欧洲债券　国际股票市场　欧洲货币

第一节　国际金融市场概述

一、国际金融市场的概念

国际金融市场（International Financial Market）是指从事各种国际金融业务活动的场所或以现代化通信设施相连接的网络体系，包括国际货币市场、国际资本市场、国际外汇市场、国际金融衍生工具市场、欧洲货币市场等。

国际金融市场可以是有形的市场，它作为国际性金融资产交易的场所，往往是国际性金融机构聚集的城市或地区，也称为国际金融中心，它们已经遍布于北美、欧洲、亚太、中东和拉美及加勒比海地区，其中既有传统意义上的国际金融中心，也有新型的离岸金融中心，在这些金融中心有相当数量的具体市场如各国的证券交易所，交易非常活跃；另一方面，国际金融市场也可以是无形的，这个无形的市场由各国经营国际金融业务的机构如银行、非银行金融机构或跨国公司构成，它们在国际范围内进行资金融通、有价证券买卖及其有关的国际金融业务活动，是通过电话、电传、计算机等现代化的通信设施相联系的网络体系来完成的。

二、国际金融市场的类型

（一）按照国际金融市场产生的历史划分

按照国际金融市场产生的历史，可以分为传统国际金融市场和新型国际金融市场。

1. 传统国际金融市场

传统国际金融市场又称在岸金融市场（Onshore Market），是从事市场所在国货币的国际借贷，并受市场所在国政府政策与法令管辖的金融市场。传统的国际金融市场是国际金融市场的起点，一般都是以本国雄厚的综合经济实力为后盾，依靠国内优良的金融服务和较完善的银行制度发展起来的。传统的国际金融市场与国内金融市场存在密切的内在联系，是在国内金融市场的基础上自然形成的。世界上一些主要的国际金融市场如早期英国的伦敦,两次世界大战前后美国的纽约及二战后日本的东京等都是如此的发展轨迹。国内金融市场是本国居民之间发生金融资产交易的场所,交易的对象一般是本国货币,空间范围也仅限于本国境内。当金融资产交易的主体扩大到非居民,交易范围超越国境之外,国际金融市场就逐步形成了。传统的国际金融市场之所以被冠以"在岸"名称,这个"岸"不是地理意义的概念,其主要特点是:①该市场要受到市场所在国法律和金融条例的管理和制约,各种限制较多,借贷成本较高;②交易活动是在市场所在国居民和非居民之间进行;③通常只经营所在国货币的信贷业务,本质上是一种资本输出的形式。因此,传统的国际金融市场还称不上真正意义上的国际金融市场。

2. 新型国际金融市场

新型国际金融市场又称离岸金融市场(Offshore Market)或境外市场(External Market),是指非居民的境外货币存贷市场。"离岸"不是地理意义上的概念,而是指不受任何国家国内金融法规的制约和管制。因此,离岸金融市场有如下特征:①市场参与者是市场所在国的非居民,即交易关系是外国贷款人和外国借款人之间的关系;②交易的货币是市场所在国之外的货币,包括世界主要可自由兑换货币;③资金融通业务基本不受市场所在国及其他国家的政策法规约束。离岸金融市场的产生主要是制度和政策推动的产物,它突破了国际金融市场首先必须是国内金融市场的限制,使国际金融市场不再限于少数发达国家的金融市场,而是向亚太地区、中东、拉美甚至全世界范围扩展。以上特征表明离岸金融市场是国际化的金融市场,是真正意义上的国际金融市场。欧洲货币市场作为离岸金融市场的总体,它的出现标志这一新型的国际金融市场的诞生。

(二) 按照市场业务活动不同划分

按照市场业务活动不同,可以分为国际货币市场、国际资本市场、国际外汇市场、国际黄金市场以及金融衍生工具市场。

1. 国际货币市场

国际货币市场(International Money Market)是资金融通业务和借贷期限在一年(含一年)以下的短期资金市场。详见本章第二节。

2. 国际资本市场

国际资本市场(International Capital Market)是指经营一年期以上的国际性中长期资金借贷和证券业务的国际金融市场。详见本章第三节。

3. 国际外汇市场

国际外汇市场(International Foreign Exchange Market)是进行国际性货币兑换和外汇买卖的场所或交易网络,是国际金融市场的核心。外汇市场作为国际经济联系的纽带,集中反映了国际经济、世界金融及各国货币汇率变化的趋势,为促进国际贸易、信贷、投资及各种国际资金活动的实现提供了便利条件。随着现代通信技术和国际金融业的迅猛发展,外汇交易日益脱离实物经济。电子技术的广泛应用,现代化通信设施使世界各外汇市场的交易都可以通过电传、电报、计算机网络进行,从而形成全球统一市场。由于外汇市场的国际化和全球化,外汇市场动荡在各市场间迅速传递和扩张的可能性增强。

4. 国际黄金市场

国际黄金市场(International Gold Market)是世界各国集中进行黄金交易的场所,是国际金融市场的特殊组成部分。随着国际金本位制的消亡以及信用货币制度的建立,黄金已退出货币流通领域,黄金市场逐渐在名义上成为一种贵金属商品市场,但由于黄金市场既是国家调节国际储备资产的重要手段,也是居民调整个人财富储藏形式的一种方式,黄金的保值、清偿功能的现实延续,使黄金在实质上仍然保留货币的作用,黄金市场仍然属于国际金融市场。

目前世界上有五大国际性黄金市场:伦敦、苏黎世、纽约、芝加哥和香港,它们都可以进行现货和期货交易,但各有侧重。如伦敦是历史最悠久也是最重要的现货市场;苏黎世黄金市场的交易也以现货交易为主,而且也是世界最重要的金币市场;纽约和芝加哥的黄金市场期货交易量巨大,是世界黄金期货交易的中心;香港黄金市场既有现货交易也有期货交易,但以期货交易为主。由于黄金交易方式和类型的不同,这五大黄金市场形成了两大黄金集团:伦敦—苏黎世集团,纽约—芝加哥—香港集团,其市场价格的形成及交易量的变化对世界上其他市场有很大影响。20世纪70年代以来,国际黄金市场发展很快,黄金期货市场发展迅猛,交易手段日益先进,市场规模进一步扩大,数量不断增加,全世界已经有大约40多个国际黄金市场,时差因素也把分布在世界各地的黄金市场连为一体,基本上形成了一个24小时进行交易的全球性黄金市场。

5. 金融衍生工具市场

金融衍生工具市场(Derivatives Market)也称派生市场,是相对于商品市场、资本市场、证券市场等基础市场而言的。该市场交易的工具是金融衍生工具,它是当代金融创新最重要的成果之一。金融衍生工具是一种交易者为转嫁风险的双边合约,其价值取决于基础市场工具或资产的价格及其变化。

三、国际金融市场的作用

(一)促进国际贸易和国际投资的发展

国际金融市场的主要作用是处理国际贸易引起的国际间债权债务清算和为国际投资提供服务。国际金融市场的发展,便利了国际间资金的划拨和结算,同时由于它促进了借贷资本的国际融通和产业资本的国际流动,为国际性闲置资金提供了投资渠道,使资金不足的国家可以顺利地在国际金融市场获取资金,用于本国经济的发展。例如欧洲货币市场促进了德国和日本经济的复兴,亚洲美元市场则对亚太地区经济起了积极作用;跨国公司也正是利用国际金融市场扩大海外贸易,加大国际投资。所以说国际金融市场具有的国际结算和资金融通的功能极大地促进了国际贸易和国际投资的发展。

(二)有利于调节各国的国际收支

二战后,国际收支出现逆差的国家越来越多地在国际金融市场,特别是欧洲货币市场上筹资,一国货币当局往往能通过该市场迅速获得短期外汇资产来应付对外支付问题,弥补国际收支逆差。因此,国际金融市场成为各国尤其是发展中国家提高国际支付能力,缓和国际收支失衡的重要渠道。国际金融市场上的汇率变动会影响国际收支,因为国际收支不平衡会引起外汇供需的变化,从而造成外汇汇率的变动,而外汇汇率的变动又可以调节国际收支,使之恢复均衡,不过这是一个缓慢的过程。

(三)推动生产和资本国际化的发展

二战后,资本主义经济国际化趋势的一个非常重要的表现是跨国公司的快速发展。跨国公司在世界各地设立分公司或子公司,在国际范围内组织生产和销售,这种国际性经营的特色,在客观上需要一个资金规模巨大、筹集资金容易而且不受各国管制的国际化的金融市场。跨国公司和生产国际化的广泛发展,成为金融市场国际化的客观基础,使国际金融市场的功能和效率大大提高。国际金融市场的发展满足了跨国公司的经营需要,极大地推动了生产和资本的国际化,使世界经济资源进一步优化配置,从而促进了整个世界经济的发展。

第二节　国际货币市场

一、国际货币市场的概念

国际货币市场(International Money Market)是资金融通业务和借贷期限在一年(含一年)以下的短期资金市场。国际货币市场的主要功能是为政府、中央银行、工商企业及个人等参与货币市场交易的各方调节短期资金余缺,解决临时性资金周转困难。

国际货币市场相对于其他金融市场具有以下基本特征:第一,借款期限短,金额大,成本低且风险小;第二,在众多市场中,银行同业拆借市场占主导地位,且该拆借一般为纯信用拆借,不需要签订协议及提供担保;第三,市场资金周转量大,周转速度快;第四,市场对参加者的资信要求较高,短期信贷在提供时不限定用途,可由借款者自行安排。

二、国际货币市场的构成

(一)短期信贷市场

短期信贷市场是银行对客户提供一年或一年以内短期贷款的市场,目的在于解决临时性的资金需要和头寸的调剂。贷款的期限最短为一天,最长为一年,也可以是一周、一个月、半年等。短期信贷市场又可以分为以下两种市场。

1. 银行同业拆借市场

银行同业拆借是指银行为弥补交易头寸的不足或准备金的不足而在相互之间进行的借贷活动,是货币市场上的重要业务。英国伦敦同业拆借市场是全球最为著名,也是世界上规模最大的同业拆借市场。它的参与者为英国的商业银行、票据交换行及外国银行等。银行间的拆借业务一部分通过货币经纪人进行,一部分在银行之间直接进行。每笔拆借金额一般都比较庞大,最少为25万英镑,多者甚至高达几百万英镑。使用的利率为伦敦银行同业拆借利率(LIBOR),该利率已成为制定国际贷款利率的基础。另外,美国、日本、新加坡、中国香港及欧洲大陆一些国家的银行同业拆借市场也很发达。

2. 银行短期借贷市场

银行短期借贷市场是指商业银行与各国政府、跨国公司、工商企业等客户之间开展资金存放活动的场所。商业银行一方面吸收客户的闲置资金;另一方面向客户提供一年期以下的贷款,以满足他们临时性、流动性的资金需求。比如,各国中央银行向商业银行筹措短期资金,用于弥补国际收支赤字;跨国公司向国家商业银行借入短期流动资金,维持企业正常的运营。这种业务手续简便,所使用的利率一般为伦敦银行同业拆借利率加上一个加息率。

(二) 短期证券市场

短期证券市场也称短期票据市场,主要指以各种短期信用票据的流通为基础,在国际上进行短期证券发行和交易的融资场所。与中长期证券相比,短期证券具有安全性较高、流动性较高、收益率低和偿还期短的特点。短期证券市场上的信用票据种类很多,主要包括以下几种。

1. 国库券

国库券是政府为筹集季节性需求资金或进行短期经济和金融调控而发放的短期政府债券。当中央政府的年度预算在执行过程中发生赤字时,国库券筹资是一种经常性的弥补手段。它是一种不记名、不附有息票的短期债券,票面只记载本金金额,不注明利率,而且国库券利率在一般情况下是货币市场各种利率中最低的。这是因为政府信用高于银行信用和商业信用。

国库券期限均在1年内,美国的国库券主要有3个月、6个月和1年期的,英国国库券主要是91天期的。国库券的利率视情况而定,通常以票面金额打折的方式和拍卖的方式推销,到期按票面金额偿还。国库券在到期之前,可以在市场上自由流通转让,因此形成了交易量很大的国库券市场。

在国库券的流通市场上,市场的参与者有商业银行、中央银行、证券交易商、企业和个人投资者。国库券行市的变动,要受景气动向、国库券供求关系、市场利率水平等诸多因素的影响。在美国,证券交易商在进行国库券交易时,通常采用双向式挂牌报价,即在报出一交易单位买入价的同时,也报出一交易单位的卖出价,两者的差额即为交易商的收益,交易商不再附加佣金。

2. 商业票据

商业票据是非银行金融机构或工商企业为筹措短期资金而发行的一种金融工具,期限一般为30～270天不等,而以30～60天为多。商业票据多数没有票面利率,采用贴现方式发行。除少数信用很好的大公司可以直接向公众发售外,大多数商业票据的发行要经过证券商或商业银行等中介机构分销。商业票据由发行人担保,可以转让。其利率水平取决于市场供求状况、发行人信誉、银行借贷成本、票面面值和期限等,一般低于银行优惠利率,稍高于国库券的利率。

3. 大额可转让定期存单

大额可转让定期存单(CDs)是商业银行和金融公司为吸收大额定期存款而发行的标明金额、期限、浮动或固定利率的存款凭证。投资者是大企业、地方政府、外国中央银行、货币市场互助基金以及一些个人投资者。银行也是存单市场的重要投资者,但中央银行一般禁止发行银行买回它们自己的未到期存单。

CDs是银行定期存款的一种,但和普通的定期存款不尽相同。普通的定期存款是记名的,所以不能流通转让,但可以提前支取,金额是不固定的,面额有大有小且利率是固定的;相比之下,CDs是不记名的,不能提前支取,但可以在二级市场上转让,金额固定,面额大且利率不受管制,期限较短,一般在一年以内,最常见的是3～6个月。所以,CDs既可以使投资者获取定期存款利息,又可以随时在市场上转让变成现金,是一种理想的短期投资方式。CDs于20世纪60年代起源于美国,后来在英国等欧洲国家以及亚洲国家和地区迅速发展起来,目前已成为全球非常重要的短期证券市场。

4. 银行承兑汇票

银行承兑汇票是指发票人签发一定金额委托付款人于指定的到期日无条件支付于收款人或持票人的票据。汇票在性质上属于委托证券,是由发票人委托付款人付款,而本票是由发票人自己付款。

银行承兑汇票指以银行为付款人并经银行承兑的远期汇票。"承兑"就是银行为付款人,表示承诺汇票上的委托支付,负担支付票面金额的义务的行为。

一旦银行在汇票上盖上"承兑"字样,汇票就成为银行的直接债务,在此后银行负有于汇票到期时支付现金给持票人的义务。银行承兑汇票是随着国际贸易发展而产生的。

(三) 贴现市场

所谓贴现,是指把未到期的票据按照一定的贴现率,扣除从贴现日到票据到期日的利息,向贴现公司换取现金的一种方式。贴现市场就是把未到期的票据按贴现方式进行融资的交易场所。贴现市场由贴现行、商业票据行、商业银行和作为"最后贷款者"的中央银行组成。贴现市场上交易的短期金融工具主要有商业票据、银行承兑票据、国库券和其他短期政府债券等。持票人如果需要资金,可将未到期的票据向银行融通资金,待票据到期时,银行凭票向最初发票的债务人或背书人兑取面值现金。如果该票据还没有到期而银行又急需资金,那么该银行可将此凭证向中央银行进行再贴现。所以,对于银行来说,贴现是银行用现款购进未到期的票据而向持票人提供贷款的行为。

贴现贷款跟一般贷款最大的区别是银行将利息先扣除。贴现业务是货币市场资金融通的一种重要形式,贴现率一般要略高于银行贷款利率。中央银行通常通过对再贴现率的调节来影响市场利率和控制信贷规模。

三、国际货币市场的作用

国际货币市场是国家短期货币金融资产进行交换的场所。在这个市场上,资金暂时盈余的单位可以与赤字单位相互满足需求:一方面,该市场为短期资金的需求单位提供了从隔夜到一年的各种短期资金;另一方面,为利用暂时闲置的资金获取收益的资金持有人获得了投资的渠道。该市场由于跨越国界,因此可在世界范围内进行短期资金的合理配置,从而增强了货币资金的效率。

第三节 国际资本市场

一、国际资本市场的概念

国际资本市场(International Capital Market)是指经营一年期以上的国际性中长期资金借贷和证券业务的国际金融市场。其主要功能:一是提供一种使资本从剩余部门转移到资金短缺部门的机制,使资本在国际间进行优化配置;二是为已发行的证券提供充分流动的二级市场,以保证市场的活力。

国际资本市场的资金主要供应者是商业银行、保险公司、投资公司和信托公司等。资金需求者主要是国际金融机构、各国政府、工商企业、信托公司、房地产公司以及金融公司。国际资本市场从融通资金的方式来看,具体分为银行中长期信贷市场和证券市场。

国际资本市场是整个国际金融体系中的重要组成部分。

国际资本市场与国际货币市场相比具有如下特点：第一，资金融通期限长，一般在一年以上，甚至是十几年；第二，资金融通量巨大，以满足追加资本或弥补财政巨额赤字的需要；第三，金融工具的期限长，流动性差，风险大。

二、国际资本市场的构成

（一）银行中长期信贷市场

银行中长期信贷市场是各国政府、国际金融机构和国际商业银行在国际市场上为客户提供中长期贷款的场所，是国际资本市场的重要组成部分。中长期贷款一般由政府贷款、国际金融机构贷款和国际银行贷款等组成。

1. 银行中长期信贷的特点

银行中长期贷款中，通常1～5年为中期信贷，5年以上为长期信贷。借款方大多是世界各国私营企业、社会团体、政府机构或国际组织，贷款方主要是商业银行。其主要特点如下。

（1）必须签订贷款协议。协议的主要内容包括确定贷款货币、贷款数量、利息率、费用增加的补偿以及货币选择条款、提前偿还条款、违约条款、保证条款、司法权条款、交款地点、资金用途条款、税收条款和分阶段提取资金条款等。

（2）利率确定灵活。由于中长期贷款期限较长，利率的趋势较难预测，借款人和贷款人都不愿承担利率变化的风险，因此，通常采用浮动利率，即每3个月或半年，根据市场利率的变化进行一次调整。双方确定利率时，大多以伦敦银行间同业拆借利率（LIBOR）为基础，再加一定的加息率为计算标准。

（3）联合贷款，即银团贷款（又称辛迪加贷款）。联合贷款往往由几家甚至十几家银行联合起来提供贷款。

（4）有的贷款需要由借款方的官方机构或政府担保。

2. 辛迪加贷款及其特点

辛迪加贷款又称银团贷款，是指几家甚至十几家银行共同向某一客户提供贷款，由一家银行做牵头行，若干家银行做管理行，其余银行做参与行。牵头行通常也是管理行，收取牵头费和管理费，并与其他管理行一起承担贷款的管理工作。辛迪加贷款在国际上始于20世纪60年代，流行于20世纪70年代，20世纪80年代有了较大的发展。

一般来说，银团贷款金额大、期限长，贷款条件较优惠，既能保障项目资金的及时到位，又能降低建设单位的融资成本，是重大基础设施或大型工业项目建设融资的主要方式。辛迪加贷款主要是出于追求利息回报，由于通常数额巨大、期限较长（可达10年、20年之久），需要有可靠的担保，且一般由政府担保。

（二）国际债券市场

国际债券是指国际金融机构或一国政府、金融机构、企业事业单位，在国际市场上以外国货币为面值发行的债券。国际债券的重要特征是发行者和投资者属于不同的国家，筹集的资金来源于国外金融市场。

国际债券在国际证券市场上筹资，发行对象为众多国家的投资者，因此，其资金来源比国内债券要广泛得多。通过发行国际债券，可以使发行人灵活和充分地为其建设项目和其他需要筹措资金。国际债券的发行规模一般都较大,发行人进入国际债券市场必须由国际性的资信评估机构进行债券信用级别评定,只有高信誉的发行人才能顺利地进行筹资。

1. 国际债券的分类

依发行债券所用货币与发行地点的不同,国际债券可分为外国债券和欧洲债券。

(1) 外国债券

外国债券是传统的国际金融市场的业务,是指借款人在其本国以外的某一个国家发行的、以发行地所在国的货币为面值的债券。这种债券的发行人属于一个国家,而债券面值货币和发行地点则属于另一个国家,债券发行必须经当地金融当局的批准并遵守该国的法律和规章制度。

外国债券的发行国可以是发达国家,也可以是发展中国家,但发行国要具有比较稳定的政局,资本市场上有充足的资本,有比较活跃健全的证券流通市场,这样才有利于债券的发行和销售。

由于外国债券是在某个特定的国家发行的,不同的外国债券具有不同的特点。在美国和日本发行的外国债券都有特定的俗称,如美国的外国债券叫作"扬基债券",日本的外国债券称为"武士债券"。

(2) 欧洲债券

欧洲债券是发行人在本国之外的市场上发行的、不以发行所在地国家的货币计值,而是以其他自由可兑换的货币为面值的债券。如德国公司在英国发行的美元债券则是欧洲债券。

欧洲债券不受任何国家资本市场的限制,免扣缴税,其面额可以发行者当地的通货或其他通货为计算单位。对多国公司集团及第三世界政府而言,欧洲债券是它们筹措资金的重要渠道。

欧洲债券与外国债券的区别在于:对于外国债券来说,资本市场所在国与表示债券的货币的发行国是一致的;对于欧洲债券来说,资本市场所在国与表示债券的货币的发行国是不一致的。外国债券的性质决定了它只能在一个国家发行,欧洲债券则可以同时在多个国家发行。

2. 国际债券市场及其特点

国际债券市场是专门从事国际债券发行和买卖交易的场所。该市场债券的期限一般在1年以上,是中长期融资工具。这个市场具体可分为发行市场和流通市场,前者组织国际债券的发行和认购,后者安排国际债券的上市和买卖。两个市场是相互联系、相辅相成的,从而构成统一的国际债券市场。

在产业革命时期,资本主义的企业就发行债券作为扩大再生产资金的重要来源。各国利用国际债券市场,发行债券筹集资金来兴建铁路、开发资源、建设工程项目等。到20世纪60年代,国际债券已经成为国际金融市场上筹集资金的一种主要形式。目前,国际债券市场主要有伦敦市场、纽约市场、东京市场、法兰克福市场、瑞士市场、卢森堡市场、新加坡市场等。

国际债券市场有以下几个特点:①市场的容量较大。国际债券市场可以经常吸纳各地外国债券和欧洲债券,用以满足大量筹资者和投资者的需求。②国际债券市场上的借款国主要集中在发达国家。由于国际债券的发行国需要有充裕的资金、良好的金融环境、完善的证券市场等众多条件，所以国际债券市场大部分在西方发达国家。这些国家成为国际债券市场的主要筹资者。

（三）国际股票市场

19世纪中期，英国以雄厚经济实力作为后盾，铁路股票的大量推出，吸收了世界各地的投资者涌入伦敦的股票市场，为国际股票市场的出现拉开了辉煌的序幕。至此，伦敦成为最早的国际股票市场。国际股票市场是随着西方国家资本输出、输入的迅速发展和跨国公司、跨国银行的发展逐步成长起来的。跨国公司的发展促进了国际股票市场的发展，反过来国际股票市场的活跃又帮助了跨国公司的实力进一步的增强。

世界上的发达国家几乎都有股票交易市场，如美国的大型股票交易所设在纽约、芝加哥和旧金山。纽约拥有世界最大的纽约股票交易所和美国股票交易所，其交易额占全世界股票交易额的50%。

国际股票市场按照其基本职能可划分为股票发行市场和股票流通市场。

1. 股票发行市场

股票发行市场又称为一级市场，是国际股票发行人发行新股票、投资者购买新股票的运营网络。股票发行市场的交易借助现代化通信技术进行。一级市场的发行者多为发达国家的大公司和金融机构。国际股票一级市场为股份公司的发展提供了巨额资金，扩大了国际社会的投资总额与投资规模，从而对全球的经济发展起到推动作用。

2. 股票流通市场

股票流通市场又称为二级市场，是转让、买卖已发行股票的场所。在这个市场上，金融资产有较高的流动性，股票持有者可以随时变卖手中的股票获取货币。因此，股票流通市场是国际股票市场最活跃的市场，推动着整个国际股票市场的发展。

股票的发行市场和流通市场相辅相成。发行市场是流通市场存在的前提，为流通市场的运行奠定了基础；流通市场是发行市场发展的条件，推动了发行市场的繁荣。二者互为补充，缺一不可。

第四节　欧洲货币市场

一、欧洲货币与欧洲货币市场概述

欧洲货币亦称境外货币，是指在货币发行国境外流通的货币。最早出现的欧洲货币是欧洲美元，以后逐渐出现了欧洲英镑、欧洲日元等。欧洲货币市场也称离岸金融市场，是指能够交易各种境外货币，既不受货币发行国政府法令管制，又不受市场所在国政府法令管制的金融市场。如果一个国际借款人，在纽约市场借美元，这是纽约美元市场业务，是传统的国际金融市场的业务。如果他在伦敦或日本市场上的有关银行借美元（这就是境外美元），这就构成欧洲货币市场（欧洲美元市场）业务了。

欧洲货币市场是当代国际金融市场的核心，因其最早在欧洲出现，最早经营的是境外美元业务，因而惯称欧洲美元市场。当今世界上主要的欧洲货币交易中心有30多个，主要分布在欧洲、亚洲、中东、美洲等地区，其中最为重要的交易中心是伦敦，其他重要的中心还有纽约、东京、香港、法兰克福等。

理解欧洲货币市场的含义时需要注意以下几点。

(1) 所谓"欧洲货币",是指在货币发行国境外流通的货币。它并非指一种专门的地理上的欧洲货币,而是泛指所有在发行国之外进行借贷的境外货币。如在美国境外作为借贷对象的美元即为欧洲美元,在日本境外作为借贷对象的日元即为欧洲日元等。在这里,"欧洲"已超出了地理上的意义,被赋予了经济上的意义,是"境外"和"离岸"的意思。

(2) 欧洲货币市场并不限于欧洲各金融中心。欧洲货币市场起源于欧洲,以伦敦为中心,今天已逐渐向亚洲、北美洲和拉丁美洲等地区扩散。特别是1981年12月3日,美国政府批准《国际银行业务设施法案》正式生效,允许美国银行在本国境内从事欧洲货币业务,纽约便成为美国境内第一个欧洲货币市场。所以欧洲货币市场已经突破欧洲的地理概念,而泛指世界各地的离岸金融市场。

(3) 欧洲货币市场并不仅限于货币市场业务。欧洲货币市场尽管是一个以短期资金借贷为主的市场,但其业务范围并不限于短期资金借贷,它还经营中长期信贷业务和欧洲债券业务。

二、欧洲货币市场的形成与发展

欧洲货币市场起源于欧洲美元市场。促成欧洲货币市场形成和发展的原因主要有以下几个方面。

1. 东西方之间的冷战

在20世纪50年代初,前苏联和其他东欧国家为防止美国政府冻结其存放在美国境内银行的美元资产,纷纷将持有的美元转存到欧洲国家的银行。这些银行吸收了境外美元以后,向外放贷,形成了欧洲货币市场的最原始形态。最早出现的"欧洲美元"一词也来源于这些存放在境外的美元。

2. 英镑危机促使市场的形成

1957年,以英、法联合入侵埃及为起因,英国国际收支严重恶化,外汇短缺,国内资金紧张,英镑危机爆发。英国政府为维持英镑的稳定,加强外汇管制,限制本国银行向英镑区以外的企业发放英镑贷款。为此,英国各大商业银行只好纷纷转向经营美元业务,将吸收来的美元存款放贷给外国客户,从而一个在美国境外经营美元存贷款业务的资金市场在伦敦出现。

3. 美国的金融管制促进了欧洲货币市场的发展

20世纪60年代初,美国政府为改善国际收支长期逆差的状况,加强了对银行业的管制,采取了一系列限制美元外流的措施。首先,于1963年7月开征"利息平衡税",规定对美国居民购买外国在美发行的证券征收利息所得税;其次,1965年又颁布《自愿限制对外贷款指导方针》,要求美国的银行和跨国公司自愿限制对外贷款及对外投资的规模;最后,1968年颁布《国外直接投资规则》以直接限制有关机构的对外投资规模等。这些政策都促进了金融机构规避管制,大力发展境外美元存贷业务的信心。

4. 西欧国家取消外汇管制,扩大了欧洲货币市场

1958年年底,西欧主要资本主义国家相继恢复了货币的自由兑换,放松或取消了外汇管制,资本可以自由流动。这为欧洲货币市场营运提供了宽松的环境,使欧洲一些金融

中心迅速发展成为新型的国际金融市场。储存在各国市场的境外美元和其他欧洲货币在欧洲地区可以自由买卖，资金也可以自由移动，货币交易日益繁荣。

5. 资金需求的增加

20 世纪 80 年代债务危机爆发前，欧洲货币市场资金需求的规模异常庞大。20 世纪 50 年代末，前西德开始大量借入美元，随后意大利、日本也纷纷借款。1972 年，西方经济出现高涨态势，工商企业资金需求激增；产油国两次提价，非产油国普遍出现国际收支逆差，增加了对境外资金的需求。

6. 石油美元为市场注入了资金

1973 年后，石油输出国因大幅度提高石油价格而获得巨额收益，其中大部分收入是美元，这种美元收入被称为"石油美元"。一方面，石油输出国大额的石油收入无法在国内市场吸纳，必须以资本输出方式在国外运用；另一方面，发达国家的巨额逆差需要调节、改善，这就产生了"石油美元回流"。在石油美元回流过程中，欧洲银行充分发挥了其中介职能，创造和扩大信用，使市场规模迅速扩大。

三、欧洲货币市场的特点

欧洲货币市场集结了大量境外美元与境外欧洲货币。大的跨国公司、企业从这个市场借取其所需要的资金。外国的中央银行与政府机构也从这个市场进行资金融通，以调节本国的金融市场。欧洲货币市场业务量之大，信贷金额增长速度之快，远超过传统的各大国际市场。这个市场的发展速度与信贷规模如此之大，是与它本身具有的特点分不开的。其特点如下：

1. 管制宽松

欧洲货币市场的货币当局，对银行及金融机构从事境外货币的吸存贷放，一般管制都很松。例如，一国政府机构或企业筹集资金，在美国纽约市场发行美元债券或借款，美国有关当局对此审查相当严厉，一般中小国家或企业很难获准；而它们在欧洲货币市场发行美元债券或借款，审查的手续则较简单，比较容易获得批准。因此，一些发展中国家政府或企业常常在此借取资金，以满足其经济发展的需要。

2. 调拨方便

欧洲货币市场，特别是以英国伦敦为中心的境外货币市场，银行机构林立，业务经验丰富，融资类型多样，电信联系发达，银行网络遍布世界各地，资金调拨非常方便。在欧洲货币市场获得资金融通后，极容易换成各种所需货币，从而可以在最短的时间内将资金调拨到世界各地。

3. 税费负担少

欧洲货币市场税赋较轻，银行机构的各种服务费平均较低，从而降低了融资者的成本负担。

4. 可选货币多样

欧洲货币市场提供的资金并不局限于市场所在国货币，它几乎包括了所有主要西方国家的货币，从而为借款人选择借取的货币提供了方便条件。

5. 资金来源广泛

欧洲货币市场打破了资金供应者仅限于市场所在国的传统界限，使非市场所在国的资金拥有者也能在该市场上进行资金贷放。与此同时，借款人也不受国籍限制。

6. 不以经济实力为基础

欧洲货币市场的形成不以所在国强大的经济实力和巨额的资金积累为基础，只要市场所在国家或地区政治稳定、交通方便、通信发达、服务周到，并实行较为突出的优惠政策，就有可能发展为新型的国际金融市场。

四、欧洲货币市场的构成

欧洲货币市场根据其业务的不同可划分为几个既相互区别又相互联系的市场，包括欧洲短期信贷市场、欧洲中长期信贷市场和欧洲债券市场。

（一）欧洲短期信贷市场

欧洲短期信贷市场的主要功能是接受短期外币存款并提供1年或1年以内的短期贷款。欧洲短期信贷市场形成最早、规模最大，其他市场都是在短期资金信贷市场发展的基础上衍生形成的。

1. 欧洲短期信贷市场的特点

（1）期限短。存贷期限最长不超过1年，1天、7天、30天、90天期的最为普通。

（2）有最小成交额限制。每笔短期借贷金额的起点为25万美元，一般为100万美元。由于起点较高，参与者多为大银行和企业机构。

（3）条件灵活，不需要签订协议。举债借款期限、币种、金额和交割地点可由借贷双方协商确定，不拘一格。该市场的参加者大多数为大银行和企业机构，一般不签订协议，也无须担保，通过电话或电传就可以完成。

（4）存贷利差小。该市场上存款利率相对高，放款利率相对低，两者差距一般为 $0.25\%\sim0.5\%$。这是因为欧洲银行免税和没有存款准备金，成本低、批量大，可做到薄利多贷，因而能保持一定的竞争优势和赢利水平。

2. 欧洲短期信贷市场的资金来源

欧洲短期信贷市场的资金来源主要有：①银行同业间存款。一些欧洲银行将多余的存款转存于其他银行以赚取利息，成为短期资金的来源之一。②非银行存款。跨国公司、其他工商企业以及非银行金融机构的存款也是短期借贷资金的来源。③各国中央银行的存款。各国中央银行为了达到获取利息、调节国内货币市场以及储备多样化的目的，也在欧洲银行存款。④国际清算银行的存款。国际清算银行将其吸收的各国中央银行存款以及由其他途径得到的货币存入欧洲货币市场，构成欧洲货币市场短期信贷资金的重要来源。

3. 欧洲短期信贷市场的资金运用

欧洲短期信贷市场的资金用途主要有：①商业银行。商业银行之间的借贷是欧洲借贷市场最重要的放贷去向，也是该市场资金借贷的核心。②跨国公司和工商企业。由于这个市场资金供应充足、贷款条件方便、灵活，贷款使用方向不受限制，因而，跨国公司和工商企业便成为这个市场的最重要的资金需求者。③一些国家的地方当局为弥补财政收入的暂时短缺，公用事业和国有企业为筹集短期资金的需要，也从这个市场取得贷款，成为短期资金的投放对象。

(二)欧洲中长期信贷市场

欧洲中长期信贷市场是在欧洲短期信贷市场的基础上发展起来的,多指期限在1年以上至10年左右的借贷市场。

1. 欧洲中长期信贷市场的特点

(1) 签订协议。欧洲中长期贷款期限长,金额大,贷款银行的风险大,借贷双方必须签订贷款协议,有时还需借款国政府提供担保。

(2) 联合贷放,银团贷款。由于中长期贷款金额较大,一家银行无力提供,而且风险大,因此常由数家甚至数十家银行联合向借款人提供贷款,贷款银行彼此风险共担、利润共享。

(3) 采用浮动利率计息。中长期信贷在贷款期内每3个月或半年根据市场利率的实际情况,随行就市,调整利率。贷款利率在伦敦银行同业拆借利率的基础上,加上一个加息率。

(4) 贷款资金的使用比较自由。借款人可自由安排贷款资金的用途,不受贷款银行的限制,也不附带任何经济或政治条件。

2. 欧洲中长期信贷的资金来源

欧洲中长期信贷市场的资金来源主要有:①吸收短期欧洲货币存款。包括跨国公司或一般企业在资本循环中暂时闲置的欧洲货币资金、石油输出国短期闲置的石油美元以及一些国家中央银行的外汇储备。②发行短期欧洲票据。欧洲票据的票面利率略高于伦敦同业拆借利率,期限均在1年以下。③发行金额不等、期限不同的大额银行存款单。这是欧洲银行发行境外货币的存款凭证,期限为1、3、6、9、12个月不等,持有者需要现款时,可在市场上转售。

3. 欧洲中长期信贷的资金运用

欧洲中长期信贷市场的资金用途主要有:①转期循环贷款。即银行同意在未来一段时间内,连续向借款客户提供一系列短期贷款。这种贷款形式的产生使短期贷款和长期贷款的界限变得模糊不清。②浮动利率贷款。一般主要用于企业进口成套设备或大型项目投资、政府弥补国际收支逆差或支持本国大型工程项目等。③辛迪加贷款。对于金额大、期限长的贷款,为了分散风险,往往采取银团贷款。

(三)欧洲债券市场

欧洲债券市场是指从事欧洲债券的发行和买卖的市场。它是在欧洲货币借贷市场的基础上发展起来的,产生于20世纪60年代初期,直到20世纪70年代后半期才获得快速发展。

1. 欧洲债券市场的特点

第一,国际性。同一种欧洲债券可同时在不同国家的金融中心发行。市场容量大,是国际上重要的资金筹集市场。

第二,发行手续简便,融资成本低。无需市场所在国批准,也不受任何国家法律的约束,且可自由选择市场通行货币,费用相对少,发行成本较低。

第三,流动性强且免交税款。欧洲债券市场有一个富有效率和活力的二级市场,债券持有人可以很容易地将债券转让。同时,欧洲债券的投资者通常免交利息所得税。

第四,安全系数比较高。发行者主要是跨国公司、大企业集团、各国政府和国际金融组织,具有规模巨大、实力雄厚、资质优良的特征。

第五,选择性强。筹资者可以根据各种货币的汇率、利率和实际需要自由选择发行方式、发行条件、债券面值、期限等。

2. 欧洲债券的类型

第一,按发行期限长短可分为短期、中期和长期债券。短期债券的期限一般在两年以内,中期为2~5年,5年或5年以上的为长期债券。

第二,按利率规定可分为固定利率、浮动利率和混合利率债券。混合利率债券的还本期限分为两段,一般前一段债券的计息按浮动利率计算,后一段债券的计息按固定利率计算。

第三,按发行方式可分为公募债券和私募债券。前者是指公开发行,在证券交易所挂牌出售,并可上市自由买卖或转让的债券;后者是指不公开发行,不在市场上自由买卖或转让的债券。

五、欧洲货币市场对世界经济的影响

欧洲货币市场自其产生以来,在国际金融领域中起着十分显著的作用,其作用有积极的,也有消极的。

(一)欧洲货币市场的积极作用

第一,欧洲货币市场作为国际资本转移的重要渠道,最大限度地解决了国际资金供需矛盾,促进了经济、生产、市场、金融的国际化。欧洲货币市场上的银行存短放长解决了资金来源与运用的期限矛盾;通过使用国际上几种主要的自由兑换货币,解决了资金来源与运用的币种矛盾,使得来自各国的资金供给和需求得以间接地实现跨国转移。

第二,欧洲货币市场解决了某些国家国际支付手段不足的困难,在一定程度上缓解了国际收支失衡的问题。由于经济发展的不平衡,一些国家的国际收支出现较大差额。欧洲货币市场上资金流动速度较快,数额庞大,国际储备有余的国家和国际储备短缺的国家可以互通有无,进行调剂,使国际收支困难得以缓和。

第三,欧洲货币市场推动了世界经济和国际贸易的发展。一些发展中国家,如墨西哥、秘鲁等国,利用欧洲货币市场资金,大量从西方工业国家进口生产设备与技术,推动了本国经济的发展。

第四,欧洲货币市场促进了全球经济一体化的进程。欧洲货币市场为国际间贸易融资提供了便利,为跨国公司、跨国银行提供了更充实的资金来源,对资本国际化起到促进作用。欧洲货币市场的离岸金融市场通过电信网络相互联系,使市场信息的传播更快捷、更广泛,提高了国际资本在世界范围内的使用效率,促进了国际金融市场的一体化。

(二)欧洲货币市场的消极影响

第一,欧洲货币市场由于金融管制松弛,因此对国际政治、经济动态的反映异常敏感,巨额的资金在不同金融中心之间,以及不同货币之间频繁地进行套汇套利交易,使大规模的资金在几种货币之间频繁移动,从而导致汇率的剧烈波动,甚至一些银行因此而倒闭破产,引起国际金融市场的动荡。

第二,欧洲货币市场在一定程度上削弱了各种国内宏观经济政策的效果。由于欧洲货币市场的存在,各主要西方国家的跨国银行、跨国公司及其他机构都可以很方便地在世

界范围内取得贷款资金和寻找投放场所,这就使得一国针对国内经济目标所采取的货币政策很难如愿以偿。欧洲货币市场规模的不断扩大,有些国家的境外货币已占到国内货币总量的较大份额,这已成为该国国际收支和经济发展的一个隐患。

第三,由于欧洲货币市场的借贷活动,一国的闲散资金变成了另一国的货币供应,使市场的信用基础扩大。另外,在欧洲货币市场上,大量游资冲击金价、汇率和商品市场,也不可避免地影响到各国的物价水平,导致输入性通货膨胀。通过欧洲货币市场,一国的通货膨胀或经济衰退可以迅速波及其他国家,最终成为世界性的经济衰退。

延伸阅读

外管局王春英:国际金融市场波动对人民币影响不大

国务院新闻办公室于2018年4月19日举行新闻发布会,请国家外汇管理局国际收支司司长、新闻发言人王春英介绍2018年一季度外汇收支数据有关情况,并答记者问。

中新社记者:

2018年以来,国际金融市场波动性有所上升,我们也看到国际经济金融形势有很多不确定性,您认为这对我国跨境资金流动会产生什么影响?谢谢。

王春英:

2018年以来,国际金融市场波动性有所上升,但我国跨境资金流动依然保持总体稳定、基本平衡。回顾2018年以来的国际金融市场,波动性的确有所增强,有几个表现:年初美联储加息预期有所增强,股票估值水平创历史新高的美国股票市场率先开始阶段性振荡,1月底2月初,美国股票指数较快下跌,导致全球主要股指随之调整,美国国债收益率也较快上升。最近受中美贸易摩擦的影响,美国股市再次振荡加剧。在此情况下,市场避险情绪明显上升,反映市场避险情绪的VIX指数一度上升至2015年8月以来的最高点;同时,美元指数在1月份下降了3.2%以后企稳,并转为区间波动。

在外部市场变化中,2018年以来我国跨境资金流动依然稳定,外汇供求延续自主平衡,人民币汇率稳中有升、双向波动,并没有受到较大影响。这说明,当前我国外汇市场适应外部环境变化的能力进一步提升,有条件更好地应对国际经济金融市场运行中的各种影响。

第一,国内经济金融稳定是基础,改革开放政策是保障,这些内部因素还会发挥根本性作用。

第二,在经历了一段时间的跨境资金流动较大变化后,我国市场主体的涉外收支行为更加理性,跨境收支和结售汇主要从实际出发,市场预期和需求呈现多元化,有助于避免单向的集中操作,这是比较好的变化。

第三,市场主体风险意识也有所增强,当前很多企业借用外债后主动考虑开展套期保值,这对我国外汇供求的影响更加中性。我们观察到,2017年远期、期权和掉期等银行代客外汇衍生产品交易增长了21.6%,2018年前2个月衍生品交易占全部银行代客外汇交易的比重进一步上升。

外汇局一直通过自身或商业银行引导市场主体树立风险中性、财务中性意识,积极适应汇率双向波动,并要求银行做好相关服务。此外,近年来,跨境资本流动宏观审慎管理也积累了很多经验,可以更好地适应和应对形势的变化。

资料来源:http://www.miaogu.com/html/xinwenzixun/20180419/189734.html.

复习思考题

1. 简述国际金融市场的类型。
2. 新型国际金融市场与传统国际金融市场相比有哪些特点?
3. 简述国际货币市场的构成及其作用。
4. 简述欧洲债券与外国债券的区别。
5. 什么是欧洲货币市场?欧洲货币市场的特点是什么?

第八章 国际资本流动

学习目标：

通过本章的学习，掌握国际资本流动的定义、类型；了解国际资本流动的发展过程以及国际资本流动与国际金融危机的联系；思考国际资本流动对我国外资利用与外债管理的影响与应对办法。

本章重要概念：

国际资本流动　国际直接投资　短期国际资本流动　国际金融危机　外债管理

第一节　国际资本流动概述

国际资本流动作为当今世界经济金融自由化的一项重要内容，随着自由化浪潮的进一步推进、国与国之间经济相互依赖性的增强，已成为非常引人关注、极为活跃的经济现象。国际资本流动对一国和世界经济的稳定和发展起了重要的作用。一国可以通过吸引外资来解决储蓄与投资的缺口，提高就业，拉动国民经济的增长。但是与此同时，国际资本流动对世界经济金融安全的威胁随着自由化浪潮的推进也越来越明显。20世纪90年代以来国际金融市场持续动荡不安、频繁发生的金融货币危机中都有国际资本流动的推波助澜。因此如何有效管理和利用国际资本流动以发挥其积极作用，建立防范国际资本流动冲击的机制，就成为一个摆在政策制定者和经济学家面前的严肃课题。

一、国际资本流动的定义

国际资本流动（International Capital Flows）是指资本从一个国家或地区移动到另一个国家或地区，即资本在不同国家或地区之间做单向、双向或多向流动，具体包括贷款、援助、输出、输入、投资、债务的增加、债权的取得、利息收支、买方信贷、卖方信贷、外汇买卖、证券发行与流通等。其实质是所有者凭借其拥有的资本所有权形成对外债权，并以此获得利润以及利润收益。它与商品贸易或劳动力输入、输出所引起的货币流动有本质区别。国际资本在流动中不产生所有权的转移，转移的仅仅是它的使用权，而在商品或劳动力的交换中则发生了货币所有权的转移。国际资本流动的结果通常反映在一国的国际收支平衡表的资本与金融账户中。

二、国际资本流动的原因

引起国际资本流动的根源是什么？这是国际资本流动理论所要解决的根本问题。世界经济是复杂的，国家间资本转移的原因也是多方面的，有根本性的、一般性的、政治的、经济的，归纳起来主要有以下几个方面。

（一）过剩资本的形成

过剩资本是指相对的过剩资本。随着资本主义生产方式的建立，资本主义劳动生产率和资本积累率的提高，资本积累迅速增长，在资本的特性和资本家唯利是图的本性的支配下，大量的过剩资本就被输往国外，追逐高额利润，早期的国际资本流动就由此产生了。随着资本主义的发展，资本在国外获得的利润也大量增加，又反过来进一步加速了资本积累，加剧了资本过剩。近20年来，国际经济关系发生了巨大变化，国际资本、金融、经济等一体化趋势有增无减，加之现代通信技术的发明与运用，资本流动方式的创新与多样化，使当今国与国之间的资本流动变得更加频繁与快捷。总之，过剩资本的形成与国际收支大量顺差是早期也是现代国际资本流动的一个重要原因。

（二）追求利润

增值是资本运动的内在动力，利润驱动是各种资本输出的共有动机。一般来说，国际资本往往流向利润较高的国家和地区。如果一国国内投资所获取的利润低于国际市场，则会引起资本流出。反之，一国投资的利润高于其他国家，就会引起资本流入。虽然在现实中，阻碍资本自由流动的因素总是存在的，资本很难完全自由地流向具有高回报的场所，但是资本收益率的相对差异却总会使得资本想方设法地从低收益的地方向高收益的地方流动，使得资本流出国的收益率上升，资本流入国的收益率下降，直到两地的资本收益率接近，资本流动才会放缓直到停止。

（三）利用外资策略的实施

无论是发达国家还是发展中国家，都会不同程度地通过不同的政策和方式来吸引外资，以达到一定的经济目的。美国目前是全球最大的债务国。而大部分发展中国家，经济比较落后，迫切需要资金来加速本国经济的发展，因此，往往通过开放市场、提供优惠税收、改善投资软硬环境等措施吸引外资的进入，从而增加或扩大了国际资本的需求，引起或加剧国际资本流动。

（四）通货膨胀的发生

通货膨胀往往与一个国家的财政赤字有关系。如果一个国家出现了财政赤字，该赤字又是以发行货币来弥补，必然增加通货膨胀的压力。一旦发生了严重的通货膨胀，为减少损失，投资者会把国内资产转换为外国债权。如果一个国家发生了财政赤字，而该赤字以出售债券或向外借款来弥补，也可能会导致国际资本流动。因为当某个时期人们预期到政府又会通过印发纸币来抵偿债务或征收额外赋税来偿付债务时，则又会把他们的资产从国内转往国外。

（五）汇率的变化

汇率的变化也会引起国际资本流动，尤其自20世纪70年代以来，随着浮动汇率制度的普遍建立，主要国家货币汇率经常波动，且幅度大。如果一个国家货币汇率持续上升，则会产生兑换需求，从而导致国际资本流入；如果一个国家货币汇率不稳定或下降，资本持有者可能预期到所持有的资本实际价值将会降低，则会把手中的资本或货币资产转换成他国资产，从而导致资本向汇率稳定或升高的国家或地区流动。在一般情况下，利率与汇率成正相关关系。一国利率提高，其汇率也会上浮；反之，一国利率降低，其汇率则会下降。例如，1994年美元汇率下滑，为此美国连续进行了7次加息，以期稳定汇率。尽管加息能否完全见效，取决于各种因素，但加息确实已成为各国用来稳定汇率的一种常用方法。当然,利率、汇率的变化,伴随着的是短期国际资本(游资或热钱)的经常或大量流动。

(六)政治、经济及战争风险的存在

政治、经济及战争风险的存在,也是影响一个国家资本流动的重要因素。政治风险是指由于一国的投资气候恶化而可能使资本持有者所持有的资本遭受损失。经济风险是指由于一国投资条件发生变化而可能给资本持有者带来的损失。战争风险是指可能爆发或已经爆发的战争对资本流动造成的可能影响。例如海湾战争,就使国际资本流向发生重大变化,在战争期间许多资金往往流向以美国为主的几个发达国家(大多为军费)。战后安排又使得大量资本涌入中东,尤其是科威特等国。

(七)国际炒家的恶性投机

所谓恶性投机,可包含两层含义。第一,投机者基于对市场走势的判断,纯粹以追逐利润为目的,刻意打压某种货币而抢购另一种货币。这种行为的普遍发生,毫无疑问会导致有关国家货币汇率的大起大落,进而加剧投机,汇率进一步动荡,形成恶性循环,投机者则在"乱"中牟利。这是一种以经济利益为目的的恶性投机。第二,投机者不是以追求盈利为目的,而是基于某种政治理念或对某种社会制度的偏见,动用大规模资金对某国货币进行刻意打压,由此阻碍、破坏该国经济的正常发展。但无论哪种投机,都会导致资本的大规模外逃,并会导致该国经济的衰退。一国经济状况恶化→国际炒家恶性炒作→汇市、股市暴跌→资本加速外逃→政府官员下台→一国经济衰退,这几乎已经成为当代国际货币危机的"统一模式"。

(八)其他因素

其他因素如政治及新闻舆论、谣言,政府对资本市场和外汇市场的干预以及人们的心理预期等因素,都会对短期资本流动产生极大的影响。

三、国际资本流动的类型

国际资本流动通常按照资本使用期限的长短分为短期国际资本流动和长期国际资本流动两大类,而每种类型又各有诸多具体的方式。

(一)长期国际资本流动

长期国际资本流动是指使用期限在一年以上或未规定使用期限的资本流动,它包括国际直接投资、国际证券投资和国际贷款三个主要部分。

1. 国际直接投资

国际直接投资(Foreign Direct Investment,FDI)是指一国的投资者将资本直接用于他国的生产或经营,并掌握一定的经营控制权的投资行为。本国对外国的直接投资为资本流出(Capital Outflow),外国对本国的直接投资则为资本流入(Capital Inflow)。

直接投资的主要形式有:第一,在东道国开办新企业,如设立子公司、附属机构,或与他国投资者在东道国创办合营企业或独资企业等。第二,收购东道国企业的股份达到一定比例以上,如美国商务部规定,美国公司拥有外国企业10%以上的有投票权的股份,或外国公司拥有美国企业10%以上的有投票权的股份,即为直接投资。第三,利润再投资。它是指投资者将在国外投资企业所获得的未分配利润(指营业收入中扣除利息、地租、工资及税后的保留利润),不汇回本国企业所有者或股票投资者手中,而是全部或部分用来购买新的生产要素或者企业的股票,以扩大原有企业生产规模或对其他外国企业进行再投资,它不涉及资本的流出或流入。利润再投资是当代跨国公司对外直接投资的一种重要方式,占国际直接投资的40%左右。

2. 国际证券投资

国际证券投资也称为国际间接投资(Foreign Indirect Investment),是指一国的投资者购买外国企业发行的股票或者其他有价证券,并获取以利息为主的收益的一种投资行为。

以证券投资为媒介的国际间接投资与国际直接投资是存在本质区别的,这种区别主要在于:第一,证券投资者只能获取债券、股票等有价证券投资的股息、红利,而对被投资企业无管理控制权;而直接投资者除了直接承担被投资企业的盈亏外,还拥有对该企业的管理控制权。第二,证券可以任意转让;而直接投资或合营企业在转换股权时必须征得合作者的同意,并须到政府有关管理部门改变注册。第三,证券投资额(主要是债券部分)构成证券发行国(筹资国)的外债;而直接投资则不构成被投资国的外债。

3. 国际贷款

国际贷款主要包括国际金融组织贷款、政府贷款和商业贷款。国际金融组织贷款一般是期限长、利率低,主要面向成员方提供的优惠贷款,如世界银行的贷款和国际货币基金组织的贷款等。政府贷款是各国政府部门之间发生的贷款,一般有期限长、利率低的特点,部分资金来自政府预算,但数额通常不大,目前主要有限制性贷款和无限制性贷款两种。商业贷款一般包括商业银行贷款和中长期出口信贷等。

(二)短期国际资本流动

短期国际资本流动是指期限为1年或1年以内或即期支付资本的流入与流出。这种国际资本流动,一般都借助于相关信用工具,并通过电话、电报、传真等通信方式来进行。这些信用工具主要包括短期政府债券、商业票据、银行承兑汇票、银行活期存款凭单、大额可转让定期存单等。由于通过信汇、票汇等方式进行国际资本转移,相对来说,周转较慢,面临的汇率风险也较大,因此,短期国际资本流动多利用电话、电报、传真等方式来实现。按照资本流动的原因和特征的不同,短期国际资本流动主要分为贸易性资本流动、银行性资本流动、保值性资本流动和投机性资本流动。

(1)贸易性资本流动。这是指国际间贸易往来的资金融通与资金结算引起的货币资本在国际间的移动。世界各国在贸易往来中,必然会形成国际间的债权债务关系,而为结清这些关系,货币资本必然从一个国家或地区流往另一个国家或地区,贸易资本流动就形成了。一般来说,这种资本流动,是资本从商品进口国向商品出口国转移,具有不可逆转的特点。因此,严格来说,它属于国际资本流动。

(2)银行性资本流动。这是指各国经营外汇业务的银行金融机构,由于相互之间的资金往来而引起的资本在国际间的转移。这些流动在形式上包括套汇、套利、掉期、头寸调拨以及同业拆借等。

(3)保值性资本流动。这是指短期资本持有者为了避免或防止所持有资本的损失而把资本在国际间进行转移。这种资本的流动,亦称资本逃避(Capital Flight)。这种资本流动的动机是出于资本的安全性和盈利性考虑。引起资本流动的原因是国内政局动荡、经济状况恶化、国际收支失衡以及严格的外汇管制等。

(4)投机性资本流动。这是指投机者为了赚取投机利润,利用国际市场上汇率、利率及黄金、证券等的价格波动,通过低进高出或通过买空卖空等方式而引起的资本在国际间的转移。

四、国际资本流动的特点

20世纪80年代以来,国际资本流动出现了巨大变化,呈现出了一系列典型的特征。

(一)国际资本流动规模日益扩大

国际资本市场的规模主要指国际借贷(中长期)和国际证券投资的数量。至20世纪80年代末,该市场规模约5万亿美元,为1970年的34倍。据IBC统计,整个20世纪80年代,金融市场资本量每年递增16.5%,远超过世界商品贸易每年5%的增长,进入20世纪90年代后,该市场的规模进一步扩大。据资料显示,截至1997年7月底,国际银行放款总额达99 698亿美元,放款净额达52 350亿美元,至1997年12月,国际证券发行总量高达35 314亿美元。这里的证券发行包括国际债券、货币市场工具、欧洲票据等。如果再计算股票市场,则国际资本市场的规模将进一步膨胀。1997年多数发达国家股票市场达到了或接近创纪录的水平。美国道·琼斯指数在1992—1996年间翻了一番,1998年又突破9 000点大关,2010年以来更高达11 000点以上。同时也出现了一个新现象:金融产品的交易量与实物经济严重脱离。

(二)国际直接投资高速增长

20世纪80年代以来,国际直接投资出现了两个热潮期:一是80年代后半期。据统计,1986—1990年国际投资流出量平均每年以34%的速度增长;每年流出的绝对额也猛增,1985年为533亿美元,1990年高达2 250亿美元;国际直接投资累计总额从1985年的6 836亿美元,增至1990年的1.7万亿美元。二是1995年以后。1995年国际直接投资总量达3 150亿美元,同比增长40%;1996年达3 490亿美元,同比增长11%;1997年达4 240亿美元,同比增长25%。1997年全球国际直接投资并没有因亚洲金融危机而减少,而且各地普遍增长。

(三)国际外汇市场交易量扩大

国际金融市场中的短期资金和长期资金市场的流动,基本上都要反映到外汇市场的各种交易往来中。根据国际银行的估计,世界各主要外汇市场(伦敦、纽约、东京、新加坡、香港、苏黎世、法兰克福、巴黎等)每日平均外汇交易额在1979年为750亿美元,1984年扩大到1 500亿美元。1990年初国际清算银行一项调查资料表明,当时的全球外汇交易量每天已接近9 000亿美元;进入21世纪以来,全球外汇交易量每天达1.2万亿美元左右。

上述分析表明,国际金融市场上的资金流动,尤其是短期资金流动,已占主导地位。货币资本已脱离世界生产和国际贸易而独立运动,而由此形成的货币资本运动与商品运动相分离的现象,也构成了当代资本流动的一个重要特点。

(四)国际资本流动出现证券化趋势

近40年来,国际资本的证券化已经成为时代的潮流。据统计资料显示,1975年全世界的证券流动占国际资本总额的15%,而1991年已达到了75%。发达国家居民的金融资产中,证券形式的金融资产约占50%以上。国际清算银行的专家认为,国际资本证券化是一种健康的发展趋势,因为它本身能够使国际市场更高效地提供资本,从而导致金融服务费用的降低。

（五）跨国公司成为推动国际资本流动的主角

当代国际资本流动,尤其国际直接投资的主角是跨国公司。跨国公司拥有巨额的资本、庞大的生产规模、先进的科学技术、全球的经营战略、现代化的管理手段以及世界性的销售网络,其触角遍布全球各个市场,成为世界经济增长的引擎,对"无国界经济"的发展起着重大的推动作用。据统计,1992年跨国公司的海外销售总额高达5.5万亿美元,而世界出口额仅为4万亿美元。跨国公司通过国外直接投资控制世界对外直接投资累计总额的90%,其资产总额占世界总产值的40%,贸易额占世界贸易额的50%,控制工业研究与开发的80%、生产技术的90%、世界技术转让的75%以及发展中国家技术贸易的90%。

（六）对冲基金质变为风险基金

对冲基金发源于20世纪50年代的美国金融市场,是指风险对冲过的基金。不过对冲基金自身就有一些风险特征,如大多数属于私募的合伙性质,因而管理机制具有隐蔽性,经营机制具有高投机性,市场具有高风险性。近几十年来,对冲基金迅猛发展并且发生质变,逐渐由原来的以抵消或规避风险为主旨的基金变成了风险基金,如罗宾逊的老虎基金、索罗斯的量子基金等。

第二节　国际资本流动理论

早在16世纪,约翰·海尔斯(John Hales)、杰拉德·马林斯(Gerard de Malynes)、托马斯·孟(Thomas Mun)、戴维德·休谟(David Hume)和亚当·斯密(Adam Smith)等学者就对国际资本流动问题进行了探究。因为当时的国际贸易是世界经济发展的主流,所以对国际资本流动的相关研究散见于国际贸易理论之中。这些零散的见解孕育着理论的萌芽,为国际资本流动理论的发展奠定了基础。伴随经济全球化发展,国际资本流动在为各国经济发展提供资金的同时,也带来了风险,这些金融风险也就随之成为了棘手的问题。以古鉴今,系统梳理国际资本流动的相关理论,探寻国际资本流动的内在发展规律,对于当前我国金融开放进程中利用国际资本流动和进行严格监管,确保经济安全有着重要的现实意义。

一、国际资本流动的一般理论

（一）现金移动理论

该理论认为,在典型的金本位制度下,只有当输出黄金偿付进口货物的货款比输出其他货币更便宜时,才会输出黄金。在静态条件下,通过黄金在各国间的移动,各国的进出口贸易量维持原有水平,黄金在各国间的分配比例保持不变。在动态条件下,当一国由于技术进步等原因而使其财富的增长速度高于其他国家时,可对商品价格和进出口贸易量发生影响,从而改变贵金属在各国间的分布和移动状况。

（二）费雪的国际资本流动理论

该理论假定国际资本市场是完全竞争的,资本流出国与流入国都是利率的被动接受者,没有决定利率水平的能力,资本从拥有现时商品生产优势的国家流向拥有未来商品生产优势的国家。费雪认为,一国既定的资本存量既可用来生产现时商品,也可用来生产未来商品。在封闭经济条件下,政府必须合理配置资本,以满足消费者当前消费需求和未来消费需求。但由于各国的自然禀赋不同,各国在生产现时商品和未来商品上的资本配置比例不同,因而实际利率不等。高利率国在生产未来商品方面具有比较优势,低利率国在生产现时商品方面具有比较优势。为了实现福利最大化,低利率国家的资本就向高利率国家流动。

（三）曼德尔的国际资本流动理论

该理论的要点是,在两国生产函数相同的情况下,国际投资与国际贸易可以完全替代。国际资本流动起因在于国际贸易管制,因而在自由贸易条件下,国际资本流动因为没有利益存在,所以不可能发生。

（四）弗莱明和蒙代尔的国际资本流动理论

弗莱明和蒙代尔认为,在开放的经济条件下,当存在国际资本流动时,国际收支平衡就体现为经常账户和资本与金融账户作为一个整体的平衡。假定预期汇率不变,在影响经常账户收支的主要因素既定的情况下,利率是影响国际资本流动的最主要因素,本国一次提高利率,可以带来持续的资本流入。

（五）麦克格尔的国际资本流动理论

该理论又称完全竞争理论,是一种用于解释国际资本流动的动机及其效果的理论,它实际是一种古典经济学理论。这种理论认为:国际资本流动的原因是各国利率与预期利润率存在差异,认为各国的产品和生产要素市场是一个完全竞争的市场,资本可以自由地从资本充裕国向资本稀缺国流动。例如,在19世纪,英国大量资本输出就是基于这两个原因。国际间的资本流动使各国的资本边际产出率趋于一致,从而提高世界的总产量和各国的福利。

（六）资产组合理论

资产组合理论的核心观点是:投资者在追求较高预期投资收益的同时,希望承担尽可能小的风险。资产组合理论的基本结论有:投资者出于减低风险的考虑,会将其财富分配于多种资产;投资者对特定资产的需求与该资产的预期收益正相关,与该资产的风险负相关;投资者对特定资产的需求与投资者的财富总量正相关,当投资者财富总量增加时,对各种资产的需求也随之增加;当某种财产同其他资产的收益反方向变动时,持有各种资产组合的收益就越大,对该资产的需求也就越大。

二、国际直接投资理论

（一）以产业组织理论为基础的投资理论

20世纪70年代是跨国公司迅猛发展的年代。联合国跨国公司中心公布的资料显示,1973年全球共有跨国公司9 481家,拥有子公司30 000家以上。跨国公司的发展,使它日益成为国际投资的主体,引起了人们的普遍关注。仅以美国为例,美国跨国公司在整个20世纪70年代对发达国家的直接投资就从510亿美元增至1 571亿美元,增长了2.08倍。跨国公司的海外投资活动,给国际投资带来了一系列的新问题,并向传统的国际资本流动理论提出了挑战。因为跨国公司海外投资的原因不能从传统的利润差异上得到解答,尤其是在一个有效益的资本市场可以将货币从低利国转移到高利国的情况下,纯粹的利益无法解释海外的直接投资。于是"产业组织论"便应运而生了。

1. 垄断优势论

该理论最早由美国学者金德尔伯格(C.P.Kindleberger)和海默(S.A.Hymer)等人提出。所谓垄断优势，是指跨国公司所拥有的"独占性的生产要素优势"，包括高资本集约程度、先进的技术、高强的开拓新产品的能力、完善的销售系统以及科学的经营管理方式等。

该理论认为，企业之所以要对外直接投资，是因为它具有东道国同类企业所没有的垄断优势。这种垄断优势又源于市场的不完全性。由于市场的不完全性，垄断资本集团对于某些工业部门以及由此形成的垄断优势，包括产品差别优势、知识资产优势、因内部经济和外部经济所形成的规模经济优势，以及因政府对进口或产量限制而产生的优势，是国际直接投资成功的必要条件。虽然在与当地企业的竞争中，在运输、通信成本及了解当地的文化、法律、经济环境等方面处于不利地位，但是跨国公司正是利用自身拥有的垄断优势克服了这些劣势，创造了比东道国企业高得多的利润。因此，垄断优势理论认为，跨国公司通过建立垄断优势追求最大限度的利润，是国际直接投资的根本原因。

该理论后来被众多学者在不同角度上加以发展和完善。如赫希(S.Hirsch)从生产和科研开发的模型经济效益上强调了直接投资的成本降低作用；夏派罗(D.M.Shapiro)在研究了外国在加拿大的投资后得出结论，大型的高科技企业，比一般性的企业更具有进入或退出某行业的能力，资本流动性更强、更灵活，因此它们有能力在合适的地方投资，而不受国界限制；克鲁格曼(P.R.Krugman)和凯夫斯(R.E.Caves)观察到直接投资通常分两类，一类是"平行投资"，另一类是"垂直投资"，他们通过产品模型论证了垂直投资是为了整个生产过程一体化，避免上游产品或原材料价格扭曲和供给波动，在海外设立分支机构以保障供给，降低成本，增加垄断实力的结果。

2. 市场内部化理论

在产业组织论基础上产生的另一种投资理论即巴克利(P.J.Buckley)和卡森(M.C.Casson)的市场内部化理论或市场不完善论。市场内部化是指把市场建立在公司内部，以公司内部市场取代外部市场交易的过程。利用技术专利进行直接投资和生产活动，在较大范围内建立生产经营实体，形成内部交换体系，从而创造出企业内部市场，通过企业内部的技术转让实现横向一体化。这种规模的内部经济只是将同样的国内生产活动扩展到海外地区，由于技术没有代价，因此跨国公司可以获取最大限度的利润。

该理论认为，由于外部市场的不完全性，如果将企业拥有的半成品、工艺技术、营销诀窍、管理经验和人员培训等"中间产品"通过外部市场进行交易，就不能保证企业实现利润的最大化。企业只有利用对外直接投资方式，在较大范围内建立生产经营实体，形成自己的一体化空间和内部交换体系，把公开的外部市场交易转变为内部市场交易，才能解决企业内部资源配置效率与外部市场的矛盾。这是因为内部化交易会使交易成本达到最小化，在内部市场里，买卖双方对产品质量与定价都有准确的认识，信息、知识和技术也可得到充分的利用，从而减少贸易风险，实现利润最大化。

该理论认为，外部市场的不完全性体现在很多方面，主要有：①垄断购买者的存在，使议价交易难以进行；②缺乏远期的套期市场，以避免企业发展的风险；③不存在按不同地区、不同消费者而实行差别定价的中间产品市场；④信息不灵；⑤政府的干预等。为了减少这些市场不完善所带来的影响，使企业拥有的优势和生产的中间产品有理想的收益，企业一般都会投资于海外。

该理论进一步指出,市场最终能否内部化,取决于以下四个因素:产业特定因素(产品性质、外部市场结构和规模经济等)、地区特定因素(地理距离、文化差异、社会特点等)、国家特定因素(国家的政治制度、财政制度等)和公司特定因素(不同企业组织内部市场管理能力等)。其中最关键的是产业特定因素。

这种理论是对付市场不完全性的一种有力措施。它解释了通过直接投资所建立的跨国公司,可以取得内部化的优势——降低交易成本并减少风险。它也在一定程度上或一定范围内解释了战后各种形式的对外直接投资,包括跨国经营的服务性行业的形成与发展,如跨国银行等。但这种理论仅是一种微观的分析,没有从世界经济一体化的高度分析跨国公司的国际生产与分工,并且也忽视了工业组织与投资场所等问题。

3. 产品周期论

与产业组织理论相关的另一个国际投资理论是维农(R. Vernon)的"产品周期论"。维农认为,企业产品周期的发展规律,决定了企业需要占领海外市场并到国外投资。他指出,产品在其生命周期的各个阶段各有特点。首先是产品的创新阶段。在这一阶段,创新国生产出新产品并垄断了生产技术,在国内生产并主要在国内市场销售,国外消费者受认识时滞影响需求较少。其次是产品成熟阶段。在这一阶段,产品的生产工艺和技术趋于标准化,生产厂商增多,国内竞争日趋激烈,消费的价格弹性增大。同时,随着产品的出口,技术也会逐渐外泄,国外也出现了同类竞争者。为了最大限度地获取利润,开始通过直接投资在外国建立分支机构,以降低生产和销售成本,抑制外国的竞争对手。直接投资的地区一般是那些收入水平和技术水平差异不大的国家和地区。最后是产品标准化阶段。激烈的竞争导致产品和技术完全标准化。这时,生产者之间的竞争主要表现在价格方面。为了降低成本,取得竞争优势,跨国公司加快直接投资,在国外建立子公司或其他分支机构,把标准化的工艺技术转移到生产成本低的国家和地区。同时,部分直接投资的产品返销国内,以满足国内市场的需求。

4. 技术周期论

另一位学者玛基(S.P.Masee)从技术、信息寻租的角度提出了与维农理论相似的"技术周期论"。他强调了跨国公司创造新技术的寻租动机对海外投资的影响。该理论认为,企业花费巨资创造出技术和"信息",是企图通过这些技术和信息来生产和销售相关的产品以获得垄断性的租金。在研制开发阶段,跨国公司倾向于在本国严格控制这些技术,不会转移它们。在实用阶段,跨国公司在寻求最大租金目的的驱动下,会将资本输出到海外以设立分支机构,并通过这些分支机构转移技术。随着跨国公司在海外投资的增加和生产规模的扩大,其技术周期达到了成熟阶段,这时,跨国公司在海外的投资规模又会随着其技术的过时而逐渐缩小。

上述种种与产业组织理论有关的国际投资理论都有一个共同的特点,就是在产业组织的基础上从产业组织行为角度分析垄断优势对跨国公司海外投资的影响。垄断优势论侧重于跨国公司总的垄断优势的制约性影响,并且强调这种优势是产业组织角度上的优势而非国别优势,这就正确地指出了跨国公司在国际直接投资中的主体作用。市场内部化理论或市场不完善论强调的重点在于跨国公司寻求生产成本最小化的动机,这也是正确的,因为成本最小化即意味着利润最大化。产品周期论侧重于分析跨国公司产品发展的不同阶段,跨国公司是如何争取最有利的生产条件,保持其垄断优势及它对国际投资的影响。这在一般情况下也是正确的。技术周期论强调了跨国公司创造新技术的寻租动机对海外投资的影响,它的论点与产品周期论相似。就跨国公司多数是有技术开发优势的大公司而言,这个理论也有其独特的作用。但是,所有上述理论都有一个缺陷,就是将跨国公司的对外直接投资的内在动因与外在客观条件混为一谈,混淆了跨国公司在全球范围内追逐垄断高额利润的性质及与其所具有的全球生产、销售能力和其他客观条件的区别。这些理论无法解释一些未拥有技术等垄断优势的企业海外投资的动机,以及一些国家在外国直接开发新产品的投资行为等问题。

(二)侧重于国际投资条件的理论

1. 国际生产综合理论

国际生产综合理论以市场不完全为前提条件,认为跨国公司的对外直接投资是由所有权优势、内部化优势和区位优势这三个基本因素综合决定的。所有权优势是指与东道国竞争对手相比,企业必须具备某些独特的生产要素禀赋、专门技术、管理和推销技巧、专利、研究开发能力、产品差别等。内部化优势说明企业如何通过对外直接投资提高经济效益。区位优势是指东道国特殊的地区资源禀赋提供了更有利的投资条件,包括东道国的自然条件、经济条件、制度条件。区位优势说明了跨国企业为什么要到特定的国家进行直接投资。跨国直接投资的企业,必须具备企业专有优势和生产国际化优势,同时东道国还须具备区位优势。

2. 分散风险论

20世纪70年代中期发展的有关投资条件的另一种理论是"分散风险论"。其前期代表人物是凯夫斯(R.E.Caves)和斯蒂文斯(G.V.Stevens)。他们从马科维茨的证券组合理论出发,认为对外直接投资多样化是分散风险的结果。直接投资中"水平投资"的目的在于降低市场的非确定性,减少产品结构单一的风险;而"垂直投资"是为了避免上游产品和原材料供应的非确定性风险。厂商分散风险的原则是,在一定的预期报酬下,把风险降至最低。因此,厂商会选择在不同的国家和地区进行投资。跨国公司在直接投资的过程中,发挥了分散风险的金融中介作用。

该理论的后期代表人物阿格蒙(T.Agmon)和李沙德(D.Lessard)还认为,跨国公司对外直接投资是代表其股东作为分散风险的投资,不同国家和地区直接投资收益的不相关性为个人分散风险提供了很好的途径,甚至是证券投资无法提供的途径,因为证券市场资本移动成本较高且制度不完善。另一学者阿德勒(M.Adler)认为,既然跨国公司是直接代表股东作出决策的,个人证券投资上的限制不一定会导致对外直接投资,只有当外国证券市场不完善,不能满足个人投资需要时,跨国公司的直接投资才会进行。在这种情况下,跨国公司起到了分散风险的金融中介作用。

分散风险论把证券投资与直接投资联系起来考察,把发展中国家证券市场的不完善看成是直接投资的一个因素,应该说是有它正确的一面的,它从另一个角度补充了以前投资理论的不足。20世纪80年代以来,随着发展中国家证券市场的逐步完善,证券投资逐渐成了最主要的投资形式。这证明,直接投资与证券投资具有互补作用。我国目前正在大力改善外商投资环境,争取吸引更多的外国投资。但我们不应忽视进一步发展和完善我国证券市场的作用,因为根据分散风险理论,证券投资是外国企业首先考虑的投资形式。随着我国证券市场的不断完善,通过这一途径吸收的外资一定会大大增加。

（三）从金融角度出发的投资理论

进入20世纪80年代后,国际投资的格局发生了很大的变化。美国从最大的资本输出国地位上逐渐衰败下来,日本、德国等其他发达国家的海外投资急剧上升。美国成了它们竞相投资的对象,到1985年,美国竟成了最大的资本输入国。与此同时,一些新兴的工业化国家也开始大举向海外投资。与国际投资格局变迁相应的变化是国际金融市场的作用在国际资本流动中越来越大,新兴的国际金融中心一个个出现并借助于科技革命的成果联为一体,新创的融资手段和融资方式也层出不穷。国际银团和金融寡头已取代产业性的跨国公司成为国际投资的主宰。所有这些,都对以往的国际投资理论提出了新的挑战。于是,从金融角度出发研究分析国际投资的理论便成为20世纪80年代以来新投资理论的共同特点。

1. 货币汇率论

阿利伯(R.Aliber)的"货币汇率论"是较早从金融角度提出来的一种投资理论。他认为,以往所有理论既未能回答为什么这些企业具有获得外国资产的优势,也未提供任何投资格局上的意见,即为什么某些国家输出资本,另一些国家输入资本,更不能解释投资格局为什么会变化。

他指出,20世纪60年代美国资本市场上有一种优势,这种优势来源于美国及世界各国的投资者有以美元计算债务的偏好,这反映了以美元计算的利率在用预期汇率波动调整后比其他货币利率低。由此可以得出一个结论,即投资者将要以较高的代价去获得1美元的股息收入,反过来这就意味着美国公司在购买外国股权时需要比其他国家的公司付更高的价格。他认为,整个20世纪60年代美国海外投资的高涨是美元高估的结果。随着20世纪70年代浮动汇率的实行,美元汇率大幅度下跌,美国股市价格下降,外国股市价格上涨。此时,总部在欧洲、日本的企业就愿意付较高的价格购买美国的企业了。阿利伯指出,国际投资的格局可以从总部设在不同国家的企业市价涨落中得到平衡。总部所在地公司的市价下跌,资本就流入,市价上升,资本就输出。总部所在地不同的企业市场价格上的变化是名义汇率、通货膨胀率变化的反映。因此,他认为硬货币国家会向软货币国家进行直接投资。

阿利伯的这个理论比较正确地分析了汇率变动对国际直接投资的影响,他试图用汇率来解释他所观察到的国际投资格局的变化和美国对外投资的相对萎缩。但是,汇率是货币实际价格变化的反映,是国际经济实力变化的反映,而不是这种变化的原因。因此,汇率对直接投资的影响只是现象,真正导致国际资本流动格局变化并制约国际投资行为的力量,是各国垄断资本相对优势和相对发展速率的变化,而这种变化又是资本主义发展不平衡规律作用下的结果。

2. 国际金融中心论

另一个从金融角度分析国际投资理论的是里德(H.C.Reed)于20世纪80年代提出的"国际金融中心论"。里德认为,所有以前的国际投资理论都忽视了国际金融中心在决定国际投资区域、规模和格局中的作用,而国际金融中心对国际投资活动是非常重要的,它不仅是国际清算中心、全球证券投资管理中心、通信交流中心、跨国银行中心,而且还是国际直接投资中心。里德指出,国际化公司追求的不是一般观点所认为的收入最大化或成本最小化,而是营运效益最优化,即其发行的股票价格和债券利息最大化,这可以使企业在商品市场和资本市场两个方面增强竞争力。跨国公司的经营效益是由国际金融中心来评估的,而评估的结果是通过跨国公司发行的股票、债券的价格升降来反映的。国际金融中心通过跨国公司资本比例、经营政策的评估,对国际直接投资发生作用。例如,当国际金融中心认为某个公司的借贷比例过高,海外资产发展过快时,就会降低该公司证券的市场价格,该公司经营效益就会下降,公司股东和债权者收益也就下降,这实际上意味着公司整个资本分布的效益可能很低。于是,这就会迫使该公司调整投资战略和经营方针,收缩其在海外的投资。如果该公司对金融中心的评估不予理睬,那么金融中心可能会进一步降低其证券的价格,迫使该公司作出反应。这样一来,国际金融中心及在金融中心的融资活动中占统治地位的大银行、保险公司、共同基金等金融垄断资本就控制了国际直接投资活动。

里德的国际金融中心论,正确地指出了20世纪80年代以来以国际金融中心为代表的国际金融寡头对国际资本流动的控制和影响。正是这些国际垄断财团在操纵着国际证券市场价格与国际资本的流向和流量,在全球范围内追逐高额垄断利润。但是,里德虽然正确地指出了国际金融中心的影响,却并未把握住它的本质,产业资本与金融资本并不是截然可分的,它们是融在一起的。而且这个理论分析上的错误也是明显的。它将企业证券价格的涨跌与企业经营效益的关系颠倒了,好像企业经营效益下降是由企业证券价格下跌所致,其实证券价格下跌只是企业经营不佳的反映。虽然金融中心的垄断资本可以操纵影响企业证券的价格,但是这个关系不会颠倒,因为垄断资本不会也无法将一个经营不良、盈利不佳的企业的证券维持在一个高价位上。

3. 投资发展阶段论

唐宁在1982年对折中主义理论作了动态化的发展,提出了投资发展阶段论。这种理论认为一个国家的投资流量与该国的经济发展水平有着密切的关系。同时它提出了对外投资周期的概念,把利用外资与对外投资阶段性划分为四个阶段:利用外资很少,没有对外投资;利用外资增多,少量对外投资;利用外资与对外投资增长速度都很快;对外投资大致等于或超过利用外资。唐宁据此认为,发达国家一般都经历了这四个阶段,发展中国家和地区已由第一阶段进入第二阶段,中国台湾地区、中国香港地区、新加坡、韩国等新兴工业群正在迅速从第二阶段转入第三阶段或已进入第三阶段。利用动态化的国际生产综合理论或折中主义论来解释投资的发展阶段,并由此证明一国的国际投资流量总是与经济发展水平密切相关的。

这一理论还认为,在经济发展的第一阶段,本国几乎没有所有权特定优势和内部化优势,即使有的话也是极其脆弱的,外国的区位优势本国也不能予以利用,而本国的区位优势对外国投资者又欠吸引力。因此,没有资本输出,只有少量的资本流入。在第二阶段,国内市场得到了扩大,购买力也相应有所提高,市场交易成本也下降,资本流入开始增加,这时资本流入(即利用外资)可分为两种类型,即进口替代型和带动出口型。在这一阶段引进外资是关键一着,为此,该国就要创造区位的优势,如改善投资环境,健全法律制度以及疏通专业渠道等。第三阶段,国内经济水平这时有较大幅度的提高,对外投资又有可能因为前阶段引起技术对本国资源的开发,使所有权特定优势不断增强,原来外国投资者的优势相对消失,而外国市场区位也有较大吸引力。第四阶段,经济已相当发达或高度发达,一般都拥有所有权特定优势、内部化优势,并且能利用其他国家的区位特定优势,这时该国就积极向外进行直接投资了。

可见,这个理论与折中主义理论是一脉相承的,只是把后者予以动态化而已,用动态化的四个阶段阐明了直接投资与经济发展的相关性,并阐明一国之所以能参与对外直接投资,是因为具有了所有权、内部化和区位等三个方面的相对优势并予以配合的结果。

需要指出的是,这个理论有一定的现实意义,有助于发展中国家充分利用外资创造区位条件,也有助于发展中国家利用自己的相对优势对外进行适当的投资,并向国际市场挺进。

4. 产业内双向投资论

产业内双向投资论是根据近20年国际资本流向发生的重大变化,特别是资本在发达国家之间的流动,并集中利用于相同产业内部的现象提出来的。经济学家对此进行了广泛的研究,并试图解释这一现象。E.M.格雷汉指出,之所以会出现双向投资,是在于"跨国公司产业分布的相似性",相似的东西容易接近。

唐宁则指出,双向的投资主要集中在技术密集型部门,传统部门则投资比例不高。原因如下:首先,发达国家间水平相近,但没有一个企业拥有"独占的"所有权特定优势,而若干个公司才能拥有几乎相近的所有权优势。其次,各公司为了获得联合优势,以及获得规模经济的利益,同时为得到东道国较低成本的好处,就进行双向投资。最后,发达国家收入水平相近,需求结构也基本相似,这样对异质产品的需求不断扩大,就会产生发达国家之间的产业内国际贸易的倾向,一旦产业内贸易受到阻碍,则市场内部化的要求就会导致产业内双向投资的出现。

海默和金德尔伯格也对这一现象进行了解释,提出"寡占反应行为说"。他们认为各国寡头垄断组织为获取或保住在国际竞争中的地位,会通过在竞争对手的领土上占领地盘即"寡占"这个形式来进行,而产业内直接投资只是这种"寡占"竞争的重要手段。

此外,近年来出现的安全港理论,也能解释双向投资的行为。该理论的核心观点是:在发展中国家投资收益虽较发达国家高,但安全性弱,法律保障程度小,即要承担极大的政治经济风险。因此,跨国公司宁愿把资本投往发达国家,取得较为稳定的收益,而产业内部条件相近,投资见效也较快,亦可更迅速地获取利润。可见,该理论的运用很容易导致双向投资的增长。

三、国际间接投资理论

该理论也称国际证券投资理论,主要研究的是在各种相互关联的、确定与不确定结果的条件下,理性投资者该如何做出最佳投资选择,以降低投资风险,实现投资收益最大化的目标。该理论主要有两种,一是古典国际证券投资理论,二是现代证券投资组合理论。

(一)古典国际证券投资理论

该理论产生于国际直接投资和跨国公司迅猛发展之前。它认为,国际证券投资的起因是国际间存在的利率差异,如果一国利率低于另一国利率,则金融资本就会从利率低的国家向利率高的国家流动,直至两国的利率没有差别为止。进一步说,在国际资本能够自由流动的条件下,如果两国的利率存在差异,则两国能够带来同等收益的有价证券的价格也会产生差别,即高利率国家的有价证券的价格低,低利率国家的有价证券的价格高,这样,低利率国家就会向高利率国家投资购买有价证券。

该理论也有一定的不足之处。首先,它仅说明了资本从低利率国家向高利率国家的流动,而未能说明资本为何存在大量的双向流动。其次,它以国际资本自由流动为前提,这与现实不符,在现实中各国对资本流动的管制处处可见。再次,即使国家间存在利率差异,也并不一定会导致国际证券投资。最后,该理论仅以利率作为分析问题的基点,有失准确性。

(二) 现代证券投资组合理论

该理论亦称资产组合理论,是美国学者马科维茨(H.M.Markowitz)于20世纪50年代在其《有价证券组合选择》一文中首先提出的,后来托宾(J.Tobin)又发展了该理论。该理论采用"风险—收益考察法"来说明投资者如何在各种资产之间进行选择,形成最佳组合,使投资收益一定时,风险最小,或投资风险一定时,收益最大。

该理论认为,所有资产都具有风险与收益两重性,在证券投资中一般投资者的目的是获得一定的收益。但是收益最高伴随着的风险也是最大,可能本金也会损失掉。风险由收益率的变动性来衡量,采用统计上的标准差来显示,投资者根据他们在一段时期内的预期收益率及其标准差来进行证券组合,即投资者把资金投在几种证券上,建立一个"证券组合",通过证券的分散来减少风险。但是一段时间内投在证券上的收益率高低是不确定的,这种不确定的收益率,在统计学上称为随机变量。马科维茨借用它的两种动差,即集中趋势和分散趋势来说明证券投资的预期收益及其标准差。预期收益用平均收益来代表,它可以看作衡量与任何组合证券投资相联系的潜在报酬。标准差则说明各个变量对平均数的离散程度,来表示预期收益的变动性大小,用以衡量与任何组合的证券投资的风险大小。因此投资者不能只把预期收益作为选择投资证券的唯一标准,还应该重视证券投资收入的稳定性。多种证券组合可以提高投资收益的稳定性,同时也降低了投资风险,因为在多种证券组合中不同证券的收益与损失可以相互抵补,起着分散风险的作用。作为投资者可能选择不同国家的证券作为投资对象,从而引起资本在各国之间的双向流动。

现代证券组合理论指出了任何资产都有收益和风险的两重性,并提出以资产组合方法来降低投资风险的思路,揭示了国际间资本双向流动的原因,因此有其进步性和合理性。但该理论主要用于解释国际证券资本流动,而对国际直接投资却未作出任何解释。此外,该理论假设市场是充分有效的,参与者都同时可以得到充分的投资信息,这与现实情况不符,因此,该理论也有它的缺陷。

第三节 国际资本流动和国际金融危机

20世纪以来,全球资本市场一体化程度不断加深,国际资本流动空前发展,规模日益扩大,流动速度越来越快,蕴含的风险也越来越大。加之国际金融市场上金融衍生工具层出不穷,国内与国际金融市场日益融合,全球经济失衡引发的局部金融混乱时有发生,世界经济不时地受到国际金融危机的困扰,凸显了世界金融体系的不稳定性和国际金融的复杂性。

一、国际金融危机概述

(一)国际金融危机的概念

要理解国际金融危机的内涵,我们首先要对金融危机的概念有一个了解。关于金融危机的概念,不同的经济学家有着不同的界定。著名国际经济学家查尔斯·金德尔伯格(Charles P.Kindleberger)和雷蒙德·戈德史密斯(Raymond W.Gpldsmith)认为,金融危机是全部或大部分金融指标——短期利率、资产价格、企业破产数和金融机构倒闭数的急剧、短暂和超周期的恶化,是与金融景气相对的一个概念。货币主义学者迈克尔·博多(Michael Bordo)则将金融危机定义为十大因素或十大关系:预期的变动、对某些金融机构资不抵债的担心、试图将不动产或流动性较差的资产转化为货币等。其中,货币供应量的下降排在第六位。布拉德福特·德龙(J.Bradford Delong)认为,金融危机是指经济中大量的银行和公司破产或即将破产,当一个正在运营中的银行或公司资不抵债或无力完成各项支付时,危机就爆发了。当金融危机来临时,银行不愿意再向正在运营的公司发放贷款,也可能公司已经破产或即将破产,无法再偿还贷款;而当金融危机发生时,公司不能再对某个项目进行投资,因为银行随时会来催收贷款或者贷款已经延期了等。

综合上述概念和各种观点,我们把国际金融危机(International Financial Crisis)定义为:一国所发生的金融危机通过各种渠道(如国际贸易、国际资本流动等)传递到其他国家从而引起国际范围内金融危机爆发的一种经济现象。它对整个经济和金融体系的破坏是全方位的、持久的和深入的。

(二)国际金融危机的种类

1. 国际货币危机

国际货币危机,即一国货币汇率短时间内出现异常剧烈的波动,并导致相关国家或地区乃至全球性的货币支付危机的一种经济现象。对于每个国家而言,货币危机的程度可以用外汇市场压力指标来衡量,该指标是汇率(按直接标价法计算)月变动率与国际储备月变动率相反数的加权平均数。当该指标超过其平均值的幅度达均方差的三倍时,就将其视为货币危机。

2. 国际银行危机

国际银行危机,是指由于国际银行出现信用危机,从而导致地区性或全球性银行也出现经营困难甚至发生银行破产的一种经济现象,如 2011 年欧洲银行危机。2008 年金融危机以来,欧洲银行业因持有大量华尔街有毒资产遭受巨额损失。欧洲银行主权债务的高度集中,与重债危机国家的风险关联严重恶化了欧洲银行体系的资产负债。欧洲银行业危机开始浮出水面,银行体系流动性枯竭和融资困境不仅破坏了金融部门救助欧债危机的能力,也导致了私人债权人参与救助计划流产。

3. 国际债务危机

国际债务危机,是指在国际债权债务关系中,债务国因经济困难或其他原因,不能按照债务契约规定时间偿还债权国的债务本金和利息,从而导致国际金融业(主要是银行业)陷入金融危机,并严重地影响国际金融和国际货币体系稳定的一种经济现象。债务危机严重干扰了国际经济关系发展的正常秩序,是国际金融体系紊乱的一大隐患,尤其对危机爆发国的影响更是巨大,会给经济和社会发展造成严重的后果。如 2011 年欧债危机,随着希腊、爱尔兰、葡萄牙主权债务危机的升温,债务危机开始从欧元区外围国家向核心国家蔓延。

(三)国际金融危机的特征

国际金融危机主要表现为金融领域所有的或者大部分的金融指标的急剧恶化,如财政赤字、通货膨胀、货币贬值、失业率大规模增加等,从而导致社会的不稳定,多个行业发展停滞不前。长此以往将激化社会矛盾,产生一系列不和谐因素,影响相关国家或地区乃至全世界的稳定与发展。

其基本特征包括以下几个方面。

1. 整个区域内资本外逃,官方储备大量减少,偿债困难

货币币值出现幅度较大的贬值,并伴随较高的通货膨胀率。如 2008 年国际金融危机,导致越南经济重蹈 11 年前覆辙,出现高达 25.5% 的通货膨胀、持续扩大的贸易逆差和财政赤字、过多的外债规模。

2. 经济总量下滑,经济规模萎缩,经济增长率低下,失业率提高

如 2001 年南美国家阿根廷的金融危机,导致 2002 年阿根廷经济出现 11% 的负增长,失业率高达 21.5%。阿根廷在拉美国家中,开放比较早,并且金融体系比较完善。由于其经济规模较小,人们觉得此次危机不会掀起很大的浪花。但是到了 2002 年上半年,阿根廷的金融危机慢慢引起了多米诺骨牌效应,导致乌拉圭、巴西、巴拉圭、哥伦比亚、玻利维亚等一些国家,不论是股票市场、债券市场还是汇率市场方面,都出现了一系列的波动,最终导致整个拉美地区 2002 年经济实现负 0.5% 的增减,经济规模进一步萎缩。

3. 正常银行信用关系遭到破坏,并伴随银行挤兑、银根奇缺、金融机构大量破产倒闭、股市暴跌等现象的出现

如 2008 年全球金融危机,导致美国多家金融机构的不良资产增加,流动性缺失,进而引发多家金融机构倒闭,如五大投行(高盛集团、摩根史丹利、美林、雷曼兄弟、贝尔斯登公司)中的三家(美林、雷曼兄弟公司、贝尔斯登公司)或倒闭或被收购,其余两家被银行控制;商业银行的倒闭(华盛顿互助银行);最大的两家房屋抵押贷款公司即新世纪金融、美国住房抵押贷款投资公司被政府接管;AIG(大型保险公司)被美国政府接管。一年的时间里,美国两大股指跌幅在 30% 到 40% 之间。

4. 企业大量倒闭,社会普遍经济萧条

例如,受 2008 年全球金融危机的影响,任何国家都无法独善其身。中小企业受到的冲击尤为严重,《世界企业家》记者调查发现,中国企业迎来了"倒闭潮"。数据显示,仅 2008 年上半年,中国约有 6.7 万家中小企业倒闭,而其中大多是东南沿海的出口型企业。

5. 社会动荡或国家政治层面的动荡

例如,2008 年席卷全球的金融危机曾在欧洲各国掀起社会抗议的浪潮,如英国和法国,令政治家胆战心惊。

(四)国际金融危机产生的原因

引起全球性金融危机产生的原因不尽相同,具体包括外部原因和内部原因。金融危机是由外部因素还是由内部因素所导致,学术界历来有两种比较对立的观点:阴谋论和规律论。阴谋论认为金融危机是经济体遭受有预谋和有计划的攻击造成的,即外因造成,如东南亚金融危机的爆发。规律论认为金融危机是经济体的自身规律,即内因造成的,如美

国次贷危机导致的全球金融危机。本书从国际经济的视角具体解析金融危机的形成原因，具体包括以下三个方面。

1. 国际经济失衡

经济失衡是指经济发展的不平衡，经济发展的不平衡是世界经济运行的常态和基本规律之一。造成全球经济失衡的原因错综复杂，既有市场因素的作用，也有经济政策的影响，同时也是经济金融全球化趋势深入发展的必然结果。不同时期的经济失衡有着不同的表现，当经济不平衡积累到十分严重的程度时，持续扩大的全球经济失衡将势必导致国际资本流动和国际汇率关系的剧烈调整，从而引发全球金融动荡，严重威胁世界经济的稳定和增长。

纵观金融危机史，金融危机总是与区域或全球经济失衡相伴而生的。1929年爆发金融危机之前，国际经济结构发生了巨大变化，英国的世界霸主地位逐渐向美国和欧洲倾斜，特别是美国经济快速增长呈现出取代英国霸主地位的趋势，这次国际经济失衡为此后的金融危机埋下了祸根。而近20多年来，全球经济失衡更是与金融危机如影随形。如20世纪80年代末日本的金融危机，由于日美之间的经济平衡被打破，导致日元升值、日本经济泡沫破裂，触发了日本金融危机和十几年的经济停滞。20世纪末期，区域经济一体化趋势要快于经济全球化趋势，拉美国家与美国之间的经济关联度使得拉美国家对美国经济的"蝴蝶效应"要比其他国家更为强烈。当拉美地区的经济结构失衡时，往往表现为拉美国家的金融危机。

在区域经济一体化和经济全球化的今天，一个国家宏观政策的影响力可能是区域的或全球性的。当一国经济结构失衡时，会引起国际资本和国际需求在不同国家发生相应的变化。如果是小国经济，其影响力只是区域性的；如果是大国，其影响将是全球性的。随着大国经济趋强，将会有大量外部资本流入该国。此时，资本流出到一定程度的资本输出国，会发生流动性短缺，因而导致金融危机的发生。而对于小国经济而言，由于其自身的劳动力、资源等比较优势，会吸引外国资本的流入。当国际资本流入数量过多时，实体经济吸收国际资本饱和后，国际资本会与该国的虚拟经济融合，推动经济的泡沫化。当虚拟经济和实体经济严重背离时，国际资本很快撤退，导致小国由流动性过剩转入流动性紧缩，结果导致金融危机爆发。因此，我们必须意识到，全球经济失衡涉及各个国家和地区。如果只是某些国家调整内部经济结构和发展战略，而其他国家因循守旧，那么这种失衡也很难改变。

2. 国际货币体系扭曲

1973年，以美元为中心的固定汇率制度的瓦解，取而代之的是全球比较松散的浮动汇率制度。如果浮动汇率政策能够遵守货币体系下的纪律约束，那么世界金融市场上就不会出现不稳定的投机性攻击，也不会出现由此造成的货币市场动荡乃至金融危机。但由于制定货币政策的自主性和经济全球化的相关性存在矛盾，因而现存的货币体系不能够保证仍是国际货币体系支柱的美元在浮动汇率前提下的纪律性，现存的国际货币体系是严重扭曲的、不合理的。美元的价值是通过美元利率调整实现的。美联储在制定美元利率时，不可能顾及钉住美元或以美元作为储备的国家（地区）的宏观经济状况，因而当美元利率调整时，往往会对其他经济体，特别是与美国经济联系比较密切或者货币与美元挂钩的国家和地区造成冲击。鉴于美元的特殊地位，美国经济政策变动影响既可能是区域的,也可能是全球的。

从以上分析可以看出,虽然布雷顿森林体系已经崩溃,但是对于新兴市场国家和发展中国家,美元不论是升值还是贬值,依然会造成这些国家经济的强烈波动。当美国经济繁荣时,美元升值会导致资本的流出;当美国经济萧条时,美元贬值会导致这些国家的通货膨胀。以美元为本位的后布雷顿森林体系不仅难以解决全球性的经济失衡问题,还会加剧经济的不平衡。

3. 国际游资的攻击

国际经济失衡是金融危机的前提条件,扭曲的国际货币体系会加剧国际经济失衡,而国际游资是金融危机的始作俑者。近年来,巨额游资的活动与国际金融动荡相伴而行,已成为当今国际金融市场的重要特征之一。如1992年,国际游资冲击英镑,最终迫使英镑退出欧洲汇率机制;1994年末,在墨西哥总统候选人遭暗杀事件后40多天内,外资撤走100亿美元,墨西哥政局不稳以及巨大的贸易逆差引发了墨西哥金融风暴;1997年,国际游资又冲击东南亚金融市场,首先攻击泰铢,低买高卖,并巧妙运用金融衍生工具获取高额回报,之后危机蔓延到菲律宾、马来西亚、印尼等国,最终导致东南亚金融危机。

国际游资为什么能够摧毁一个国家的金融体系?众所周知,国际游资规模较大,根据IMF对国际游资的统计,20世纪80年代初的国际短期资本为3万亿美元,到1997年底增加到7.2万亿美元,相当于当年全球国民生产总值的20%。2006年末,仅全球对冲基金管理的资产总额就达1.43万亿美元,比1996年末增长约6倍。因此,它完全有能力影响和缩短被攻击国家的金融周期,即一个国家金融市场由繁荣到萧条的自然过程。当国际游资大量进入一个国家时,它会影响一个国家的利率和汇率变化,也会带动该国金融经济的快速发展。与此同时,在国际金融家掌握话语霸权的情况下,他们通过有意识地夸大被攻击国家发展中的成绩或存在的问题,以产生正面或负面的心理预期。通常情况下,先用"经济奇迹""新的发展模式"来吹捧其经济成就,然后用"不可持续""面临崩溃"来夸大其经济中出现的问题。在整个过程中,国际游资在金融繁荣时期进入,并娴熟地运用金融衍生工具赚取高额利润。而在其获取巨额收益后,国际游资又有预谋地撤退,这必将引起该地区金融市场的动荡乃至崩溃,最终引发金融危机。

二、国际资本流动与国际金融危机的联系

20世纪以来的几次金融危机表明,金融危机的爆发总是与国际资本的大规模、无序流动有关,或者说国际资本流动是新兴金融危机爆发的外部条件,而国际资本流动是通过本身的流动机制引起金融市场动荡甚至金融危机的,具体通过以下途径引发金融危机。

(一)国际资本大量流入,加剧内外经济失衡

金融全球化的深入发展及其带来的国际资本流动的便捷,使得美国等发达国家能够凭借其金融市场在规模、流动性、获利性、深度和广度等方面的综合优势,以及美元和其他主要国际货币在国际贸易定价结算,金融资产定值、交易和投资,作为储备货币等方面的优势地位,通过货币、汇率和金融政策主导着国际金融市场的运行和国际资本的流动,吸引国际资本大量流入来支撑其不断扩大的贸易逆差,并造成国际资本流动格局的失衡。同时,越来越多的新兴市场国家和地区也加快了金融改革和开放的步伐,使得国际资本流入变得更加便捷。但这些新兴市场国家的市场容量相对狭小,国内工业体系不够完善,金

融监管相对滞后,对金融机构的约束力薄弱。随着大量国际资本的涌入,刺激银行积极参与国际金融市场活动,使得金融资产总量进一步扩张,但其中只有少量流向实体经济部门,绝大部分外来资本过度投入畸形繁荣的房地产、证券市场等虚拟经济部门和贸易部门,导致房地产价格、股票价格迅速攀高,并形成经济泡沫。因此,尤其对于金融市场狭小的新兴市场来说,放任国际资本的自由流入,将会增加国内外宏观经济失衡的可能性。

(二)资本大量抽离,打破了国内金融市场的平衡

资本流动性的提高,使国际资本在不同国家的调整变得非常容易,国际资本可以因微小的利差而快速进入一个国家,也可以因内(外)部环境的突然变化而迅速撤离。但是,对于长期习惯于大量资金流入的国家来说,突然出现的外资流入减少甚至净流出,必然会打破金融市场的供求平衡,导致其资金紧张,利率攀升,经济体的应变能力下降,进而打击其实体经济。

例如,借助良好的外部条件和宽松的国内政策,新兴市场国家在2002—2007年世界经济的景气周期中敞开大门接纳了滚滚而来的国际资本,从而造就了长达5年的资本流入盛景。有关资料表明,截至2007年底,新兴市场经济体资本流入总量占到了GDP的7.5%,5年时间流入规模翻了5倍,并且这一繁荣的景象一直延续到了2008年年中。然而,国际金融危机的发酵和肆虐不仅打乱了世界经济成长的步伐,而且也快速地更改了国际资本的流动方——曾经高歌踏入新兴市场国家的金融资本大规模地掉头回撤,使得亚洲和欧洲新兴市场板块成为资本流出的"重灾区",其中俄罗斯和韩国成为了亚欧新兴经济体资本流出的典型国家。据俄罗斯央行的资料,2008年俄罗斯仅外国私人资本净流出额就高达1 299亿美元,并且这种情况在2009年继续存在。无独有偶,据韩国证券交易所提供的数据,2008年海外投资者抛售韩国股票1 000亿美元之多,刷新了累计抛售额历史的最高纪录,海外投资者在韩国市价总额中所占比重创下了2001年交易所开始统计相关数据以来的最低值。这一系列的资本外逃事件具有"羊群效应",迅速蔓延到整个世界,进一步加剧了国际金融市场的失衡。

(三)投机资本的冲击是金融危机爆发的导火索

国际投机资本即国际游资或国际热钱,具有规模大、停留时间短、反应灵敏、脆弱性高和破坏性强等特点,通常会借助一些突发性经济金融事件冲击一国货币汇率,通过大量抛售该国货币,压低其汇率,动摇货币汇率稳定的信心,最后引发货币持有人将该国货币资产全部转换成外国货币资产,进而导致金融市场动荡。

以1992年的英国为例。英国为保持欧洲统一汇率机制,高估英镑。国际热钱趁机大量抛售英镑,买入德国马克,最终导致英国耗尽200多亿美元外汇储备,并被迫将英镑贬值15%,同时退出统一汇率机制,而国际热钱从中净赚约20亿美元。1994年底,墨西哥金融危机爆发。外资抽逃,导致墨西哥外汇储备2天内减少40亿美元,汇率3天暴跌42.17%,股市2个月暴跌47.94%。危机爆发的导火索是政府宣布比索一次性贬值15%,比索遭到热钱抛售。而此前,墨西哥为对抗通货膨胀,采取了比索高估的策略,并由此导致出口少进口多,外汇储备大量减少。为维持收支平衡,墨西哥又大量吸引外资进入,其中70%投资于短期证券,由此危机爆发。1997年,热钱冲击波又从泰国引爆。泰国1992年开始全面取消资本管制,热钱进出无阻。为吸引外资,又采取固定汇率制度,本币高估,同时又不得不长期动用外汇储备来弥补贸易逆差,进而导致外债增加。一旦外资大量流

出,外汇储备不足,必然导致本币贬值。国际热钱正是看到这一点,先大量借泰铢,然后抛售,使泰铢大幅贬值,然后就可以用少量的美元偿还,从中渔利,泰国经济由此遭到重击。56家银行被挤垮,泰铢贬值60%,股市狂泻70%,投机资本在几天之内就从泰国掠走40亿美元。金融危机随即席卷菲律宾、马来西亚、中国香港地区、韩国、印尼和日本,至少给东南亚地区造成2 000亿美元的经济损失。

三、国际金融危机的防范

(一)国内层面的危机防范

1. 保持合理且稳定的宏观经济政策环境

资本的自由流动有利于充分发挥价值规律的作用,使得世界范围内的资源得到合理有效的配置和利用,提高劳动生产率,产生最佳的经济效益,带动世界经济的整体发展。然而,健康的宏观经济政策是资本自由化改革成功的必要条件。因为在一国经济从受管制走向自由的过程中,价格、利率、汇率和收入等经济杠杆将逐渐取得对经济生活的主导性调节作用,而健康的宏观经济政策将有助于这些经济杠杆准确地发挥作用,并保证经济的稳定运行。合理且稳定的宏观经济政策环境会大大降低财政政策和货币政策的脆弱性,并且能够避免区域内巨额财政赤字的出现。

2. 建立相对充足的外汇储备

相对充足的外汇储备对一国金融市场的健康发展具有重大意义。其一,伴随着资本自由化程度的深化,一国经济的开放程度将日益提高。与此同时,也将遭遇越来越多的各种内、外冲击,不确定性风险明显增加。相对充足的外汇储备可以较好地应对各种冲击,从而减轻调节国际收支的压力。其二,资本账户开放很可能在短期内引起大规模的资本流入,并导致实际汇率升值和贸易账户恶化。此时,如果政府能够有效地动用国际储备来缓解压力,那么资本账户开放过程中的风险将得到相对化解。其三,维持相对充足的外汇储备,可以增强市场参与者的信心,从而在一定程度上抑制短期资本的投机活动。

3. 建立强有力的国内金融系统

强有力的国内金融系统,即资本充足、有效的银行监管、有效的银行合作管理、有效的破产法规以及可靠的合同履行手段等。当一国的金融系统具备上述特点时,即便保有大量的债务,金融危机爆发的可能性也极低;反之,即便该国金融系统保有的债务数量非常小,都有可能使金融系统产生问题,并爆发金融危机。在金融体制改革和资本账户开放过程中,要加强对金融领域的市场监管和预留必要的调控空间,不能放任金融市场的自由发展。

4. 选择合适的汇率体制

尽管汇率政策在本质上是国际性政策,它受国际约束以及国际监管的程度较大,但资本自由流动的国家,应根据其国内形势在弹性汇率、货币局制定的固定汇率体制、美元化和货币区式的固定汇率体制之间做出选择,以避免国内货币市场的失衡,而不是选择爬行钉住或管理浮动等的中间汇率体制。

5. 降低流动性风险和资产负债表风险

(1)根据国家外汇储备水平确定短期负债水平,可以有效防止短期负债的过度增长,从而降低流动性风险和资产负债表风险。

(2) 推动资本市场的健康发展,避免错误地使用资本控制政策是降低流动性风险和资产负债表风险的有效手段。因为对资本进行控制会增加控制成本和产生扭曲效应(主要包括对外商直接投资进行限制导致的扭曲,对内部股权投资进行限制导致的扭曲,对非居民长期证券市场上融资渠道的扭曲,对债务的过分依赖等),而且还会加大金融系统对金融业全球化的阻碍作用。

(二)国际层面的金融危机防范

国际社会在金融危机防范方面的主要任务是促进危机国家执行合理的国际经济政策,减少引发危机的政策失误。要达到这一目标,需从以下几个方面入手。

1. 实现生产要素的自由流动

允许生产要素自由流动,是消除危机能量积累、防范国际金融危机的重要方法。因为国际金融危机积累的基础来源于货币比值对事物实际价值的偏离,要消除这种偏离,就必须解决劳动力自由流动的问题。随着劳动力的自由流动,对于那些无法通过贸易方式进行自由交换的商品而言,我们就可以利用流入的劳动力进行生产和消费,这样商品在世界各个角落的差价,就只剩下交通费用和信息传播的费用了,不同的货币的比值自然就会回归平价,国际金融危机的能量失去了累积的基础。因此,我们认为防范国际金融危机的最好的方法是实现所有生产要素(特别是劳动力)的自由流动。

2. 建立新统计体系

首先,现有的统计体系旨在统计主观价值量,无法准确反映客观价值量,导致会计统计严重失真。为了弥补这一缺陷,应在继续使用现有的统计体系的同时,建立客观价值量的统计体系。

其次,当进行国际比较时,事物的统计甚至不是依据其主观价值量,而是依据进入国际交换领域的商品的价格,来推及所有事物的价值,造成对平价的偏离。因此,进一步完善购买力比较体系具有十分重要的意义,可以使得市场作出比较准确的反应,来减弱危机能量的积累;国家也可以较明确地知道自己的力量而调整政策。

3. 抑制金融资产泡沫的膨胀

(1) 执行严格的以控制通货膨胀为目标的独立的货币政策。杜绝以货币扩张来促进经济增长的政策倾向,积极进行结构调整和基础设施建设。

(2) 有效引导游资活动,防范和抑制过度投机行为,吸引资金投向生产领域。对活跃在金融市场的资金,要注意培育和规范机构投资者,达到稳定市场、减少盲目投资的目的。

(3) 加强金融资产市场的监管,规范市场行为,保护市场的公开、公正与公平,打击欺诈和操纵市场的行为。

第四节 中国利用外资与外债管理

一、中国利用外资的发展演变

利用外资是我国进行现代化建设的客观要求,是我国借鉴其他国家成功经验的总结。改革开放40年来,中国的发展为国际资本提供了广阔市场,同时中国也在利用外资方面日渐成熟。纵观历史,中国利用外资的进程主要分为以下几个阶段:

第一阶段(1949—1978)。新中国成立初期,中国利用外资有了一定的发展,但由于受到当时历史条件的限制,规模和数量都十分有限。20世纪50年代时,我国主要利用政府贷款方式引进外资,利用外资规模小,外资来源渠道单一,外资投向自主选择性小,实行的是高度集中的外资配置体制,即由中央政府直接确定利用外资的具体项目。而到了六七十年代则主要利用商业贷款方式引进外资。这一时期仍然沿袭过去那种高度集中的外资配置体制,外资利用的决策仍由中央决策机构作出。此时外资来源主要为较高利率的商业性贷款,加大了融资的成本。另外,项目上马前一般未经过严格的经济技术论证,投资效益较差。同时,外资的使用和偿还基本上是脱节的,偿债的压力主要集中在中央财政上。

第二阶段(1979—1991)。在党的十一届三中全会上,中国政府将对外开放确立为基本国策。自此,中国利用外资开始进入一个崭新的发展阶段,主要表现为:利用外资规模扩大;海外借款成为我国利用外资的主要形式;利用外资的方式多样化;外资配置体制也转变了。

第三阶段(1992—2002)。自从1992年邓小平发表南方谈话之后,中国利用外资的步伐进一步加快,随着沿海6座城市、边境13座城市和内地18座省会城市的全面开放,我国利用外资朝着全方位、多层次方向扩展,外商投资成为中国利用外资的最主要方式。在这期间,外商投资的产业结构也日益趋向合理。2001年我国加入世界贸易组织(WTO),这标志着我国对外开放进入了一个新的发展阶段,同时也意味着作为对外开放重要内容的利用外资也面临着新的发展机遇和挑战。

第四阶段(2002年至今)。在这一时期,外商对我国投资进入了一个新的发展阶段。外商直接投资的合同金额和实际使用金额均呈持续增长态势,我国连续多年成为吸引外资最多的发展中国家。对外资的需求开始从以数量为主转向以质量为主,资金流动从以资金流入为主转入流入和流出双向并重,吸引外资的方式从新设企业为主转向新设和并购两种方式并重。同时外资投资已遍及三产,基本用于铁路、公路、港口等交通基础设施、电力、石油等能源基础产业,钢铁、有色金属、化工等原材料工业,机械、电子、纺织等加工工业,以及农业、林业、水利、通信、城建、环保、教育和卫生等领域。

伴随国内外环境的不断变化,中国利用外资的战略也需要进行相应的调整。中国利用外资从政策优惠的吸引转变为竞争秩序和投资环境的吸引;由"超国民待遇"和"非国民待遇"转变为国民待遇;由注重吸引资金转向注重引进技术。

在中国利用外资日渐成熟的这些年里,中国利用外资的战略有两次重大的转变,一是"引进来"从"量"到"质"的根本转变;二是由"引进来"向"走出去"的根本转变。两次转变都是我国经济发展、对外开放形势所决定的。

二、中国利用外资的主要方式

(一)外商直接投资

利用外商直接投资是目前中国利用外资的最主要方式,具体包括中外合资经营企业、中外合作经营企业、外资企业(外商独资经营企业)、中外合作开发、BOT(Build-operate-transfer)投资方式等。中国利用外资方式上出现了从"合作""合资"到"独资"的演变趋势。中国利用外商直接投资的起步阶段是合作企业为主导方式时期;成长阶段是合资企业替代合作企业为主导方式时期;提高阶段是独资企业替代合资企业为主导方式时期;稳步发展阶段是独资企业为主导方式时期。

中外合资经营企业又称股权式合资经营企业,是依据《中华人民共和国中外合资经营企业法》建立的企业,是中国直接利用外资的主要形式之一。中外合资经营企业一般具有以下特征:①合资经营企业是中国企业与外国投资方在中国境内共同举办的企业。②合资经营企业的法律地位为中国法人。③合资经营各方需共同投资、共同经营、共享利润、共担风险。④合资经营企业的组织形式为有限责任公司。

中外合作经营企业又称契约式合营企业,是根据《中华人民共和国中外合作经营企业法》设立的企业。中外合作经营企业的主要特点有:①合作经营企业可以组成具有法人资格的实体,组织形式为有限责任公司;也可以以自己的法人身份进行合作,组成非法人式的合作经营企业。②合作经营各方可以以自己所拥有的各种方式出资。③允许外方从营业收入中或设备折旧中回收投资。④法人式企业设立董事会及经营管理机构进行管理,非法人式企业由合作方各方派代表组成联合管理机构共同管理或委托合作一方或合作者以外的第三方进行管理。

外资企业又称为外商独资经营企业,是依照中国有关法律,在中国境内全部资本由外国公司、企业、其他经济组织或个人投资设立的企业。

外商投资股份制企业又称为外商投资股份有限公司,是指依据我国《公司法》和有关规定设立,公司全部资本由等额资本构成,股东以其所认购的股份对公司承担责任,公司以全部财产对公司债务承担责任,中外股东共同持有公司股份,外国股东购买并持有的股份占公司注册资本25%以上的企业法人。

中外合作开发是指外国公司同中国公司合作进行本国资源开发的一种合作形式,是目前国际上在自然资源领域广泛采用的一种经济合作方式。其最大的特点是高风险、高投入、高收益。

BOT投资方式有时也称为公共工程特许权,即建设—经营—转让。典型的BOT方式是指政府同私营机构(在中国表现为外商投资机构)的项目公司签订合同,由该项目公司承担一个基础设施或公共工程项目的筹资、建造、运营、维修及转让。在一个固定期限内(一般为15~20年),项目公司对其筹资建设的项目行使运营权,以便回收该项目的投资、偿还该项目的债务并赚取利润。协议期满后,项目公司将该项目无偿转让给东道国政府。

外商直接投资在中国经济发展中的积极作用显而易见,但其负面效应也不容忽视。目前我国利用外商直接投资主要存在产业结构不均衡、地区投向不均衡、外商直接投资规模宏观失控等问题。因此,首先,我们仍需要调整外资投向的行业结构,协调外资在三大产业中的比例。其次,应当加强对外商直接投资投向的地区引导。积极引导和鼓励外商投资向中西部地区转移,优先在中西部地区安排一批具有当地特色的农业、水利、交通、能源、原材料项目的招商引资。而这些地方具有优势的、允许外商投资的项目,国家应给予金融、税收等方面的优惠政策。最后,应该加大市场化改革力度,按国际惯例运作。在涉及税收、外汇管制、贸易政策、法律制度和金融体系等方面提高透明度,加强对外商直接投资规模的宏观控制。

(二)对外借款

1978年确定对外开放的国策以来,中国步入了利用外资促进经济发展的快车道。40年来,中国的对外借款经历了一个由少到多再到逐步稳定的发展过程,在规模、渠道、结构上都有了很大的发展,对外借款已成为中国利用外资的重要组成部分。借款的方式逐步趋向多元化,主要有外国政府贷款、国际金融组织贷款、国外银行及其他金融机构贷款、出口信贷、国际金融租赁、对外发行债券等多种方式。而从外债的借用者来说,主要有国务院部委、外商投资企业、中资银行、中资非银行金融机构、中资企业、外资金融机构和其他债务人。同时,中国借用外资的期限结构、利率结构和币种结构也相应逐步趋于合理化。

(三)海外上市

海外上市可以为企业发展筹到所需资金,进一步完善公司法人治理结构和现代企业制度,扩大企业在国际上的知名度,可谓好处很多,但同时也有控股权分散、信息过度公开以及跨国界的风险等。

目前中国企业海外上市的模式主要有通过B股上市、在境外直接上市、在海外通过存托凭证间接上市、在境外买壳间接上市、利用控股公司间接上市这几种。

三、外债管理

(一)外债管理的概念

外债是指一国境内的机关、团体、企业、事业单位、金融机构或者其他机构对该国境外的国际金融组织、外国政府、金融机构、企业或者其他机构用外国货币承担的具有契约性偿还义务的全部债务。

国际债务管理及外债管理,有广义和狭义之分。广义的外债管理,包括一系列政策调节手段,如严格控制外债运行中的多头借债、管理分散的弊端,控制一些部门和地方政府为局部利益盲目竞相借款;加快金融体制改革,积极培育国内的本外币资金市场(如外币债权市场和外汇资金拆借市场等)以减轻对外部资金的依赖;建立偿债基金,推行全口径的外债计划管理等。狭义的外债管理,包括对债务约束机制、总量、结构、运行方式、借债主体等几个方面的调整措施。

我国的外债管理是指政府通过法规、政策和技术措施实行外债结构优化的管理行为。它是在确定的规模范围内,结合中国建设对资金需求的特点,对构成总量的各个债务要素,即利率、期限、币种和融资形式等进行最优组合,以减少风险,保证偿债能力。

(二)外债的衡量指标

1. 债务率

债务率是指一国当年外债余额占当年货物和服务贸易外汇收入的比率。这是衡量一个国家负债能力和风险的主要参考指标,一般不应高于100%。

2. 偿债率

偿债率又称外债清偿比率,是指一国当年外债还本付息额占当年货物和服务贸易外汇收入的比率。这是衡量一个国家偿债能力的主要参考指标,国际公认的参考数值不应高于20%。

3. 负债率

负债率是指一国当年外债余额与当年该国国内生产总值的比率。该比率用于衡量一个国家对外资的依赖程度,或一国总体的债务风险。一般认为安全数值在10%以内,超过这一数值,其债务风险将随该数值增加而递增。当该数值超过20%时,意味着该国债务风险进入高风险区。

此外,还有利息偿还率、短期外债比率等指标。

(三) 外债管理

借债国能否通过实施外债战略来推动本国的经济发展,最大限度地发挥外债的效用,关键在于能否形成一个有效的外债管理体制,对外债的规模及结构进行全面系统的管理。系统的外债管理主要有以下几个方面的内容。

1. 外债规模管理

从理论上说,合理的外债规模应当是外债边际收益超过与其相对应的边际成本的外债数量。所谓外债边际收益是指每增加一个单位外债所增加的国民收入。外债边际成本是指每增加一个单位外债所增加的外债价格。

2. 外债结构管理

外债结构管理是在外债规模基本确定的前提下,通过对外债的各种要素比例构成的合理配置和优化组合,达到降低成本、减少风险、保证偿还的目的,主要包括利率结构管理、币种结构管理、期限结构管理、借款市场与国别结构管理等。

3. 外债营运管理

外债营运管理是对外债整个运行过程进行管理,包括外债借入管理、外债使用管理和外债偿还管理。外债借入管理要掌握好借债窗口,控制好借债总量,调整好借债结构,统筹好借债成本。外债使用管理要掌握好外债的投向,力争使外债投到微观经济效益和宏观经济效益综合最优的产业和项目上去。外债偿还管理要落实好偿债资金,合理安排偿债时间,避免出现偿债高峰。

4. 外债偿还管理

外债偿还管理不仅限于"偿还"一个环节,而是贯穿外债资金运动的整个过程。从国家总体来看,外债规模管理、结构管理,特别是营运管理是外债偿还管理的基础和条件。

国际资本流动出现四大新趋势

金融危机显著改变了全球资本流动格局,国际资本流动出现四大新趋势:

第一,国际资本从发达国家到新兴市场继续大进大出,而且资金量加大。随着经济萧条加剧,导致国际短期资金流向逆转,新兴市场国家出现短期的资本净流出,导致货币贬值和股市大跌。2009年3月以来,国际货币基金组织为新兴市场尤其是东欧和墨西哥提供了巨额贷款,资金开始回流,新兴市场货币和股市大幅反弹。东欧各国虽然在国际货币救助下渡过难关,但股市表现一般,主要是因为欧盟财政政策相对比较保守,欧盟的经济复苏可能比较缓慢。

由于"金砖四国"(巴西、俄罗斯、印度和中国)的前景很好,在发达国家零利率和量化宽松政策的影响下,容易使得套利资金流入新兴市场,再加之"金砖四国"较强的经济基本面和国际收支状况也吸引了不少投资者。2009年3月以来，香港资金流入量大幅增加，银行结余创历史新高。可以预期，极其宽松的全球货币政策环境将会继续推动国际资本流向基本面相对较强的"金砖四国"。

第二，从资本净流动的角度来看，国际资本仍然会从债权国家流向债务国家。经常项目盈余的国家，如中国等新兴市场由于受汇率体制不灵活的限制，仍会形成资本净输出。由于担心美国汇率贬值及美国国债价值下降，新兴市场今后为美国提供中长期融资的动力会减弱。另外，随着东亚国家出口前景的恶化及原油价格的大幅调整，东亚国家和东欧国家经常账户盈余水平会下降，外汇储备的幅度也会明显变化。而全球外汇储备最近仍有所增加，美国报告显示，外国央行仍然在增持美国国债。由于美国的储蓄率大幅回升到6%左右，而且贸易赤字改善，从前几年每个月达到600亿美元赤字减到300亿美元左右，相应的中国的外汇储备增幅2009年开始放缓，反映出全球经济不平衡虽然今后几年还会存在，但是至少没有恶化，会逐步改善。

第三，国际资本流动的地域分布也出现新格局，且逐步显现。宏观刺激政策相对稳定对信心起到很重要的作用，国际投资者看好亚洲股市和信贷市场，内地大量外汇储备和财政盈余以及相对健全的银行系统并没有受到金融风暴太大的影响，这为经济继续增长提供了良好的条件。美国股市最坏时刻应该已经过去了，虽然银行系统的坏账情况仍令人担忧，但是市场情绪普遍转为谨慎乐观，股市仍有上涨空间，金融市场在持续改善中。相对来说，欧洲的复苏可能会有所滞后，主要是因为政策的保守和东欧经济严重受损。

第四，国际金融市场参与者的角色发生很大变化。官方机构大规模干预市场并成为主要的国际金融市场参与者，国际货币基金组织在各个会员国大幅增资以后，资产超过10 000亿美元，其对东欧数百亿的贷款起到了全球最终贷款的作用，对中欧局势稳定起了主要作用。各国央行和主权财富基金近年来活跃在国际投资界，规模日益膨胀的主权基金的投资流向将成为影响国际资金流动的主要力量。由于新兴市场的投资工具和市场规模的限制，官方机构投资相信仍会集中在发达国家，但是由于全球股权债券市场规模的大增，会为央行管理提供更多的选择。

资料来源：摘自"凤凰财经"2009年9月9日。

复习思考题

1. 什么是国际资本流动？其成因有哪些方面？
2. 简述国际资本流动的类型。
3. 简述国际资本流动的特点。
4. 简述国际金融危机的类型及特点。
5. 简述国际金融危机的防范措施。
6. 简述外债管理的衡量指标。

第九章 国际融资

学习目标：

通过本章学习,了解国际融资的概念、特点及主要类型;掌握国际贸易融资的概念、特点及短期国际贸易融资和长期国际贸易融资的主要类型;掌握国际项目融资的概念、特点、适用范围和主要类型;掌握国际租赁融资的概念及主要形式;掌握国际债券融资的概念、分类、评级及国际债券的发行条件。

本章重要概念：

国际融资　国际贸易融资　国际项目融资　国际租赁　国际债券融资

第一节　国际融资概述

一、国际融资的概念

国际融资(International Financing)是指在不同国家与不同地区之间的资金需求者与供给者通过各种手段,在国际间进行的资金融通活动。具体包括：货币资金持有者之间的融通,实物资金持有者与货币资金持有者之间的融通,实物资金持有者之间的融通。国际融资历史悠久,其起源可以追溯到12世纪。第二次世界大战之后,国际融资的规模迅速扩大,对各国经济的发展乃至世界经济的发展均发挥着非常积极的推动作用。

国际融资有其存在的客观必然性。一方面,各国、各地区经济发展的不平衡,产生了资金跨国流动的需要;另一方面,各国经济联系的日益紧密以及全球经济一体化的加深,又为国际融资提供了可能。资金短缺国可以在国际金融市场上筹措资金,补充国内资金的不足,引进技术和产品,提高劳动生产率,促进经济发展;资金盈余国的政府、企业和个人也可以把资金借给外国,以获取更大的收益。国际融资作为一种调剂资金余缺的手段,可以把各种闲置资金,按照市场经济的规律,加以筹集,合理疏导,充分发挥资金的应有作用,在调剂资金、合理配置资源要素方面能起到重要作用,对国际贸易的发展起着极大的推动作用,从而促进各国经济和世界经济的发展。国际融资一般是在国际金融市场上进行的。国际金融市场是国际借贷关系产生和国际资金移动的渠道和中介,它为这种国际资金移动服务。在国际金融市场上,资金供应者和资金需求者通过金融机构或自行直接相互接触,从事借贷交易或证券发行买卖活动,以实现国际资金的融通。

随着国际金融市场业务的丰富与发展以及金融工具日新月异的创新,国际融资的含义也在不断丰富、发展。国际融资的主体更加广泛,范围也较以前大大扩展,不仅包括资金、机器设备、原材料、商品等要素,还包括知识产权、对物产权、行为权利等无形资产。

二、国际融资的特点

国际融资与国内融资比较而言,参与者更复杂,要求更严格,风险更大。国际融资具有以下几个特点。

(一)国际融资活动具有复杂性

国际融资的主体结构比较复杂。国际融资的主体主要有资金供应者(表现为债权所有人)、资金需求者(表现为债务人)。国际融资在不同国家的政府、企业、金融机构和个人之间进行的资金融通活动,涉及的交易主体较为繁多。国际融资使用的货币既可以是借款人所在国的货币,也可以是贷款人所在国的货币,或者是第三国的货币,但一般要求是可兑换的货币。国际融资的金融工具除了存款单、贷款合约、票据、信用证、股票、债券等传统工具外,还有许多新的金融工具,如期货、期权、互换、远期利率协议等,特别提款权(SDR)也在近年来逐渐用于国际融资。

(二)国际融资活动的风险性较大

国际融资与国内融资相比,风险较大,除了面临和国内借贷交易风险一样的信用风险、市场风险和操作风险外,还面临着特有的国家风险和外汇风险。

国家风险(又称政治风险或主权风险)是指某一主权国家或某一特定国家有主权的借款人,如财政部、中央银行及其他政府机构,或其他借款人不能或不愿对外国贷款人履行其债务责任的可能性。国家风险通常是由借款人所属国本身的原因造成的,主要是由于借款国政府不履行责任及其实施的政策法令所引起的。例如,发生政变、实行资金冻结、外汇管制、宣布限制或推迟偿还债务等。

外汇风险(又称外国货币风险)是指在国家经济、贸易和金融活动中,以外汇计价的收付款项、资产与负债业务,因汇率变动而蒙受损失或获得收益的可能性。国际融资经常以外币计价,如果融资货币发生贬值、汇价波动,既可能影响借款人的偿债负担和能力,又可能影响贷款人是否能按期收回贷款和债权收益。外汇风险是国际融资中最基本的一种风险,主要包括交易风险、会计风险和经济风险三类。融资主体可通过对本币、外币或时间的控制来减少这种风险。

(三)国际融资具有被管制性

国际融资通常是分属不同国家的资金持有者之间跨国境的资金融通和转移,是国际资本流动的一个组成部分。国际融资当事人所在的国家政府,从本国政治、经济利益出发,为了平衡本国的国际收支,贯彻执行本国的货币政策,以及审慎管理本国金融机构尤其是银行金融机构,无不对本国的对外融资活动加以管制。主权国家对国际融资的管制体现在,对国际融资的主体、客体和融资信贷条件实行法律的、行政性的各种限制性措施。法律管制是指由国家立法机关制定并颁布法律;行政性管制措施是指一国金融当局不经过正式的立法程序,而以行政手段对国际融资实施限制的措施。我国对国际融资的管理,重点是对利用国外借款的管理,目前实施的管理措施包括国家授权制、计划与审批制度、登记管理制度、税收制度等。

三、国际融资的类型

(一) 按是否通过金融中介划分

按照资金在筹资人和融资人之间流动是否通过金融中介来划分,可划分为国际直接融资和国际间接融资。

(1) 国际直接融资(International Direct Financing)是指资金融通通过投资者与筹资者直接协商进行,或者在国际金融市场上直接买卖有价证券来融通资金。例如跨国企业之间相互信贷、赊销和预付款等。

(2) 国际间接融资(International Indirect Financing)是指在国际金融市场上通过金融媒介进行资金融通。金融媒介主要通过吸收存款、保险金或信托资金等来汇集资金,同时通过发放贷款、购买原始有价证券等方式将其所汇集的资金转移到资金短缺的筹资者手中。金融媒介有银行、保险公司、投资公司等金融和非金融机构。通过金融机构,特别是银行,进行融资能够在很大程度上克服直接融资中的各种限制,使资金可以突破时间、数量、期限、信贷方向等方面的局限性。

(二) 按融资目的划分

按照融资目的的不同,国际融资可以划分为国际贸易融资、国际项目融资和国际一般融资。

(1) 国际贸易融资(International Trade Financing)是指国际间为进行贸易而进行的融资活动,针对进出口商提供与进出口结算业务相关的资金融通或信用便利,如出口信贷、买方信贷、福费廷、打包放款等。期限在一年期以下的短期贸易融资和一年期及以上的中长期国际贸易融资,是国际融资中最传统的类型。

(2) 国际项目融资(International Project Financing)是指为某一特定的工程项目进行融资,如大型的采矿、能源开发、交通运输以及电力、化学、冶金企业等建设项目。国际项目融资一般具有资金需求量大、期限较长、专款专用、风险较大的特点。国际项目融资是一种以项目的未来收益和资产作为偿还贷款的资金来源和安全保障的融资方式。

(3) 国际一般融资(International General Financing)是指既不与进出口贸易,又不与特定工程项目直接联系的融资。这类融资往往是出于克服资金短缺,调剂外汇资金,或弥补国际收支逆差、维持货币汇率等原因。

(三) 按融通资金来源划分

按资金来源的不同,可划分为国际商业银行融资、国际金融机构融资、政府融资和国际租赁融资。

(1) 国际商业银行融资(International Commercial Bank Financing)是指融通资金来自国际商业银行。这种融资的特点,一是贷款用途不受限,企业可以自由使用;二是贷款供应充足,企业可以灵活选用币种;三是贷款利率按国际金融市场利率计算,利率水平较高。

(2) 国际金融机构融资(International Financial Institutions Financing)是指融通资金来自国际金融机构,如国际货币基金组织、世界银行、国际开发协会、亚洲开发银行等,由它们向成员国提供贷款。其中国际货币基金组织向发生国际收支逆差的成员国提供短期或中期贷款;世界银行和国际开发协会则向发展中国家提供低息贷款、无息贷款和赠款,提供的资金用于特定的开发建设项目,也就是项目融资;亚洲开发银行主要是为亚太地区发展中成员提供贷款、担保、技术援助和赠款。

(3) 政府融资(Government Financing)是指融通资金来自各国政府的财政预算,如某国政府利用本国财政预算资金向另一国政府提供长期优惠贷款,其中主要是发达国家向发展中国家政府提供贷款。政府贷款如被限定用于购买贷款国的资本货物,则可划归为贸易融资;如用于资助借款国的经济建设项目,则可划归为项目融资。

(4) 国际租赁融资(International Leasing Financing)是指跨越国境的租赁业务,即在约定的时间内,一个国家的出租人把租赁物件租给另一个国家的承租人使用,承租人按约定向出租人交纳租金,租赁期满后,双方可以根据约定将租赁物返还出租人,或续租或留购。

(四) 按融资期限划分

按照融资期限的长短,国际融资可分为国际短期融资、国际中期融资和国际长期融资。

(1) 国际短期融资(International Short-term Financing)是指融通期限在1年以内的国际资金融通。国际短期融资具有融通资金周转较快的特点,大多属信用融资,如跨国银行同业拆借、国际银行短期贷款、对外贸易短期融资等。

(2) 国际中期融资(International Medium-term Financing),一般资金融通期限为1~5年,需要资金供需(借贷)双方签订融资(信贷)协议。

(3) 国际长期融资(International Long-term Financing)指资金融通期限在5年以上,最长可达50年的国际融资。第二次世界大战后,中期、长期的划分被逐渐淡化而统称为中长期融资。国际中长期融资一般是为了解决重要工程项目、基础设施建设、大型机器设备和技术出口的资金需求。

四、我国国际融资业务的发展

多渠道地吸引外资,积极稳妥地培育国内资本市场是我国经济发展的战略之一。为更好地发展经济,我国不仅在国内广泛地吸引资金,也将国际融资作为筹措资金的重要方式。我国主要采取吸引外资直接投资、国际金融机构借款、国际商业银行借款、国际债券、国际股票等融资方式。

我国发行国际债券始于1982年1月22日,中国国际信托投资公司在日本债券市场首次发行了100亿日本私募债券,期限12年、宽限期5年。从1982年1月29日起计算,年利率为8.7%,半年计息一次,宽限期后每年还款8%。此后的几年间中国在国际债券市场都很活跃,这一阶段的发行条件较好,利率接近伦敦同业拆借利率,期限一般在7年以上。

我国利用股票进行国际融资是从1991年上海、深圳两地发行的B股开始的,到1994年底,共有50余家上市公司向境外投资者发行B股,上市总额达30多亿元人民币,筹集外资数亿美元。目前我国企业发行的人民币特种股票(B股)、在香港上市的H股和红筹股、在美国上市的N股、在英国上市的L股以及在新加坡上市的S股都属于国际股票。

为了推动我国国际融资的发展,更好地发挥直接融资和间接融资的作用,我国将进一步加强和完善对外商直接投资和对外债的管理。在外商直接投资方面,我国将进一步完善外商投资的导向,把更多的外资引向中西部,引向基础设施、支柱产业和高新技术产业。在对外借款方面,将在计划管理、债务监测、借款使用、管理法规方面进一步加强和改善。

第二节 国际贸易融资

一、国际贸易融资概述

(一)国际贸易融资的概念与类型

国际贸易融资(International Trade financing)是指银行对外贸企业办理国际贸易业务而提供的资金融通。它是促进进出口贸易的一种金融支持手段。随着国际贸易迅猛发展,国际贸易融资的种类也随国际贸易和金融业的发展不断推陈出新。它主要分为以下几大类型。

(1) 按照融资的期限划分,可分为短期国际贸易融资、中长期国际贸易融资。

(2) 按照融资的来源划分,可分为商业银行贸易融资、政策性贸易融资、国际租赁融资。

(3) 按与国际贸易结算关系的紧密程度划分,目前国际上通行的国际贸易融资方式有:福费廷(包买票据业务)、国际保理业务、银行保函业务等。

(4) 按照融资的货币划分,可分为本币融资、外币融资。

(5) 按照融资有无抵押品划分,可分为无抵押品贷款、抵押贷款。

(二)国际贸易融资的主体

国际贸易融资中的借款人,根据国际贸易融资的定义可以看出,其融资对象是进出口商。在我国,它包括了国有、三资、私人所有的外贸公司、工贸公司、有进出口经营权的自营生产企业和科研院所。对于中长期贸易融资,特别是出口买方信贷而言,由于其具有鲜明的政府色彩、浓厚的政策性金融的特征,因此,更多的时候,它的借款人是借款国的银行,或是政府,或是信誉高、影响力大、经营状况好、还款能力强的大型企业。国际贸易融资中的贷款人,一般是商业银行和政策性银行。

(三)国际贸易融资的特点

国际贸易融资作为促进进出口贸易的一种金融支持,它属于在信用基础上的借贷行为。借贷的实体是价值,借贷行为是价值运动的一种特殊形式。贷出时价值(表现为货币资金或实物资金)作单方面转移,由贷款人让渡价值,保留所有权;归还时价值也是作单方面转移,借款者除了归还本金外,还要支付利息。这概括了国际贸易融资的两个基本特征:偿还性,借贷行为以偿还为条件,到期归还;生息性,偿还时带有一个增加额——利息。此外,它还有以下特点:国际贸易融资主客体的复杂性;国际贸易融资风险较大;国际贸易融资的被管制性。

(四)国际贸易融资的优势

(1) 短期和中期国际贸易融资相对于一般流动资金贷款来说,是一种安全性好、流动性强、赢利性高的信贷行为。

(2) 长期国际贸易融资同一般商业贷款相比,它的信贷条件优惠,且能实现还款双保险。

（五）国际贸易融资的作用

有利于促进一国国际收支平衡,扩大出口,增强外贸企业竞争力,帮助其开拓国际市场,扩大就业,增加外汇储备。

二、短期国际贸易融资

短期国际贸易融资是指在国际贸易过程中进出口商通过不同的渠道,采用不同的方式所获得的期限在一年以下的资金融通。短期国际贸易融资的期限中以3个月和6个月居多,最长不超过12个月。大多数短期国际贸易融资都和结算方式联系在一起,所以短期贸易融资又称国际贸易结算融资。

短期国际贸易融资形式繁多,名目各异,很难一一列举。按照接受信贷资金的对象不同,短期国际贸易融资可分为短期出口贸易融资和短期进口贸易融资。

（一）短期出口贸易融资

出口方为出口货物,需要大量流动资金用以支付各种费用,很容易造成出口方发生流动资金短缺,此时取得短期资金融通就成为保证出口的重要手段。

1. 短期贷款(Short-term Loan)

为了支持出口,出口地银行通常向出口方提供信用贷款或出口商品抵押贷款。信用贷款也称无抵押贷款,是指为了支持出口专门给出口商提供的贷款。尤其是在生产厂家获得进口商订单的保证之后,银行即可办理无抵押的贷款。出口商品抵押贷款是指以出口商所库存的预订出口的商品、为生产出口商品所采购储备的一些原材料商品或其所拥有的其他国内货物为抵押品的贷款。出口商银行在发放这种贷款时,特别需要把握贷款金额与抵押品市值之间的比例关系,以控制贷款风险。

2. 打包放款(Packing Finance)

打包放款又称装船前贷款、信用证抵押贷款,是指货物装船前,出口商以进口商银行开来的信用证为抵押向银行申请的短期贷款。它主要用于为生产或收购商品开支及其他从属费用的资金融通。融资比例通常不超过信用证金额的80%。期限一般不超过信用证的有效期,但有时银行还视情况规定一个最长融资期限,原则上不超过6个月。

3. 出口押汇(Outward Bill Credit)

出口押汇也称议付,即出口方以出口货运单据作抵押,向出口方银行申请融通资金。根据不同的结算方式,出口押汇可分为信用证出口押汇和托收出口押汇。

信用证出口押汇(Negotiations under Guarantee)是指在信用证结算方式下,出口商发运货物后,将全套单据提交往来银行作为抵押,要求银行提供的在途资金融通。信用证出口押汇可以有效解决出口方发货后急需资金的困难。

托收出口押汇(Advanced against Documentary Collection)是托收行买入出口商开立的以进口商为付款人的跟单汇票,以及随附的商业单据,将贷款扣除利息及费用后,将余额付给出口商,并通过国外银行向进口商收款,用以归还垫款的一种融资方式,其目的也是为了解决出口方资金占用的问题,但与信用证出口押汇相比,托收出口押汇的风险较大。

4. 票据贴现(Discount on Notes)

票据贴现是信用证下的一种融资方式。如果进出口双方签订以远期信用证方式成交,那么出口方取得开证行承兑的远期汇票后,可向银行申请贴现,以取得贷款。贴现金额是票面金额扣除一定贴现利息后的净款。为了防范风险,银行或贴现公司一般不对没有真实贸易背景的纯汇票进行贴现,而只对跟单信用证和跟单托收项下的已承兑汇票给予贴现。

(二) 短期进口贸易融资

1. 赊销(Credit Sale)

赊销是建立在出口方对进口方完全信任的基础上的一种融资方式。出口方将货物所有权交给进口方后,只要进口方在收到货物后1~3个月付款即可。这种方式对进口方最有利,进口方有相当长的时间将货物销售出去以提取资金来归还出口方的货款。

2. 票据信贷(Bill Credit)

票据信贷是出口方向进口方提供的一种融资方式。其做法是:出口商发货,取得代表物权的货运单据,并签发远期汇票,然后将单据和汇票通过银行或直接寄给进口商;进口商收到票据即进行承兑,并于汇票到期日支付货物。美国出口商对外国进出商提供信贷的期限一般为90~120天,也有较长时间的,要依商品性质、进口方资信而定。

3. 信托收据(Trust Receipt)

信托收据是在跟单托收的远期付款交单结算方式下,进口方向代收行开立的书面保证文件。在付款前代收行根据进口方提供的信托收据向其借出货运单据,从而使进口方可以在远期汇票未到期前先提货,销售货物后取得部分或全部货款;待汇票到期时进口方将货款付给代收行,换回信托收据,代收行再将收妥的货款付给托收行。这一过程等于是进口方在未动用自己资金的情况下实现了进口,所以是代收行对其提供的融资。

4. 进口押汇(Import Bill Advance)

进口押汇是银行在收到信用证或进口代收项下单据时,向进口商提供的短期资金融通。按基础结算方式划分,可分为信用证下进口押汇和进口托收押汇。

信用证下进口押汇(Negotiation of Documentary Bills under Latter of Credit)是开证行在收到议付行或交单行寄来的单据后,如进口方无足够的资金向银行赎单,则由开证行替进口方垫付货款,这样进口方就可以从银行获得融资。

进口托收押汇(Import Collection Bills)是代收银行向进口商提供的短期资金融通,以使它能在信托项下取得单证,凭此提货、报关、存仓、保险和销售。

进口押汇的时间较短,通常为1~3个月,适用于市场销售活跃的商品融资。进口押汇是贸易融资的主要方式,有着明显的优点。对进口商而言,在办理进口开证、进口代收后继续做进口押汇,等于利用银行的信用和资金进行商品进口和国内销售,减少资金占压,赚取利润并延长付款期限。当进口商因资金周转问题无法立即付款赎单时,进口押汇可以使其在不实际支付货款的条件下取得物权单据并提货转卖,从而不影响其正常的业务发展,也可降低融资成本。对出口商而言,由于进口押汇是开证行保证到期付款,信誉度良好,一般出口商也愿意接受延长付款期限。对开证行而言,有进口押汇协议和信托收据作为物权抵押,开证行对进口商融资的安全性较为放心,也可取得一定的利息和费用。

5. 提货担保(Delivery against Bank Guarantee)

正常情况下,收货人应凭正本提单向航运公司办理提货手续,但有时因航程过短货比单据先到,如收货人急于提货,可采用提货担保的方式。即进口商可要求银行出具担保提货书,代替提单向航运公司提货,待收到提单后,再将提单交给航运公司以换回担保提货书。

(三)国际保理业务

国际保理(International Factoring)又称托收保付,是指出口商将现在或将来基于其与进口商订立的合同所产生的应收账款转让给保理商,由保理商向其提供资金融通、进口商资信评估、销售账户管理、信用风险担保、账款催收等一系列金融服务的综合结算方式。国际保理业务是出口商与保理商之间订立的一种契约关系。在承兑交单和赊销方式下,出口商交货后把应收账款的票据转让给保理商,保理商对其进行核准和购买,从而使出口商的收款得到保证。国际保理方式下,一旦发生进口商不付或逾期付款的情况,由保理商承担付款责任。

根据保理商对出口商是否提供预付融资可将国际保理分为融资保理(Financial Factoring)和到期保理(Maturity Factoring)。融资保理又称预支保理,当出口商将代表应收账款的票据交给保理商时,保理商立即以预付款的方式向出口商提供不超过应收账款80%的融资,剩余20%的应收账款待保理商向债务人(进口商)收取全部货款后,再进行清算。到期保理是指保理商在收到出口商提交的代表应收账款的票据时承担完全信用风险,但并不直接向出口商提供融资,而是在单据到期后向出口商支付货款。

国际保理业务包括以下几点基本内容。

1. 贸易融资

当出口商将应收账款转让给保理商后,一般保理商会立即支付不超过应收账款80%的现款,使出口商迅速收回了大部分账款,减少了资金的占压。相对于其他融资形式,国际保理业务提供的融资具有手续方便、操作简单的特点。同时出口方可以将这种预付款视为销售收入,使企业的财务指标得到改善。

2. 信用销售控制

保理商为降低风险,必须对进口商进行全面的调查,包括它的资信状况、偿债能力、经营作风等,以核定相应的信用销售额度。此外,保理商还要了解进口商所在国的外汇外贸政策、经济形势、政治稳定性等宏观环境因素。每月底,保理商向出口方提供完整的未付应收账款结算单,内容包括每个客户的信用销售额度、信用销售额度的变化、有效日期、未付应收账款余额等。

3. 销售分账户管理

供货商将应收账款转让给保理商后,同时也将有关的账目管理工作移交给保理商。

由于保理商一般是商业银行或其附属机构,在账务管理方面拥有银行所具有的各种有利条件,因此,完全有能力向客户提供优良的账务管理服务。

4. 催收账款

买方拖欠、赊销账款是交易中普遍存在的一个现象,债款的回收对卖方来说是一件非常烦琐的事情。采用保理业务后,出口商就不再负责债款的回收工作,由保理商出面催收。保理商有专业的催收人员,在催收债款方面有非常丰富的经验,并熟悉有关的法律条款与司法程序。因此,债款回收的效率较高,解除了出口商对收债的后顾之忧。

5. 坏账担保

在采用保理业务时,保理商根据对进口商资信调查的结果,规定了出口商向每个进口商赊销的额度,在额度内的称为已核准应收账款,超过额度的称为未核准应收账款。保理商对已核准应收账款提供百分之百的坏账担保,而对未核准应收账款,保理商则不提供坏账担保。

当坏账担保与贸易融资结合在一起时,保理商对出口商提供的不超过应收账款80%的预付款可以立即被供货商视为正常的销售收入而放心地使用,无须考虑融资的偿债能力。

国际保理业务的特点是保理票据必须是进出口商之间货物销售产生的应收账款,该应收账款不属于个人或家庭消费或者类似使用性质。出口商必须将应收账款的权利转让给保理商。保理商必须以货款或者预付款的形式向出口商融通资金,管理与应收账款有关的账户,收取应收账款,对债务人的拒付提供坏账担保。

三、中长期国际贸易融资

短期国际贸易融资只解决临时性、季节性资金短缺问题。实际上,在整个贸易中,与大型贸易有关的中长期融资占主导地位。中长期国际贸易融资指期限在一年以上的进出口贸易融资,该融资主要适用于企业改善其资本结构,弥补企业资金不足的需求。

中长期国际融资不仅是一种融资手段,也是争夺产品出口市场的一种竞争手段。中长期国际贸易融资主要包括以下几个方面。

(一)出口信贷

1. 出口信贷的概念及特点

第二次世界大战前后,各国之间广泛开展了大型成套设备及技术的贸易,其成交额较大,周转期较长,进出口商迫切需要期限较长的信贷支持,由此产生了出口信贷。

出口信贷指出口国政府为了支持和扩大本国大型机械、成套设备、大型工程项目等的出口,通过成立官方出口信贷机构,或者通过给予商业银行利息补贴、提供信贷担保的方式,向出口方或进口方银行提供的一种融资方式。随着经济自由化和世界经济一体化的发展,各国经济的相互依存度越来越高,国际贸易的重要性日益突出,出口信贷融资已成为促进国际贸易发展的重要手段。为增强出口产品的国际竞争力,许多国家的金融机构通常以低于市场水平的利率为该国出口商或外国进口商提供中长期信贷支持,以扩大本国货物的国外市场占有率,金融机构提供的低利率贷款与市场利率的差额由政府进行补贴。同时,由于中长期贸易信贷的偿还期限长,涉及金额较大,贷款银行存在较大的风险,为保证银行资金的安全性,国家一般设有信贷保险机构,对银行发放的中长期贷款给予担保。

出口信贷具有以下几个主要特点:

(1)信贷发放以货物出口为基础。出口信贷必须用于支持本国资本性货物、技术或有关劳务的出口。如果某一商品由多国参与制造,那么贷款国部件占50%以上是获得出口信贷的必备条件,有时这一比例要求高达85%。有的国家只对商品中属于本国制造、研发的部分提供出口信贷支持。

(2)利率较低。大型机械设备的生产在一国经济中占重要地位,其产品价值高,交易金额大,这类产品的出口对一国国内生产、就业有着非常重要的影响。因此,为了提高这类产品的出口竞争力,出口信贷的利率一般按照经济合作与发展组织的协议规定调整,每半年调整一次,利息按签约时的固定利率计算,一般要略低于市场利率,其利差由出口国政府给予补贴。

(3) 信贷和保险、担保相结合。出口信贷支持的出口商品多是大型的、成套的机器设备,贷款金额大,期限长,而且涉及不同国家的当事人,因此,承办银行承担的风险较大。为了解除承办银行的后顾之忧,一般政府专门设立出口信贷机构直接作为保险人提供出口信贷保险,或者作为再保险人,对私人保险机构承保的出口风险给予再保险,或者对银行提供的出口信贷提供担保。

(4) 官方性。出口信贷是一种官方资助的政策性贷款。大部分国家都设立了官方机构专门办理出口信贷和信贷保险业务,一方面为弥补企业自有资金的不足,另一方面为实现国家对经济的干预。

2. 出口信贷的形式

根据接受信贷的对象来划分,出口信贷分为买方信贷和卖方信贷。

(1) 买方信贷(Buyer's Credit)是指在大型设备出口中,由出口商所在地银行贷款给外国进口商或进口商银行,以给予融资便利,扩大本国设备出口的出口信贷形式。

买方信贷的具体方式分两种。第一种是出口方银行直接向进口商提供贷款,并由进口方银行或第三国银行为该项贷款担保,出口商与进口商签订的合同中规定以即期付款方式成交。这种形式的出口信贷实际上是银行信用。第二种是由出口方银行贷款给进口方银行,再由进口方银行为进口商提供资金,以支付机械设备等进口物资的贷款。这种形式的出口信贷在实际中用得最多。买方信贷贷款金额一般为贸易合同金额的80%～85%。贷款期限根据实际情况而定,一般不超过10年。买方信贷的利率一般为伦敦同业拆借利率(LIBOR)与附加利率之和。在政府出口信贷机构担保下,银行会得到利息补贴,使买方信贷成为固定利率的低息贷款。对出口商来说,买方信贷加速了其资金周转,避免了应收账款对资产负债表的不利影响,提高了出口产品的市场竞争力。同时,由于贷款银行在收到货运单据后即付款,出口商货款得以提前回收,外汇风险受险期因而缩短。对进口商而言,由于有政府政策支持,买方信贷融资成本较低,可以及时缓解资金紧张的情况。

买方信贷总体上讲对进口商、出口商和银行都是有利的。对于进口商来说,通过买方信贷,在与出口商的贸易谈判中无须考虑信贷因素,可以对价格构成有充分的了解,因此能够争取到价廉物美的商品,比卖方转嫁手续费更有利。对于出口商来说,利用买方信贷交货后可立即收到货款,加快了资金周转的速度。而且出口商因为不需申请贷款,可集中精力考虑生产与供货等问题。买方信贷对银行也有利,出口方银行贷款给进口方银行将贷款转贷给进口商,可以更好地监督进口商按计划使用贷款,更有利于贷款的及时偿还。

1994年成立的中国进出口银行(The Export-import Bank of China)是国务院直属、政府全资拥有的政策性银行,其国际信用评级与国家主权评级一致。中国进出口银行的主要职责是贯彻执行国家产业政策、外贸政策、金融政策和外交政策,为扩大中国机电产品、成套设备和高新技术产品出口,推动有比较优势的企业开展对外承包工程和境外投资,促进对外关系发展和国际经贸合作,提供政策性金融支持。

(2) 卖方信贷(Supplier's Credit)是指在大型机械设备出口中,由出口商所在地银行贷款给出口商,以给予融资便利,扩大本国设备出口的信贷形式。

卖方信贷的一般做法是:签订有关贸易合同后,进口商需要预付定金,一般为货款的 10%～15% 的货款;在分批交货验收时,再分期支付 10%～15% 的货款;其余 70%～80% 的货款,在出口商全部交货完毕后,或在保证期满后,由进口商在规定期限内分期支付,通常是每半年支付一次,包括延期付款的利息。出口商凭借他与进口商签订的合同,向所在地银行申请卖方信贷,以进口商分期偿付的货款来偿还贷款。

对于出口商来说,通过使用卖方信贷可以向进口商提供延付货款的优惠条件,在一定程度上提高了出口商品的竞争力,有利于出口商拓展市场,扩大出口。对于进口商来说,卖方信贷可以使其延付货款,能够有效地解决暂时支付困难问题,而且手续比较简单,无须进行多方面的洽谈。但利用卖方信贷时,出口商将承担费、管理费、信贷保险费等诸项费用都加入了出口商品的价格中转嫁给了进口商。因此,延期付款的货价一般要高于现汇支付货价的 3%～4%,有时甚至高达 8%～10%,使进口商不易了解真实货价。

(二) 福费廷

1. 福费廷的概念与特点

福费廷业务(Forfeiting)也称包票据,是一种改善出口商现金流和财务报表的无追索权的中长期融资方式。在这一方式下,包买商从出口商那里无追索地购买已经承兑的、通常由进口商所在地银行担保的远期汇票或本票,使出口商立即获得款项。从这个意义上说,包买是包买商对出口商持有的债权凭证无追索权的贴现。票据到期日,包买商凭借购买的汇票或本票向进口商索偿。

与国际保理不同,福费廷更加适合大中型设备的进出口,而国际保理主要适用于消费性商品的国际贸易。福费廷有以下几个主要特点:

(1) 远期票据应产生于销售货物或提供技术服务的正当贸易,远期票据通常由一系列等额但期限不同的汇票或本票组成。

(2) 办理福费廷后,出口商需放弃对所出售债权凭证的一切权益,包括收取债款的权利、风险和责任等,这些权益将转嫁给包买商,而包买商也必须放弃对出口商的追索权。

(3) 福费廷业务属于批发性融资工具,融资金额较大,从十几万美元到几亿美元不等,有规模较大的业务需要银团承办,可融资币种为美元、欧元等主要交易货币。

(4) 随着福费廷业务的发展,其融资期限扩充到 1 个月至 10 年不等,时间跨度较大。

福费廷具有票据贴现的性质,但与一般的票据贴现有较大的区别。其中,最明显的区别在于:一般票据贴现若遭到进口商拒付,议付行对出口商有追索权,而福费廷融资业务中,出口商将票据卖断给包买商,由包买商无追索权地承担票款无法收回的一切风险,而出口商已将相应的票款收回。同时,一般票据贴现与消费商品联系,程序相对简单,而福费廷适用于大型的设备贸易,业务规则较为复杂,费用也高。

2. 福费廷业务的基本流程

(1) 出口商向包买商提出申请。出口商若采用福费廷业务,需要在贸易合同签订前向包买商提出申请,了解包买商的报价和选择期。

(2) 出口商与进口商进行贸易洽谈,商定使用福费廷支付。双方签订贸易合同,同时,出口商同包买商签订福费廷业务合同,规定双方的权利与义务。

(3) 出口商发运货物后,将全套货运单据通过银行寄送进口商。单据的递送按合同规定办理,可以凭信用证条款寄单,也可以跟单托收。如果合同规定买方应预付订金,则这部分金额不能续作福费廷业务。

（4）进口商将经担保行担保的远期承兑汇票或本票直接寄给出口商。进口商收到单据审查合格后即承兑汇票。如果采用本票，则进口商签发到期日不同的一系列本票，以出口商为收款人。担保行对汇票或本票进行担保。

（5）出口商按照与买进这项票据的银行（或大金融公司）约定，依据放弃追索权的原则，办理该项票据的贴现手续。包买商在贴现付款时，须按出口商的指示将款项打到其指定的银行账户上。

（6）包买商将到期票据经担保银行向进口商提示，进口商履行付款的义务。

3. 福费廷业务对进出口商的作用

（1）对进口商的作用

对于进口商而言，利息和所有的费用负担均计算于货价之内，即通常采用福费廷方式货价较高。但利用福费廷的手续比利用其他出口信贷方式简便得多，不需要进口商多方联系、洽谈，使其能够有足够的精力进行贸易谈判。这一优势与费用成本需要进口商仔细权衡。

（2）对出口商的作用

第一，在出口商的资产负债表中，可以减少国外的负债金额，提高企业的资信，有利于其有价证券的发行。

第二，能够立即获得现金，改善流动资金状况，有利于资金融通，促进出口的发展。

第三，信贷管理、票据托收的费用与风险均转嫁给银行。

第四，不受汇率变化和债务人情况变化的影响。

（三）短期与中长期国际贸易融资比较

将国际贸易融资分为短期与中长期并非仅仅出于融资期限上的考虑。通过比较可以发现，它们除了具有将贸易融资与贸易结算紧密结合，为贸易双方顺利执行贸易合同而提供资金融通的共性外，在融资的主客体方面也存在着差异。

1. 融资主体不同

国际贸易融资的主体包括两方面，一方面是银行，另一方面是外贸企业。

首先，从银行方面来看，在短期和中期贸易融资中，它的主体是商业银行。这是由这两类融资的特点所决定的。短、中期贸易融资同国际贸易结算结合最为紧密，且是在结算的基础之上延伸并发展起来的。结算与融资是商业银行的两大核心业务，是它赖以生存的支柱。毫无疑问，商业银行在提供短、中期贸易融资方面居于不可替代的位置。对于中长期，特别是长期贸易融资来说，情况略有不同。长期国际贸易融资主要是对大型资本货物出口提供的融资，体现着政策性，这一定位使它同商业银行遵循的"三性"原则相背离，显然商业银行对长期性国际贸易融资无多大积极性，而需由官方出国信贷机构，如进出口银行担此重任，这在发展中国家中很普遍。然而在发达国家，特别是美国、加拿大、英国、德国等，它们的官方出口信贷机构在做政策性长期国际贸易融资的同时，还通过向商业银行提供担保等方式鼓励它们介入并参与融资，以充分发挥商业银行资金雄厚的优势。尽管如此，政策性银行在长期国际贸易融资中仍然发挥着主导作用。

其次，从外贸企业角度来看，在短、中期贸易融资中外贸企业是融资主体，但在长期国际贸易融资中，尤其是买方信贷中，融资主体已从外贸企业扩大到工业企业。

2.融资客体上的差异

第一,融资范围不同。短、中期贸易融资的范围比较广泛,只要是金额不大、期限相对较短的一般商品贸易均适用。长期贸易融资的范围相对单一,主要用于大型资本货物的出口、劳务承包工程等金额巨大、期限长、风险高的国际贸易活动中。

第二,融资风险不同。虽然各种国际贸易融资方式所面临的风险大体一致,但也分别有侧重。在短期贸易融资中,由于融资时间短,如果没有突发事件,一般情况下国家风险、外汇风险、利率风险对它不会产生影响。但是防范信用和欺诈风险是它面临的主要问题。对于中长期贸易融资而言,由于融资期限长,它将面临各种风险,尤其是国家风险。

第三,融资到位速度不同。在这一方面,短期贸易融资显示出它的优势。短期贸易融资通常审批手续简单、快捷,通常当天,最长不过几天融资即可获准。中长期贸易融资相比较之下审批过程较长。当然这同提供融资项目的复杂程度密切相关。

第四,融资成本不同。短期贸易融资同中长期贸易融资相比,从银行的收费种类到费率水平都明显比后者占优势。

总之,短期、中期和长期贸易融资各有利弊,在选择融资方式时应对它们进行全面的比较,以找到最佳方案。

四、国际贸易融资的风险预测与管理

(一)风险及其特性

风险最显著的特征是不确定性,即某种结果在未来可能发生,也可能不发生,行为主体遭受的损失可能大,也可能小。为了实现预期的目标,行为主体必须分析影响风险的各种因素,避免因风险的出现而遭受损失。从某种意义上说,从事经济活动的过程,就是预测风险、防范风险的过程。

随着国际贸易在规模、数量、金额等方面的迅猛扩大,加之它在贸易产品种类、贸易方式等方面呈现出多样化的趋势,国际贸易活动越来越复杂,不确定因素越来越多,因而国际贸易融资主体在融资过程中也面临更多、更大的风险,主要包括国家风险、汇率风险、利率风险和信用风险。分析和研究各种风险,加强预测,积极防范,对融资主体正确选择融资方式、避免或减少损失,确保国际贸易活动的顺利进行具有现实意义。

(二)国际贸易融资的风险种类与预测

(1)国家风险。也称政治风险。在国际贸易融资中,该风险通常是由于贸易伙伴国政府的原因,或其不履行责任,或其所实施的政策法令而引起的。这种风险是国际贸易融资过程中融资主体面临的首要风险,它对融资决策起着决定性作用。研究国家风险的分析方法对有效规避该风险起到重要作用。

(2)外汇风险。国际贸易作为一种跨国经济行为,必然要涉及不同货币的兑换问题,因而不可避免地要面临外汇风险。外汇风险是指在涉外经济活动中,以外币计价的资产或负债因汇率变动引起其价值涨跌而给经济交易主体带来经济损失的可能性。外汇风险一般包括三个因素:本币、外币与时间,三者缺一不可。相应地,融资期限越长,外汇风险就越大。汇率变动既可能带来损失,也可能带来收益,而只有当企业受损时,外汇风险的危害才会引起高度重视。随着金融市场的国际化和跨国经济的发展,汇率风险在各种金融风险中变得越来越重要。

(3) 利率风险。利率风险指利率变化时给以外币计值的资产和负债带来损失的可能性。影响利率波动的主要因素有宏观经济环境、央行的政策、国际经济形势等。

(4) 信用风险。在国际贸易融资中,贷款银行和进出口商都将面临信用风险。对于前者的信用风险主要是指借款人不愿或不能偿还贷款的风险。对于后者的出口商来说,它是指进口商是否有信誉的风险。

(三) 国际贸易融资风险管理的原则

(1) 风险回避原则,即对预测可能产生风险损失的领域采取不参与的方式。虽然根据高风险、高收益理论,这种回避可能使银行、企业丧失获得收益的机会,但涉及国内外各种约束、规则、禁令等时,则必须采用此原则。

(2) 风险分散原则,就是以资产结构、融资方式等的多样化来分散发生风险损失的可能性,以达到资产保值或减少损失、增加盈利的目的。这一原则的理论基础是资产选择理论,即"不要将鸡蛋放在一个篮子里",也就是说要将资金投资于不同的对象。同时,马尔维茨模型告诉我们,应选取不相关或者负相关的资产形成的资产组合,才能有效地分散风险,也就是说要注意合理搭配,如融资短、中、长期限的搭配,币种的搭配,融资地区的搭配和融资方式的搭配等。

(3) 风险抑制和转移原则,就是要加强对风险因素的监控,及时发现不利倾向的信号,在风险形成之前采取措施防止风险的发生,以及尽量减少风险可能造成的损失。抑制风险关键在于及时掌握风险发生的前兆。转移风险的最佳方式是通过衍生工具进行保值处理。

(4) 风险保险与补偿原则。风险保险是指以银行和外贸企业的资产向保险公司投保,以确保其资产在发生风险后所受损失可以从保险公司得到补偿。风险补偿是指贸易融资中的贷款方以保证金或拍卖抵押品等获得的资金补偿其在某项资产上的损失。

第三节 国际项目融资

一、国际项目融资的概念与特点

(一) 国际项目融资的概念

国际项目融资(International Project Financing)又称工程项目融资,是指以境内建设项目的名义在境外筹措资金,并以项目自身收入的资金流量、自身的资产与权益,承担债务偿还责任的特殊融资方式,也是无追索或有限追索的融资方式。如交通、能源、农业等大型工程项目,由于这些项目的建设所需要的资金数额大,期限长,风险也大,传统的融资方式无法满足,单独一家银行也难以承担全部贷款,所以项目融资往往采用银团贷款方式。

与传统的贷款方式不同,国际项目融资不是将款项贷给本国工程和企业,也不是以项目主办单位的信誉和财力为担保对象,而是贷款给另一国的项目公司。项目公司是项目的直接主办者,是为工程建设和生产经营而由项目发起人注册成立的经营实体,独立经营并自负盈亏。项目公司负责筹措资金,并直接参与项目投资和项目管理,直接承担项目债务责任和项目风险。

(二) 国际项目融资的适用范围

国际项目融资仅适用于项目融资的资产能够被明确界定的情形,即项目融资的资产能够从公司或者项目发起人的其他资产中合法地分离出来,使得项目的现金流能够被估算。国际项目融资主要适用于三类项目:资源开发项目、基础设施建设项目和制造业项目。其中,资源开发项目包括石油、天然气、煤炭、铀等能源资源,铜、铁、铝矾土等金属矿资源以及金刚石开采业等;基础设施建设项目一般包括铁路、公路、港口、电信和能源等项目的建设,基础设施建设是项目融资应用最多的领域;在制造业中,项目融资多用于工程上比较单纯或某个工程阶段中已使用特定技术的制造业项目。这三类项目的资产均可被明确地界定,并从法律的角度加以区分,从而确定出项目的收益和风险,以及如何采用相应措施回避风险。

(三) 国际项目融资的特点

(1) 国际项目融资以特定的建设项目为融资对象。通常情况下,贷款人要求对项目的资产和负债独立核算,并限制将项目融资用于其他用途。在借款人是项目主办人的情况下,贷款人将要求主办人将所获得的贷款仅投向该特定项目或项目公司,并要求将项目资产与主办人其他资产相分离。

这一特征表明,国际贷款人提供项目融资并非依赖于借款人的信用,而更主要的是依赖于项目投资后将形成的偿债能力和项目资产权利的完整性。

(2) 国际贷款人的债权实现主要依赖于拟建项目未来的现金流,以及该现金流量中可以用来偿还债务的净现值。正是基于这一特征,国际项目融资的贷款人在决定贷款前,必须对项目未来的现金流量进行可靠的预测,并且通过复杂的合同安排,确保该现金流将主要用于偿债。同时贷款人往往还要求取得东道国政府在加速折旧、所得税减免等方面的优惠批准和特许。

(3) 追索权的有限性。追索权(Recourse)是指借款人未按期偿还债务时,贷款人要求借款人用除抵押资产之外的其他资产偿还债务的权利。贷款人对项目借款人没有完全追索权是国际项目融资与传统融资的重要区别。

(4) 国际项目融资通常以项目资产作为附属担保,但根据不同国家法律的许可,又可通过借款人或项目主办人提供有限信用担保。贷款人要求此项目是为了掌握对资产的控制权,它是项目融资保障结构中的一环。

国际项目融资中的有限担保,是在项目未来的现金流量难以确保偿本付息的情况下,借款人或项目主办人向贷款人提供具有补充性的信用担保,它使得贷款人取得了补充性的有限追索权。

(5) 国际项目融资具有信用保障多样化和复杂化的特点。根据不同融资项目的具体风险状况,国际贷款人往往提出不同的信用保障要求,其目的在于分散项目风险,确保项目未来的现金流量能够用于偿还贷款。此外,国际项目融资通常要求取得项目所在国政府的特许和保证,并且通常须设立信托受托人,以确保项目融资的法律条件和偿债的可靠性。

(6) 项目周期长,融资成本高。国际项目融资大致可分为"投资决策分析—融资决策分析—融资结构分析—融资谈判—项目融资的执行"五个阶段,项目周期包括从项目的选定和准备开始到项目竣工投产各个阶段,一般要经历几年甚至十几年的时间。在实践中,项目评估往往由于慎重原则而延长,项目谈判往往由于复杂的多边关系而延长,项目的执行往往由于项目的巨大规模而相应延长。因此,国际项目融资的贷款期限一般根据项目的具体需要和项目的经济生命期来确定,通常比商业贷款期限长。

由于融资项目周期长、风险高,融资结构、担保体系复杂,参与方较多,项目融资前期需要做大量协议签署、风险分担、咨询顾问、税收结构设计、资产抵押等一系列技术性工作,随之会产生律师费、承诺费、融资顾问费等各种费用支出。此外由于风险较高、周期较长及有限追索性质,国际项目融资的利息一般会高出同等条件抵押贷款的利息,这些因素都导致国际项目融资同其他融资方式相比融资成本较高。

二、国际项目融资的参与者

国际项目融资依其具体类型和具体情况的不同,其结构也有所差异,但就多数国际项目融资的结构而言,其参与者主要包括以下几部分。

1. 项目发起人

项目发起人,即工程项目的实际投资者和主办单位,既可以是政府、企业、个人,也可以是联合体;既可以是东道国境内的企业,也可以是境外的企业或投资者。大型工程项目的发起人中一般至少包括一家境内企业,这有助于项目的获准与实施。这些项目也会吸引境外企业参加,以便利用国外公司的投资、专业技能和信誉,吸引外国银行贷款。

2. 项目公司

项目公司是指由项目发起人专门为营建某一工程项目而成立的独立组织,主要负责项目的建设和融资。在大多数情况下,项目公司就是实际的借款人。

3. 贷款人

因项目融资的渠道不同,贷款人可能来自不同的单位,主要包括政府机构、国际金融机构、商业银行、出口信贷机构、保险公司等。

4. 项目使用人

项目使用人,即项目产品的买主或实施用户。项目使用人通过签订长期购买或者使用合同,为项目贷款提供重要的信用支持,是项目融资的参与者。项目使用人既可以是项目发起人,也可以是其他第三者。

5. 承包商

承包商是指建设的工程公司和承包公司。承包商通过固定价格的一揽子承包合同,负责工程项目的设计和建设。一般情况下,承包商要对延误工程或项目未能达到预期的各项性能指标所造成的损失负责赔偿。

6. 供应商

供应商是指项目的原材料及设备的供应商。供应商延迟付款安排,可以为项目提供一个重要的资金来源。

7. 保险机构

许多国家的政府设立了官方或是半官方性质的保险机构,对本国的对外投资或贷款等提供保险,承保一般商业保险公司不愿承保的商业、政治和外汇风险。

8. 受托人

受托人主要代表贷款人的利益设立托管账户,负责保管从项目产品买主所收取的款项,用以偿还对贷款人的欠款,并保证在贷款债务没有清偿之前项目公司不得动用该笔款项。

此外,项目融资的参与者还有资信评级机构、会计师、金融顾问、律师及其他专业人士等。项目融资的各个参与者之间有着比较复杂的合同关系。

三、国际项目融资的类型

20世纪90年代起,项目融资已经发展成为一个全球化的业务,并形成了五种模式:BOT、TOT、ABS、产品支付法、预期购买协议融资法。

（一）BOT

BOT的英文全称为Build-operate-transfer,意思是:建设—经营—转让。这种项目融资模式的基本思路是:由项目东道国政府或其所属机构将基础设施项目建设及经营的特许权授予项目公司,然后,由项目公司负责项目融资、设计、建造和营运,项目公司在项目经营特许期内,利用项目收益偿还投资及营运支出,并获得利润。特许期满后,发展商将项目无偿转让给政府。

BOT项目融资的特点:

(1) 无追索权的或有限追索权举债不计入国家外债,债务偿还只能靠项目的现金流量。

(2) 承包商在项目特许期内拥有项目的所有权和经营权。

(3) BOT融资项目的收入一般是当地货币,若承包商来自国外,对东道国来说,项目建成后将有大量外币流出。

(4) BOT融资项目不计入承包商的资产负债表,承包商不必暴露自身的财务情况。

(5) 名义上,承包商承担了项目的全部风险,因此融资成本较高。

(6) 与传统方式相比,BOT融资项目设计、建设与运营效率一般较高,因此,用户可以得到较高质量的服务。

（二）TOT

TOT全称Transfer-operate-transfer,即转让—运营—转让,是通过出售现有投产项目在一定期限内的现金流量,从而获得资金来建设新项目的一种融资方式。具体说来,是东道国把已经投产运行的项目在一定期限内移交给外资经营,以该项目在期限内的现金流量为标的,一次性从外商那里融得一笔资金,用于建设新项目;外资经营期满后,再把原来项目移交给东道国。

（三）ABS

ABS全称Asset Backed Securities,即资产担保债券,它是资产证券化的一种形式,指将缺乏流动性但能产生可预见现金流收入的资产汇集起来,通过结构重组和信用增级,将其转换成在金融市场上可以出售和流通的证券,借此融取资金。

（四）产品支付法融资

产品支付法融资（Production Payment）,它被广泛而成功地运用于英、美等国石油、天然气和矿产品等项目的开发融资中。这一方法需要由项目发起人预先创立一个特定目的公司或特设信托机构（SPV）,并由该SPV从有关项目公司购买未分割的石油、天然气、矿产品或其他产品的收益。其特点是:项目的产品是还本付息的唯一来源,贷款偿还期比项目预期可靠,经济寿命短,贷款人对运营成本不提供资金。

（五）预先购买协议融资法

预先购买协议融资法(Pre-take Agreement),它类似于产品支付法,但比产品支付法更灵活。其贷款同样也需要设 SPV 来购买规定数量的未来产品或现金收益,并且项目公司支付产品或收益的进度被设计成与规定的分期还款、偿债计划相配合。同时,购销合同通常也要求项目公司必须在以下两种方式中选择一种：第一,项目公司买回产品;第二,项目公司作为贷款人的代理人,在公开市场上销售该产品,或者根据与发起人之间的合同将产品卖给第三方。

四、国际项目融资的风险

国际项目融资通常周期比较长,需要资金的数额较大,合同关系与参与者之间的关系复杂,所以项目融资的风险较大。风险种类包括以下几种。

1. 信用风险

在大多数情况下,有限追索权的项目融资是依靠一定的信用保证结构支撑起来的。因此,组成信用保证结构的各方项目参与者是否有能力履行其合同义务,是否愿意并且能够按照法律文件的规定,在需要的时候履行各自所承担的信用保证责任,这就构成了项目融资各个阶段的信用风险。

2. 完工风险

项目融资中的完工,通常有其特定的含义,不同于一般项目建设意义上的完工,即它不仅是指项目按照设计建设完工,而且通常要求在所规定的成本范围内按时开工,并且达到预期的生产能力。完工风险是指因拟建项目不能按期完成建设、不能按期运营、项目建设成本超支、不能达到设计的技术经济指标而形成的风险。

3. 生产和供应风险

生产和供应风险是项目试生产运营阶段中所存在的技术、资源储备、能源和原材料供应、生产经营等风险因素的总称。它是项目融资的另一个主要的核心风险。此类风险或许会影响项目的正常运营,或许会影响项目运营的正常成本,或许会影响项目运营的有效年限,这些因素均会影响贷款本息偿还的正常进行。

4. 市场风险

市场风险是指项目产品的市场需求和市场价格的变化对项目收益所产生的影响,它包括价格和市场销售两个要素。项目产品的销售是项目收益的主要来源,是偿还项目贷款本息的根本保证。对于某些市场需求稳定且供不应求的项目产品而言,其市场销售风险可能仅限于市场价格风险,如黄金、白银、石油产品等。

5. 政治风险

在国际项目融资中,投资者和所有投资项目、贷款银行和所贷款项目往往不在同一个国家。项目融资中的政治风险是指因项目所在国政治变动、国有化征用、法律制度变更、外汇制度变更或者政府机构给予的特许政策因客观因素而变更等原因形成的项目风险。政治风险本质上是非系统性风险,并且在风险分析预测的假定前提中通常被视为不可预见的情况。

五、国际项目融资的利弊

（一）国际项目融资的有利之处

（1）扩大借债能力。国际项目融资不以项目主建人的资信作为主要考虑因素，只有项目的预期收益才是发放贷款的主要条件。

（2）减轻对外负债。由于偿还项目贷款的资金来源是项目本身的收入，贷款对象是承办单位，而承办单位可能是地方机构组建的，也可能是与外国资本合营的，这样就会减轻政府的直接对外负债，扩大政府对外的融资能力。

（3）降低建设成本，保证项目的经济效益。贷款项目是经过各方面精确的可行性研究确定的。因此项目一般不会占压资金，比其他方式在时间上要快，可以保证资金使用的效果，降低建设成本，提高项目的经济效益。承办单位一般可与外商合营，便于学习国外先进管理经验，便于培养与培训干部，提高企业的经营管理水平。

（4）设备的货价或工程造价较便宜。项目贷款所取得的资金在运用过程中，一部分可采取竞争性招标方式，设备的货价与工程造价有望降低。

（二）国际项目融资的不利之处

（1）取得贷款手续复杂、联系面广，不如商业贷款方便。

（2）不是所有申请该项贷款的项目都能被批准，仅限于项目产品的销路好，项目本身有吸引力、能保证盈利的项目。

（3）不如自由现汇贷款灵活，贷款仅限于在该项目上使用。

第四节　国际租赁融资

一、国际租赁的概念

国际租赁（International Lease）是现代租赁业务由国内向国外进一步发展的结果。按照一般的惯例，应根据租赁交易中的主要当事人，即承租人与出租人的国别属性来划分国内与国际租赁交易。当承租人与出租人不为一国企业时，即为国际租赁。但是，由于现代租赁业务内在的复杂性，许多大的租赁公司在拓展其海外业务时，主要是通过在东道国设立子公司的方式来间接地实现其跨国发展的经营目标，又由于一项租赁交易的当事人除出租人与承租人外，还经常同时包括另一当事人——供货商，这就给准确界定国际租赁的概念带来了一定的困难。目前，国际与国内的租赁界对于国际租赁就有不同的定义方法。

（一）国际上关于国际租赁的定义

国际上关于国际租赁的定义有广义与狭义之分。

狭义的国际租赁观点认为，国际租赁仅指跨国租赁（Cross Border Lease），亦译作跨境租赁，是指分别处于不同国家或不同法律体制之下的出租人与承租人之间的租赁交易。跨国租赁是一种符合一般关于国际经济交往定义方法的国际租赁形式。

广义的国际租赁观点认为，国际租赁不仅包括跨国租赁，还应包括离岸租赁（Off-shore lease）。离岸租赁，又称间接对外租赁（Indirect Lease），是指一家租赁公司的海外法人企业（合资或独资）在注册地经营的租赁业务，不管承租人是否为当地用户，对于这家租赁母公司而言是离岸租赁，但对于母公司的海外法人企业而言，由于其在绝大多数的情况下是与其所在国的承租人达成交易，因此，仅就他们之间的交易而言，则属于国内交易。离岸租赁是国际租赁市场上增长最快、对国际租赁业务的发展起主要推动作用的一种租赁形式，其原因主要有二：一是国外子公司便于了解所在地市场、税制等方面的情况，容易得到与当地用户同等的税收待遇，这样，公司将设备转租给当地或邻近国家的承租人将会比母公司直接出租更有利；二是参与国际租赁的子公司可以从母公司获得资本设备和经营经验，从而增强自己在当地的商业竞争能力。发达国家的许多租赁公司，尤其是那些附属于银行集团的租赁公司，为了既拓展海外业务又避免跨国租赁中出租双方所在国法律、税收和会计制度的复杂差异而可能引起的国际纠纷，纷纷建立海外分支机构，在各国市场上进行租赁投资。

（二）我国关于国际租赁的定义

我国租赁界根据交易三方当事人的国别属性及合同所使用的计价货币，将租赁交易分为租赁的国内业务与国际业务。当三方当事人均为我国企业并以人民币作为合同计价货币时，即为租赁的国内业务。若三方当事人中任意一方为外国企业，并以外币作为合同计价货币时即为租赁的国际业务。多数情况下，租赁的国际业务以承租人为国内企业，出租人为合资或中资租赁公司，供货商为外国企业并以外国货币计价的形式出现。

按照科学的定义方法，租赁的国际业务不完全等同于国际租赁，其包括的范围比广义的国际租赁更为广泛。因为当租赁的国际业务中的出租人为在我国的合资租赁公司时，其交易属广义国际租赁范畴；当租赁国际业务中的出租人为我国中资租赁公司或我国可经营租赁业务的信托投资公司，但供货商为外国企业，并以外币计价时，则不属于广义国际租赁的范畴。在过去的十多年间，后一种租赁的国际业务在我国迅速发展，是我国租赁业借鉴学习外国租赁方式的同时，结合我国实际情况所走出的一条具有中国特色的租赁发展道路的结果。有鉴于此，本书以下所述有关国际租赁的内容，即以租赁的国际业务为代表。这样，既科学地阐述了国际租赁的内涵，又兼顾了我国租赁的实际情况。

二、国际租赁的主要形式

国际租赁的基本形式是融资租赁。在此基础之上，又派生出一些在某一方面不同于融资租赁的基本形式，但又具备融资租赁法律特征的租赁形式。

（一）国际融资租赁

1. 国际融资租赁的概念

国际融资租赁（International Financial Lease），又叫国际金融租赁，是指企业在需要筹资购买机械设备时，租赁公司不是向其直接贷款，而是代其购入机器设备租赁给企业，从而以"融物"代替"融资"。

2. 国际融资租赁的特点

（1）一项国际融资租赁交易至少同时涉及三方当事人——出租人、承租人和供货商，并至少由两个合同——国际贸易合同和国际租赁合同将三方当事人有机地联系在一起。

（2）拟租赁的设备由承租人自行选定，出租人只负责按用户的要求给予融资便利，购买设备。这是融资租赁的法律特征之一。由此决定，出租人不负担设备缺陷、延迟交货等责任和设备维护的义务,承租人也不得以此为由拖欠和拒付租金。

(3) 定金付清,即出租人在基本租期内只将设备出租给一个特定的用户,出租人从该用户收取的租金总额应等于该项租赁交易的全部投资及利润;或根据出租人所在国关于融资租赁的标准,收取租金总额等于投资总额的一定比例,如 80%。换言之,出租人在一次交易中就能收回全部或大部分该项交易的投资。

(4) 不可解约性。对承租人而言,租赁的设备是承租人根据其自身需要而自行选定的,因此,承租人不能以退还设备为条件而提前中止合同。对于出租人而言,因设备为已购进商品,也不能以市场涨价为由而在租期内提高租金。总之,一般情况下,租期内租赁双方无权中止合同。

(5) 设备的所有权和使用权长期分离。设备的所有权在法律上属出租人,设备的使用权在经济上属承租人。

(6) 设备的保险、保养、维护等费用及设备过时的风险均由承租人负担。

(二) 国际杠杆租赁

1. 杠杆租赁的概念

杠杆租赁(Leveraged Lease),亦被称为平衡租赁,是指在一项租赁交易中,出租人只需投资租赁设备购置款项 20%~40% 的金额,即可在法律上拥有该设备的完整所有权,享有如同对设备 100% 投资的同等税收待遇,设备购置款项的 60%~80% 由银行等金融机构提供的无追索权贷款解决,但需出租人以租赁设备作抵押,以转让租赁合同和收取租金的权利作担保的一项租赁交易。当杠杆租赁的承租人和出租人为分属两国的企业时,即为国际杠杆租赁。

2. 杠杆租赁的特点

(1) 杠杆租赁是一项采用特殊形式的定金付清的真实租赁,在法律上至少涉及三方当事人:出租人、承租人和长期贷款人。

(2) 贷款人提供的贷款成为该项租赁交易的基本部分,且对出租人没有追索权。

(3) 出租人购买出租的设备,至少必须付出其价格的 20% 的价款。

(4) 出租人可获得出租设备 100% 的所有权和税收优惠。

(5) 出租人对承租人使用设备不加任何限制。

(6) 租金的偿付必须是平衡的。

(7) 租赁期满,出租人必须将设备的残值按市价售给承租人。

(三) 进口租赁与出口租赁

进口租赁与出口租赁实际是一项国际租赁的两个侧面,根据租赁设备的流向不同而划分。一项国际租赁,对于租入设备的承租人而言即为进口租赁,对于租出设备的出租人而言即为出口租赁。出口租赁又可分为承租、出租双方在租赁以外没有联系的一般出口租赁和对国外子公司的出口租赁。在我国,将出租人为外国企业的租赁交易和供货商为外国企业的租赁交易都归类为进口租赁。

(四) 综合租赁

综合租赁是将融资租赁业务与某一贸易方式相结合的租赁形式,包括租赁与补偿贸易相结合,租赁与来料加工、来件装配相结合和租赁与包销相结合三种方式。如租赁与补偿贸易相结合,出租人把机器设备租给承租人使用,承租人不是以现汇,而是以租进机器设备所生产的产品来偿付租金。

（五）直接租赁、转租赁和回租

从出租人设备贷款的资金来源和付款对象看,租赁可分为直接租赁、转租赁和回租。直接租赁是指出租人用在资金市场上筹措到的资金,向制造商购进设备后直接出租给用户；转租赁是指出租人从租赁公司或制造商租进设备后转租给用户；回租是指设备物主将自己拥有的部分资产卖给租赁公司,然后再从租赁公司租回。

（六）经营租赁

经营租赁（Operating Lease）又称服务性租赁、营运租赁或使用租赁,租期较短,出租人一次出租回收的租金不足以偿付出租人购买设备的资本支出及利润,属于承担过时风险的一种中、短期商品信贷方式。出租人负责提供设备保养和维修服务。因其租期短、灵活,故此种形式适用于技术设备使用租赁。出租人对投资未收回部分将通过再租赁的办法来弥补。

经营租赁主要有以下特点：

（1）租赁期限较短。这种租赁方式适用于一些技术设备更新快,或不需经常使用以及只需短期使用的通用设备。如计算机、大型电子计算机、汽车、加工工业设备、医疗器械、工程建筑设备等。

（2）租期内一切维修和保养都由出租人负责。这样可以使租出的物品一直保持良好状态,以便让下一个承租人利用或争取在市场上以较高的价格出售。但由于租赁公司所负担的费用和风险较大,因而租金较高。

（3）经营租赁合同期满前,经出租人同意可中止合同、退还设备,以便租用更先进的设备,无须支付违约罚款。

（4）在每个出租期内,租金收入只能收回出租人对设备的部分投资。未收回的那部分投资,要通过此项设备的再出租所获得的收入来补足。因此,这种租赁方式也叫"不完全付清"租赁。

（七）维修租赁

维修租赁是指出租人向承租人提供专门的设备维修、替换等服务活动的一种融资性租赁方式。其主要适用于运输工具的租赁,尤其是汽车的租赁。它是介于融资租赁和经营租赁之间的一种中间形式。它主要具有以下特点：

（1）租赁期一般在两年左右。

（2）租赁期满,承租人必须将租赁物归还出租人。

（3）租金中包含维修、保险费用,所以租金较融资租赁高。

三、国际租赁业务的基本程序

在国际租赁融资业务中,租赁的基本程序往往视租赁方式的不同而有所差别,但业务的基本程序还是相同的,按先后顺序可大致归纳如下。

1. 租赁物的选择和申请租赁

承租人可以自己选择,也可以委托租赁公司代为选择或共同选择,同国外制造商商定设备的型号、规格、品种、价格和交货期。承租人先通过国内的租赁公司向国外租赁公司申请,然后由承租人向国内租赁公司申请租赁。

2. 租赁预约

承租人与租赁公司商定租赁方式和租赁期限,租赁公司向承租人提出租赁费估价单,包括设备的费用、各种税金、银行利息、各种手续费用、租赁费,按协议分次数分摊的数额等,承租人经研究后向租赁公司提出预约租赁。

3. 租赁申请的审查

审查是指租赁公司在接受预约租赁后,可让承租人提供有关企业的经济情况资料,如企业的经营情况、财务情况及主管部门的审批情况,结合租赁公司自己掌握的企业资料进行审查。大型租赁还要委托信用调查机构对用户进行信用调查,在认为基本没有风险的情况下确定是否可以租赁。

4. 谈判签约

租赁公司一旦认为可以租赁,就可以与承租人进行谈判,在谈判中,承租人要提出可靠的付款保证,若付款不存在问题,双方意见一致,则进行签约。

5. 租赁物交接与验收

租赁合同签订后,出租人即根据合同中的规定向供应商订货,由供应商根据其与租赁公司的订货合同向承租人直接供货。租赁物交给承租人后,经过一段时间的试用,如果各方面均符合合同要求,承租人即行验收,租赁期由验收之日起计算。

6. 支付设备贷款

根据订购设备合同规定的支付条件,租赁公司向卖主交纳货款。若资金不足,租赁公司也可向银行融资,以租金偿还贷款的本息。

7. 租金支付

按合同规定,按季或半年一次,在规定的期初或期末交付租金。承租者除租金外,还应直接负责支付保险费、运杂费和有关手续费。

8. 税金缴纳

税金按合同规定,分别由出租人和承租人各承担应缴的税金。减免税金则应按有关部门规定或法律规定的范围分别享受,若出租人享受减税利益,承租人也可获得减少租金的优惠。

9. 保险费的缴纳

保险费一般由租赁公司在保险机构办理,与保险机构签订设备的保险合同,并负责支付保费,若在租赁期间发生设备事故,由保险公司向租赁公司提供保险赔偿,承租人也应视事故的原因提供一定的损失赔偿。

10. 设备的维修保养

设备的维修保养及有关费用,根据合同规定而定。有的是由承租人负责,在某种情况下也有由出租人负责的。

11. 合同期满时租赁物件的处理

合同期满后其设备是留购、续租,或转租或退回租赁公司,可以事先商定或临时协商。

四、国际租赁的作用

(一) 国际租赁对承租者的作用

1. 能充分利用外资

当国内生产企业急需引进国外先进设备,又缺乏外汇资金时,国际租赁是利用外资的有效途径。因为利用国际信贷购买设备,仍需自筹部分资金,并预付一部分的合同价款。而用租赁方式引进,生产企业可先不付现汇资金即可使用设备,留待以后分期支付租金给国外出资者,使企业资金周转不会碰到困难,从而达到提高产品质量、增加产量和扩大出口的目的。

2. 能加快引进时间

国内生产企业如果向银行申请贷款和外汇,再委托进口公司购买所需设备,一般来说,时间是相当长的。而使用融资租赁的形式,通过信托公司办理,可使融资与引进同步进行,既减少了环节,又缩短了时间,使进口货物很快落实,从而达到加快引进的目的。

3. 有利于企业的技术改进

企业采用租赁方式,经常替换残旧和过时的设备,使设备保持高效率和先进性,也使企业产品更具有竞争性。尤其是经济寿命较短或技术密集型的设备,用经营租赁方式引进最新设备,出资者负责维修,更能保证企业的技术改进。

4. 不受国际通货膨胀的影响

在整个租期内,合同条款不会变动,即使碰到通货膨胀或国际贷款利率上浮等情况,也不能改变合同中已签订的价款、利率和租金。

5. 能减少盲目引进的损失

购买引进设备,一旦发现其产品不符合国内外市场的需求和形势,要想很快脱手是相当困难的。若压价出售,会使企业蒙受不必要的经济损失;暂时闲置不用,又会使企业背上沉重的包袱,占用资金;勉强维持生产,而产品若销售不出去,则会造成更大的损失。而采用经营租赁方式,灵活方便,假如发现情况不好,则可立即收手退租,力求使企业损失降低到最低程度。

6. 有利于适应暂时性和季节性需要

有些设备在生产中的使用次数多,却又不可缺少,如探测仪器、仪表等;有些设备生产的季节性影响较大,适用的时间少,闲置的时间多,如农用设备等,假如购置备用,则造成积压浪费。

(二) 国际租赁对出租者的作用

1. 扩大设备销路

机器设备只有尽快销售出去,才能收回资金,促进生产的进一步发展。假如需要设备的用户,缺乏资金又不易获得银行贷款,难以一次付清货款时,就难以达成交易。采用租赁贸易的方式,以租金的形式回收资金,是商品拥有者扩大商品销路的一条新途径。出租者承租租赁业务,起着促进交易达成的作用,并能从中获得一定的利益。

2. 能获得较高的收益

出租者在设备出租期间所获得租赁费用的总和,一般都比出售该设备的价格要高。而设备的所有权仍属于出租者,这样收益更安全、可靠。同时,在租赁期间内,出租者还可以向承租者提供技术服务,包括安装、调试、检测、维修、保养、咨询、培训等,也可以从中获得一定的额外收入。

3. 能得到缴纳税金的优惠待遇,享受税负和加速折旧的优惠

采用融资租赁形式出租的设备,一般国家不将其作为该企业的资产处理,因此能在本

国获得减免税的待遇。

第五节　国际债券融资

国际债券融资(International Bond Financing)是通过发行国际债券进行资金融通的过程,是各种国际机构、各国政府及企事业法人遵照一定的程序在国际金融市场以外国货币为面值发行债务凭证的融资行为。

债券的种类很多,从发行地区来分,可分为国内债券和国际债券。国际债券主要分为外国债券(Foreign Bond)和欧洲债券(Euro bond)两种。外国债券指在某个国家的债券市场上由外国借款人发行的债券,这种债券的面值货币是债券市场所在国家的货币。欧洲债券是指由借款人在其本国以外的资本市场上发行,不以发行所在国的货币为面值的国际债券。

各国发行债券的形式有两种:公募(Public Issue)与私募(Public Issue)。所谓公募是指承购公司接受新发行的债券并向不特定的投资者出售。这种债券可在公开市场上流通、买卖。私募是指发行者经过承购公司只向特定的投资者销售债券。这种债券不公开出售,也不在市场上流通,采取记名方式,由少数金融机构承购,因此借款人可较少地公开自己企业的资料和统计数字。

一、国际债券发行业务及其偿还

(一)国际债券的评级、上市及发行

1. 债券评级

在国际债券市场上发行公开的债券,常通过专门的评级机构对发行者的偿还能力作出评估,对债券进行信誉评级,作为投资者购买债券的参考。评级机构对投资者有道义上的义务,无法律上的责任,债券评级只是对发行者信誉等级的评定,不是直接向投资者说明这项投资是否合适,更不是对购买、销售或持有一种债券的推荐。很多国家都设有对债券的评级机构,如美国有五家主要的债券评估公司,最负盛名的为标准普尔公司和穆迪公司。各家评估公司对债券评级分类方法不尽相同,但分级的原则基本上是按公司对其发行债券的本金和利息的支付能力以及风险程度来划分档次。如标准普尔公司对发行者的信誉评级有10等:AAA(最高级)、AA(高级)、A(中高级)、BBB(中级)、BB(较低级)、B(投机性)、CCC(投机性大)、CC(投机性很大)、C(可能违约)、D(违约)。信誉评级并非发行债券必须履行的手续,评级对债券发行的影响因市场不同而异。

2. 上市

上市是指债券能公开在证券交易所出售,即债券上市。只有较高信誉的债券才能在证券交易所上市。债券上市要交付一定的上市费用。

3. 国际债券发行的条件

确定国际债券的发行额、偿还年限、利率、利率的计算方法、发行价格等,统称发行条件。债券发行条件是否有利,对于发行者的筹资成本、发行效果、未来销路等都有很大影响。

(1)发行额。发行额应根据发行者的资金需要、发行市场的具体情况、发行者的信誉水平、债券的种类、承购者的销售能力等因素作出决定。一次发行额少则百万、千万美元,多则几亿、几百亿美元。有的债券市场明文规定一次发行的最高限额。债券发行额必须适当,过少会影响发行者的资金利用,过多则会恶化发行条件,造成销售困难,不利于以后筹资。

(2) 偿还年限。根据发行者使用资金需要,同时考虑不同市场传统做法与当时的法令规定,以及投资者的选择与利率等各种因素来确定债券的偿还年限。目前,由于通货膨胀和经济不稳定影响了债券价格,主要国际债券市场发行债券期限有缩短的趋势。偿还年限一般为 5~20 年。

(3) 利率。债券利率的高低随发行市场、发行日期、发行时的国际金融形势和发行者的信誉等情况而变化,一般较难预测。利率对于发行者来说越低越好,对债券购买者来说越高越有吸引力。发行者应与承购公司协商,在不影响销售的情况下争取尽可能低的利率。

如果债券持有者的实际收益低于银行存款利率,或低于投放于其他证券所获得的收益,债券便难以销售,所以债券利率的最后确定取决于当时的银行存款利率和资金市场的行情。

债券分固定利率与浮动利率两种计息方式。固定利率即到偿还期为止,每融资半年或 1 年,按发行时规定的利率支付利息。浮动利率下,每融资半年则在现行的伦敦银行业同业拆放利率的基础上再加一定利差,所加利差的多少取决于筹资者的信誉和发行时的市场情况以及发行金额的大小。多数浮动利率的规定有一最低利率。

(4) 发行价格(Issue Price)。债券的发行价格是以债券的出售价格与票面金额的百分比来表示的。票面金额 1 000 美元的债券以 1 000 美元价格出售,则发行价格是 100%;以 990 美元的价格出售,则发行价格是 99%;以 1 010 美元的价格出售,则发行价格是 101%。以 100% 的票面价格出售叫等价发行(At Par),以低于票面价格出售叫低价发行(Under Par),以超过票面的价格出售叫超价发行(Over Par)。发行价格与利率互相配合来调整债券购买人的实际收益,以与当时的市场利率保持一致。例如,利率定得偏高时,可相应提高发行价格;利率定得偏低时,可适当降低发行价格。在国际债券市场上,固定利率债券经常实行超价或低价发行,而浮动利率债券通常实行等价发行。

4. 国际债券的发行费用

国际债券筹资者除定期向债券持有人支付利息外,尚需负担一定的发行费用。发行费用一般包括最初费用和期中费用两种。最初费用主要包括:承购手续费,约占债券发行额的 2%~2.5%;偿还承购债券的银行所支付的实际费用;印刷费;律师费;上市费。期中费用包括:债券管理费,一般为 3 000~5 000 美元;付息手续费,一般为所付利息的 0.25%;还本手续费,一般为偿还金额的 0.125%。此外,还有注销债券和息票的手续费、财务代理人的杂费以及计划外提供服务所花去的费用。

5. 国际债券的偿还方式

(1) 定期偿还。定期偿还是经过一定宽限期后,每过半年或 1 年偿还一定的金额,到期满时还清余额。偿还的方法有:通过抽签确定偿还债券后,以票面价格偿还;按市场价格从二级市场(流通市场)购回规定数量的债券。

(2) 任意偿还。宽限期过后,发行者可任意偿还其债务的一部分或全部。由于这种方式以发行者单方意愿决定,使得持券者失去将来可以获得的收益,因此要超过票面价格加一个升水,对持券者的利益加以补偿。

(3) 购回注销。发行者根据情况选择有利时机,甚至在宽限期内,可趁价格便宜时,从流通市场买回已发行的债券。

二、国际债券市场

国际债券的品种很多,按债券的品种,国际债券市场分为外国债券市场和欧洲债券市场。

(一) 外国债券市场

外国债券主要集中在美国(纽约)、瑞士(苏黎世)、德国(法兰克福)和日本(东京)的金融市场上发行。在美国和日本发行的外国债券都有特定的俗称,如美国的外国债券叫作"扬基债券",日本的外国债券称"武士债券"。由于1963年到1974年美国为抑制资金的外流实施了利息平衡税,且在美国发行外国债券要受到美国政府的严格管制,所以"扬基债券"的发行量一直不高。1974年后,虽有外国机构重新进入美国市场发行外国债券,但由于欧洲市场更具有竞争力,所以"扬基债券"的发行量增长都不大。相对而言,日本存在巨额的外汇顺差,对外国债券发行的限制相对宽松,但在日本发行的外国债券多为国际金融组织或欧洲债券市场上信誉不佳的发展中国家。不论是哪一国发行的外国债券,都需要通过债券评级机构的资信评价。

这些市场的共同特点是在某个国家的债券市场上由外国借款人发行债券。债券的面值货币是债券市场所在国的货币,债券的承保和销售由市场所在国银行组织的承保辛迪加经手,有行市,持有人可随时转让,偿还期限长,筹措到的资金要得到市场所在国的批准,在法律手续上比较烦琐。

外国债券的发行程序各有不同,但一般都按以下步骤进行:①债券的发行人必须由当地的资信评定公司来确定所发行债券的资信级别;②债券发行人应当向当地政府申报注册,接受债券管理部门的审查和批准;③债券发行人在完成上述工作以后就可以组织一些大银行承担包销债券的工作,同时确定债券的利息和确定由哪些银行来承担还本付息义务。

(二) 欧洲债券市场

欧洲债券是一种国际债券,它一般同时在两个或两个以上国家境外市场发行,且不在任何特定的资本市场注册,由国际辛迪加组织包销。欧洲债券并不是指地理上位于欧洲的债券市场,而是指经营"欧洲债券"的市场。

1. 欧洲债券的种类

欧洲债券的种类很多,主要有:固定利率债券,一般每6个月调整一次利率,可转换为股票债券;中期欧洲票据,它是一种没有正式发行程序的较短期的欧洲债券,利率可固定,也可浮动;多种货币债券,是一种由债权人出面,债券在还本付息时可以要求使用事先规定好的几种货币中的任意一种归还,这种债券可以使债券持有人防范汇率风险。

2. 欧洲债券的发行

发行欧洲债券首先要由几家大的国际性银行牵头组织一个国际辛迪加承保所有债券的主要部分,而承保辛迪加往往还要组织一个更大的认购集团。认购集团一般都由50家以上的代理机构组成,即首先由认购集团认购,然后再由它们转到二级市场上去出售。在进入二级市场以前,欧洲债券的发行并不公开进行而是在认购集团内部分配。一般在进入二级市场时才进行宣传,其宣传方式主要是在金融报纸上刊登广告。

3. 对欧洲债券的选择

欧洲债券市场的投资者投资的目的,有的注重安全性、流动性,有的注重收益。对债券的选择有以下标准:①对面值货币的选择。这是因为利率、汇率的变动将影响债券的市场价格,进而影响债券持有者的收益。②对债券期限的选择。投资者一般有两种考虑:一是本身何时需要资金;二是在预期市场条件下,采取什么方式投资最有利,即关心其流动性。③债券的信誉级别。④发行规模及流动性。一般来说,规模越大,流动性就越强,在二级市场上就更容易脱手。⑤债券的计息形式。

4. 欧洲债券市场的特点

和其他债券相比,欧洲债券具有一些显著的特点:

(1) 投资可靠且收益率较高。欧洲债券市场主要的筹资者都是大公司、各国政府和国际组织,这些筹资者一般来说都有很高的信誉,且每次债券的发行都需政府、大型企业或银行作担保,所以对投资者来说是比较安全可靠的,且欧洲债券与国内债券相比收益率较高。

(2) 债券种类和货币选择性强。在欧洲债券市场可以发行多种类型、期限、币种的债券,因而筹资者可以根据各种货币的汇率、利率和需要,选择发行合适的欧洲债券。投资者也可以根据各种债券的收益情况、风险程度来选择某一种或某几种债券。

(3) 流动性强,容易兑现。欧洲债券的二级市场比较活跃且运转效率高,从而可使债券持有人比较容易地转让债券以取得现金。

(4) 免缴税款和不记名。欧洲债券的利息通常免除所得税或不预先扣除借款国的税款。另外,欧洲债券是以不记名的形式发行的,且可以保存在国外,从而使投资者容易避免缴纳国内所得税。

(5) 市场容量大且灵活。欧洲债券市场是一个无利率管制、无发行额限制的自由市场,且发行费用和利息成本都较低。它无需官方批准,没有太多的限制要求,所以它的吸引力就非常大,能满足各国政府、跨国公司和国际组织的多种筹资要求。

三、我国发行国际债券融资的现状

1982年11月,中国国际信托投资公司在日本首次发行100亿日元私募债券,首开新中国成立后国际债券融资之先河,此后又多次在海外发行债券融资。有关资料表明,1982—1991年,我国共发行国际债券39次,筹资折合50.62亿美元;1992年在伦敦、东京、中国香港及新加坡发行10次,共计融资16.6亿美元;1993年发行21次,筹资28亿美元。海外发债规模不断扩大,这些外资主要投放于能源、交通、原材料、通讯等国家重点扶植发展的建设项目上。

我国发行国际债券融资有以下特点:

(1) 从发行方式看,公募与私募相结合,以公募为主。公募是指经由承购公司承接新证券的发行后,向社会上的投资者广泛进行募集;私募是指债券的发行不是面向社会上一般的投资者,而是由经办人直接联系与发行者有特定关系且数量有限的投资者进行募集。

公募与私募的区分在欧洲并不十分明显,但在日本和美国则非常严格,公募债券可上市流通,安全性高、流动性强,而私募则不能上市流通。我国政府所属机构在海外发债主要以公募为主。

(2) 从发行主体看,我国国际债券融资的主体主要是政府所属的金融机构,如中国银行、中国国际信托投资公司等。它们是以政府信用为担保发债,在外国人眼中,它们代表"中国政府",信用评级较高。

(3) 从发行市场来看,我国海外发债是以东京为主,逐步向欧洲、北美等债券市场发展。

(4) 发债规模适当。国际债券融资受我国经济发展水平,尤其是创汇偿债能力的限制。从目前国际通用的标准来衡量,我国目前国际债券融资规模比较适当。

(5) 发行价格合理,大多以溢价发行,偿还方式多样化。

(6) 以固定利率债券为主,品种比较单一。

延伸阅读

中国银行发行"一带一路"主题债券

2018年4月10日至11日,中国银行在境外成功完成32亿美元等值"一带一路"主题债券发行定价,募集资金将主要用于"一带一路"相关信贷项目。据悉,此次发行包括美元、欧元、澳元和新西兰元4个币种,共计6个债券品种,发行主体包括新加坡、卢森堡、悉尼分行和新西兰子行。债券将主要在香港联合交易所挂牌上市。值得一提的是,本次发行恰逢博鳌亚洲论坛召开,习近平主席在开幕式上的演讲提振了市场对于中国经济以及我国大型银行的信心,国际债券市场反响积极。其中,美元债券发行规模为15亿美元,是今年以来新加坡当地金融机构最大规模美元债券发行;欧元债券发行规模和定价均好于预期,成功实现零新发溢价;澳大利亚元和新西兰元债券的本地投资者占比分别为49%和58%,当地市场认可度有所提升。央行/主权基金类优质投资者对本次发行青睐有加,在美元、欧元3年期浮息债券中投资占比高达40%和41%。"本次债券成功发行,充分显示了国际投资者对中国银行信用的认可,对中国'一带一路'倡议和'开放、包容、普惠、平衡、共赢'经济全球化的赞同,对中国40年改革开放成就的肯定。"在接受《金融时报》记者采访时,中国银行司库总经理刘信群如此表示。"一带一路"主题债亮点凸显。据悉,本次债券是中行继2015年、2017年之后,第四次发行"一带一路"主题债券。至此,中行"一带一路"主题债券总规模已高达百亿美元。刘信群介绍,4期"一带一路"主题债券涉及中国银行亚、欧、非等12家分支机构,均位于"一带一路"及其延伸地带,彰显了中行全球布局与"一带一路"倡议的深度契合;发行币种涵盖人民币、美元、欧元等6个币种,深刻诠释了"一带一路"倡议开放包容、互利共赢的新发展理念。此前,中行先后于2015年至2017年累计发行3期"一带一路"主题债券,发行规模共计76亿美元,涵盖人民币、美元、欧元等多个币种,横跨亚、欧、非的10余家分支机构参与发行。"在我行'一带一路'主题债券中,有3次为多币种同步发行,受到市场广泛关注,投资者分布相对良好,尤其是欧元债券,一直是投资者分布情况较为理想的品种。"刘信群告诉《金融时报》记者,从地域分布看,第一期欧元债券欧洲投资者占比为36%,第二期占比为79%,而本次发行欧洲投资者占比为45%;从类型分布看,欧元债券高质量投资者参与度高、认购踊跃,本次发债主权类(主权基金、央行等)投资者占比高达40%,银行占比仅为20%。据了解,作为"一带一路"主题债券的最大亮点,中行采用了多机构、多币种、多品种同步发行的模式,不仅为"一带一路"建设提供了低成本资金支持,还扩大了市场影响力。"'一带一路'主题债券的发行,以中国银行信用成功引导全球资金汇聚'一带一路',有效降低了沿线国家融资成本,有利于推动当地市场繁荣发展,共建人类命运共同体。"刘信群说。据了解,"一带一路"沿线国家多属于发展中国家、新兴国家和转型国家,资金融通需求强烈,部分国家评级较低,难以进入国际市场融资。作为国际资本市场重要的债券发行人,中行国际评级高、融资能力强,有实力在全球筹集资金对接"一带一路"建设,降低"一带一路"建设融资成本。同时,中行敏锐捕捉市场时机,把握有利发行窗口,为"一带一路"沿线项目募集低成本资金。"前三期'一带一路'主题债券发行处于国际市场流动性充裕期,市场利率刚刚进入上升通道,仍保持相对低位水平,有利于募集中长期低成本资金。"刘信群介绍,以第一期发行为例,其3个月欧元基准利率为负值,10年期美元国债收益率低于过去10年均值,人民币债券发行利率更是低于境内政策性银行利率水平,其中7年期、15年期较政策债低10BPs,较境内商业银行发债成本节约38BPs。值得关注的是,2015年以后,人民币面临阶段性贬值压力,离岸人民币市场发展放缓,债券发行相对稀少,市场观望情绪浓厚。中行"一带一路"主题债券多次纳入人民币债券品种,为市场提供人民币投资标的,推动人民币国际化战略的落实。据悉,在第二期债券中,作为非洲首只离岸人民币债,由中行约翰内斯堡分行发行的人民币债券"彩虹债",继"大洋债""申根债""凯旋债"等离岸人民币债券首发之后,再次开创当地人民币债券市场先河,成为人民币国际化深入非洲的里程碑。"人民币债券的成功发行,充分说明在中国宏观经济企稳、国际收支改善的大背景下,境外市场的人民币配置需求客观存在,重塑了人民币国际化的信心。"刘信群说。而国际投行提供的Dealogic数据显示,2017年,中资金融机构在境外发行债券总规模为1 031亿美元,较2016年大幅增长了78%。在服务"一带一路"建设中,资金融通无疑是中行担当的首要任务。据悉,作为在"一带一路"沿线布局最广的中资银行,目前,中行已在沿线23个国家设立分支机构,跟进"一带一路"重大项目逾500个,2015年至2017年对"一带一路"沿线国家提供授信支持约1 000亿美元。中行公司金融部全球业务管理团队高级经理王石锟介绍,为全方位打造"一带一路"金融大动脉,一方面,中行依托全球化网络、综合化平台以及专业化产品优势,为"一带一路"提供多元化金融产品及服务;另一方面,优化海外布局,以中银香港为平台整合在东盟地区的机构,推进中银香港从城市银行向区域银行发展。整合后的中银香港和东盟地区机构将形成合力,提高服务能力,更好地助力东南亚地区"一带一路"建设。"'一带一路'倡议为人民币的区域使用及全球推广提供了更广泛、更便利的机会,是人民币国际化重要的推动力量。中行在推进人民币国际化、配合'一带一路'建设的进程中,始终扮演着重要角色。"王石锟说。据悉,中行不断完善跨境人民币清算体系,努力提高清算服务的质量和效率,推动当地人民币市场发展。数据显示,2017年,中行在"一带一路"沿线机构共办理人民币清算量近5万亿元,市场份额全球领先。与此同时,该行积极推动扩大人民币在"一带一路"贸易和投资领域的使用。2017年,中行办理跨境人民币结算量超过3.9万亿元,境内分行跨境人民币结算量超过2.5万亿元,市场份额超过四分之一,位居同业首位,其中,办理中国与"一带一路"国家之间的跨境人民币结算业务金额近1 900亿元。王石锟表示,未来,中行将以支持"一带一路"金融大动脉建设为契机,深耕国际市场,积极引导全球企业参与"一带一路"建设,以市场化原则支持沿线重点合作项目,不断提升全面金融服务能力,确保成为"一带一路"首选银行。

资料来源:《金融时报》,2018年4月12日。

复习思考题
1. 简述国际融资的含义及特点。
2. 国际保理业务包括哪些基本内容?
3. 国际项目融资包括哪些参与者?
4. 简述国际债券的发行条件。
5. 简述国际租赁业务的基本程序。

第十章 国际金融机构

学习目标：

通过本章学习,理解国际金融机构的概念和类型;掌握国际货币基金组织的宗旨、组织机构、资金来源、业务活动;了解世界银行、国际开发协会、国际金融公司、国际清算银行、亚洲开发银行、非洲开发银行、泛美开发银行的建立、宗旨、组织机构、资金来源和业务活动;掌握国际金融机构的作用。

本章重要概念：

国际金融机构　国际货币基金组织　世界银行　国际开发协会　国际金融公司　国际清算银行　亚洲开发银行　非洲开发银行　泛美开发银行

第一节　国际金融机构概述

一、国际金融机构的概念

国际金融机构(International Financial Institution)又称国际金融组织,是随着国际货币制度的发展而产生的。它是指世界多数国家的政府之间通过签署国际条约或协定而建立的从事国际金融业务、协调国际金融关系、维系国际货币和信用体系正常运作的超国家金融机构,提供短期资金缓解国际收支逆差,稳定汇率;提供长期资金促进各国经济发展;能够在重大的国际经济金融事件中协调各国的行动,现已成为国际间发展援助的主体和国际融资的重要渠道。

二、国际金融机构的产生和发展

第一次世界大战后,为了处理德国战争赔款问题,曾在欧洲建立了国际清算银行,这是最早的国际金融机构。第二次世界大战后,为了建立一个稳定的国际货币体系和为各国的经济复兴提供资金,在英、美等国的积极策划下,正式成立了两个国际金融机构,即国际货币基金组织和国际复兴开发银行(世界银行)。国际货币基金组织和世界银行是联合国14个专门机构中独立经营国际金融业务的机构,是规模最大、成员最多、影响最广泛的国际金融机构,它们对加强国际经济和货币合作,稳定国际金融秩序,发挥着极为重要的作用。

自20世纪50年代中后期以来,欧洲、亚洲、非洲、拉丁美洲、中东地区的国家为了加强本地区的金融合作关系和开发本地区经济,通过互助合作方式,先后建立起一系列的区域性国际金融机构,如泛美开发银行、亚洲开发银行、非洲开发银行、欧洲投资银行等。

三、国际金融机构的类型

目前的国际金融机构大致可以分为三种类型：

(1) 全球性的国际金融机构，如国际货币基金组织、世界银行、国际农业发展基金组织。

(2) 半区域性的国际金融机构，它们的成员国家主要在区域内，但也有区域外的国家参加，如亚洲投资银行、非洲开发银行、泛美开发银行、国际清算银行等。

(3) 区域性的国际金融机构，它们完全由地区内的国家组成，是真正区域性的国际金融机构，如欧洲投资银行、阿拉伯货币基金、伊斯兰发展银行、西非发展银行等。

四、国际金融机构的作用

虽然国际金融机构建立的背景和时间不同，但都是为了加强国际经济间的合作，处理国际经济、政治领域的问题，在金融货币领域里形成一些共同的法律和规则，在国与国之间形成对话和协调的机制，以此促进世界经济和贸易的发展。

(1) 加强世界或地区性的经济、金融合作关系，推动生产国际化和经济一体化的进程，强化政府之间的联合和对经济、贸易的干预。

(2) 制定并维护共同的货币金融制度，协助成员方达成多边支付关系，稳定汇率，保证国际货币体系的运转，促进国际贸易的增长。

(3) 对国际经济、金融领域中的重大事件，召开联合会议，进行磋商和解决。

(4) 提供长短期资金，为成员方提供信贷，协助成员方实施经济发展和改革计划，帮助发生金融危机和债务危机的国家减缓国际收支困难，为发展中国家的经济结构调整和经济、技术发展提供援助等。

第二节　国际货币基金组织

国际货币基金组织(International Monetary Fund, IMF)是联合国管理和协调国际金融关系的专门机构。我国是国际货币基金组织创立国之一。1980年4月IMF恢复了中华人民共和国在基金组织的合法席位或代表权后，我国开始派出自己的代表参加IMF的活动。

一、国际货币基金组织的成立与宗旨

IMF成立于1945年12月27日，它是特定历史条件下的产物。鉴于金本位制崩溃之后国际货币体系长期混乱及其所产生的严重后果，进行新的国际货币制度安排日益成为突出的需求。为此，在二战期间，英、美两国政府就开始筹划战后的国际金融工作。1943年，英、美两国先后公布了国际货币问题的凯恩斯计划和怀特计划。1944年2月，又发表《关于设立国际货币基金的专家共同声明》。1944年7月，英、美等国利用参加筹建联合国会议的机会，在美国新罕布什尔州的布雷顿森林召开了具有历史意义的联合国货币与金融会议，并通过决议成立"国际货币基金组织"作为国际性的常设金融机构。1945年12月27日，代表该基金初始份额80%的29国政府，在华盛顿签署了《国际货币基金协定》，

自此,IMF宣告正式成立。IMF的成立,为二战后以美元为中心的国际货币体系的建立与发展奠定了组织基础。

IMF成立之初有创始国29个,目前拥有180多个成员,遍布世界各地,已成为名副其实的全球性国际金融组织。

IMF成立时,其协定的第一条就规定了机构的宗旨:

(1)设立一个永久性的就国际货币问题进行磋商与合作的常设机构,促进国际货币合作。

(2)促进国际贸易的扩大与平衡发展,借此提高就业和实际收入水平,开发成员国的生产性资源,以此作为经济政策的主要目标。

(3)促进汇率的稳定,在成员国之间保持有秩序的汇率安排,避免竞争性的货币贬值。

(4)协助成员国建立经常性交易的多边支付制度,消除妨碍世界贸易发展的外汇管制。

(5)在有适当保证的条件下,向成员国提供临时性的资金融通,使其有信心且利用此机会纠正国际收支的失衡,而不采取危害本国或国际经济的措施。

(6)根据上述宗旨,缩短成员国国际收支不平衡的时间,减轻不平衡的程度。

IMF成立以来,已对协定作过三次修改,但这些宗旨并没有改变。由此可见,虽然半个多世纪以来世界经济与政治格局发生了巨大的变化,但是国际货币合作的重要性并未随着时间的推移而减弱。相反,随着新成员国的不断增加、各国间经济依赖性的不断增强以及国际金融危机的时常爆发,这种国际货币、汇率政策的合作与协调将显得更加重要,随着各种新情况的出现与复杂化,IMF自身的改革也势在必然。

二、国际货币基金组织的组织机构

IMF是一个以会员国入股方式组成的经济性组织,与一般股份公司不同的只是在于它不以赢利为其经营的直接目的。

IMF的管理机构由理事会、执行董事会、总裁、副总裁及各业务机构组成。最高权力机构是理事会,由会员国各选派一名理事和副理事组成。理事一般由各国财政部部长或中央银行行长担任,负责日常工作的机构是执行董事会。基金组织的最高行政领导人是由执行董事会推选出的总裁,总裁任期5年,同时兼任执行董事会主席。总裁在平时并无投票权,只有在执行董事会进行表决双方票数相等时,总裁才拥有决定性的一票。总裁之下设副总裁协助总裁工作。

另外,基金组织还设有"临时委员会",负责有关国际货币体系的管理和改革问题。并且还与世界银行一起共同设立了"发展委员会",专门研究和讨论向发展中国家提供援助等问题。

IMF的重大决议和活动,要由会员国投票决定。凡是重大问题,都要有80%～85%的赞成票才能通过。各会员国都有250票的基本投票权,然后在基本投票权的基础上,再按认缴份额每10万美元增加1票。所以各国投票权的多少主要是根据各会员国在基金组织的认缴份额所决定。认缴份额多则投票权就多。美国认缴份额最大,所以其拥有的投票权最多,在基金组织拥有最大的表决权甚至否决权。

三、国际货币基金组织的资金来源

1. 成员缴纳的份额

份额构成基金组织资金的基本来源。根据《国际货币基金组织协定》,会员国都必须向基金组织交纳一定份额的基金。1975 年以前,会员国份额的 25% 是以黄金交纳,但在 1976 年以后,这 25% 的份额改以特别提款权或可自由兑换货币交纳。份额的 75% 以成员的本币缴纳,存放于本国中央银行,在 IMF 需要时可以随时动用。各会员国认缴份额的大小,由基金理事会决定,通常参考三个标准:①经济规模、经济结构大致相同的成员的份额应具有可比性;②成员在世界经济中的相对地位;③成员持续向国际货币基金组织提供资金的潜在能力。根据基金组织的规定,对各会员国的份额,每隔 5 年重新审定和调整一次。份额的单位原为美元,后改以特别提款权计算。

2. 向 IMF 成员借款

借款是基金组织另一项重要的资金来源,但借款总额有限度规定,一般不得超过基金份额总量的 50%～60%。IMF 可以通过与成员国协商,向成员国借入资金,作为对成员国提供资金融通的来源;可以选择任何货币和任何来源寻求所需款项,不仅可以向官方机构借款,也可以向私人组织借款,包括商业银行借款。

3. "信托基金"

IMF 于 1976 年 1 月将其所持有的黄金的一部分按市价分 4 年出售,用所得利润的一部分建立"信托基金",用于发放优惠贷款。

四、国际货币基金组织的业务活动

(一)汇率监督与政策协调

为了使国际货币制度能够顺利运行,保证金融秩序的稳定和世界经济的增长,国际货币基金组织要检查各成员方,以保证它们和其他成员方进行合作,从而维持有秩序的汇率安排和建立稳定的汇率制度。在布雷顿森林体系下,成员方要改变汇率平价时,必须与国际货币基金组织进行磋商并得到它的批准。在目前的浮动汇率制条件下,成员方调整汇率不需要再征求国际货币基金组织的同意,但是,国际货币基金组织汇率监督的职能并没有丧失,它仍然要对成员方的汇率政策进行全面估价,这种估价要考虑其对内和对外政策对国际收支的调整以及实现经济持续增长、财政稳定和维持就业水平的作用。

除了对汇率政策的监督以外,国际货币基金组织在原则上每年还要与各成员方进行一次磋商,从而对成员方的经济和金融形势以及经济政策作出评价。这种磋商的目的是使国际货币基金组织能够履行监督成员方汇率政策的责任,有助于国际货币基金组织了解成员方的经济发展状况和采取的政策措施,从而能够迅速处理成员方申请贷款的要求。国际货币基金组织每年派出经济学家组成的专家小组到成员方搜集统计资料,听取政府对经济形势的估计,并同一些特别重要的国家进行特别磋商。

(二)贷款业务

根据《国际货币基金组织协定》,当成员方发生国际收支暂时性不平衡时,国际货币基金组织要向成员方提供短期信贷。国际货币基金组织的贷款提供给成员方的财政部、中央银行、外汇平准基金等政府机构,贷款限于贸易和非贸易的经常性支付,贷款的额度与成员方所缴份额成正比例。贷款的提供方式采取由成员方用本国货币向国际货币基金组织申请换购外汇的方法,一般称为购买,即用本国货币购买外汇或提款权,成员方按缴纳的份额提取一定的资金。成员方还款的方式是以外汇或特别提款权购回本国货币,贷款无论以什么货币提供,都以特别提款权计值,利息也用特别提款权缴付,利率随贷款期限而定,期限越长,利率越高,并对每笔贷款征收一定的手续费。

IMF 的贷款业务主要有:

(1) 普通贷款及备用信贷安排。这种贷款主要解决 IMF 成员出现国际收支逆差时的短期资金需要。

(2) 扩展贷款,又称中期贷款。这种贷款用以解决成员在特殊情况下出现的较长时间的国际收支困难。如果 IMF 成员的普通贷款用完了,可以再向 IMF 申请扩展贷款,但扩展贷款的条件严于普通贷款。

(3) 出口波动补偿贷款。这种贷款用于初级产品出口国家,在这些国家因初级产品大幅波动导致出口收入大幅下降和国际收支逆差时提供融资支持。

(4) 缓冲库存贷款。这种贷款用于帮助依赖于初级产品出口的国家建立缓冲库存的资金需要。当国际市场上初级产品的价格发生较大波动时,可借助于缓冲库存贷款,采取在市场上抛售或购进该产品的办法来稳定价格,从而稳定出口收入。

(5) 补充贷款。这种贷款主要用于弥补普通贷款和扩展贷款的不足,帮助成员解决持续的国际收支逆差的问题。

(6) 信托基金贷款。资金来源是出售黄金所得利润的一部分建立的"信托基金",这种贷款以优惠的条件用于成员中较贫穷的发展中国家。1987 年,该贷款更名为结构调整贷款,1999 年又更名为减贫与增长贷款。该贷款有两个用途:一是通过向有关成员提供优惠性资金,支持其经济结构调整规划,以期明显并持久地改善国际收支情况,促进经济增长,减少贫困和提高人民生活水平;二是用减贫与增长贷款帮助有较沉重债务负担的成员实现对外债务的可持续性。

(7) 补充储备贷款。这种贷款于 1997 年年末设立,用于向那些资本账户和外汇储备受到压力、市场信心突然下降、短期融资需求骤升而国际收支恶化的成员提供资金支持。

(8) 应急信贷额度。这种贷款设立的目的是防止如 1999 年几个成员方受到金融危机冲击后有可能引致资本账户爆发危机而广泛传播的可能性。

(9) 紧急援助贷款。这种贷款用于向面临紧急情况的成员提供资金支持。紧急状态包括两种:一是自然灾害;二是战乱后的紧急时期。

(三) 储备资产的创造

国际货币基金组织在其 1969 年的年会上正式通过了十国集团提出的特别提款权方案,决定创设特别提款权,以补充国际储备的不足。特别提款权于 1970 年 1 月开始正式发行。成员方可以自愿参加特别提款权的分配,也可以不参加。目前,除了个别国家,其余成员方都是账户的参加方。特别提款权由国际货币基金组织按成员方缴纳的份额分配给各参加方,分配后即成为成员方的储备资产。成员方在发生国际收支赤字时,可以动用特别提款权将其划给另一个成员方,偿付收支逆差,或用于偿还国际货币基金组织的贷款。

第三节 世界银行集团

世界银行集团(World Bank Group)是若干全球性金融机构的总称。目前由世界银行本身即国际复兴开发银行(International Bank for Reconstruction and Development, IBRD)、国际开发协会(International Development Association, IDA)、国际金融公司(International Finance Corporation, IFC)、多边投资担保机构(Multinational Investment Guarantee Agency, MIGA)和解决投资争议国际中心(International Center for Settlement of Investment Disputes, ICSID)五个机构组成。世界银行集团的主要职能是促进成员国经济长期发展,协调南北关系和稳定世界经济秩序等。下面对世界银行、国际开发协会和国际金融公司这三个主要机构作具体介绍。

一、世界银行

(一)世界银行的建立与宗旨

世界银行是1944年7月布雷顿森林会议后,与IMF同时产生的两个国际性金融机构之一,也是联合国属下的一个专门机构。世界银行于1945年12月正式宣告成立。该行的成员国必须是IMF的成员国,但IMF的成员国不一定都参加世界银行。

世界银行与IMF两者起着相互配合的作用。IMF主要负责国际货币事务方面的问题,其主要任务是向成员国提供解决国际收支暂时不平衡的短期外汇资金,以消除外汇管制,促进汇率稳定和国际贸易的扩大。世界银行则主要负责经济的复兴和发展,向各成员国提供发展经济的中长期贷款。

世界银行的宗旨是:①通过对生产事业的投资,以协助成员方的复兴与开发,鼓励较不发达国家的生产与资源的开发;②通过担保或参加私人贷款及其他私人投资的方式,促进私人对外投资;③鼓励国际投资,协助成员国提高生产能力,促进成员国国际贸易的平衡发展和国际收支状况的改善;④在提供贷款保证时,应与其他方面的国际贷款相配合。

(二)世界银行的组织机构

世界银行是具有股份性质的一个金融机构,设有理事会、执行董事会、行长及具体办事机构。理事会是世界银行的最高权力机构,由每一成员国委派理事和副理事各一名组成。执行董事会负责银行的日常业务,行使理事会授予的职权。银行政策管理机构由行长、若干副行长、局长、处长及其他工作人员组成。

(三)世界银行的资金来源

1. 发行债券取得的借款

由于世界银行的自有资金有限,不能满足其业务的发展需要,且不能像商业银行那样吸收存款,因此,在国际金融市场发行中长期债券就成为其筹集资金的主要方式。借款期限一般为2~25年,利率随国际金融市场利率的变化而变化。由于世界银行信誉较高,因此发行债券的利率往往低于普通公司和国家政府发行的债券。

2. 成员国缴纳的股金

世界银行的成员国与IMF相似,在加入时也需要缴纳一定数额的股金,其经济实力决定认缴数额的多少。成员缴纳的股金分为两部分,20%在加入世界银行时先缴纳。其中2％要用黄金或美元缴纳,18％用会员国本国的货币缴纳。另外80％的认缴股金为代缴股本,在必要时以黄金或银行需要的货币形式缴纳。

3. 转让债权

世界银行将贷出款项的债权转让给私人投资者,从而获得一部分资金,以扩大世界银行贷款资金的周转能力。

4. 利息收入及收益

世界银行同国际货币基金组织相同,其资金来源同时也包括向会员国提供贷款的利息收入,以及因投资于流动资产而获得的收入。

(四) 世界银行的主要业务活动

向成员国尤其是发展中国家提供贷款是世界银行最主要的业务。世界银行贷款从项目的确定到贷款的归还,都有一套严格的条件和程序。

1. 贷款条件。第一,世界银行只向成员国政府,或经成员国政府、中央银行担保的公私机构提供贷款。第二,贷款一般用于世界银行审定、批准的特定项目,重点是交通、公用工程、农业建设和教育建设等基础设施项目。只有在特殊情况下,世界银行才考虑发放非项目贷款(Non-project Loan)。第三,成员国确实不能以合理的条件从其他方面取得资金来源时,世界银行才考虑提供贷款。第四,贷款只发放给有偿还能力,且能有效运用资金的成员国。第五,贷款必须专款专用,并接受世界银行的监督。世界银行不仅在使用款项方面,而且在工程的进度、物资的保管、工程管理等方面都可进行监督。

2. 贷款的特点。第一,贷款期限较长。按借款国人均国民生产总值,世界银行将借款国分为四组,每组期限不一。第一组为15年,第二组为17年,第三、四组为最贫穷的成员国,期限为20年。贷款宽限期3~5年。第二,贷款利率参照资本市场利率而定,一般低于市场利率,现采用浮动利率计息,每半年调整一次。第三,借款国要承担汇率变动的风险。第四,贷款必须如期归还,不得拖欠或改变还款日期。第五,贷款手续严密,从提出项目、选定、评定,到取得贷款,一般要1.5~2年时间。第六,贷款主要向成员国政府发放,且与特定的工程和项目相联系。

3. 贷款的种类。世界银行的贷款分为项目贷款、非项目贷款、联合贷款和第三窗口贷款等类型,其中项目贷款是世界银行贷款业务的主要组成部分。

(1) 项目贷款和非项目贷款。这两项贷款是世界银行的传统贷款业务,属于一般性贷款。项目贷款用于资助成员方某个具体的发展项目。世界银行对农业和农村发展、教育、能源、工业、交通、城市发展等方面的大部分贷款都属于此类贷款。非项目贷款是指没有具体项目作保证的贷款,世界银行只有在特殊情况下才发放此类贷款。

1980年设立的结构调整贷款也属于非项目贷款。此项贷款用于帮助借款国在宏观经济、部门经济和结构体制等方面进行必要的调整和改革,使其能够有效利用资金和资源,在较长时期内维持国际收支的平衡。该贷款在发放时,要让借款国进行经济调整和机构体制改革。结构调整贷款的拨付速度比项目贷款要快得多,拨付的方式也比较灵活。每笔贷款的执行期为1年,分两期拨付。但是,贷款的使用要受世界银行的监督。

(2) 联合贷款。这是指世界银行与借款国以外的其他贷款机构联合起来,包括官方援助、出口信贷机构、私人金融机构对世界银行的项目共同筹资和提供的贷款。其方式有两种:一是世界银行与其他贷款机构分别承担同一项目的一部分;二是由世界银行作为介绍人,动员有关贷款机构对项目或与项目有关的建设计划提供资金。

（3）第三窗口贷款。此类贷款设立于1975年12月,是指在世界银行发放的一般贷款和世界银行附属机构(国际开发协会)发放的优惠贷款之间新增设的一种贷款。其贷款条件宽于前者,但又不如后者优惠。利差由工业发达国家和石油生产国自愿捐赠形成的"利息贴补基金"解决。贷款的期限为25年。这种贷款主要用于援助低收入国家。世界银行的贷款由于利率较高,条件严格,因此又被称为硬贷款;国际开发协会所发放的优惠贷款则被称为软贷款。

二、国际开发协会

（一）国际开发协会的建立及宗旨

国际开发协会(International Development Association,IDA),是一个专门从事对欠发达的发展中国家提供期限长和无息贷款的国际金融组织。世界银行的成员国均可成为开发协会的成员国。国际开发协会成立于1960年,是由世界银行发起成立的国际金融组织。

国际开发协会的宗旨是给予落后国条件较宽、期限较长、负担较轻,并可用部分当地货币偿还的贷款,以促进其经济的发展。国际开发协会的贷款作为世界银行贷款的补充,促进了世界银行目标的实现。

（二）国际开发协会的组织形式

国际开发协会是世界银行的附属机构,它的组织机构与管理方式与世界银行相同,甚至相应机构的管理和工作人员也是同一套人员兼任,而且也只有世界银行成员国才能参加协会。但是国际开发协会又是一个独立的实体,有自己的协定、法规和财务系统,其资产和负债都与世界银行分开,业务活动也互不相关。

国际开发协会的最高权力机构是理事会,下设执行董事会处理日常业务。协会会员通过投票参与决策活动,成员国的投票权与其认缴的股本成正比。成立初期,每一会员具有500票基本票,另外每认缴5 000美元股本增加1票。

（三）国际开发协会的资金来源

1. 成员国认缴的股金

协会的成员国分为两组,第一组为发达国家,这些国家认缴的股金必须全部以黄金或可兑换货币缴纳;第二组为发展中国家,其认缴资本的10%必须以可兑换货币缴纳,其余90%可用本国货币缴纳。

2. 成员国提供的补充资金

因成员国认缴的股金极其有限,远远不能满足贷款需求;同时,协会又规定,该协会不得依靠在国际金融市场发行债券来筹措资本。所以,国际开发协会不得不要求成员方政府不时地提供补充资金。

3. 世界银行的赠款

从1964年开始,世界银行每年将净收益的一部分以赠款形式转拨给协会,作为协会的资金来源。

4. 协会本身经营业务的盈余

协会可从发放开发信贷收取小比例的手续费及投资收益中得到业务收益。

（四）国际开发协会的主要业务

国际开发协会的主要业务活动,是向欠发达的发展中国家的公共工程和发展项目提供比世界银行贷款条件更优惠的长期贷款。这种贷款亦称开发信贷,有如下特点：第一,期限长。最初可长达 50 年,宽限期 10 年。1987 年协会执行董事会通过协议,将贷款划分为两类：①联合国确定为最不发达的国家,信贷期限为 40 年,包含 10 年宽限期；②经济状况稍好一些的国家,信贷期限为 35 年,也含 10 年宽限期。第二,免收利息。即对已拨付的贷款余额免收利息,只收取 0.75% 的手续费。第三,信贷偿还压力小。第一类国家在宽限期过后的 2 个 10 年每年还本 2%,以后 20 年每年还本 4%；第二类国家在第二个 10 年每年还本 2.5%,其后 15 年每年还本 5%。由于国际开发协会的贷款基本上都是免息的,具有明显的援助性质,故称为软贷款；而条件较为严格的世界银行贷款,则称为硬贷款。

三、国际金融公司

（一）国际金融公司的成立及宗旨

国际金融公司(International Finance Corporation,IFC)是首个将推动私营企业发展作为其主要目标的政府间组织,也是向发展中国家私人部门提供贷款和证券融资的最大机构,其成立于 1956 年,总部设在华盛顿。作为世界银行的附属机构,国际金融公司本身却具有独立的法人地位。

国际金融公司的宗旨是配合世界银行的业务活动,向发展中国家的私人企业提供无须政府机构担保的各种贷款或投资,鼓励国际私人资本向发展中国家投资,以推动这些国家私人企业的成长,促进其经济发展,进而带动资本市场的发展。

（二）国际金融公司的组织机构

国际金融公司设有理事会、执行董事会和以总经理为首的办事机构,其管理方法与世界银行相同。与国际开发协会一样,公司总经理和执行董事会主席由世行行长兼任,但与协会不同的是,公司除了少数机构和工作人员由世行相关人员兼任外,设有自己独立的办事机构和工作人员,包括若干地区局、专业业务局和职能局。按公司规定,只有世行成员国才能成为公司的成员国。

（三）国际金融公司的资金来源

1. 会员认缴的股金

认缴数额根据会员国在世界银行的认缴股金确定,必须是黄金和可兑换货币,会员国认缴的股金数额同时也决定了其投票权的多少。

2. 从世界银行和其他来源借入的资金

国际金融公司一方面可以向世界银行及会员国政府借款,另一方面可以在国际资本市场上发行国际债券。

3. 国际金融公司业务经营净收入

国际金融公司对贷款和投资业务管理得力,基本上年年有赢利,积累的净收益成为公司的一部分资金来源。

（四）国际金融公司的主要业务活动

国际金融公司的主要业务活动是对成员方企业提供没有政府担保的资本。国际金融公司贷款的方式为：①直接向私人生产企业提供贷款。②向私人生产企业入股投资，分享企业利润，并参与企业的管理。③上述两种方式相结合。国际金融公司一般不对大型企业投资，而以中小企业为主要投资对象。贷款期限一般为 7~15 年，并且每笔贷款一般不超过 200 万至 500 万美元，贷款必须以原借款货币偿还。利息根据资金投放的风险和预期的收益等因素决定，一般年利率为 6%~7%，有的还要参与企业分红。贷款的主要对象是亚洲、非洲、拉丁美洲的不发达国家，贷款的主要部门有制造业、加工业和开采业。

国际金融公司办理贷款业务时，通常采用与私人投资者、商业银行和其他金融机构联合投资的方式。这种联合投资活动，既扩大了国际金融公司的业务范围，又促进了发达国家对发展中国家私人企业的投资。国际金融公司还帮助许多国家建立资本市场，为国有企业民营化提供咨询服务。

第四节 国际清算银行

一、国际清算银行的建立与宗旨

国际清算银行（Bank for International Settlements，BIS）是根据 1930 年 1 月 20 日在荷兰海牙签订的《海牙国际协定》，于同年 5 月 17 日由英国、法国、意大利、德国、比利时和日本六国的中央银行，以及代表美国银行界利益的摩根银行、纽约花旗银行和芝加哥花旗银行三大银行组成的银团共同出资创立的，总部设在瑞士的巴塞尔，并且在中国香港和墨西哥城设有代表处。国际清算银行通过中央银行向整个国际金融体系提供一系列高度专业化的服务，是一家办理中央银行业务的金融机构，被称为"中央银行的银行"，总部设在巴塞尔。1996 年 11 月，中国人民银行成为国际清算银行的正式成员。

国际清算银行的宗旨是促进各国中央银行之间的合作；为国际金融活动提供更多的便利；在国际金融清算中充当受托人或代理人。

二、国际清算银行的组织机构

国际清算银行是股份制的企业性金融机构，它的最高权力机构是股东大会，由认缴该行股金的各国中央银行代表组成，每年召开一次股东大会。董事会负责处理日常业务，由 13 名董事组成，其中正、副董事长各 1 名。董事会中的 8 名董事由英国、法国、意大利、比利时、瑞士、荷兰、瑞典和德国的中央银行董事长或行长担任，其余的董事由上述 8 个国家提名产生。该行下设银行部、货币经济部、秘书处和法律处四个机构。

三、国际清算银行的资金来源

1. 成员国缴纳的股金

该行建立时，法定资本为 5 亿金法郎（Gold Francs），之后几度增资。该行股份的 80% 为各国中央银行持有，其余 20% 为私人持有，成员国在该行的股份持有比例决定着成员国的投票权，但私人机构或个人无投票权。

2. 借款

向各成员国中央银行借款，补充该行自有资金的不足。

3. 吸收存款

接受各国中央银行的黄金存款和商业银行的存款。

四、国际清算银行的主要业务活动

国际清算银行主要与各国中央银行发生业务往来,履行"中央银行的银行"的职能,主要包括以下业务。

1. **处理国际清算业务**

处理国际清算业务是国际清算银行的一项基本业务。第二次世界大战后,国际清算银行先后成为欧洲经济合作组织、欧洲支付同盟、欧洲煤钢联营、黄金总库、欧洲货币合作基金等国际机构的金融业务代理人,承担着官方之间、各国中央银行之间大量的结算业务。

2. **办理或代理有关银行业务**

办理或代理有关银行业务,即作为国际组织的金融代理人。第二次世界大战后,国际清算银行不断拓展其从事的业务。目前这些业务包括接受成员国中央银行的黄金或货币存款,买卖黄金和货币,买卖可供上市的证券,向成员国中央银行贷款或接受存款等。

3. **国际清算银行定期举办中央银行行长会议,为各国中央银行的合作提供理想场所**

国际清算银行于每月的第一个周末在巴塞尔举行西方主要国家中央银行的行长会议,商讨国际货币金融等方面的重大问题。同时,在该行每年的年会上,就世界的经济形势、如何维护国际金融市场的稳定、如何协调各国的宏观经济政策进行讨论。

第五节 区域性国际金融组织

一、亚洲开发银行

(一)亚洲开发银行的建立与宗旨

亚洲开发银行(Asian Development Bank,ADB)简称亚行,是亚洲和太平洋地区的区域性政府间金融机构。根据联合国亚洲及远东经济委员会(即联合国亚洲及太平洋经济社会委员会)第21届会议签署的"关于成立亚洲开发银行的协议",并经首届亚洲经济合作部长会议决定,于1966年11月在日本东京正式成立,同年12月19日开始营业,总部设在菲律宾首都马尼拉。它不是联合国下属机构,而是联合国及太平洋经济社会委员会赞助建立的机构,同联合国及其区域和专门机构有密切的联系。

亚洲开发银行的宗旨是:为成员国提供贷款、投资和技术援助,帮助协调成员在经济、贸易和发展方面的政策,同联合国及其专门机构进行合作,以促进亚太地区的经济发展。

(二)亚洲开发银行的组织机构

亚洲开发银行的机构设置与IMF及世界银行大致相同。其管理机构由理事会、执行董事会、行长组成。理事会是最高权力机构,由会员国各选派一名理事和副理事组成。执行董事会是负责日常工作的常设机构,由12名董事组成。行长由董事长兼任,负责主持银行的日常工作;银行的重大事务由理事会和董事会投票表决;理事会和董事会中的投票权主要按会员国认缴股本的多少进行分配,日本和美国认缴的股本最多,其拥有的投票权也最多。

(三)资金来源

1. 普通资金(Ordinary Capital)

它是亚行业务活动的主要资金来源,由股本、借款、普通储备金(由部分净收益构成)组成。这部分资金通常用于亚行的硬贷款。

2. 特别基金(Special Funds)

这部分资金由成员国认缴股本以外的捐赠及认缴股本中提取10%的资金组成。主要用于向成员国提供贷款或无偿技术援助。目前该行设立了三项特别基金:①亚洲开发基金,用于向亚太地区贫困成员国发放优惠贷款;②技术援助特别基金,为提高发展中成员国的人力资源素质和加强执行机构的建设而设立;③日本特别基金,由日本政府出资建立,主要用于技术援助与开发项目。

(四)亚洲开发银行的业务活动

(1)提供贷款。亚行的贷款按贷款条件分为硬贷款、软贷款和赠款。如果按贷款方式划分,亚行的贷款可分为项目贷款、规划贷款、部门贷款、开发金融贷款、综合项目贷款及特别项目贷款等。其中,项目贷款是亚行传统的也是主要的贷款形式,该贷款是为成员国发展规划的具体项目提供融资,这些项目需经济效益良好,有利于借款成员国的经济发展,且借款国有较好的信誉,贷款周期与世行相似。

(2)联合融资。是指亚行与一个或以上的区外金融机构或国际机构,共同为成员国某一开发项目提供融资。该项业务始办于1970年,做法与世行的联合贷款相似,目前主要有平行融资、共同融资、伞形或后备融资、窗口融资、参与性融资等类型。

(3)股权投资。是通过购买私人企业股票或私人开发金融机构股票等形式,对发展中国家私人企业融资。亚行于1983年起开办此项投资新业务,目的是为私营企业利用国内外投资起促进和媒介作用。

(4)技术援助。是亚行在项目有关的不同阶段如筹备、执行等阶段,向成员国提供的资助,目的是提高成员国开发和完成项目的能力。目前,亚行的技术援助分为项目准备技术援助、项目执行技术援助、咨询性技术援助、区域活动技术援助。技术援助大部分以贷款方式提供,有的则以赠款或联合融资方式提供。

二、非洲开发银行

(一)非洲开发银行的建立及宗旨

非洲开发银行(African Development Bank,AFDB)简称非行,是非洲国家政府合办的互助性质的区域性国际金融组织。在联合国非洲经济委员会的赞助下,其于1964年9月成立,1966年7月开始营业,总部设在科特迪瓦的经济中心阿比让。为了吸收更多资金,扩大银行的运营能力,1980年5月非洲开发银行第15届年会通过决议,允许非洲区域以外的国家投资入股加入该行。我国于1985年入股成为该行会员国。

非洲开发银行的宗旨是为非洲成员国经济和社会发展提供投资和贷款,或给予技术援助,充分利用非洲大陆的人力和资源,促进各国经济的协调发展和社会进步,协助非洲大陆制定发展总体战略和各成员国的发展计划,以达到非洲经济一体化。

(二)非洲开发银行的组织形式

非洲开发银行的管理机构由理事会、董事会、行长组成。理事会是最高权力机构,由会员国各指派一名理事组成。理事一般由会员国的财政部部长或中央银行行长担任。由理事会选出的董事会是常设的执行机构。行长由董事会选出,并兼任董事长,负责主持银行的日常工作。银行的重大事务由理事会和董事会投票表决。理事会和董事会中的投票权主要按会员国认缴股本的多少进行计算。

(三)非洲开发银行的资金来源及业务活动

非洲开发银行的资金来源主要是会员国认缴的股本。除此之外,还通过与私人资本及其他信用机构合资合作,广泛动员和利用各种资金以扩大银行的业务。

非洲开发银行资金分为普通资金和特别资金。普通资金包括核定资本认缴额、自行筹措资金、还款资金、该行的收入。特别资金包括:①捐赠的特别资金和受托管理资金;②为特别资金筹措的专款;③从任意成员国筹措的该国货币贷款,用途是从贷款国购买商品与劳务,以完成另一成员国境内的工程项目;④用特别基金发放贷款或提供担保所获偿还资金;⑤用上述任何一项特别基金或资金从事营业活动获得的收入;⑥可用作特别基金的其他资金来源。

非洲开发银行的主要业务活动是向非洲区域内的会员国发放贷款。贷款种类主要分为普通贷款和特殊贷款两种。特殊贷款不计息,条件优惠,贷款期限最长可达 50 年。

三、泛美开发银行

(一)泛美开发银行的建立及宗旨

泛美开发银行(Inter-American Development Bank, IDB)是由美洲国家组织与欧亚其他国家联合创立的区域性国际金融组织。该行于 1959 年 12 月正式成立,1960 年 10 月开始营业,总行设在华盛顿,是拉丁美洲国家和其他西方国家联合举办的政府间国际金融组织。

泛美开发银行的宗旨是动员美洲内外的资金向拉美会员国的经济和社会发展项目提供贷款,以促进和协调会员国的社会进步和经济发展,促进拉美国家之间的经济合作,实现区域经济增长。

(二)泛美开发银行的组织形式

泛美开发银行的管理机构由理事会、执行董事会、行长、副行长组成。理事会是最高权力机构,由会员国各指派一名理事和候补理事组成;执行董事会是负责银行日常工作的常设机构;行长是银行的最高行政领导人;银行的重大事务由理事会和董事会投票表决。理事会和董事会中的投票权主要按会员国认缴股本的多少进行计算。美国认缴份额最多,投票权也最多。

(三)泛美开发银行的资金来源及业务活动

泛美开发银行的资金来源主要是会员国认缴的股本。另外,该行还通过借款和发行短期债券的形式来筹集资金。

泛美开发银行的主要业务活动是向拉美会员国政府及其他公私机构的经济项目提供贷款。贷款种类主要分为普通业务贷款和特种业务贷款两种。普通业务贷款的利率高于特种业务贷款,而贷款期限比特种业务贷款短,且必须用借款货币偿还。特种业务贷款可全部或部分用本币偿还。此外,该行还设立了条件优惠的信托基金贷款。

延伸阅读

美元升值风暴愈演愈烈:阿根廷向 IMF 求助

每当美元进入走强周期,新兴市场投资者的神经都会经受严重考验,也令新兴市场货币遭遇抛售压力。货币的断崖式下跌,让阿根廷时隔 17 年不得不再次向国际货币基金组织(IMF)求助。

在抛售美元、大幅加息、削减赤字之后,阿根廷似乎还是"挺"不住。据海外媒体报道,阿根廷正在与 IMF 商谈,希望获得 IMF 的经济支持。阿根廷总统此前表示,向 IMF 征询了贷款事宜。"这能保证我们能够面对新的全球形势,避免我们重蹈历史上曾经面临过的危机。"随后,IMF 总裁拉加德公开回应称,对阿根廷总统的声明表示欢迎,期待与阿根廷的持续合作,已就如何合作来健全阿根廷经济启动了讨论,短期内会推进相关举措。

自 2018 年 4 月中旬以来,美元指数显著走强,已从 89.4 上涨至目前的 93 附近,涨幅接近 4%。与此形成鲜明对比的是,2018 年以来美元兑阿根廷比索汇率已经上涨了近 20%。在阿根廷总统向 IMF 求援之前,该国央行已经在 10 天时间里加息 3 次,从 32.5% 上调至 40%。如此大幅度以及频繁加息是阿根廷对于资本外流、本币贬值困局不得不下猛药的无奈之举。

不过,对于阿根廷来说,向 IMF 的求援出乎市场意料之外。早在 2001 年,阿根廷曾经面临一场大型经济危机,当时受到东南亚金融危机和俄罗斯金融风暴扩散的影响,阿根廷资本疯狂流出,失业率更一度高达 20%。与美元挂钩的阿根廷比索,汇率下挫近三分之二。当时,阿根廷当地人士普遍认为,IMF 是这一场危机重要的罪魁祸首,因为 IMF 一直为阿根廷债权人提供担保,正是 IMF 纵容了阿根廷政府的不负责的财政政策,但又在金融危机爆发后拒绝提供救援。

过去两年,新兴市场汇市、股市齐创 10 年来新高,而近期美债收益率上涨,美元持续走强,使新兴市场受到冲击。除了阿根廷,最近土耳其里拉、俄罗斯卢布、巴西雷亚尔、印度卢比等货币汇率都出现不同程度的下跌。就在 10 日亚洲股市交易阶段,MSCI 新兴市场外汇指数 2018 年 1 月 29 日创下历史新高后,截至 5 月 8 日已下跌超过 10%。易龙智投资深分析师刘国宝表示,随着美元升值,以美元计价的商品价格开始下降,新兴市场往往以商品及原材料出口居多,较低的商品价格导致新兴市场经济体的收入下降,国内需求的增长速度放缓,造成了新兴市场经济体实际 GDP 增长减速。

资料来源:《证券时报》,2018 年 5 月 11 日。

复习思考题

1. 简述国际金融机构的概念及作用。
2. 简述国际货币基金组织的宗旨及主要业务活动。

3. 简述世界银行、国际开发协会和国际金融公司的资金来源。
4. 简述国际清算银行的宗旨及主要业务活动。
5. 简述比较亚洲开发银行和非洲开发银行的异同。

参考文献

[1] 刘艺欣,赵炳盛,李玉志主编.国际金融[M].大连:东北财经大学出版社,2013.
[2] 刘铁敏,张锦宏主编.国际金融[M].北京:清华大学出版社,2013.
[3] 孙刚,王月溪主编.国际金融学[M].2版.大连:东北财经大学出版社,2014.
[4] 孟昊主编.国际金融理论与实务[M].2版.北京:人民邮电出版社,2014.
[5] 贺瑛主编.国际金融[M].北京:高等教育出版社,2014.
[6] 徐立平主编.国际金融学[M].大连:东北财经大学出版社,2016.
[7] IMF执行董事会.IMF调整特别提款权货币篮子权重人民币未入选[OL].中国经济网,2010-11-18.
[8] [美]弗雷德里克·S.米什金.货币金融学[M].9版.郑艳文,荆国勇,译.北京:中国人民大学出版社,2011.
[9] 宋树民,张岩主编.国际金融[M].北京:北京大学出版社,2014.
[10] 侯高岚编著.国际金融[M].3版.北京:清华大学出版社,2013.
[11] 刘玉操,曹华编著.国际金融实务[M].5版.大连:东北财经大学出版社,2017.
[12] 刘艺欣,赵炳盛,李玉志主编.国际金融[M].大连:东北财经大学出版社,2015.
[13] 王梓仲,张锐力主编.国际金融理论与实务[M].北京:北京理工大学出版社,2012.
[14] 刘园主编.国际金融学[M].北京:机械工业出版社,2015.
[15] 姜波克编著.国际金融新编[M].5版.上海:复旦大学出版社,2012.
[16] 陈雨露主编.国际金融[M].北京:中国人民大学出版社,2015.
[17] 王晓光主编.国际金融[M].4版.北京:清华大学出版社,2017.
[18] 蓝发钦,岳华,冉生欣,等.国际金融[M].上海:华东师范大学出版社,2015.
[19] 于研编著.国际金融[M].5版.上海:上海财经大学出版社,2014.
[20] 霍伟东主编.国际金融[M].北京:高等教育出版社,2016.